미국 민주주의 정신을 찾아서

Searching for the Spirit of American Democracy by Stephen Kalberg
© 2014, Taylor & Francis
All Rights reserved

Korean translation edition © 2025 Sanzini
Authorized translation from the English language edition published by Routledge,
a member of the Taylor & Francis Group
Arranged by Bestun Korea Agency
All rights reserved

이 책의 한국어 판권은 베스툰 코리아 에이전시를 통하여 저작권자와 독점 계약한 ㈜산지니출판그룹에 있습니다. 저작권법에 의해 한국 내에서 보호를 받는 저작물이므로 어떠한 형태로든 무단 전재와 무단 복제를 금합니다.

미국 민주주의 정신을 찾아서

막스 베버의 시각에서 과거, 현재, 미래의 미국 정치문화 특성을 분석함

스티븐 캘버그 지음 | 이현휘 옮김

산지니

추천사

　스티븐 캘버그는 베버의 프로테스탄트 윤리를 자본주의 발전에 적용하는 통상적 방식으로부터 게슈탈트 전환(a gestalt switch)을 통해 미국정치를 설명하는 방식을 보여준다. 따라서 이 책은 『프로테스탄트 윤리와 민주주의 정신』(The Protestant Ethic and the Spirit of Democracy)이란 제목을 붙일 수도 있을 것이다. 미국에서 금욕적 프로테스탄트는 개인의 노동윤리뿐만 아니라, 친절, 평등주의, 공적 책임 등이 지배하는 시민사회에 적극 참여함으로써 자신의 구원을 추구한다. 이어서 역사적 드라마가 전개된다. 가치를 지향하는 캐리어들이 세대를 거치면서 민주주의 정신을 전승하지만, 자기 추진력을 가진 자본주의와 관료제의 세력이 커지면서 타격을 받는다. 미국의 시민사회가 이완되면서 미국의 개인주의가 실용적이면서 개인적 관심사에 침잠하는 사적 채널로 변모되기 때문이다. 캘버그는 미국이 독특한 경로를 거쳐서 성취한 민주주의 정신이 세계의 다른 지역에서도 같은 방식으로 실현될 수 있을 거라고 생각하지 않는다. 그러나 캘버그는 미국 정치의 도덕적 관심사가 2012년 미국 대통령 선거에서 여전히 살아 있다는 사실을 발견했다. 이 책은 베버 자신의 정신을 잘 보여주는 정치적-역사적 정교함이 돋보인다.

랜덜 콜린스, 펜실베니아대 교수

저명한 베버 연구자 중 한 명인 스티븐 캘버그는 막스 베버의 이론적 업적과 그의 분석을 매우 창의적인 방식으로 분석하여 미국의 정치문화와 격렬한 정치적 위기를 새롭게 조명했다. 미국에서는 강력한 정치문화가 수 세기에 걸쳐 존재했다. 그러나 세속화가 진전되면서 그러한 정치문화의 유산은 지속적인 생명력을 유지할 수 없게 되었다. 스티븐 캘버그는 엄격한 고전 사회 이론을 사용하여 정치문화와 그것의 위기, 그리고 현대 세계를 보다 일반적인 시각에서 새롭고 깊게 이해할 수 있는 모델을 창조했다.

조지 리처, 매릴랜드대 교수

정말로 훌륭하다! 이 시대의 가장 까다로운 이론가 중 한 명인 스티븐 캘버그는 베버의 방대한 저작들에 대한 자신의 명료한 이해를 바탕으로 미국의 골치 아픈 사회문제, 즉 지난 세기에 등장한 시민 담론의 위기 문제를 진단한다. 캘버그는 베버의 사회학을 신선하고 놀랍게 복원시킴으로써 독특한 정치문화가 근대 민주주의 체제를 유지하는 데 대단히 중요한 역할을 하는 방식을 독창적으로 투시했다.

도널드 N. 레빈, 시카고대 교수

이 보석 같은 책에서 스티븐 캘버그는 막스 베버의 눈으로 미국 정치문화의 역사적 뿌리를 파헤친다. 미국 민주주의 정신은 자립(self-reliance)과 시민참여(civic engagement)라는 양극 사이를 오가는 시계추로 파악된다. 이처럼 간결하지만 무게감 있는 책은 시계추가 멈출 때 양극화만 남게 되는 것은 아닌지 고민하는 우리에게 통찰력과 깨달음을 제공한다.

피터 카첸스타인, 코넬대 교수

스티븐 캘버그는 베버의 시각에서 현대 미국사회의 갈등 궤적을 훌륭하게 분석했다. 그의 책은 스콜라주의의 지루함을 제외하고선 아무것도 누락시키지 않았으면서도 대단히 간결하게 서술되었다. 특히 캘버그의 책은 윤리적 개인주의(ethical individualism)가 정치적 이해관계를 가진 시민단체의 밀집된 세계에서 유지되는 세속적 신조(secular creed)로 변모하는 과정, 도덕적으로 고무된 시민사회가 점점 더 관료화된 정치경제의 쇠우리(iron cage)에 대항하는 힘이 된 방식에 대한 탐구, 21세기에 이 문명적 힘의 재생산이 왜 취약하고 문제가 되는지에 대한 세심한 분석에서 빛을 발하고 있다.

마이클 슈워츠, 스토니부룩대 교수

"미국 민주주의 전통은 퓨리터니즘이라는
미국의 영원한 국보로부터 전승된 것이다."

-막스 베버, 「독일 자본주의와 농촌 사회」에서

옮긴이 서문

막스 베버는 1904년 여름, 아내와 함께 미국을 방문했다. '세인트 루이스 만국박람회 및 예술과 과학 회의'에서 강연을 요청했기 때문이다. 미국을 방문한 베버는 방대한 지역을 순회하면서 미국의 문화적 특성을 예리하게 관찰했다. 1906년 베버는 관찰 경험을 바탕으로 두 편의 짧은 논문을 작성했는데, 「북아메리카의 '교회'와 '종파': 기독교적 사회정치 스케치」[1]와 「프로테스탄트 종파와 자본주의 정신」[2]이 각각 그것이다.

평생 막스 베버를 연구한 스티븐 캘버그는 이 두 논문을 읽으면서 '미국 민주주의 정신'을 예리하게 포착했다. 그리고 그걸 세밀하게 확장해서 『미국 민주주의 정신을 찾아서』를 펴냈다.[3] 캘버그는

---

1   Max Weber, "'Churches' and 'Sects' in North America: An Ecclesiastical Socio-Political Sketch," trans. by Colin Roader, *Sociological Theory*, Vol. 3, No. 1 (1985), pp.7-13. 이 논문의 해설로는, Colin Loader and Jeffrey C. Alexander, "Max Weber on Churches and Sects in North America: An Alternative Path toward Rationalization," *Sociological Theory*, Vol. 3, No. 1 (1985), pp.1-6.

2   Max Weber, "The Protestant Sects and the Spirit of Capitalism" *in From Max Weber: Essays in Sociology*, trans. and ed. by H. H. Gerth and C. Wright Mills, New York: Oxford University Press, 1946, pp.302-322. 우리말 번역본으로는, 막스 베버, 김덕영 옮김, 「프로테스탄티즘의 분파들과 자본주의 정신」, 『프로테스탄티즘의 윤리와 자본주의 정신』, 길, 2010, pp.419-481.

3   Stephen Kalberg, *Searching for the Spirit of American Democracy: Max Weber's Analysis of a Unique Political Culture, Past, Present and Future*, Boulder: Paradigm Publishers, 2014.

이렇게 말했다.

베버는 미국 역사에서 중요한 연속성을 발견했는데, 그 까닭을 종종 종교 영역에서 찾았다. 그는 이렇게 주장했다. "일반적으로 현대인은 종교적 신념에 뿌리를 둔 우리 의식의 구성 요소가 실제로 문화와 삶의 조직에 **얼마나** 큰 영향력을 행사하는지 전혀 상상하지 못하는 것 같다." 베버는 오늘날에는 잘 보이지 않지만 17세기와 18세기 종교적 가치는 미국 정치문화가 발전할 '노선'을 마련했다고 주장했다. 금욕적 프로테스탄트, 즉 퓨리턴이 떠안은 막중한 임무를 수행하는 것, 다시 말해서 공정하고 정의로운 신의 왕국을 이 지상에 세우는 것이 17세기와 18세기 종교적 가치의 근본적 특징이었다. 이처럼 규율 바른 신도들은 독특한 **공생적 이원주의(symbiotic dualism)**를 창조했는데, 구체적으로 말하면 진취적 성격과 장애물을 치열하게 돌파하는 성격을 지닌 '세계 지배 개인주의'(world-mastery individualism)가 신의 윤리적 기준에 따라 엄격하게 조직된 응집력 있는 공동체를 세우는 목표와 결합된 것이다.

캘버그가 베버의 두 논문에서 포착한 미국 민주주의 정신이 바로 '공생적 이원주의'다. 통상 개인의 자율성을 최고로 여기는 개인주의와 공동체의 가치를 최고로 여기는 공동체주의는 상충한다. 그래서 미국 학계에서는 자유주의와 공동체주의 간의 논쟁이 오랫동안 전개되었다.4 그러나 공생적 이원주의에서는 양자가 긴장 내지

---

4   이언 샤피로는 자유주의와 공동체주의 간의 논쟁의 한계를 상세히 검토한 바 있다. 이언 샤피로, 이현휘·정성원 옮김, 「정치학적 주장에서 총괄개념의 문제점」, 『현실에서 도피하는 인문사회과학』, 인간사랑, 2018.

갈등하는 대신 상호 공존하는 특성을 보인다. 개인과 공동체 양자 모두가 초월적 신에 헌신하기 때문이다. 그래서 개인의 적극적 활동은 지상에 건설된 신의 왕국(the Kingdom of God on earth)을 뜻하는 공동체의 가치 창출에 적극 기여한다. 바로 이것이 베버가 간과한 미국 민주주의 정신의 '독특한'(unique) 특성이었다.[5] 그래서 캘버그는 '공생적'이란 수식어를 동원해서 개인주의와 공동체주의 간의 공존을 강조하고자 했다.

베버는 17세기와 18세기 퓨리터니즘을 배경으로 탄생한 공생적 이원주의의 유산이 베버가 미국을 방문했던 1904년 현재에도 미국 사회에서 관철되고 있다는 사실을 통찰했다. 캘버그는 베버가 통찰했던 공생적 이원주의의 유산이 20세기 미국에서도 여전히 관철되었다고 주장한다. 베버의 통찰은 우리가 그냥 지나쳐서는 아니 되는 몇 가지 중요한 논점들을 담고 있다. 우리말 속담에 '세 살 버릇 여든 간다'가 있다. 세 살 때 들인 버릇이 여든까지 '장기지속'한다는 뜻이다. 버릇은 들이기가 어렵지만, 일단 들이면 수정이 어렵고, 그래서 장기간 지속하는 '관성'을 지니고 있다. 사람들이 모인 집단에도 '버릇'이 있다. 그것도 일단 생겨나면 장기간 지속한다. 우리는 그런 버릇을 보통 문화 내지 관습이라고 부른다. 베버는 집단의 관습이 주로 '종교'를 배경으로 탄생한다고 주장한다. 그리고 그렇게 형성된 관습은 수십 년, 수백 년, 심지어 수천 년 지속되는 강력한 관성을 지닌다.

알프레드 노스 화이트헤드는 관습을 '루틴'으로 별칭한다. 그리

---

5   자세한 내용은, 이현휘, 「미국 혁명의 종교적 기원(II): 자유주의, 공화주의, 그리고 캘빈주의」, 『화이트헤드연구』 12집, 2006, pp.75-113.

고 그 루틴이 인간의 사회적, 역사적, 문화적 현실(reality)에서 결정적으로 중요한 차원을 구성한다고 강조한다. "루틴은 모든 사회체계의 신과 같은 것이다(Routine is the god of every social system). … 사회생활이 루틴에 근거하고 있다는 점을 이해하는 데서 곧 지혜가 시작된다. 사회의 구석구석까지 루틴이 스며 있지 않으면 문명은 소멸하고 만다. 예리한 지성의 소산인 수많은 사회학적 학설들이 이렇게 근본적인 사회학적 진리를 망각함으로써 와해의 길을 걷고 있다."6

화이트헤드가 비판한 '수많은 사회학적 학설들'이란 구체적으로 이미 완전히 파산한 '근대 세계관'에 터를 두고서 구성된 '근대' 인문사회과학의 학설을 의미한다. 바로 그러한 근대 인문사회과학이 현재 주류 인문사회과학으로 군림하고 있고, 대학 강의실에서 학생들에게 아무런 거리낌 없이 고스란히 전수되고 있다. 화이트헤드는 그런 문제의 현실을 단적으로 비판한다.

우리가 17세기부터 현재까지 과학사상이 전개된 일련의 과정을 개관할 경우, 두 가지 기이한 사실을 이내 발견할 수 있다. 첫째는 자연과학이 발전을 거듭하는 동안 최초의 상식적 관념이 지녔던 특징을 하나씩 점차 폐기시켰다는 점이다. 이제 그런 관념 중 '우주'를 해석하는 데 도움을 줄 수 있는 중요한 특성을 표현하는 것은 하나도 남아 있지 않다. 명백한 것처럼 보였던 상식적 관념은 모든 해석의 기초로 작용하는 기능에 관한 한 완전히 폐기되었다. 모든 항목이 차례로 당초의 지위를 박탈당했다.

---

6   Alfred N. Whitehead, *Adventures of Ideas*, New York: The New American Library, 1955, pp.96-97.

17세기 이래 과학사상에서 확인할 수 있는 또 하나의 두드러진 특징이 있다. 그러한 상식적 관념이 인류의 일상생활에서는 여전히 최고의 영향력을 행사한다는 사실이 바로 그것이다. 그것은 시장에서, 운동장에서, 법정에서, 그리고 사실상 인류의 사회적 교류 일반에서 여전히 지배적인 권세를 부리고 있다. 그것은 각종 문헌을 압도하고 있으며, 모든 인문학의 전제로 수용되고 있다. 따라서 자연과학은 인문학의 근본전제와 상충한다. 그러다 보니 양자를 화해시키려는 시도는 종종 어떤 종류의 신비주의를 전제하곤 한다. 그러나 일반적으로 양자 간의 화해란 불가능한 것이다.[7]

그러나 베버는 근대 세계관을 자각적으로 비판하면서 '탈근대' 사회과학의 지평을 선구적으로 열어냈다. 이 문제는 해제1, 「막스 베버와 탈근대 사회과학의 재발견」에서 화이트헤드의 철학에 입각해서 입증했다. 따라서 『미국 민주주의 정신을 찾아서』는 베버의 탈근대 사회과학의 시각에서 미국 민주주의의 관습 내지 루틴을 선구적으로 성찰한 역저라고 할 수 있다.

많은 학자들이 미국 민주주의의 각종 문제점을 비판했고, 지금도 비판하고 있다. 하지만 캘버그는 그들의 비판이 대부분 미국 민주주의의 '현상'에 국한되었을 뿐, 미국 민주주의의 관습은 간과했다고 반박한다. 캘버그가 볼 때 '공생적 이원주의'가 응축된 미국 민주주의 관습은 여전히 건재하며, 따라서 미국 민주주의의 각종 문제적 현상을 결국 극복해나갈 수 있을 것으로 전망한다.

그러나 리하르트 뮌히(Richard Münch)의 비판은 그냥 넘길 수 없

---

7   Alfred N. Whitehead, *Modes of Thought*, New York: Cambridge University Press, 1956, pp.177-178.

다. 뮌히는 베버를 전문적으로 연구한 학자이며, 따라서 '관습'도 잘 알고 있다. 그는 기독교를 배경으로 형성된 중세 유럽의 관습이 근대 유럽의 각국에서, 구체적으로 영국, 프랑스, 독일, 미국에서 상이하게 전개되는 양상을 베버의 비교사회학적 시각에서 명료하게 밝힌 책, 『근대성의 윤리: 영국, 프랑스, 독일, 미국에서 형성되고 변형된 과정』을 저술했다.8 그런 뮌히는 『미국 민주주의 정신을 찾아서』의 서평에서 캘버그의 연구 성과를 높게 평가했다. 그러면서도 서평 말미에서 다음과 같은 문제를 제기했다.

캘버그의 연구는 막스 베버의 사회과학방법론 전반의 설명력과 자신의 미국 정치문화 분석의 타당성을 설득력 있게 부각시켰다. 또한 캘버그는 미국 정치문화 발전을 보다 정확하게 이해하고 설명하기 위해 베버의 분석을 자신의 연구 노선에 따라 어떻게 확장할 수 있는지를 설득력 있게 보여주었다. 다만 비교의 관점에서 미국 정치문화의 최근 양상을 성찰한 내용이 다소 부족하다고 본다. 나는 작금의 미국에서 시민사회 분열의 심화, 종교적 우파의 부상, 미디어의 정치적 양극화, 의회를 지배하는 금권 로비, 사회적 불평등의 심화, 일종의 금권정치(plutocracy)의 부상 등을 주목하게 된다. 바로 이러한 미국 민주주의의 문제들도 캘버그가 베버의 관점에서 반드시 다루어야 할 주제라고 본다. 그래야만 그의 분석이 더욱 업데이트 될 수 있기 때문이다.9

---

8   Richard Münch, *The Ethics of Modernity: Formation and Transformation in Britain, France, Germany, and the United States*, New York: Rowman & Littlefield Publishers, Inc., 2001.

9   Richard Münch, "Review: Searching for the Spirit of American Democracy: Max Weber's Analysis of a Unique Political Culture, Past, Present, and

뮌히의 이런 비판은 미국 민주주의의 '현상'에 국한된 비판이 아니다. 그러면 누가 옳은가? 시간이 좀 더 흐르면 캘버그와 뮌히의 주장 중 누구의 주장이 더욱 설득력 있는지가 구체적으로 판명될 것이다.

그러나 베버에 따르면 사회과학은 결코 늙을 수 없는 학문이다. 시대는 변하고, 따라서 시대의 문제도 변한다. 그러면 사회과학은 자리에서 일어나 변화된 문제의 빛을 다시 추적하고, 그 문제를 분석할 새로운 개념을 구성해야 한다. 따라서 영원불변의 사회과학적 법칙이란 결코 존재할 수 없다. 베버는 이렇게 역설한다.

영원한 젊음을 운명으로 하는 학문들이 있는데, 모든 **역사적** 학문영역이 여기에 속한다. 역사적 학문영역이란, 문화의 영원히 전진하는 흐름이 항상 새로운 문제를 안겨다 주는 그러한 학문영역이다. 이 학문영역에서는 **모든** 이념형적 개념구도는 **일시적인 것이며**, 동시에 이 영역의 학문들은 불가피하게 항상 **새로운** 이념형적 개념구도들을 구성해야 할 과업을 안고 있는 것이다.10 ... 전문화시대에 있어서 모든 문화과학적 연구는 일단 특정한 문제설정을 하나의 특정한 소재에 적용하고 자신의 방법적 원칙들을 정립한 후에는, 이 소재의 분석을 목적 그 자체로 간주하게 되는 경향이 있다. 그래서 개별적 사실들의 인식가치를 궁극적인 가치이념에 준거하여

Future by Stephen Kalberg," *Comparatively Sociology*, Vol. 45, No. 3, 2016, p.323.

10 막스 베버, 전성우 옮김, 「사회과학적 그리고 사회정책적 인식의 객관성」, 『막스 베버 사회과학방법론 선집』, 나남, 2011, p.109.

항상 의식적으로 통제하는 작업을 하지 않게 되며, 이런 소재분석이 바로 이 궁극적 가치이념에 뿌리박고 있다는 사실 그 자체마저 의식하지 않게 된다. 그리고 이것은 그런대로 용납할 수 있다. 그러나 언젠가는 색채가 변한다. 숙고되지 않은 채 사용된 관점들의 의미가 불확실해지고, 길은 어스름 속으로 사라져간다. 거대한 문화적 문제들의 빛은 이제 자리를 옮긴 것이다. 그러면 이제 과학도 자신의 위치와 개념도구를 바꾸고 착상의 고지에서 사건의 흐름을 내려다볼 채비를 하게 된다. 과학은 자신의 작업에 의미와 방향을 제시할 수 있는 그러한 성좌들을 새로이 찾아 나선다.

… 새로운 충동이 눈을 뜨고,
나는 서둘러 떠난다, 여신의 영원한 빛을 마시기 위해,

낮을 안고, 밤을 등지고,
위에는 하늘, 아래는 파도를 굽어보며.[11]

주지하듯 한국 민주주의는 미국에서 '직수입'했다. 그런데도 한국 민주주의는 미국 민주주의와 크게 다른 방식으로 작동한다. 미국에선 찾아볼 수 없는 정치적 파행이 고질적으로 반복되기도 한다. 왜 그런 것일까? 한마디로 미국 민주주의를 지지하는 관습과 한국 민주주의를 지지하는 관습이 현저하게 다르기 때문이다. 미국 고유의 문화적 토양에서 육성된 민주주의적 관습은 한국에 직수입할 수 있는 것이 결코 아니었다. 나는 이런 문제에 착안해서 2013년 「프로

---

11 같은 논문, p.119.

테스탄트 종파와 미국의 민주적 토론정신」이란 제목의 논문을 발표한 바 있다.12 캘버그처럼 베버의 「프로테스탄트 종파와 자본주의 정신」을 정밀하게 읽으면서 미국 민주주의를 지지하는 관습의 특성을 포착하고, 그것이 한국 고유의 관습과 어떻게 다른 가를 밝히고자 했다. 그 논문은 캘버그와 다른 시각에서 미국 민주주의 정신을 파악하고, 그것이 한국 민주주의에 던지는 함의를 생각해 볼 수 있는 자료가 될 수도 있을 것 같다. 그래서 그 논문을 이 책의 해제로 첨부한다.

출판사에 최종 원고를 넘기려고 할 즈음, 12 · 3 계엄이 터졌다. 외면할 수 없었다. 도대체 어떻게 세계가 칭송하는 한국 민주주의에서 계엄이 터질 수 있단 말인가? 그래서 베버의 시각에서 12 · 3 계엄의 궁극적 원인을 추적하는 논문을 서둘러 작성했다. 베버의 사회학적 시각에서 계엄을 반복적으로 탄생시키는 관습의 궁극적 원천을 추적하고자 했다. 그렇게 작성한 논문 또한 해제로 첨부한다. 부족하나마 두 편의 해제가 한국 민주주의 공고화 문제를 해결하는 데 조금이나마 기여할 수 있기를 희망한다.

*

나는 10여 년 전에 스티븐 캘버그 교수님과 『미국 민주주의 정신을 찾아서』 번역을 약속했다. 그러나 나의 삶의 이런저런 사정으로 번역을 하지 못했다. 그런데도 캘버그 교수님은 그 오랜 세월 동안

---

12 이현휘, 「프로테스탄트 종파와 미국의 민주적 토론정신」, (사)한국정치평론학회 편, 『한국 민주주의와 언론자유 그리고 그 위기』, 인간사랑, 2013, pp.363-405.

나에게 단 한 차례도 싫은 소리를 하지 않으셨다. 화를 잘 내는 나로서는 도저히 상상할 수 없는 일이었다. 너무 늦게나마 캘버그 교수님에게 미안한 마음과 고마운 마음을 함께 전한다.

박승관 교수님께 감사를 드린다. 뒤늦게 번역에 착수한 나에게 박승관 교수님께서 많은 도움을 주셨다. 우리말 표현이 쉽지 않은 번역어로 고심하는 나에게 곧바로 활로를 열어주셨고, 대부분의 번역원고를 읽어주시면서 수많은 코멘트를 해주셨다. 그 코멘트는 언제나 예리한 통찰로 번득였다. 나는 바로 그 통찰에 '취해서' 번역작업의 지루함을 견딜 수 있었다.

권용립 교수님께 감사를 드린다. 나는 대학원 입학 때부터 미국을 공부하고 싶었다. 그러나 미국정치 과목은 계속 개설되지 않았다. 할 수 없이 도서관과 서점을 전전하면서 미국 관련 좋은 책을 찾았다. 그러나 그런 책 또한 보이지가 않았다. 그러다가 2000년 6월 16일, 평소 자주 찾던 교보문고 사회과학 코너 책장 오른편 맨 끝 구석에 꽂힌 낯선 책 한권을 발견했다. 빛바랜 표지도 낯설었지만, 무엇보다도 『미국-보수적 정치문명의 사상과 역사』라는 제목이 매우 낯설었다. 1991년에 출간된 책이었으니 거의 10년 만에 접하는 순간이었다. 하지만 책 목차를 보니 낯섦 대신 어떤 친숙함이 다가왔다. 당시 내가 구상하던 박사학위논문의 시각과 유사한 부분이 많았기 때문이다. 그 이후 나는 권 교수님에게 전화로 질문을 하면서 미국을 공부했다. 휴대폰이 없던 시절, 한 번 전화를 하면 1시간을 훨씬 넘겨 2시간 가까이 진행되는 경우가 대부분이었다. 얼굴도 모른 채 무려 1년 넘게 그런 식의 통화가 계속되었다. 나는 지금도 권 교수님 말씀을 들으면서, 또 권 교수님 글을 거듭 읽으면서 미국을 배운다. 『미국 민주주의 정신을 찾아서』를 큰 어려움 없이 번역할 수 있었던 것도 권 교수님 덕분이 아닐 수 없다.

    문창옥 교수님께 감사드린다. 대학원 입학 당시 내가 가지고 있던 또 하나의 관심은 '국제정치이론'이었다. 이론을 잘 알아야만 국제정치를 정확하게 파악할 수 있을 것이라고 판단했기 때문이다. 그러나 국제정치이론은 아무리 공부해도 피부에 와닿지가 않았다. 공부를 하면 할수록 오히려 더욱 와닿지가 않았다. 나는 뒤늦게 국제정치이론이 뿌리를 둔 '철학'이 문제라는 사실을 깨달았다. 석사 논문을 쓰고 난 1997년, 나에게 연세대 대학원 철학과 화이트헤드 세미나에 참여할 수 있는 기회가 찾아왔다. '천우신조'였다! 그 이후 30여 년의 세월이 지난 지금 현재까지 문창옥 교수님은 나의 화이트헤드 공부를 도와주셨다. 수많은 질문에 답해주셨고, 수많은 책과 자료를 다 빌려주셨다. 내가 자주 보는 『과정과 실재』 복사본 표지를 넘기면 문 교수님 도장이 찍혀 있다. 『과정과 실재』 역시 문 교수님 책을 빌려서 복사했기 때문이다. 이번에도 문 교수님은 해제1, 「막스 베버와 탈근대 사회과학의 재발견」에서 제1절, '19세기 방법론 논쟁과 막스 베버의 탈근대 사회과학'을 철학적으로 검증해주셨다. 막스 베버의 사회학이 탈근대 사회과학의 지평을 선구적으로 개창했다는 사실이 화이트헤드의 철학에 입각해서 공인되는 순간이었다!

2025년 6월 7일
미사강변 아침 바람 속에서

감사의 말씀

아마도 내가 1997년에 발표한 논문, 「토크빌과 베버」에서 이 책을 처음 구상했던 것 같다. 이후 수년의 세월이 흐르면서, 특히 보스턴대학교에서 나의 정치문화 세미나에 참여한 학생들과 토론을 하면서, 수많은 주제들이 나의 머릿속에서 더욱 명료하게 자리를 잡기 시작했다. 내가 각별히 감사의 마음을 전하고 싶은 학생들이 있는데, 사려 깊은 코멘트를 해준 메리엄 애리프, 크리스토퍼 번즈, 조피아 에드워즈, 마이클 페론, 프리안카 코타디스, 유이치 모토리, 스테파니 모트, 테레자 노보트나, 로렌 올롭슨, 서맨사 릭스, 테레사 스트라칠라 등이 각각 그들이다.

몇몇 동료 학자들은 나에게 어려운 질문을 제기했다. 그래서 나는 이 책의 핵심 챕터들을 반복해서 수정해야만 했다. 그들의 제안으로 이 연구는 훨씬 개선되었다. 그들의 도움이 없었다면 결코 도달할 수 없는 성과였다. 로버트 J. 안토니오, 제임스 R. 켄트, 찰스 레머트, 도널드 닐슨, 겐터 로스, 로렌 A. 스카프 등에게 깊은 감사의 마음을 전한다.

끝으로 내가 해외에서 수년 동안 살았던 경험이 없었다면 이 책이 지금과 같은 모습으로 나왔을 거라고 상상하기 어렵다. 나는 유럽의 친구들과 미국사회의 성격에 관해 수많은 토론을 하면서 많은 도움을 받았다. 그들은 나에게 미국의 정치문화를 "때론 멀리서 때론 가까이서" 볼 수 있는 능력을 부여해주었다.

목차

추천사 5
옮긴이 서문 9
감사의 말씀 21

서론 27
정치문화 접근법과 미국 민주주의 정신 40
막스 베버를 주목함: 미국 정치문화의 과거, 현재, 미래 43
미국 정치문화 핵심의 윤곽과 장기간의 역사적 전개 47
책의 개요 50

1장 미국 정치문화의 토대 I: 57
금욕적 프로테스탄티즘이 초기 미국 정치문화의 초석을 이룸
세계 지배 개인주의: 종교적 기원 59
공동체의 역동성: 종교적 기원 65
    지상에서 신의 왕국을 창조함 66
    윤리적 공동체-회중 69

테스탄트 종파와 미국의 민주적 토론정신」이란 제목의 논문을 발표한 바 있다.12 캘버그처럼 베버의 「프로테스탄트 종파와 자본주의 정신」을 정밀하게 읽으면서 미국 민주주의를 지지하는 관습의 특성을 포착하고, 그것이 한국 고유의 관습과 어떻게 다른 가를 밝히고자 했다. 그 논문은 캘버그와 다른 시각에서 미국 민주주의 정신을 파악하고, 그것이 한국 민주주의에 던지는 함의를 생각해 볼 수 있는 자료가 될 수도 있을 것 같다. 그래서 그 논문을 이 책의 해제로 첨부한다.

출판사에 최종 원고를 넘기려고 할 즈음, 12·3 계엄이 터졌다. 외면할 수 없었다. 도대체 어떻게 세계가 칭송하는 한국 민주주의에서 계엄이 터질 수 있단 말인가? 그래서 베버의 시각에서 12·3 계엄의 궁극적 원인을 추적하는 논문을 서둘러 작성했다. 베버의 사회학적 시각에서 계엄을 반복적으로 탄생시키는 관습의 궁극적 원천을 추적하고자 했다. 그렇게 작성한 논문 또한 해제로 첨부한다. 부족하나마 두 편의 해제가 한국 민주주의 공고화 문제를 해결하는 데 조금이나마 기여할 수 있기를 희망한다.

*

나는 10여 년 전에 스티븐 캘버그 교수님과 『미국 민주주의 정신을 찾아서』 번역을 약속했다. 그러나 나의 삶의 이런저런 사정으로 번역을 하지 못했다. 그런데도 캘버그 교수님은 그 오랜 세월 동안

---

12 이현휘, 「프로테스탄트 종파와 미국의 민주적 토론정신」, (사)한국정치평론학회 편, 『한국 민주주의와 언론자유 그리고 그 위기』, 인간사랑, 2013, pp.363-405.

나에게 단 한 차례도 싫은 소리를 하지 않으셨다. 화를 잘 내는 나로서는 도저히 상상할 수 없는 일이었다. 너무 늦게나마 캘버그 교수님에게 미안한 마음과 고마운 마음을 함께 전한다.

박승관 교수님께 감사를 드린다. 뒤늦게 번역에 착수한 나에게 박승관 교수님께서 많은 도움을 주셨다. 우리말 표현이 쉽지 않은 번역어로 고심하는 나에게 곧바로 활로를 열어주셨고, 대부분의 번역원고를 읽어주시면서 수많은 코멘트를 해주셨다. 그 코멘트는 언제나 예리한 통찰로 번득였다. 나는 바로 그 통찰에 '취해서' 번역 작업의 지루함을 견딜 수 있었다.

권용립 교수님께 감사를 드린다. 나는 대학원 입학 때부터 미국을 공부하고 싶었다. 그러나 미국정치 과목은 계속 개설되지 않았다. 할 수 없이 도서관과 서점을 전전하면서 미국 관련 좋은 책을 찾았다. 그러나 그런 책 또한 보이지가 않았다. 그러다가 2000년 6월 16일, 평소 자주 찾던 교보문고 사회과학 코너 책장 오른편 맨 끝 구석에 꽂힌 낯선 책 한권을 발견했다. 빛바랜 표지도 낯설었지만, 무엇보다도 『미국-보수적 정치문명의 사상과 역사』라는 제목이 매우 낯설었다. 1991년에 출간된 책이었으니 거의 10년 만에 접하는 순간이었다. 하지만 책 목차를 보니 낯섦 대신 어떤 친숙함이 다가왔다. 당시 내가 구상하던 박사학위논문의 시각과 유사한 부분이 많기 때문이다. 그 이후 나는 권 교수님에게 전화로 질문을 하면서 미국을 공부했다. 휴대폰이 없던 시절, 한 번 전화를 하면 1시간을 훨씬 넘겨 2시간 가까이 진행되는 경우가 대부분이었다. 얼굴도 모른 채 무려 1년 넘게 그런 식의 통화가 계속되었다. 나는 지금도 권 교수님 말씀을 들으면서, 또 권 교수님 글을 거듭 읽으면서 미국을 배운다.『미국 민주주의 정신을 찾아서』를 큰 어려움 없이 번역할 수 있었던 것도 권 교수님 덕분이 아닐 수 없다.

문창옥 교수님께 감사드린다. 대학원 입학 당시 내가 가지고 있던 또 하나의 관심은 '국제정치이론'이었다. 이론을 잘 알아야만 국제정치를 정확하게 파악할 수 있을 것이라고 판단했기 때문이다. 그러나 국제정치이론은 아무리 공부해도 피부에 와닿지가 않았다. 공부를 하면 할수록 오히려 더욱 와닿지가 않았다. 나는 뒤늦게 국제정치이론이 뿌리를 둔 '철학'이 문제라는 사실을 깨달았다. 석사 논문을 쓰고 난 1997년, 나에게 연세대 대학원 철학과 화이트헤드 세미나에 참여할 수 있는 기회가 찾아왔다. '천우신조'였다! 그 이후 30여 년의 세월이 지난 지금 현재까지 문창옥 교수님은 나의 화이트헤드 공부를 도와주셨다. 수많은 질문에 답해주셨고, 수많은 책과 자료를 다 빌려주셨다. 내가 자주 보는『과정과 실재』복사본 표지를 넘기면 문 교수님 도장이 찍혀 있다.『과정과 실재』역시 문 교수님 책을 빌려서 복사했기 때문이다. 이번에도 문 교수님은 해제1,「막스 베버와 탈근대 사회과학의 재발견」에서 제1절, '19세기 방법론 논쟁과 막스 베버의 탈근대 사회과학'을 철학적으로 검증해주셨다. 막스 베버의 사회학이 탈근대 사회과학의 지평을 선구적으로 개창했다는 사실이 화이트헤드의 철학에 입각해서 공인되는 순간이었다!

2025년 6월 7일
미사강변 아침 바람 속에서

감사의 말씀

아마도 내가 1997년에 발표한 논문, 「토크빌과 베버」에서 이 책을 처음 구상했던 것 같다. 이후 수년의 세월이 흐르면서, 특히 보스턴대학교에서 나의 정치문화 세미나에 참여한 학생들과 토론을 하면서, 수많은 주제들이 나의 머릿속에서 더욱 명료하게 자리를 잡기 시작했다. 내가 각별히 감사의 마음을 전하고 싶은 학생들이 있는데, 사려 깊은 코멘트를 해준 메리엄 애리프, 크리스토퍼 번즈, 조피아 에드워즈, 마이클 페론, 프리안카 코타디스, 유이치 모토리, 스테파니 모트, 테레자 노보트나, 로렌 올롭슨, 서맨사 릭스, 테레사 스트라칠라 등이 각각 그들이다.

몇몇 동료 학자들은 나에게 어려운 질문을 제기했다. 그래서 나는 이 책의 핵심 챕터들을 반복해서 수정해야만 했다. 그들의 제안으로 이 연구는 훨씬 개선되었다. 그들의 도움이 없었다면 결코 도달할 수 없는 성과였다. 로버트 J. 안토니오, 제임스 R. 켄트, 찰스 레머트, 도널드 닐슨, 겐터 로스, 로렌 A. 스카프 등에게 깊은 감사의 마음을 전한다.

끝으로 내가 해외에서 수년 동안 살았던 경험이 없었다면 이 책이 지금과 같은 모습으로 나왔을 거라고 상상하기 어렵다. 나는 유럽의 친구들과 미국사회의 성격에 관해 수많은 토론을 하면서 많은 도움을 받았다. 그들은 나에게 미국의 정치문화를 "때론 멀리서 때론 가까이서" 볼 수 있는 능력을 부여해주었다.

목차

추천사	5
옮긴이 서문	9
감사의 말씀	21

서론 27
    정치문화 접근법과 미국 민주주의 정신   40
    막스 베버를 주목함: 미국 정치문화의 과거, 현재, 미래   43
    미국 정치문화 핵심의 윤곽과 장기간의 역사적 전개   47
    책의 개요   50

1장 미국 정치문화의 토대 I: 57
금욕적 프로테스탄티즘이 초기 미국 정치문화의 초석을 이룸
    세계 지배 개인주의: 종교적 기원   59
    공동체의 역동성: 종교적 기원   65
        지상에서 신의 왕국을 창조함   66
        윤리적 공동체-회중   69

2장 미국 정치문화의 토대 II: 75
영국 식민지 시기 미국, 초기 미국, 그 이후 시기 프로테스탄트 종파들

『프로테스탄트 윤리와 자본주의 정신』을 넘어서: 80
"프로테스탄트 종파" 연구

종파와 교회 82

프로테스탄트 종파의 사회심리적 역동성: 85
"자신을 꿋꿋이 지키는" 개인주의, 종파에 순응,
삶의 양식을 체계적-합리적 방식으로 조직함

퓨리턴 종파들: 민주적 거버넌스, 양심의 자유, 92
그리고 세속적 권위에 대한 저항

3장 그룹들을 형성하는 미국 정치문화의 "탁월한 힘": 95
프로테스탄트 종파로부터 시민단체, 시민사회,
19세기 실용적-윤리적 행동에 이르기까지

"미국사회는 모래더미가 아니다" 98

회중의 가치가 커뮤니티로 확산되면서 시민사회가 형성됨 102

공적 이상과 시민윤리의 유지: "실용적-윤리적 행동"과 107
새로운 공생적 이원주의

4장 19세기 말과 20세기 초 미국 정치문화: 111
강력한 개인주의와 작은 국가의 복합체

미국 산업화 시대의 국가관 113

미국의 특수성을 포착함: 독일 산업화 시기의 국가관과 117
실용적-윤리적 행동의 일탈

5장 베버리언 모델: 123
20세기 미국 시민사회의 해체

근대세계: 일종의 쇠우리?   125

베버리언 모델: 미국 시민사회의 해체   133

  노동의 사유화와 실용적 합리주의의 확산   134

  미국의 "유럽화"에 따른 시민사회의 위축   136

  "물질적 상품의 권력"에 의한 시민사회의 위축   138

6장 보완적 모델: 143
베버리언 모델을 확장함

일반화 모델: 시민사회의 장기지속성   144

  2004년 미국 대통령 선거에서 도덕적 가치가 수행한 역할: 147
  일반화 모델 응용 사례

전문가 단체 모델: 프로테스탄트 종파 유산의 재편과 축소   152

갈등 모델: 경쟁적 시민사회   157

7장 결론: 165
막스 베버가 분석한 미국 민주주의 정신의 과거, 현재, 미래

베버의 주장을 다시 검토함   169

  영국 식민지 시기 미국의 공생적 이원주의   169

  19세기: 시민 지향적 개인주의와 새로운 공생적 이원주의   172

독특한 미국 사례의 교훈은?   179

베버의 분석양식: 정치문화 연구   185

부록 1 막스 베버의 미국 여행: 관찰과 영향   191

부록 2 『프로테스탄트 윤리와 자본주의 정신』: 간략한 요약   203

용어 해설   217
크레디트   231

해제 1 막스 베버와 탈근대 사회과학의 재발견: 233
12·3 계엄령을 사례로

해제 2 프로테스탄트 종파와 미국의 민주적 토론정신   311

참고문헌   351
찾아보기   362

서론

　2012년 미국 대통령 선거운동 때 일련의 축선을 따라 논쟁이 치열하게 전개되었지만, 가장 중요한 분할선 하나가 선명하게 그어졌다. "나는 나 스스로 해낼 수 있습니다"(I can make it on my own)라는 자립적 슬로건이 "우리는 모두 함께합니다. 우리는 우리 모두가 공유하는 국가 공동체를 창조해야 합니다"(We are all in this together, and we must create a sharing national community)라는 또 하나의 친숙한 슬로건과 선명하게 대비되었다. 작은 정부와 강한 개인을 강조하는 밋 롬니 주지사의 호소와 공동체 정신을 강조하는 버락 오바마 대통령의 호소 모두가 미국 전역에 울려 퍼졌다. 자립을 강조하는 롬니의 주장과 공동체 공유 정신을 강조하는 오바마의 주장은 얼핏 보면 상충하는 것 같지만, 그 두 축은 모두 미국 **민주주의 정신**의 핵심적 구성 요소다. 더욱이 두 축의 역사적 기원은 미국 역사 초기까지 거슬러 올라간다.

　두 축은 17세기 존 윈스럽이 매사추세츠 주지사로 재임하던 시절부터 이미 확고하게 자리를 잡았다. 윈스럽은 신의 위엄을 입증할 수 있는 "언덕 위의 빛나는 도시"(the shining city on the hill)를 창조하려면 우리 모두가 반드시 "공공선"을 위해 "함께 헌신해야 한다"라고 선포했다. 하지만 우리는 신 앞에 선 단독자로서 우리 자신의 신념과 우리 자신의 운명에 책임을 져야만 한다고도 강조했다.

이런 스펙트럼은 자유를 강조한 토머스 제퍼슨 지지자들이나 국익을 강조한 알렉산더 해밀턴 지지자들과 연대한 미국 국부들 사이에서도 대단히 선명하게 드러났고, 19세기에도 마찬가지였다. 이제 "투지 넘치는 개인들"은 "독자적 힘으로" 인생을 개척했고, "다부진 개인들"은 서부로 나가 프런티어를 개척했다. 다른 미국인들은 미국에 새로 유입되는 이민자들을 도와주었고, 그들의 공동체를 "지원하기" 위해서 자원 봉사 단체를 조직했다. 따라서 "공공 서비스 활동"과 자선사업 활동이 미국 전역으로 확대되었다.

이러한 두 축은 20세기 내내 미국사회에서 약동했다. 실제로 사적 이익을 추구함과 "동시에" 시민의 공적 가치를 추구하는 미국인의 오리엔테이션은 미국사회의 거대한 변혁에도 불구하고 꾸준히 지속되었다. 주로 소농들로 구성되었던 신생국 미국은 공장과 사무실에서 고도의 전문적 과업을 수행하는 도시 거주자의 나라로 변모했다. 그런데도 개인의 자립성과 공동체에 헌신하는 정신이 탄력적으로 병존하는 양상은 미국사회의 놀라운 특징이었다. 18세기에 미국을 방문한 사람은 아마도 오늘날의 미국 정치 풍경을 목격했을 것이다.

이러한 이상은 지금도 미국에서 여전히 살아 있다. 자립을 추구하는 사람들의 "나는 할 수 있다"(the "can-do") 태도는 공동체의 복지에 대한 개인의 헌신적 태도와 병존하는데, 경우에 따라서는 융합하기까지 한다. 미국인은 "자수성가 스타일이고," 독립적 마인드를 가지고 있으며, "개인의 기회"와 상향 이동 경로를 스스로 선택해서 꾸준히 추구한다. 대부분의 미국인은 "정부의 행동"이 단지 부분적으로만 정당하다고 믿는다. 하지만 우리는 또한 존 F. 케네디가 모든 미국인에게 촉구한 것처럼 서로에 대한 책임감을 느끼며, 우리나라의 **시민적** 삶의 양식에 기여할 준비가 되어 있다.[1] 미국인의 "공동 유대감"과 "운명공동체 의식" 때문에 시민적 삶의 개선을 위해 헌신하는 공공 서비스를 기대할 수 있다. 우리는 자원봉사를 다른 나라 시민들보다 훨씬 많이 하며, 우리 공동체를 개선하기 위한 "헌신"에 관해서 자주 이야기한다. 우리는 미국이 지구상에서 "자비로운 나라"가 되기를 바란다. 미국에서는 개인주의도 찬양한다. 그러나 과도한 개인주의는 "이타적 참여"와 시민적 요소가 결여되어 있다는 이유로 비난을 받는다.[2]

미국의 정치적 스펙트럼에서 이러한 두 축은 미국 역사 내내 꾸준히 지속되었고 또 서로 협력하면서 영향력을 행사했지만, 때로는 상호 적대적 관계로 전락한 경우도 있었다. 2012년 미국 대통령 선거운동 내내 극적으로 분출한 높은 수준의 적대감은 두 축의 이반을 분명하게 보여주는 사례였다. 주요 정당이 두 축 중 하나를 전유했다. 그러자 두 축은 각자의 노선을 걷는 듯했다.

2012년 대통령 선거는 표면 바로 아래에 잠복된 단층선을 드러냈다. 표면의 이면에서 완고하게 지속되던 그것은 이제 다시 한번 뚜렷하게 모습을 드러낸 것이다. 단도직입적으로 질문하지 않을 수

---

[1] "당신의 나라가 당신을 위해서 무엇을 할 수 있는지를 묻지 '말고,' '당신이' 당신의 나라를 위해서 무엇을 할 수 있는지를 물어야 합니다."(미국 대통령 취임연설, 1960년 1월)

[2] 이 문단에서 사용한 대부분의 용어는 오바마의 대통령 선거운동 연설과 2012년 11월 7일에 발표한 그의 대통령 당선 연설에서 확인할 수 있다.

서론

없다. 이러한 두 축의 분열 양상은 선거 운동 레토릭으로 악화되긴 했지만, 기존의 친숙한 정치적 스펙트럼에서 정상적으로 진동하는 또 다른 모습 중 하나인가? 아니면 이 나라의 균열선이 노골적 형태로 새로 생겨나서 300년간 지속된 진자운동에 진정한 혼란을 가져온 것일까? 미국사회에 부여한 내적 나침반, 즉 자립과 공동체 공유를 함께 아우르는 스펙트럼이 이제 무너지고 만 것일까? 미국의 정치적 풍경은 이제 심각한 위기의 국면에 접어든 것일까?

최근 수많은 관찰자들이 미국 정치의 깊은 분열과 공동체 정신의 와해에 주목했다. 그들은 노동조합, 로터리 클럽, 학부모와 교사 협의회 등 다양한 조직에서 참여율이 하락하는 현상을 상세히 기록했다. 논평가들은 집단 참여율이 감소하면 개인은 고립되는데, 그로 인해 지역, 주, 연방 차원 등에서 개인의 정치적 영향력 또한 감소한다고 주장했다. 심지어 "강인한 정신을 소유한 개인들"조차도 점차 무력감을 느끼게 된다는 것이다.

이러한 분석가들은 미국 민주주의 정신을 위협하는 새로운 의사결정 방식이 자리를 잡았다고 주장했다. 즉, 시민활동이 쇠퇴하면서 개인의 이익이 전면에 등장했다는 것이다. 많은 관찰자들은 그와 마찬가지로 공동체 결속력이 와해되고, 생활의 전반적 사유화가 뒤따랐다고 주장했다. 자신이 속한 공동체에 봉사할 **의무**가 있다는 관념도 점차 시들어졌다. "공동체 프로젝트"가 사실은 사적 이익을 추구하고 시민적 요소를 결여한 프로젝트라는 사실이 종종 밝혀졌다. 우리가 "공유하는 운명체"라는 상투어도 종종 거짓처럼 보였다.

미국인은 점점 더 "혼자서 볼링을 친다"는 로버트 퍼트넘의 비유는 이러한 시민사회(civic sphere) 그 자체의 모순을 잘 포착했다고 본다. 많은 학자들은 이런 추세를 억제하거나 축소시킬 방안으로 프랑스 근대 사회학의 창시자 에밀 뒤르케임을 따라서 다양한 사회화 메커니즘의 강화를 제안한다. 또한 그들은 뒤르케임과 알렉시 드 토크빌을 따라서 각종 시민단체(civic associations)의 활동을 강화하고자 했다. 그러면 과연 이런 방법으로 미국 민주주의 정신의 활력을 다시 살려낼 수 있을까?3

아주 최근 몇 년 사이에 새로운 연구자들이 "미국 위기" 논의에 참여하면서 강조점 또한 바뀌었다. 미국의 "새로운 위기"를 주장하는 논객들 역시 시민 영역의 활력이 여전히 필수불가결한 요소라고 주장한다. 그러나 그들은 미국처럼 권력과 부가 소수 엘리트에 집중된 사례가 늘어나는 곳에서는 시민 영역의 활력을 기대할 수 없다고 주장했다. 많은 논객들은 정치적 권력과 경제적 부의 폭넓은 분배가 당장의 경제적 이익을 넘어 참여와 봉사를 지향하는 중산층이 존재할 수 있는 사회적 전제조건을 구성한다고 주장했다. 따라서 그들은 사회화 메커니즘을 강화하고 시민단체를 활성화시킨다고 해서 미국사회의 이러한 깊은 역기능 문제를 해결할 수 없다고

---

3   수많은 언론인과 학자가 이런 주제로 수백 권에 달하는 책을 펴냈다. 1990년대와 2000년대에 활동한 유명한 "공동체주의자들"이 쓴 책으로 다음과 같은 사례를 꼽을 수 있다. Putnam 2000; Etzioni 1997, 1998; Etzioni, Volmert, and Rothschild 2004; and Selznick 1992, 2004. 이들 연구는 거의 대부분 로버트 벨라 등이 펴낸 『마음의 습속』(*Habits of the Heart*, 1985; Bellah 1992)으로부터 영향을 받았다. 결국 벨라의 책은 "공동체주의자들"이 쓴 책처럼 토크빌의 『미국의 민주주의』(*Democracy in America*, 1945 [1835]), 뒤르케임의 『사회분업론』(*Division of Labor in Society*, 1984 [1893])과 『자살론』(*Suicide*, 1951 [1897]) 등으로부터 커다란 영향을 받았다.

서론

주장했다.

　이러한 관찰자들은 2008년 경제 붕괴 이후 중산층이 크게 감소한 문제에 주목했다. 더욱이 소득 수준이 현저하게 양극화되고, 부와 권력이 극소수 계층에 집중되는 전대미문의 상황에서, 중산층은 악화되는 사회적 추세에 저항할 능력을 점차 상실하게 되었다는 사실이 분명해졌다. 소수의 부유한 정치 및 경제 엘리트가 시민사회를 가혹하게 식민화시켜버렸기 때문이다. 미국이 직면한 새로운 위기를 분석하는 학자들은 이제 새로운 금권정치가 지배하고 있고, 미국 인구의 극소수 계층의 이익이 지배적 위치를 차지했다고 주장했다. 이제 패권 세력이 여론을 무자비하게 조작하는 것을 특징으로 하는 "새로운 도금시대"가 다가오고 있다는 것이다.[4]

　이런 평론가들이 볼 때, 지금과 같은 미국 상황에서 공동체 공유 정신과 시민사회의 활력을 기대한다는 것은 환상에 불과하다. 그들은 이제 미국에서 강자의 이익이 지배하는 사회만 존재할 뿐이라고 주장한다. 과연 최소한의 신분 상승과 심각한 사회적 불평등이 미국에서 널리 받아들여질까? 미국의 새로운 위기를 관찰한 자들은

4　이 주제 역시 수많은 저자들이 논의를 했다. 아마도 가장 영향력 있는 연구들로는 다음과 같은 책들을 꼽을 수 있을 것 같다. Reich 2008, 2011, 2012; Wolin 2008; Klein 2007, 2010; Judt 2011; Barlett and Steele 2012; Hacker and Pierson 2010; Stiglitz 2012; Dobbs 2006; Carville and Greenberg 2012; Faux 2012; Luce 2012; and Nussbaum 2010. 이 책의 저자들은 대부분 "공동체주의자들"에게 직접 호응했는데, 그들의 지적 기원은 대부분 비판이론의 네오 맑시즘(특히 하버마스[1962])으로 가장 분명하게 거슬러 올라간다. 다음 책들도 참고해보라. Arato and Gebhardt 1982; Bronner and Keller 1989; and Keller 1989. 궁극적으로 따지면 미국에서 이들의 지적 기원은 거의 한 세기 전에 시민사회의 약화를 지적한 존 듀이(John Dewey, 1922, 1989)와 소스타인 베블렌(Thorstein Veblen, 1953)으로 거슬러 올라간다.

이처럼 새롭게 등장한 "심각한 불평등"이 미국사회를 지배할 경우, "아메리칸 드림"과 공동체 공유 이상은 자립을 중시하는 에토스처럼 점차 분열되고 사라질 것이라고 주장한다.

넓은 정치적 지평에서 다양하게 분포하는 수많은 평론가들은 이제 미국이 심각한 전환기에 처했다고 주장했다. 그들은 미국이 위기의 시대에 진입했다고 봤는데, 그 시대란 과거와 단절되고, 시민적 생활이 약화되고, 전대미문의 가혹한 불평등이 심화된 특성을 지닌다. 어떤 관찰자들은 새로운 시대적 추세가 이미 자리를 잡았다고 주장했는데, 그 추세란 한때 활력이 넘치던 시민사회의 힘이 계속 꺾이고, "사회적 원자론"이 확장되는 특성을 지닌다. 실제로 지난 15년 동안 미국사회 여러 곳에서 미국 정치 환경의 "심각한 역기능"을 경고하는 목소리가 정기적으로 들렸다.

이러한 민주주의 정신의 스펙트럼에서 개인성과 시민성의 **두 축**이 퇴행하는 것은 전례 없는 새로운 변화를 의미한다. 모든 분석가들은 어려운 질문의 시기가 시작되었다고 주장한다. 그들은 민주주의 정신의 전형이라고 할 수 있는 개인성과 시민성 상호 간의 왕복운동이 완전히 사라져버린 것을 새로운 변화의 가장 중요한 특징으로 파악하고자 한다. 아울러 새롭게 조성된 정치적 환경에서는 민주적 거버넌스 방식에 필수불가결한 시민사회 기능의 활성화가 이뤄지지 못할 것이라고 주장한다.5 사유화된 이익과 목표를 맹렬히

---

5 "개념과 연구절차"(concepts and procedures)와 "분석양식"(mode of analysis)이라는 구절은 동의어로 사용할 것이다. "베버의 방법론"(Weber's methodology)도 사용할 것이다.

추구하면 오로지 개인주의만 번창할 것이다. 이러한 걱정과 우려는 이 책이 던지는 질문과 직결된다. 즉 안정적, 개방적, 능동적 민주주의에 강력한 정당성과 버팀대를 제공할 수 있는 미국 민주주의 정신은 여전히 살아 있는가?

하지만 오늘날 이처럼 시급한 문제를 둘러싼 격론이 넘쳐나지만, 미국 민주주의 정신의 토대를 구성하는 요소들의 기원과 전개과정에 관한 연구는 거의 찾아볼 수가 없다. 미국 민주주의 정신의 원초적 특성은 무엇인가? 그것은 어떻게 성장하고 확산되었는가? 그것은 자치능력을 어떻게 육성했는가? 어떤 원천이 중요한 역할을 했는가? 바로 그 원천은 지금까지도 **살아 있는가**? 만일 살아 있다면 어느 정도의 뚜렷한 영향력을 행사하는가? 하지만 현재 진행되는 논쟁에서는 이런 질문을 완전히 생략해버렸다.

미국 민주주의 정신의 깊은 문화적 토대와 장구한 역사적 뿌리를 면밀하게 검토하는 작업이 현재 전국적 차원에서 진행되는 수많은 토론에 반드시 포함되어야 한다. 수 세기 동안 전승된 이 관습의 축은 대규모의 사회적, 정치적, 경제적 변화에도 불구하고 현재까지 견고하게 유지되는데, 종종 세속적 형태로 변용되어 유지되기도 한다. 많은 역사학자들은 거대한 역사적 연속성이 수 세기에 걸쳐 꾸준히 관철되는 것이 분명하다고 주장한다. 그런 시각을 가진 역사학자들은 현재 미국의 정치적 위기를 논하는 많은 학자들이 너무 협소한 최근의 사태에만 분석의 초점을 맞춤으로써 과거와 깊이 연루된 차원을 무시한 채 현재를 이해하려 한다고 비판한다.

하지만 미국 민주주의의 위기를 강조하는 평론가들은 그들의 입장에서 목전의 해로운 변화를 계속 지적한다. 그들은 자신의 입장을 고수하면서 논쟁을 계속한다. 하지만 나는 다시 이렇게 질문한다. 미국 민주주의 정신은 개방적이고 안정적인 미국 민주주의 운영 메커니즘에 **여전히** 충분한 정당성과 생명력을 제공하는가? 아니면 이 민주주의 정신의 오래된 특성과 개인성과 시민성을 오가는 패턴화된 진동이 심각하게 변질되어 이제는 새로운 방향, 즉 역기능적 방향으로 작동하는가?

미국 민주주의의 새로운 위기를 주장하는 평론가들을 비판하는 학자들은 또 다른 쟁점을 분명하게 제시한다. 그들은 위기를 분석하는 자들이 엄격하고 체계적인 분석 절차를 결여하고 있다고 주장한다. 또한 그들은 대표성이 없는 사례들이나 심지어 입증되지 않은 사례를 너무나 자주 동원해서 미국의 현재 민주주의 위기를 서술한다는 것이다. 더욱 심각한 문제는 이들의 연구에서 학문적으로 표준화되고 분명하게 정의된 분석 개념을 제시하는 못한다는 것이다.

이 책에서는 **오늘의** 미국 민주주의 정신을 보다 정확하게 이해하기 위해서 현재 진행 중인 논쟁을 정면으로 다룰 것이다. 나는 엄격하게 정의된 개념과 절차에 입각해서, 다시 말해서 분명한 분석 방식에 입각해서 그런 작업을 수행하고자 한다.

또 이 책에서는 민주주의 정신이 뿌리를 둔 미국 **정치문화**의 최신 윤곽을 서술할 것이다. 그러나 나의 작업은 미국 민주주의의 새로운 위기를 주장하는 학자들의 방법과 상당히 다른 방법으로 진행될 것이다. 나는 오늘날의 미국 정치문화 특성들, 예컨대 새롭게 등장한 사회적 불평등, 정치적 권력과 경제적 권력의 집중 등에 배타적으로 주목하는 대신, 17세기 및 18세기의 미국 건국 초기 시절로 거슬러 올라가는 역사적 전환(a historical turn)을 시도할 것이다. 오늘날 미국 정치문화의 **깊은 역사적** 뿌리, 특히 개인성과 시민성으로 구성되는 미국 민주주의 정신의 두 축의 **깊은 역사적** 뿌리가 먼저 연구 주제를 형성하게 될 것이다(이 책의 1장과 2장). 그러나 이 책은 미국의 먼 과거에만 머물지 않고 이 책의 주요 연구 주제로 신속하게 이동할 것이다. 1장과 2장에서 간결한 형식으로 미국 정치가 전개된 **궤적**을 개념적으로 포착하는 작업이 그것이다. 그 작업을 끝내면 더욱 중요한 목표를 추구할 것이다. 즉 미국 건국 초기 시절의 정치문화가 이후 세기의 정치문화에 가한 충격을 평가하는 작업이 그것이다. 이 책에서는 정치문화의 주요 흐름이 후대에 강력한 유산으로 남아 있다는 사실이 전제되어 있다. 오직 일부만이 크게 여과되어 우리 시대로 전승될 뿐이다.

나는 이렇게 전승된 유산을 탐사할 것이다. 그들의 윤곽을 잡고, 그렇게 잡은 유산이 19세기와 20세기에 행사한 영향력을 평가할 것이다. 실제로 미국 역사 초기의 민주주의 정신은 후대 역사에서 미국 정치문화의 전개방향을 **안내할** 능력이 있다는 사실이 입증되었다고 주장할 것이다. 이 책의 5장과 6장에서는 심지어 오늘날까지도 그렇게 **안내할** 능력이 상당 수준 존재한다는 것, 다시 말해서 오늘날 미국의 민주적 자치가 일상적으로 작동할 수 있도록 상당히 중요한 지원을 한다고 주장할 것이다. 또한 이 책은 미국 민주주의 정신이 오늘날 미국의 정치적 풍경에 가한 충격을 적절하게 이해하기 위해서는 반드시 미국 민주주의 정신의 역사적 전개가 "현재까지" 도달한 과정을 먼저 정확하게 이해해야 한다는 입장을 견지한다. 이처럼 장기적인 역사적 궤적을 이해하면 미국의 정치적 풍경이 도달한 현재의 발전 상태를 이해할 수 있는 한줄기 중요한 빛을 비칠 것이다.

바로 이 지점에서 나의 연구는 미국 민주주의가 현재 위기에 처했다고 진단하는 평론가들의 전반적 연구 시각과 정면으로 충돌한다. 또한 그들이 미국의 정치문화를 전면 무시하는 시각과도 충돌한다.

따라서 미국 정치문화 전반을 다루는 이 연구는 현재 진행 중인 논쟁에 **역사적 차원**을 도입하고자 한다. 나는 오늘날 일부 역사학자들이 주장하는 역사의 "강력한 연속성" 입장에 동의하지 않는다. 하지만 미국 민주주의의 새로운 위기를 주장하는 학자들은 현재에 과도하게 집중함으로써 너무 많은 것을 생략한다. 특히 이들의 입장은 오늘날 미국 정치적 풍경의 중요한 심층적 측면, 즉 정치문화를 인정하지 않는다. 하지만 나는 영국 식민지 시기의 미국 정치문화 유산은 19세기 일련의 전개과정을 거치면서 활력을 되찾았고(이 책 3장과 4장 참조), 심지어 20세기와 21세기에도 민주주의 정신의 형태로 계속 전승되었다고 주장할 것이다. 그렇게 전승된 유산의 영향력은 비록 약화되고, 종종 표면 이면에 은폐되기도 했지만, 그렇다고 그것의 존재성을 무시할 수는 없는 것이다. 국가의 정치문화는 불가피하게 과거와 현재를 "연결시킨다".

더욱이 오늘날 미국 정치문화가 심각한 변화를 겪고 있는지 **여부를** 판단하는 문제는 미국 민주주의의 새로운 위기를 주장하는 작금의 논평보다 훨씬 광범위한 영역에서 존재하는 다양한 인과적 요소를 참조하면서 평가해야만 한다. 현재 진행되는 논쟁에 역사적 차원을 반드시 포함시켜야만 하는 까닭은 오늘날 미국의 정치적 풍경이 직면한 진퇴양난과 딜레마를 조명해줄 뿐만 아니라, 우리가 고려해야 할 인과적 요소의 범위를 확장시켜주기 때문이다. 오직 그러한 질적 확장을 통해서만 현재 미국 민주주의가 직면한 딜레마의 심각성을 적절하게 평가하는 것이 가능하다.

이처럼 복잡한 문제를 해결하려면 강력한 도움이 필요하다. 이 연구에서는 심층문화와 그것을 매개로 과거와 현재가 연계되는 논리를 탁월하게 고찰한 사회학 이론가, 막스 베버로부터 안내를 받고자 한다. 베버의 정치문화 개념은 우리의 연구에서도 유용하다는 것이 입증되었다. 베버가 이해하는 정치문화는 응집력 있는 오랜 신념과 가치의 배열로 구성되었기 때문에 과거와 현재를 강하게 연결한다.

하지만 내가 이 고전 이론가에 주목하는 까닭은 더 많은 이론적 도움을 받을 수 있기 때문인데, 그의 사회학은 적절한 개념과 연구 절차를 선정하는 문제와 관련해서 좋은 안내를 제공한다. 사실 "이념형"(ideal types)에 뿌리를 둔 베버의 정교한 **분석방식**은 나의 연구 전반에 중요한 도움을 준다. 앞으로 차차 밝혀지겠지만, 베버의 개념과 분석절차는 나의 연구에 체계적인 원리를 제공하는데, 바로 이 원리는 미국 민주주의의 새로운 위기를 주장하는 책들에서는 전적으로 결여된 것이다.

요컨대 나는 이 연구에서 작금의 미국 정치적 풍경의 윤곽과 특성을 이해할 수 있는 통찰을 제공하고자 한다. 나는 처음부터 미국 민주주의의 새로운 위기를 주장하는 평론가들의 이론적 한계를 거부했는데, 예컨대 지나치게 현재에만 치중하는 점, 인과적 분석이 대단히 취약하다는 점 등이 그것이다. 나의 분석은 이런 한계를 피하기 위해서 복잡하고 장기적인 역사적 경로를 탐색하고자 한다. 따라서 이 연구는 야심찬 목표를 설정한다. 미국의 **오늘날 정치문화**의 경계를 명확하고 정확하게 획정한 다음, **그것을 바탕으로** 뚜렷한 민주주의 정신의 형태로 존재하는 먼 과거조차도 현재까지 전승되어 영향력을 행사하는 다양한 방식을 충분히 파악하는 목표를 추구하기 때문이다. 도대체 어떻게 역사가 이런 방식으로 작동할 수 있단 말인가? 바로 이것을 설명하는 것이 이 책의 중요한 목표 중 하나다.

이 연구는 이처럼 과거와 현재를 이중으로 탐색한다는 점에서 미국 민주주의의 새로운 위기를 주장하는 연구들과 분명한 차이가 있다. 더욱이 이 연구에서 과거가 현재에 깊숙이 침투하는 다양한 방식을 강력하게 인정하는 관점은 미국 역사에서 면면히 지속된 민주주의 정신과 2012년 미국 대통령 선거 운동 "모두에서" 분명하게 드러난 "자립정신"과 "공동체 공유정신"의 두 축을 광범위한 역사적 맥락의 태피스트리에 놓이게 한다. 이 연구에서는 이러한 두 축을 구성하는 각 정신의 깊은 역사적 뿌리와 그들의 지구력 이면에 존재하는 주요 원인들을 검토할 것이다. 아울러 그 두 축이 **공생적** 관계를 유지하면서 수 세기에 걸쳐 꾸준히 전승된 방식을 상당히 자세하게 추적할 것이다. 역사의 심층에서 자립정신과 공동체 공유정신의 축들이 **상호작용**하는 것 역시 미국 민주주의 정신의 두드러진 특징이다. 하지만 현재 활동하는 많은 평론가들은 바로 이런 특징을 완전히 무시한다.

이런 방향의 연구를 착수하기 이전에 두 개의 과제를 밝힐 필요가 있다. 먼저 이 책의 기초가 되는 정치문화 접근법의 의미를 반드시 정의해야 한다. 이어서 우리는 막스 베버의 미국 정치문화 분석 방법이 일반적 설명에 도움이 될 뿐만 아니라, 깊은 이해와 **함께** 최소한의 인과적 설명까지 제공하려는 우리의 목표를 달성하는 데도 도움이 되는 문제를 검토해야만 한다. 베버의 연구를 활용할 경우 미국의 초기 정치문화를 구성하는 가치와 그것이 19세기에 표출되고, 전개되고, 충격을 가하는 양상을 밝힐 수 있다. 이어서 우리는 이러한 정치문화가 지지하는 미국 민주주의 정신이 20세기에도 계속 영향력을 행사하는지 여부를 평가하고자 한다. 만일 계속 영향력을 행사했다면, 오늘날에도 여전히 중요한 영향력을 행사하는가? (이는 7장의 주제다.) 이제 우리는 먼저 국가의 정치문화를 정의하는 작업에 착수하고자 한다.

정치문화 접근법과 미국 민주주의 정신

정치문화 관점은 일상의 정치적 행위를 뒷받침하는 신념과 가치를 정의하고 명백하게 드러내고자 한다. 정책결정의 밑바탕에 있는 신념과 가치는 무엇인가? 내가 볼 때 정치문화 관점은 권위, 평등, 다원적 단체의 경쟁, 자치 일반 등과 관련된 정치적 입장, 시민의 참여 정도, 습관 등의 관점에서 시민의 특정 행동양식 내지 에토스를 설명한다. 더욱이 정치문화를 선호하는 학자들은 각 나라의 가치 기반 인프라의 고유성을 강조하고, 대체로 토착적 과정이 장기적으로 전개되는 가운데 정치문화 양태가 서서히 형성되는 것으로 이해하고자 한다. 정치문화를 중시하는 학자들은 크게 **두 가지**를 중시하는데, 하나는 현재의 사회적 가치의 분포가 수 세기에 걸쳐 축적된 역사적 뿌리를 가지고 있다는 것이고, **또** 다른 하나는 현재의 사회적 가치가 대의 민주주의의 성장과 안정을 촉진시키는 정도 혹은 방해하는 정도가 각각 그것이다.

대부분의 정치문화 접근법 지지자들은 **시민사회**를 주도적으로 창조하고 유지할 수 있는 시민의 능력이 민주적 정치문화에서 핵심적 자리를 차지한다고 주장한다. 국가와 고독한 개인 "사이에서" 일정한 영역을 차지하는 시민사회는 시민을 사적 이해관계에 기초를 둔 공리주의적 관심사로부터 "끄집어내서" **공공의 가치**가 강력한 이상을 구성하는 영역으로 밀어 넣는다. 더욱이 시민사회는 그것의 공적 가치를 토대로 자유로운 참여, 개인 권리의 표현, 단체의 개방된 경쟁 등을 옹호한다고 주장한다. 끝으로 시민사회는 폭넓고 다양한 스펙트럼에서 펼쳐지는 적극적 정치활동을 정당화한다.

따라서 한편으로는 활력이 넘치는 시민사회의 **탄생과 성장**이 이 연구의 분명한 초점 중 하나가 된다. 여기서는 사람들의 민주적 행동을 안내하고, 시민단체와 대의 민주주의의 성장을 지원하는 시민사회의 "역량이" 핵심 주제다. 다른 한편으로는 21세기에 들어서서 **점차 약화되는** 시민사회와 그로부터 파생되는 수많은 문제들이 탐구의 핵심 노선을 이룬다.

이제 정치문화를 공부하는 학생들에게 유용한 주요 질문들을 구체적이고 친숙한 방식으로 만들어낼 수 있다. 예를 들면,

국가로부터 독립한 시민단체가 탄생하고, 성장하고, 정당한 단체로 간주될 수 있는 까닭은 무엇인가?

어떻게 시민단체는 대단히 장기간의 시간 프레임에서도 독립성을 유지할 수 있는가?

시민사회를 구성하는 단체에 참여하는 것을 포함해서 다양한 형태의 시민 참여를 허용하고, 심지어 지원까지 하는 사회적 맥락의 중요한 특성은 무엇인가?

어떻게 특정 사회적 맥락에서 하나의 응집력 있는 집단의 헤게모니를 거부하면서 수많은 경쟁적 집단의 출현을 가능하게 하는가?

국가의 권위를 존중하는 것은 어떤 상황에서 시민사회의 독립성을 과도하게 위협하는 것으로 간주되는가?

여덟 개의 중요한 질문들이 **미국** 정치문화에 대한 이 탐험을 안내한다. 미국 정치문화의 토대에는 어떤 가치와 신념, 즉 "정신"의 집합체가 버티고 있는가? 그 집합체의 원천은 무엇인가? 미국 민주주의 정신의 윤곽은 어떤 방식으로 미국 민주주의의 탄생과 존속에 영향력을 행사했는가? 21세기 두 번째 십 년이 지난 지금(이 책은 2014년에 출간되었음—역주), 미국 민주주의 정신의 주요 원리는 질적으로 변화되었는가? 만일 바뀌었다면, 새롭게 변화된 원리 또한 미국 대의 민주주의에 가치 기반 지지를 제공하는가? 미국인들은 계속해서 민주주의 정신을 육성할 수 있는가? 만일 그렇다면, 자립과 "나는 할 수 있다"를 강조하는 에토스가 "공동체 유지"를 중시하는 가치 체계와 여전히 공생적 관계를 유지할 수 있는가? 그렇지 않다면, 2012년 대통령 선거 운동에서 보여준 것처럼 이 두 개의 축은 이제 완전히 분리되어버린 것인가?

이러한 질문들은 이 책의 연구 방향을 명확하게 제시한다. 그 연구 방향이란 미국 정치문화 근저에 있는 가치와 신념, 즉 민주주의 정신의 기원을 발견하고, 경계를 정하고, 설명하는 것, 그렇게 포착한 민주주의 정신의 영향력을 추적하는 것, 현재의 정치문화가 미국 대의 민주주의의 기능을 지지하는가 저지하는가 여부를 평가하는 것 등을 의미한다.

이 연구는 처음부터 미국 정치문화에서 꾸준히 지속하는 핵심 가치와 신념을 중심에 놓고서 앞에서 열거한 의제를 추구한다. 하지만 명확한 이론적 틀이 없다면 이 방대한 프로젝트는 체계적 엄밀성을 모두 상실할 수밖에 없다. 따라서 광범위한 스케일의 연구를 가능하게 하는 안내자가 필요한데, 나는 그 안내자를 사회학에서 가장 위대한 심층 문화 이론가이자 과거와 현재의 다차원적 영향력을 연구한 학자로부터 찾을 수 있었다.

막스 베버를 주목함: 미국 정치문화의 과거, 현재, 미래

미국 정치문화의 단층선은 많은 수수께끼와 딜레마를 보여준다. 분명한 원인, 특정 파라미터, 독특한 궤적, 민주주의 정신의 두드러진 충격 등을 상세하게 설명하는 작업은 엄청난 과제이기 때문이다. 그러나 베버가 제시한 복잡한 분석 모델은 이러한 민주주의 정신을 개념적으로 포착할 능력이 있다는 사실이 입증되었다.[6] 베버

---

6 미국의 정치문화를 개념적으로 정의하고자 했던 유명한 시도는 모두 끝없는 논쟁을 휘말려 있다. 예컨대 다음과 같은 책들의 수용을 둘러싼 광범위한 논쟁을 보라. Riesman, *The Lonely Crowd*(1961); Almond and Verba, *The Civic*

는 핵심적 질문을 구성하고, 미국 정치문화의 기원, 윤곽, 진로, 영향력 등을 개념적으로 포착했기 때문이다.

이 연구는 먼저 미국 민주주의 자치 능력을 지지하는 정치문화의 특성과 그것의 오래된 역사적 뿌리에 초점을 맞출 것이다. 또한 베버의 시각에서 미국 정치문화의 독특한 기원과 영향력을 개념적으로 포착하면서 미국 건국에 조력하고 이어서 미국 대의정부 형태의 유지를 도와준 민주주의 정신을 탐구할 것이다. 특히 이 책에서는 시민사회의 탄생을 둘러싼 가치와 신념, 더 나아가 시민사회의 탄력성과 지속성을 촉진한 가치와 신념 등의 견지에서 영국 식민지 시기 미국과 그 이후 시기의 미국을 검토할 것이다.7 이 책의 6장과 7장에서는 이러한 미국 민주주의 정신이 **오늘날에도** 미국 민주주의의 안정적 기능을 계속해서 지원하는지 여부를 평가할 것이다.

베버의 저작들은 이러한 목표를 달성할 수 있는 개념과 연구절차를 제공한다. 역사의 거시적 원인을 추구하는 베버의 저작들은 영국 식민지 시기 미국 정치문화에 내장된 가치와 신념이 19세기뿐만 아니라 심지어 오늘날의 미국 시민사회의 본질적 특성에 여전히 각인되어 있다는 사실을 깊이 이해할 수 있는 방법을 제시한다. 더욱이 베버의 분석 양식은 미국 민주주의 정신의 **독특한** 기원, 가치 콘

Culture(1963); Bellah et al., Habits of the Heart(1985); and Putnam, Bowling Alone(2000).

7 미국 정치문화를 칭찬하거나 비난하는 작업은 이 연구의 목표로부터 완전히 제외되었다. (베버가 역설한 "가치자유"[value freedom]의 원칙을 철저히 준수하면서 연구를 진행하겠다는 뜻이다. "가치판단"[value judgment]이 지배하는 한국의 많은 인문사회과학 연구서들과 커다란 차이를 보인다는 점에 주목할 필요가 있다. 가치판단이 지배하는 연구서는 학술서가 아니라 정치적, 도덕적, 윤리적, 종교적, 편파적 선전물에 불과할 뿐이다. ―역주)

텐츠, 진로, 충격 등을 정의하고, 인과적으로 설명하려는 우리의 목표를 달성하는 데 도움을 준다.

베버의 사회학이 지닌 이런 측면들은 반대 학파들이 주장하는 많은 기본적 신념들에 의문을 제기한다. 베버는 자본주의의 진보, "근대화 과정" 일반, 개인의 "합리적 선택" 등과 같은 이론들은 미국 정치문화의 원천, 특성, 진로, 충격 등을 적절하게 설명하는 데 실패했다고 주장한다. 베버에 따르면 경제의 대대적 팽창, 권력층의 정치적 경제적 이해관계, 특권 그룹의 이해관계 등을 단순히 지적하는 것만으로는 만족스런 설명을 할 수 없다. 아울러 베버는 그런 주장들이 예컨대 전통에서 근대로, 당파주의에서 보편주의로, 농촌경제에서 도시경제로, 봉건주의에서 자본주의와 근대 민주주의로 등등과 같이 너무 포괄적이고, 모호하고, 거시적인 구조변환을 다루기 때문에 국가의 **구체적** 정치문화와 역사적 진로의 독특한 성격을 결코 밝힐 수 없다고 주장한다. 베버는 과거가 현재에 강력하게 침투하는 원리(the embedding of the present in the past), 가치의 사회적 분포가 정치와 경제 발전 이면의 이해관계까지 조성 "가능한" 방식 등에 관심을 기울였기 때문에 모든 종류의 장황한 접근, 단일 원인 접근, 피상적 접근 등을 일관되게 반대했다.

남북전쟁을 겪고 농업경제에서 근대 자본주의 경제로 탈바꿈되는 와중에서도 미국 민주주의가 장기적으로 지속되고 상대적으로 안정성을 유지한 까닭은 부분적으로 민주주의 정신을 지지하는 정치문화의 성과 때문이었을까? 베버가 볼 때, 많은 학자들이 미국 헌법의 견제와 균형 메커니즘을 지적하고, 미국 시민의 "정치적 지혜"와 "합리적 선택"을 지적하는 것은 분명히 유용한 설명 양식을 제공하는 것처럼 보이겠지만, 그러나 그것은 부적절한 설명 양식일 뿐이다.

이 책에서는 더욱 복잡한 개념과 연구절차, 즉 **베버의** 접근방법이 미국 민주주의 정신의 기원, 원초적 가치, 지속성, 영향력 등을 이해하는 데 필수불가결하다는 사실이 입증되었다고 주장한다. 이러한 노선에 따른 탐구를 통해 미국 정치문화가 220년간 지속된 미국 민주주의에 행사한 **영향력**을 2장에서 6장에 걸쳐 평가하게 될 것이다.

1장에서는 이 책의 주요 주장을 다양하게 제시할 것이다. 일찍이 "미국인의 생활 방식"을 관찰한 수많은 평론가들은 거친 스케치와 개인적 인상에 기초해서 책을 써냈다. 그러나 베버는 그들과 달리 자신의 관찰을 담아낼 **프레임**을 끊임없이 구성했다. 그런 프레임은 체계적인 분석으로 발전했는데, 예컨대 현재를 과거와 연결시키고, 일관된 분석 용어를 제시하고, 다차원적 상호관계와 인과적 흐름을 확인하고, 경험적 사실에 기초를 둔 분석 양식을 개발했다. 베버의 접근방법은 오직 극소수의 미국사회 연구자들만이 성취한 엄격한 분석 수준에 도달했다.

이 연구의 중요한 주제는 더욱 정확한 형식으로 탐구되어야 한다. 먼저 미국 정치문화를 개괄적으로 소개하면 이 목표를 달성하는 데 도움이 될 것이다. 이어지는 절에서 베버가 미국 민주주의 정신의 핵심으로 파악한 특성이 논의될 것이며, 핵심적 분석 차원 또한 설계될 것이다. 이어서 각 장의 개요를 소개할 것이다. 끝으로 각 장이 이 연구의 주요 개념, 방향성, 주제, 목표 등에 기여하는 바를 요약할 것이다.

미국 정치문화 핵심의 윤곽과 장기간의 역사적 전개

베버는 미국 역사에서 중요한 연속성을 발견했는데, 그 까닭을 종종 종교 영역에서 찾았다. 그는 이렇게 주장했다. "일반적으로 현대인은 종교적 신념에 뿌리를 둔 우리 의식의 구성 요소가 실제로 문화와 … 삶의 조직에 **얼마나** 큰 영향력을 행사하는지 전혀 상상하지 못하는 것 같다"(2011c, p.178).

베버는 오늘날에는 잘 보이지 않지만 17세기와 18세기 종교적 가치는 미국 정치문화가 발전할 "노선"을 마련했다고 주장했다.8 금욕적 프로테스탄트, 즉 퓨리턴9이 떠안은 막중한 임무를 수행하는 것, 다시 말해서 공정하고 정의로운 신의 왕국을 이 지상에 세우는 것이 17세기와 18세기 종교적 가치의 근본적 특징이었다. 이처럼 규율 바른 신도들은10 독특한 **공생적 이원주의**(symbiotic dualism)

---

8   나는 베버의 다음과 같은 유명한 구절을 이 문장의 근거로 삼는다. "이념이 아니라 물질적 이상적 이해관계가 개인의 행동을 지배한다. 그러나 매우 빈번하게 '이념'에 의해 창조된 '세계관'이 기차 철도의 전철수(switchmen)처럼 역동적 이해관계가 추진하는 행동의 노선을 결정한다. 우리가 잊지 말아야 할 것은 '무엇으로부터' 그리고 '무엇을 위해' 인간이 '구원'을 받고, 구원을 받을 수 있는가는 인간의 세계관에 달려 있다."(2009, p.241) 이 책에서 미국의 역사적 "노선"은 1장과 2장에서 다룬다.

9   베버의 입장을 그대로 수용한 이 책에서도 퓨리턴은 칼뱅주의(장로교), 감리교, 침례교, 메노나이트, 퀘이커 등의 교회 및 종파를 지칭한다(2011b, pp.158-179). 아울러 "퓨리터니즘"과 "금욕적 프로테스탄티즘"은 동의어로 사용하겠다.

10 이 책에서 사용한 형용사들, 즉 "**규율 바른**"(disciplined), "**진취적**"(initiative-taking), "**적극적**"(active), "**강건한**"(strong), "**확고한**"(stalwart), "**자립적**"(self-reliant) 등은 기본적으로 동의어로 사용한다. 이들 용어들을 긍정적으로 평가하려는

를11 창조했는데, 구체적으로 말하면 진취적 성격과 장애물을 치열하게 돌파하는 성격을 지닌 "세계 지배" 개인주의("world-mastery" [*Weltbeherrschung*] individualism)가 신의 윤리적 기준에 따라 엄격하게 조직된 응집력 있는 공동체를 세우는 목표와 결합된 것이다.12 ("공생적 이원주의"로 표현한 미국 민주주의 정신의 두 축, 즉 개인의 적극적 자유와 공적 가치가 지배하는 공동체의 조화로운 공존의 비결이 여기에 있었다. 바로 이 부분이 이 책 전체의 핵심 주제다. 그러나 한국 민주주의에서는 바로 이 부분이 결정적으로 결여되어 있다. 한국 민주주의의 만성적 파행의 비결이 여기에 있었다.―역주)

베버가 퓨리턴 유산으로부터 19세기 윤리적 행동의 실용주의적 양식, 즉 **실용적-윤리적** 개인주의(practical-ethical individualism)13가 파생되는 방식을 분석한 것은 대단히 중요한 의미를 갖는다. 베버는 지상에서 신의 왕국을 건설하는 초기 목표로부터 19세기 다양한 세속적 단체가 직접적으로 파생된 것을 핵심으로 파악했다. 베버는 이처럼 응집력 있는 단체가 준종교적 가치를 공공 생활 영역에 광범위하게 도입하는 독특한 능력에 주목했다. 여러 세대에 걸

의도는 전혀 없다. 오히려 내가 열거한 형용사는 모두 집중적, 열정적, 통제된 개인주의가 장애물과 대결해서 극복할 수 있는 능력을 가졌다는 뜻을 전하고자 한다. 이런 개인주의는 **패턴화되고** 체계적인 방식으로 활동을 **조직할** 능력을 가지고 있다. **금욕주의** 요소도 가지고 있다. 자세한 내용은 2장 참조.
11 "공생적 이원주의"는 내가 고안한 용어다. 이는 이 책에서 제시한 베버의 분석 전체 논의에서 가장 핵심적 의미를 지닌다.
12 부록 2에서 베버의 복잡한 "프로테스탄트 윤리 테제"의 주요 측면을 간결하게 요약했다.
13 "실용적-윤리적 개인주의"는 베버의 용어다. 이 용어는 이어지는 논의에서 곧바로 상세하게 설명할 것이다. 책 뒤에 수록된 「용어 해설」도 함께 참고하라.

쳐 이러한 가치는 산업화와 도시화에 따른 거대한 사회적 변화에도 불구하고 계속해서 지속할 수 있는 추진력을 유지했다. 시민**사회**는 "강인하고 자립적인" 미국인들조차도 사적 이해관계**로부터** 뿌리째 뽑아낼 능력을 가지고 있을 정도로 확고하게 자리를 잡았다. 베버는 이러한 장기적 발전과정을 참고할 경우 미국 정치문화 특유의 가치, 즉 미국 민주주의의 핵심 요소에 미친 종교의 광범위한 영향력을 이해할 수 있다고 강조했다.

베버의 분석은 이런 방식으로 "새로운" 공생적 이원주의를 강조했는데, 하나는 19세기 실용적-윤리적 개인주의로부터 구성된 것이고, 다른 하나는 시민사회를 향한 역동적 행동 지향을 의미했다. 베버는 17세기와 18세기 퓨리턴 카운터파트의 유산을 계승한 새로운 공생적 이원주의의 상호 긍정적 요소는 미국 민주주의 정신의 특성으로 이해되어야 한다고 주장했다.

더욱이 베버는 새로운 공생적 이원주의가 미국 민주주의의 장기 지속에도 기여했다고 주장했다. 베버는 19세기 가치와 신념의 "사회적 캐리어"(social carriers)가 변화된 점을 특히 강조했는데, 기존의 종파와 교회가 시민단체로 대체되었다는 것이다.14 이러한 시민단체 역시 공동체를 추구하는 에토스에 기반을 두었고, 퓨리턴 종파와 유사한 내적 구조를 가지고 있었다. 따라서 실용적이고 비윤리적 계산만 추구하는 활동에 체계적으로 맞서고 저지했다. 이러한 시민단체 구성원들은 신의 계율을 엄격하게 준수하는 신의 왕국을 지상에서 명시적으로 건설하고자 했던 것이 아니라, 공동체를 세속

---

14 "사회적 캐리어"는 이 책 전체에서 대단히 중요한 개념이기 때문에 처음부터 주목할 필요가 있다. 자세한 내용은 「용어 해설」을 참조하라.

의 **윤리적 기준과 원칙**에 부응하는 형태로 변화시키고자 했다.

그러나 베버는 20세기에 들어와서 이러한 시민단체가 심각하게 약화되고 와해되었다고 주장한다. 베버는 이런 사태가 미국 민주주의 정신의 근간을 흔들 것으로 평가했다. 즉 시민단체에서 육성되었던 실용적-윤리적 개인주의가 이제는 공동체 통합력을 상실했기 때문이라는 것이다. 베버는 20세기 산업화와 도시화가 진전되면서 **실용적-합리적** 개인주의가 **시민적 가치를 추구하는** 개인주의를 대체했다고 주장한다. 이런 일이 발생하자 공리주의적 활동이 실용적-윤리적 활동을 점점 더 효과적으로 압도하면서 확대되었다는 것이다. 베버는 이렇게 질문한다. 미국사회는 따뜻한 공감능력을 상실한 채 차갑고 인간미 없는 관계가 지배할 것인가? 그것은 "쇠우리"(iron cage)와 유사하게 될 것인가?

나는 17세기 신의 의지를 충족하고자 했던 퓨리턴부터 20세기 미국사회에 널리 확산된 실용적-합리적 개인주의에 이르는 굴곡진 오솔길을 1장부터 6장에 걸쳐 재구성할 것이다. 미국 정책 결정 과정과 정치 일반 이면에 깔린 뿌리 깊은 문화적 요소, 즉 미국의 독특한 **민주주의 정신**에 뿌리를 둔 **정치문화**와 그것이 20세기와 21세기를 거치면서 변화를 겪는 모습이 우리의 일관된 관심사가 될 것이다.

책의 개요

1장에서는 뉴잉글랜드에서 초기 퓨리턴들이 구현한 "세계 지배"

개인주의와 지상에서 신성한 윤리적 공동체를 창조하고자 했던 그들의 목표를 다룬다. 베버가 볼 때, 미국 정치문화의 원초적인 공생적 이원주의와 기본적인 진로의 방향은 앞서 언급했듯이 17세기와 18세기에 마련된 것이 분명하다.

이어서 우리는 금욕적 프로테스탄티즘의 담지자 그룹, 즉 종교적 **종파**를 검토할 것이다. 2장에서는 이러한 조직에서 어떻게 사회심리적, 공생적 이원주의가 특이한 행동 패턴과 **함께** 대단히 희귀한 사회적 구성, 즉 윤리적 기준과 공동체 목표를 지향하는 "나만의" 개인주의, 강력한 사회 순응주의, 금욕 수준의 규율 바른 조직적 신앙생활 등을 탄생시켰는가를 검토한다. 바로 이러한 사회적 구성 원리가 18세기 내내 프로테스탄티즘에서 파생된 세계 지배 개인주의의 주요 측면을 뒷받침했다. 프로테스탄트 종파는 모든 세속적 권위에 강한 회의론을 제기했고, 독실한 신자들에게 민주적 자치 능력을 지속적으로 배양시켰다. 또한 프로테스탄트 종파는 퓨리턴 신념을 뉴잉글랜드 영역을 넘어서 방대한 지평으로 확산시켰다. 어떤 종파는 양심의 자유 개념을 탄생시키기도 했다.

3장에서는 19세기 퓨리턴의 핵심적 가치와 행동양식이 세속화된 담지자(secularized carriers), 즉 시민단체를 살펴본다. 베버는 미국 사회 전역에 널리 확산된 시민단체를 보면서 그의 독일 동료들의 지배적 미국관, 즉 미국사회는 고립된 개인들의 집단인 "모래더미"(sandpile)로 가장 잘 설명할 수 있다는 견해를 거부했다. 이러한 시민단체에서 육성된 실용적-윤리적 개인주의가 퓨리턴 기원을 가지고 있다는 베버의 분석과 함께, 그들의 놀라울 정도로 효과적인 공동체 건설 능력에 대한 베버의 논의를 요약해서 3장에 담았다. 앞서 언급했듯이 그들은 새로운 공생적 이원주의를 도입했던 것이다.

4장에서는 19세기 말과 20세기 초 미국 정치문화 특유의 "강력한 개인과 작은 국가"(strong individual-small state)의 복합체를 살핀다. 먼저 그 복합체의 종교적 기원을 17세기와 18세기로 거슬러 올라가 개관할 것이다. 이어서 그 복합체를 19세기 말 독일 정치문화의 주요 특성과 대비시킬 것이다. 미국 공생적 이원주의의 정확한 윤곽과 특성은 이런 비교를 통해 더욱 분명하게 드러날 것이다. 또한 4장에서는 퓨리터니즘의 세계 지배 개인주의와 활기찬 공동체 건설 유산도 한층 명백하게 드러날 것이다.

5장에서는 먼저 미국 민주주의 정신의 핵심 요소인 시민사회의 기원, 팽창, 표현 등에 관한 베버의 분석을 간략하게 요약할 것이다. 이어서 시민사회의 커다란 변화는 과연 미국 민주주의 정신이 베버의 유명한 "쇠우리"(iron cage) 메타포에 접근한 것을 의미하는지 여부를 검토할 것이다. 시민사회의 민주주의 정신은 과연 사라졌는가? 그것의 특성을 "강철처럼 단단한 외피"(steel-hard casing)[15]로 표현하면 정확한 것일까? 이 이미지는 인간의 정서적 교감을 상실한 관료화된 폐쇄적 사회를 떠올리는데, 바로 이것이 미국의 정치문화를 올바르게 표현한 것일까? 나는 "쇠우리"의 통속적 사용 문제를 검토한 다음, 베버가 의도한 정확한 의미를 다시 포착하고, 베버의

---

15 이 책에서 "쇠우리"와 "강철처럼 단단한 외피"는 동의어로 사용할 것이다. "쇠우리"는 탈콧 파슨즈가 『프로테스탄트 윤리와 자본주의 정신』(Weber, 1930)에서 번역한 용어인데, 사회과학 분야에서 이미 확실하게 자리를 잡았기 때문에 그것의 사용을 회피하기가 어렵다. 하지만 "강철처럼 단단한 외피"가 베버가 사용한 "*stahlhartes Gehäuse*"를 보다 정확하게 번역한 용어라고 할 수 있다. 나는 이 문제를 다른 곳에서 좀 더 자세히 논의한 바 있다(Weber 2011c, pp.397-398, n.133 [translator's note]). 이 책의 「용어 해설」도 참고하라.

이론적 모델을 구성할 것이다.

5장 후반부에서는 20세기와 21세기로 시선을 돌려 그 시기를 분석할 수 있는 **베버리언 모델**을 구성할 것이다. 이 모델은 "노동의 사유화", "유럽화", "물질적 상품의 영향력 증대" 등으로 시민사회가 위축되고 약화되는 현상을 분석할 것이다. 이 시기에는 실용적 합리주의의 확대와 함께 미국 민주주의 정신이 사라졌다. 우리는 이렇게 질문할 것이다. 이러한 모델은 당대 미국 정치문화의 주요 특성을 어느 정도나 정확하게 포착할 수 있는가? 그것은 오늘날 미국의 새로운 위기를 주장하는 학자들이 서술한 정치문화와 일치하는 부분이 대단히 많은가?

6장에서는 베버로부터 직접 빌려온 개념과 연구절차를 충분히 활용해서 대안 모델을 구성한다. 이 **보완적 모델**을 구성하는 3개의 하위 모델은 오늘날 미국 정치문화의 복잡한 파라미터를 다른 방식으로 개념화한다. "일반화" 하위 모델은 시민적 개인주의 유산이 오늘날까지도 활기차고 강력하게 영향력을 행사한다고 상정한다. 더욱이 이 하위 모델에서는 시민적 개인주의 유산이 19세기 공생적 이원주의가 계속 지속된다고 볼 수 있을 정도로 **생동하는** 시민사회와 맞물려 있다. 이러한 미국 민주주의 정신의 이원주의가 주기적으로 실용적-윤리적 행동, 시민단체, 시민사회 등을 활성화시킨다고 본다. 이처럼 민주주의 정신이 활력을 되찾은 결과 관료주의의 심화, 물질적 상품의 영향력, 노동의 사유화 등으로 시민사회를 위축시키는 시대적 추세를 효과적으로 저지한다는 것이다. 이 모델은 과연 오늘의 미국 정치문화를 정확하게 그려내고 있는 것일까?

이 하위 모델은 베버리언 모델의 가능한 대안 중 단지 하나일 뿐이다. 6장에서는 베버의 개념과 연구절차를 확대해서 두 개의 하위 모델을 더 구성한다. "전문가 단체" 하위 모델에서는 퓨리턴 금욕주의와 시민적 개인주의의 유산이 여전히 영향력을 행사한다고 본다. 그러나 그 유산은 **좁은 영역에 한정되어 있다.** 다시 말해서 오직 전문가 단체에서만 존재한다. 이 하위 모델에서 시민사회는 가치의 지지를 받지 못하고 윤리적 원칙 또한 상실했다. 또한 실용적 합리주의가 무제한적으로 확대된 결과 시민사회가 크게 약화되었다. 이 하위 모델은 과연 오늘날 미국사회의 정치문화를 더욱 적절하게 개념화한 것일까?

6장에서 "갈등" 하위 모델은 다른 가능성을 포착한다. 여기서는 생동하는 시민사회를 지향하는 실용적-윤리적 행동의 유산이 살아 있다. 그러나 이러한 시민적 개인주의는 약화된 형태로 존재하기 때문에 실용적 합리주의를 제압하는 데 실패한다. 적대감이 분출하고 사회적 긴장이 영속된다.

이런 방식으로 5장과 6장에서는 **베버리언** 모델과 **보완적** 모델을 구성한다. 앞서 언급했듯이 각 모델은 3개의 하위 모델을 함축한다. 종합하면 모든 하위 모델은 20세기와 21세기 **미국 스펙트럼**의 경계를 획정할 수 있다. 바로 그 경계가 **현재와 가까운 미래의** 미국 민주주의 정신의 범위를 정한다고 주장한다. 이 분석은 오늘날 정치영역의 중요한 변화가 이 스펙트럼을 따라서 발생한다고 본다.

이 책의 결론을 서술한 7장에서는 먼저 베버의 분석을 요약해서 제시한다. 영국 식민지 시기 미국과 19세기 미국 각각의 공생적 이원주의를 검토하고 비교하면서 각자의 특성을 강조할 것이다. 이어서 핵심적 질문을 제기한다. 미국 정치문화의 근간을 이루는 복잡한 민주주의 정신과 그것의 지속적인 자치 능력으로부터 어떤 **교훈을** 얻을 수 있을까? **이러한** 정치문화의 기원과 발전은 민주주의 정신과 안정적 대의 민주주의를 추구하는 국내외 사회과학자와 정치 지도자에게 어떤 가이드라인을 제공할 수 있을까? 아니면 미국 정치문화의 "예외적" 성격 때문에 다른 국가나 지역에 전파될 가능성이 없는 것일까? 아울러 역사적 사례와 "역사적 개인"을 중시하는 베버의 사회과학 방법론이 강조될 것이다.

이러한 질문은 우리의 탐구를 다시 한번 베버의 **분석 방식**으로 되돌아가게 한다. 베버의 방법론적 범주를 다른 학파의 그것과 비교하면서 다시 정의하고, 학계에서 널리 통용되는 견해, 즉 법칙 정립이 사회과학의 목표가 되어야만 한다는 통설을 거부하는 베버의 몇몇 방법론적 주장을 검토할 것이다. 바로 이런 측면에서 베버의 사회학에서 견지하는 방법론의 몇몇 기본적 원칙, 예컨대 이념형의 중요성, 유기적 전체주의 거부, 다중 원인 방법론, "단일 로드맵" 거부 등을 강조할 것이다.

우리는 이어서 이 책의 초점, 즉 모종의 오랜 신념과 가치 체계로 구성된 정치문화가 대의 민주주의를 유지**시킬 수 있는** 방식과 관련된 다양한 고려 사항에 주목한다. 우리는 정치문화의 지지능력이 대의 민주주의 방식의 탄생과 장기지속에 인과적으로 유효한 것으로 볼 수 있는지 여부를 살필 것이다. 끝으로 우리는 베버의 정교한 장기분석 관점에서 오늘날 미국이 처한 위기를 다시 검토할 것이다. 그러면 "작금의 미국 위기를 주장하는 논평들"의 이론적 약점을 보다 분명하게 파악할 수 있을 것이다.

두 편의 부록을 이 책에 첨부했다. 첫 번째 부록에서는 베버가

1904년 미국에 체류한 사실을 간략하게 설명했는데, 특히 베버가 태어난 독일의 정치문화와 근본적으로 다른 미국 정치문화에 대한 베버의 인식을 요약했다. 베버의 미국 여행은 베버의 사고방식에 커다란 영향을 미쳤다. 아마도 "외부인의 관점"이 베버의 많은 통찰의 토대가 되었을 것이다. 두 번째 부록에서는 베버의 유명한 「프로테스탄트 테제」를 요약했다. 베버의 주장에서 중요한 방법론적 측면을 검토한 것인데, 이 부분은 이 책의 1장부터 4장에 걸쳐 중추적 지위를 차지한다. 하지만 학계에서는 지금까지 거의 연구되지 않았다. 베버의 프로테스탄트 테제에 익숙하지 않은 독자에게 두 번째 부록을 읽어보길 권한다. 부록에 이어 이 책의 용어 해설을 첨부했다.

1장

미국 정치문화의 토대 I
금욕적 프로테스탄티즘이 초기 미국 정치문화의 초석을 이룸

> (프로테스탄트 종파에서) 개인의 자율성은 수동성이 아니라 종교적 입장에 뿌리를 두었으며, 모든 유형의 "권위주의적" 독단에 대한 투쟁은 여기에서 종교적 의무 수준으로 격상된다. (프로테스탄트 종파의) 투지 넘치는 젊은 시절에 이러한 개인주의는 그룹을 형성하는 탁월한 힘을 발휘했다.
>
> - Weber 2011a, pp.230-231

이 장에서는 17세기와 18세기에 금욕적 프로테스탄티즘이 탄생해서 미국 정치문화를 북돋우는 방식을 검토한다. 베버는 금욕적 프로테스탄티즘이 노동과 공동체 참여라는 두 개의 분리된 영역에서 실용적-윤리적 개인주의, 세계 지배 개인주의 등을 육성했다고 주장한다. 따라서 베버는 **종교가** 미국사회의 핵심적 구성 요소로 자리를 잡았다고 강조한다. 놀랍게도 종교는 19세기에도 세속적 시민사회를 활성화시키는 데 중요한 역할을 했다는 것이 입증되었는데, 이는 3장에서 분명하게 밝혀질 것이다.

얼핏 생각할 때 시민사회가 활성화되려면 정치과정에 영향력을 행사하는 개인의 능력이 먼저 확보되어야 하는 것처럼 보인다. 전통은 풍습, 관례, 가치, 사회적 위계 중 어떤 형태가 되었건 상관없

이 더 이상 우리를 강고하게 구속하지 못한다고 생각한다. 체념, 극도의 조심성, 주도적 행동 능력의 부재, 요컨대 운명론 일반은 더 이상 지배적 힘을 발휘하지 못한다고 본다. 그러나 베버는 도시화와 산업화로 정치와 경제 영역, 즉 "공공"영역이 확장된다고 해서 정치과정에 영향력을 행사하는 개인의 능력과 시민사회가 저절로 발전하는 것은 결코 아니라고 주장한다.

그 대신 여러 가지 귀결이 가능하다. 시민운동은 여전히 그 범위가 제한되고, 그것조차도 엘리트가 독점할 수 있다. 가족과 친구의 사적 영역으로 철수할 수도 있다. 예술적이고 명상적인 노력을 함양할 수도 있다. 자아가 관료조직의 요구에 몰입할 수도 있다. 끝으로 주도권을 발휘하는 일은 오로지 직업이나 전문직으로만 제한될 수 있다. 베버가 볼 때 이 모든 것이 가능하다. 그러나 그 어떤 것도 시민사회 발전에 중요한 기여를 할 수 없다. 더욱이 베버에 따르면 실용적-윤리적 개인주의는 어떤 영감을 주는 연설, 순전히 인지적인 활동, 철학적 운동 등을 통해서 확립된 적이 전혀 없다. 오히려 종교에 뿌리를 둔 사회적 활력이 중요한 역할을 하는 경우가 많았다.

종교에 뿌리를 둔 사회적 활력은 영국 식민지 시기 미국의 토양에서 처음 등장했다. 이 장에서는 이 시기에 초점을 맞춘다. 이제 우리는 세계 지배 개인주의의 기원과 주요 특성에 대한 베버의 분석을 간략하게 재구성하고자 한다.

세계 지배 개인주의: 종교적 기원[1]

17세기 금욕적 프로테스탄티즘은 대단히 엄격한 형태의 개인주의를 탄생시켰는데, 세계 지배를 추구하는 개인주의가 바로 그것이다. 베버는 이것의 탄생을 어떻게 설명했는가? 아울러 이러한 퓨리턴들의 실용적-윤리적 개인주의는 18세기와 19세기의 활기찬 시민사회에 어떻게 기여했고, 특히 그곳에서 어떻게 나타났는가? 바로 이런 질문들이 이 장과 다음 두 장의 주요 관심사를 구성한다.

모든 퓨리턴 신자들은 "옳음"과 "그름"을 대단히 엄격한 도덕적 용어로 이해했고, 모든 쾌락의 부패한 유혹을 극단적으로 거부했기 때문에, 피조물의 충동과 욕망을 특히 경계하는 "조심성"을 가져야만 했다. 그러나 독실한 신자들은 죄를 피하고자 할 때 더 이상 성당의 신성한 의식과 성직자들로부터 도움을 받을 수 없었고, 그들에게 절박한 구원의 문제를 조언할 능력을 부여받은 훈련된 성직자들도 찾을 수 없었다. 그러자 금욕적 프로테스탄트들은 오직 『구약성경』의 전지전능하고 노기등등한 신에게만 책임을 지면서, 죄를 추방하고 그들의 구원의 "증거"를 창조하기 위해서 자신들 내면의 자원에만 전적으로 의존했다.

이러한 퓨리턴들은 의심할 여지없이 순전히 현실적인 가능성, 즉 그들의 종교 공동체로부터 추방당할 가능성 때문에 신의 계율을 충실하게 준수했다. 신자들은 종교 공동체에서 추방당할 경우 사회에서 심각한 배척을 당할 것이 분명하다는 사실을 잘 알고 있었다

---

1 이 절의 중요한 주제를 요약해서 부록 2에 담았다.

(이 책의 80-92쪽을 보라). 따라서 종교 공동체의 기준을 충실하게 "준수하는 것"이 필수불가결한 것처럼 보였다. 그러나 베버의 사회학은 다른 차원 또한 강조했는데, 종교적 신념이 바로 그것이다. 베버는 종교적 믿음이 진실하고, 양심적이고, 사회학적으로 중요할 수도 있다고 주장했다. 물론 베버가 자주 언급했던 것처럼 "우리 근대인들"은 16세기와 17세기 퓨리턴들에게 "구원의 확신"(certainty of salvation, *certitudo salutis*)을 묻는 질문이 얼마나 절박했는지 상상하기 어렵다 (Weber 2011c, pp.123, 158, 178, 338 [n. 76]; 1985, p.11). 즉 그들은 이렇게 질문했다. "나는 과연 구원받은 자들에게 속했을까?" (am I among saved?) 그럼에도 불구하고 이런 어려움 때문에 사회학자들이 그 당시 금욕적 프로테스탄트들 사이에서 독실한 신앙심이 없었다는 결론을 내려서는 안 된다.

베버는 퓨리턴들이 자신들의 행동으로부터 도출한 **주관적 의미**[2] 또한 검토해야 한다고 생각했다. 그럴 경우 신자들 사이의 화합이 그들의 신실한 종교성의 한 측면만 구성한다는 사실이 분명하게 드러날 것이다. 다른 구성 요소도 똑같이 중요한데, 그들의 가치 중심적, 세계 지배적 성격을 지닌 독특한 개인주의가 그것이다.

독실한 금욕적 프로테스탄트는 사제, 주교, 추기경, 교황 등처럼 신에게 접근할 수 있는 특별한 지위를 부여받은 성직자들로부터 종교적 도움을 받을 수 없었다. 따라서 그들은 자신들의 신과 일대일 관계에 몰입했고, 그들의 신 앞에 홀로 서서 자기 스스로『성경』을 읽고 해석해야만 했다. 더욱이 금욕적 프로테스탄트가 신봉하는 전

---

[2] 이는 베버의 중요한 용어인데, 자세한 의미는 이 책의 「용어 해설」을 참고하라.

지전능한 신은 초월적 세계에 존재하면서 항시 분노에 차 있었는데, 바로 그런 신이 자신의 계율을 엄격하게 준수할 것을 요구했다. 그처럼 엄격한 신 앞에서 고해성사로는 인간의 결점을 용서받을 수 없었다. 끝으로 퓨리턴 신도들은 그들 이전의 가톨릭 수도사들이 그랬던 것처럼 자신들의 신만을 배타적으로 섬겨야 할 의무가 있었다. 세속적 대상에 대한 강한 충성은 그들에게 가장 중요한 신에 대한 헌신 "그 자체"를 훼손할 수 있기 때문에 특히 인간 사이의 친밀한 관계에서, 심지어 부부 사이에서도, 온건하고 절제된 관계만을 유지해야 했다.

이러한 종교적 구원의 에토스에서 단호하고 자립적인 개인주의가 성장했다. 그러나 베버는 금욕적 프로테스탄티즘이 이러한 개인주의를 그 이상의 방향으로 육성하고 심지어 심화시켰다고 주장했다. 17세기 영향력을 발휘하는 퓨리턴 성직자들, 특히 영국의 목사이자 퓨리턴 윤리 관련 저술가였던 리처드 백스터(Richard Baxter) 등이 수행한 종교개혁에 따르면, 근면한 노동과 이익 추구를 뜻하는 "세상에서의 활동"(activity in the world)은 신자들에게 부를 제공할 수 있었다. 더욱이 퓨리턴 성직자들은 세속적 부를 통해 부유한 지상의 왕국 건설을 도왔는데, 이러한 풍요로움은 신의 위엄과 영광을 찬양하는 데 기여했다고 확신했다. 그러나 실제로는 부지런한 사람들 중 지극히 **일부만이** 신의 왕국을 번영시킬 부를 창출할 수 있었다. 따라서 세속적 부의 소유 그 자체가 전지전능한 신의 은혜의 손길을 나타내는 **표징**(sign)으로 간주되었다. 그리고 이러한 신은 그가 구원받을 사람으로 선택했거나, **구원으로 예정된 사람에게만**(predestined) 도움을 주리라는 사실이 논리적으로 추론될 수 있었다.

이처럼 금욕적 프로테스탄트는 체계적인 노동과 지속적인 이윤 추구를 통해서 세상을 신의 영광을 기리는 풍요로운 왕국으로 변화시키고자 했는데, 이로써 기존의 **실용적이면서 공리적인** 윤리는 완전히 사라졌다. 그 대신 이런 경제적 행위가 가장 중요한 종교적 구원의 문제와 직결되면서 "심리적 프리미엄"을 획득했다. 그들은 바로 이런 과정을 통해서 **성스런 존재**가 되었다(Weber 1968, pp.1199-1200, 1204-1210; 2011c, p.258).

이제 부의 추적을 위해 수행하는 모든 활동들이 높은 평가를 받고 정당화되었는데, 예컨대 치열한 경쟁, 혁신, 사회경제적 신분상승, 주도권 잡기 등이 그것이다. 이처럼 **삶의 양식을 엄격하게 조직하는** 새로운 방법, 베버의 용어로 표현할 때 새로운 **에토스** 내지 "마음의 틀"(frame of mind, *Gesinnung*)은 경제의 역동적 발전을 촉진하는 엄청난 에너지를 뿜어냈을 뿐만 아니라 세계 지배 개인주의를 육성시켰다. 이러한 강력한 가치 지향적 개인주의는 신의 뜻을 세상에 분명하게 드러내기 위한 수단으로서 세상의 거대한 장애물을 돌파할 수 있는 힘을 얻게 되었다.

이러한 "프로테스탄트 윤리"는 실용적-윤리적 개인주의를 신자의 은총의 상태를 확인하는 방향으로 강력하게 이끌었지만, 독실한 신자가 다른 신자들에게 그들 자신의 행동에 책임지는 것 또한 요구하도록 했다. 이제 **모든** 신자들은 새롭고 모범적인 "언덕 위의 도시"(City on the Hill)에서 신에 대한 충성을 입증해야만 했고, 신의 계율 또한 준수해야만 했다. 신의 공동체에서 "나약함"은 반드시 극복되어야 했고, "세상의 악"은 반드시 제거해야 했기 때문이다. 일상적

이고 무작위적인 "삶의 전개"를 수동적으로 받아들이는 것은 금지되었다. 프로테스탄트 윤리에 충실한 신자는 반드시 악과 **싸우는 행동에 적극 나서야** 하기 때문이다. 더욱이 신의 뜻을 거역하는 통치자가 있다면 퓨리턴은 그처럼 "부당한" 권위에 저항하고 끝내 전복시켜야 할 **종교적** 의무를 지니고 있었다(2011c, pp.115-138; 1985, p.10; 1968, pp.1208-1209). 이런 방식으로 독실한 신자는 일련의 종교적 신념에 따라 단호하게 **행동할 수 있는** 힘을 얻었다.

금욕적 비밀집회와 종파는 근대 "개인주의"의 가장 중요한 역사적 토대 중 하나를 형성했다. 그 두 단체가 가부장적 구속과 권위주의적 속박으로부터 완전히 해방되었다는 것, 아울러 **그 두 단체가** 사람보다 신에 더욱 복종해야 한다는 명제를 해석하는 방식이 특히 중요했다. (2011d, p.225, 강조는 베버가 표시한 것임. 다음도 보라. 2011a, pp.230-232)

여기에서 퓨리터니즘이 세계 지배 개인주의를 탄생시키는 방식과 관련해서는 베버가 제시한 짧고 불완전한 논의만으로도 충분할 것이다(자세한 내용은 부록 2를 참조하라). 베버의 논의는 일련의 종교적 신념이 새로운 "인간형"(Menschentyp)을 미국의 풍토에 주입시킨 방식을 보여주는데, 그 인간형이란 굳센 자립심을 부여받고, 또 종교적 가치와 계명에 따라 세상을 개혁시킬 의욕을 부여받은 존재를 말한다. 독실한 퓨리턴은 매사에 주저주저하거나 사색에 침잠하지도 않았고, 오랜 전통적 가치를 수용하지도 않았으며, 끊임없이 세속의 공리주의와 권력에 따라 부침하는 일상적 삶을 수용하지도 않았다. 그들은 오직 사회 전반을 변혁시키는 작업에 헌신했다. 퓨리턴 가정(the Puritan family)과 자치적으로 운영되는 회중(self-governing congregation)에서 이처럼 규율 기반 금욕적 개인주의가 육성되었다.

베버는 퓨리턴의 종교적 신념이 단순히 부당한 세속적 권위와 싸우는 행동을 권장했을 뿐만 아니라, 독실한 신도들도 필요할 경우 다수의 부당한 여론이나 그 밖의 부당한 여론과도 싸워야만 했다고 강조한다(1968, pp.1208-1209; 2011a, pp.230-231). 더욱이 엄격한 금욕주의는 그들의 윤리적 행동에 대단히 강렬한 힘을 주입했다. "구원의 확실성" 문제가 17세기와 18세기에 무엇보다도 중요해지자 퓨리턴의 일상적 삶을 통제하려는 강렬한 노력은 사람들과 그들 사이의 정서적 유대, 또는 대중적으로 유행하는 단기적 시류 등의 특징인 실용적 계산보다 신의 원칙과 규율을 지렛대로 삼았다.

요컨대 베버의 분석은 **인간 내면으로부터** 절대적 가치와 원칙을 엄격하게 추구하는 개인주의 유형에 주목했다. 퓨리턴은 **이 세상에서(in the world)**3 오직 자신을 위해서 행동할 수 있었는데, 그로 인해 그들은 종종 대중의 의견과 상충하는 입장에 서기도 했다.4 그런데 놀랍게도 이처럼 단호한 개인주의는 금욕적 프로테스탄티즘에서 **종교적 신념에 가득 찬 시민사회** 지향성(a belief-based orientation to a civic sphere)과 공존한다. 사실상 공생적 이원주의(symbiotic dualism)가 정착한 것이다. 이제 우리는 이러한 시민사회가 퓨리턴에서 기원했다는 사실을 밝힌 베버의 분석에 주목해 보고자

---

3   이는 퓨리터니즘을 "세상 밖의" 수도원에 거주하는 수도사의 "세속 외"(otherworldly) 금욕주의와 구분하기 위해서 베버가 사용한 용어다. "세속 내"(this-worldly)와 동의어다.

4   베버는 여기에서 "인간의 권리"(Rights of Man) 개념에 관한 강력한 사회학적 기원을 발견한다(1968, pp.1208-1209; Jellinek 1979).

한다.

공동체의 역동성: 종교적 기원

베버는 미국 정치문화 중심에서 앞에서 검토한 세계 지배 개인주의와 시민사회를 지향하는 시민 간의 지속적 **긴장이** 존재한다고 주장했다. 베버의 연구에 따르면 미국에서 대규모 시민단체를 만들고 유지하는 데 성공한 까닭을 설명하려는 어떤 이론도 일련의 특정 가치로 구성된 시민사회의 중요한 기여를 반드시 인정해야 한다. 베버는 미국의 방대한 시민단체가 이러한 사회적 맥락과 **관련해서** 정착되는 것으로 이해해야 한다고 주장한다. 다시 말해서 미국의 시민사회는 독특하고 유용한 가치 기반 **이상을** 특성으로 지니는데, 바로 그런 시민사회가 시민단체의 탄생을 **촉진시킨다는** 것이다.5

어떻게 생동하는 시민사회가 미국에서 출현했는가? 베버는 다시 종교적 신념에 주목한다. 그는 먼저 영국 식민지 시기 미국 퓨리턴 독트린이 독실한 신자로 하여금 지상에서 신의 왕국 건설을 독려한 방식을 검토한다. 이어서 그는 회중(congregation)이라는 **윤리적** 공동체가 확산되는 양상을 살핀다. 베버는 두 연구를 종합해서 18세기 발전과정이 19세기 두터운 시민사회 전개에 기여했다고 주장했다. 이렇게 형성된 지상의 신의 왕국과 회중이 시민단체의 탄생을 돕는 사회적 **맥락**을 창출한 것이다.

---

5   앞으로 명백히 밝혀지겠지만, 이러한 시민단체의 **기원에** 대한 베버의 설명은 토크빌의 설명과 완전히 다르다. 이 책 3장 각주 5번을 보라.

지상에서 신의 왕국을 창조함

앞에서 언급한 것처럼 퓨리터니즘에서 탄생한 세계 지배 개인주의는 신자의 구원에 대한 강한 지향성을 함축했다. 또한 그것은 **공동체에 대한** 동일한 강도의 지향성도 야기했다.

지상에서 신의 풍요로운 왕국을 건설하는 것이 신의 뜻이자 퓨리턴의 삶의 목표였다. 그러나 그 부는 신자들 자신들을 위해 쓰이는 것이 아니라, 재투자를 통해서 모든 신의 공동체에 봉사하는 데 쓰여야 한다. 우리는 모두 신의 이미지에 따라 이 땅에 번창하는 공동체를 창조함으로써 신의 영광과 위엄을 드높이는 위대한 사명에 종사해야 하는 신의 자녀들이기 때문이다. 따라서 순전히 감정적, 공리적, 인지적 이유들은 "세상의 일"과 관련해서 중요하지 않다는 것이 입증되었다. 오직 종교적 의무만이 신자들의 행동을 결정할 수 있었다. 지상에서 풍요로운 공동체를 건설하는 것은 명백히 **종교적** 과업이자 신에 대한 헌신이었다.6

퓨리턴 독트린의 다른 측면도 독실한 신자들을 같은 방향으로 밀어붙였다(부록 2도 참조하라). 앞에서 논의했던 것처럼 퓨리턴은 혼자서 자신의 구원 예정 상태의 "표징"을 발견해야만 했다. 그 어떤 교회도, 성례도, 퓨리턴과 신을 중개하는 성직자도 퓨리턴 개인의 구원 상태 관련 불확실성으로부터 파생되는 극단적 불안감

---

6 미국에서 전통적으로 다양한 연령대에 걸쳐 실행되었던 "공동체 서비스"(community service)라는 개념의 뿌리를 바로 여기에서 찾아볼 수 있다. 마찬가지로 "기여하다"(make a contribution)라는 구절은 지금도 "서비스 직종"(service profession)이란 표현처럼 개인의 사적 이익을 넘어선 지향, 다시 말해서 공동체 전체의 발전을 향한 지향의 뜻을 함축한다.

을 결코 해소하거나 개선할 수 없었다. 그럼에도 불구하고 존 캘빈(1509~1564)과 결별한 17세기 퓨리턴 성직자들은 그러한 불안감을 해소할 수 있는 몇 가지 수단을 제시했다. 예컨대 그들은 독실한 신자가 세상에서 경제적으로 크게 성공했을 경우 그들의 부 자체가 전지전능한 신의 은총을 보여주는 것으로 확신할 수 있다고 가르쳤다. 퓨리턴이 믿는 신의 세계에서 우연히 발생하는 사건은 아무것도 없으며, 따라서 신은 **오직** 구원으로 예정된 신자들만 도와줄 것이 틀림없기 때문이라는 것이다. 그리고 독실한 신자는 체계적인 노동을 통해서만 커다란 부를 획득할 수 있었다. 따라서 구원 예정을 확신할 수 있는 대단히 이례적인 심리적 프리미엄이 체계적 노동에 대한 보상으로 주어졌다.7

놀랍게도 공동체에 대한 신자들의 헌신이 심화된 것은 이러한 노동의 강화가 퓨리턴의 삶에서 핵심적 위치로 격상된 결과에 따른 것이었다. 모든 퓨리턴은 자신이 구원 예정 상태라는 "증거"를 만들기 위해 노력했지만, 그것의 수단인 체계적 노동은 결코 퓨리턴 개인에게만 기여한 것이 아니었다. 또 하나의 확고한 의무가 분명하게 부각되었기 때문인데, 신의 영광을 위해 노동하고, 신의 위엄을 찬양할 자비롭고 풍요로운 지상의 왕국을 건설하는 의무가 바로 그것이었다. 따라서 노동은 이제 신자와 종교적 공동체를 묶어주는 역할을 했으며, 특히 그처럼 대규모 프로젝트는 협력을 필수적으로 요청했기 때문에 더욱 그러했다. 요컨대 **소명으로서의 노동**이 강화되고 신성시되었으며, 공리적이고 이기적인 계산으로 수행되는 과

---

7   베버의 주장은 다음 책에서 자세히 검토했다. Kalberg 2011a. 아울러 이 책의 부록 2도 참조하라.

업을 훨씬 뛰어 넘는 광대한 과업을 지향했다.

따라서 공동체 참여는 중요한 활동이 되었는데, 금욕적 프로테스탄트 회중(the ascetic Protestant congregation) 때문에 그럴 가능성이 더욱 높아졌다. 바로 이 조직이 그룹 참여 기술을 습득할 수 있는 자연스런 훈련장 역할을 수행했다. 이와 관련하여 의로운 목사를 선택하고 "자격이 없는 자"의 성찬 참여를 피하도록 권고하는 회중의 중요한 역할과 마찬가지로, 새로운 멤버 가입 여부 결정에 평신도가 참여하는 것도 중요했다. 이 모든 것은 신이 원하는 "성찬 공동체의 순수성"을 엄격하게 보장하기 위한 것이었다(Weber 1968, p.1208; 2011d, pp.220-221, 226). 베버가 지적한 것처럼 "프로테스탄트 종파는 공식적 정의와 체계적 금욕주의 측면에서만 배타적으로 멤버의 행동을 통제하고 규제했다"(2011d, p.226; 1968, p.1208). 서로 신뢰할 수 있는 신자들로 구성된 이러한 환경 자체가 그룹에 대한 봉사 개념의 배양을 더욱 촉진시켰다.

이제 하나의 분명한 이원주의가 분명하게 자리를 잡았다. 앞에서 논의한 것처럼 실용적-윤리적 개인주의가 분명하게 자리를 잡았는데, 이는 개인이 윤리적 활동과 목표 지향적 개인주의 배양을 통해 자신의 구원의 운명을 형성하고 재형성할 수 있는 능력에 초점을 맞춘 것이었다. 하지만 공동체 참여와 공동체에 대한 개선의 요구도 그에 못지않게 강했다. 베버는 금욕적 프로테스탄트 종파가 "공동체 형성 에너지"를 "앵글로 색슨 세계에" 주입했다고 봤다(1985, p.11). 바로 이러한 활력이 영국 식민지 시대 미국, 그리고 앞으로 설명하겠지만, 초기 미국에 광범위한 영향력을 행사했다.

퓨리턴 교회는 다른 방식으로도 시민사회 형성을 위한 강력한 추진력을 발휘했다. 베버의 분석은 바로 이 주제에서 금욕적 프로테스탄티즘에서 비롯되고, 또 금욕적 프로테스탄티즘에 의해서 육성된 일련의 가치들을 강조한다. 이러한 가치들은 회중 전체의 사회적 관계에 **윤리적** 색조를 띠게 해주었는데, 그런 여파가 공동체 전체의 사회적 관계까지 미치게 되었다. 3장과 4장에서 자세히 설명하겠지만, 그러한 가치들은 19세기 시민단체들이 번창할 수 있는 길을 열었고, 또 그 단체들이 광범위하게 확산될 수 있도록 도왔다.

윤리적 공동체-회중

베버에 따르면 영국 식민지 시기 미국과 초기 미국에서 금욕적 프로테스탄트 회중은 신자들 사이의 솔직함과 신뢰감을 탄생시켰고 또 효과적으로 유지시켰다. 그 회중의 멤버들은 **모두가** "신앙 안에서 형제자매"가 될 수 있는 신자들의 **공동체들을** 창조하는 위대한 사명이 그들의 활동에 포함되었다고 이해했다. 이러한 조직들에서 신뢰감은 혈연적 유대 내의 원초적 장소를 뛰어 넘어 확대되었다. 신과 독실한 신자들이 지켜보는 가운데 서로 돕고 충실하고 윤리적으로 행동하는 새로운 **가족** 관계가 회중 내 "형제들" 사이에서 탄생했다.

더욱이 실용적 메커니즘을 통해 진실한 신자들만이 이러한 회중의 멤버가 될 수 있도록 했다. 다시 말해서 엄격한 조사 절차를 거쳐 오직 "도덕적 품성이 좋은" 사람만이 독실한 신자들의 공동체에 가입할 수 있도록 보장했다. 따라서 회중의 멤버십 그 자체는 멤버의 올바른 행동 이력을 **보증했을 뿐만 아니라,** 회중의 멤버 전체를 신의 자녀로 간주하겠다는 개인적 약속, 즉 평등과 페어플레이

에토스를 엄격하게 준수하겠다는 약속을 **보증했다**(2011d, pp.222-223; 1968, p.1205). 따라서 회중 내에서는 공포, 위협, 조작, 뻔뻔한 이익계산 등이 아니라 친절, 개방성 등이 지배적 문화로 자리 잡았다. 실제로 회중의 멤버십은 비즈니스 관계에서도 정직하고 솔직하다는 명성을 얻었으며, 심지어 비신자들이 독실한 신자들과 상업적 거래를 선호할 정도로 명성을 얻었다(2장을 보라). 요컨대 회중의 멤버들은 공정한 업무처리가 그들 자신의 보상이 될 것으로 확신했다 (2011d, pp.218-219, 222-223; 1985, pp.7-8).

이런 방식으로 퓨리턴 회중들이 체계적으로 전달하고 육성한 신뢰, 윤리적 행동, 친절 등은 그런 가치들의 통상적 거점이었던 가족적 유대로부터 벗어났다. 이러한 가치들은 "전혀 모르는 타자"라도 금욕적 프로테스탄트 회중의 멤버이기만 하면 동일하게 귀속되었다. 베버는 이제 미국에서 윤리적 행동은 강력한 사적 유대나 오래된 전통이 아니라 **비인격적 구속력**(an impersonal and binding principle)을 따르는 것으로 이해되었으며, 심지어 상업적 관계에서도 그렇게 행동하는 것이 확고한 **이상**으로 정착했다고 주장한다 (2011d, pp.209-212, 218-219; 2005, pp.284-288). 3장과 4장에서 분명하게 확인하겠지만, 이러한 신뢰와 윤리적 행동이 17세기와 18세기 미국사회 전역에 확산된 것은 19세기 미국에서 경계가 분명하고 세속적인 **시민사회**를 형성할 수 있는 토대가 되었다.

그러나 퓨리턴 윤리적 공동체는 더욱 중요한 방식으로 가치 기반 시민사회 형성에 기여했는데, 바로 공동체 활력을 강력하게 불어넣는 방식으로 기능했기 때문이다. 악을 관용하거나 악을 외면하는 것은 결코 용납할 수 없는 일이었다. 그 대신 독실한 신자는 그들의 신으로부터 거대한 과업을 수행할 것으로 기대를 받았는데, 지상에서 신의 왕국을 창조함으로써 세상의 모든 악을 제압하는 과업이 그것이다. 이러한 **종교적** 의무는 독실한 신자들에게 악과 맞서 싸울 것을 단호하게 요구했으며, 심지어 그들의 행동이 세속적 권위나 대중의 의견과 충돌하더라도 그렇게 해야만 한다고 요구했다.

따라서 퓨리턴은 신중하고 사변적인 존재를 지향하는 대신, 신의 뜻에 따라 세상을 개혁할 **준비가 되어 있는** 세계 지배 개인주의를 견지했다. 독실한 신자들은 그들이 속한 공동체의 혁신에 참여하고, 사회 전반의 변혁을 추구하며, 지상에서 정의로운 신의 왕국을 건설해야만 했다(2011c, pp.122-123, 158-175, 327[n.34]; 2011d, pp.224-225; 2011a, pp.230-232; 1968, pp.549, 578-579, 1207-1209). 신자들의 활동은 신이 정한 원칙과 규칙을 어느 정도 **일관성** 있게 준수했느냐의 여부에 따라 평가될 것이었다. 17세기 미국 청교도 사회는 비록 신정정치(theocracy)나 준신정정치(quais-theocracy)로 가장 잘 특징지어졌지만, 위와 같은 방식으로 19세기 미국 시민사회 전개를 위한 기본적 **트랙을** 깔았다. 금욕적 프로테스탄티즘에서 자신의 공동체를 개선한다는 개념은 모든 공리주의적 의미를 상실했으며, 그 대신 신에 대한 헌신이자 자신의 종교적 의무의 핵심을 실천하는 것으로 인식되었다.8

요컨대 베버에 따르면 초기 미국 정치문화의 특성은 일련의 종교적 가치를 참조하면서 가장 잘 포착할 수 있다. 퓨리터니즘의 실용

---

8   이러한 (세속적) 가치와 선교적 대외정책(a missionary foreign policy) 상호 간의 선택적 친화성(elective affinity)에 대해서는 다음 논문을 참고하라. Kalberg 1991, 2003.

적-윤리적 개인주의는 감정적 관계나 순전히 실용적 계산에 뿌리를 두기보다는 추상적 원칙을 신자의 삶의 핵심에 두고서 그것을 엄격히 준수하도록 강제했다. 더욱이 베버는 미국의 그룹 구성 능력이 유난히 민첩하고 신속하다고 설명한다. 베버는 여기에서도 다시 가치와 신념이 중추적 역할을 한다고 본다. 즉 경계가 분명한 시민사회를 구성하는 다양한 시민적 가치가 이러한 그룹 형성과 공동체 건설을 전반적으로 촉진한다는 것이다. 앞으로 전개될 내용에서 분명하게 밝혀지겠지만(3장을 보라), 시민적 가치는 19세기 시민사회 지평을 열수 있는 탄탄한 토대와 적절한 경로를 제공했다. 19세기 미국에서 세속화된 시민단체가 방대한 영역에서 등장했는데, 사실 그러한 팽창성은 미국 특유의 현상이었다.

베버는 초기 미국 정치문화에서 서로 맞물린 구성 요소를 발견했는데, 세계 지배 활동을 지향하는 개인주의, 그리고 일련의 종교적 가치가 널리 스며든 공동체 지향성이 각각 그것이다. 그런데 이들은 궁극적으로 금욕적 프로테스탄티즘에서 탄생한 것이었다.[9] 하지만 경제적 이해관계, 정치적 계산, 국가의 권력, 우연한 사건 등을 강조하는 사회과학이론들은 모두 이러한 개인주의와 공동체주의의 특이한 병치상태를 설명하지 못하며, 응집력 있는 집단의 권력 사용과 지배력 행사를 강조하는 사회과학이론들도 설명하지 못

---

9 베버는 퓨리턴 정치문화와 그것이 미국 민주주의 정신 형성에 영향을 준 것에 관한 글을 여러 논문에서 산발적으로 제시했는데, 나는 그중에서 중요한 부분을 추려서 한눈에 볼 수 있도록 정리한 바 있다. 이에 대해선 다음 책을 참고하라. Weber 2005, pp.277-289. 그곳에 담긴 대부분의 구절은 미국의 프로테스탄트 종파가 퓨리턴 성직자들이 구성한 신학적 교리를 사회에 전달하는 캐리어(social carriers) 역할을 효과적으로 수행한 방식을 검토한 것이기 때문에 다음 장에서 적절히 소개하고자 한다.

하기는 마찬가지다. 이러한 **공생적 이원주의**는 미국 특유의 강렬한 성격을 지닌 것으로서 미국 정치문화와 민주주의 정신의 핵심에서 확고하게 뿌리를 내렸다. 하지만 세계 학계에서 유명한 개념들, 예컨대 산업화, 근대화, 가치일반화(value-generalization), 사회적 분화(differentiation), 진화적 진보(evolutionary progress) 등에 초점을 둔 모든 분석 양식들은 미국 특유의 공생적 이원주의를 제대로 설명하지 못하며, 토크빌의 핵심 개념인 "미국에서 사회적 평등의 전반적 증대"(an increasing social egalitarianism) 역시 공생적 이원주의를 제대로 설명하지 못하기는 마찬가지다. 미국 정치문화가 상호배타적인 "공동체주의"와 "개인주의" 요소로(mutually exclusive "community"and "individualism" components) 구성되었다고 묘사하는 모든 분석 양식 역시 공생적 이원주의를 전혀 설명하지 못한다.

베버의 주장에 따르면, 미국의 독특한 정치문화의 퓨리턴 기원은 초기 미국에서 번창한 프로테스탄트 종파 특유의 사회 심리적 역학에서도 선명하게 확인할 수 있다. 베버는 이러한 종파의 유산이 다양한 방식으로 미국의 정치문화에 깊이 각인되었다고 역설한다. 바로 이 주제가 다음 장에서 우리의 관심을 끌게 될 것이다.

2장
미국 정치문화의 토대 II
영국 식민지 시기 미국, 초기 미국, 그 이후 시기 프로테스탄트 종파들

> 오직 (프로테스탄트 종파들만이) ⋯ 프로테스탄티즘의 문화적 기반 위에서 광범위한 중산층에게, 특히 근대 노동자들에게 강렬한 종교적 관심을 주입할 수 있었다. 그렇지 않았다면 그처럼 강렬한 관심은 비록 편협한 광신주의 형태이긴 하지만 전통사회 농민에게서만 발견할 수 있는 것이었다.
>
> – Weber 2011a, p.231

> 프로테스탄트 종파의 멤버가 되었다는 사실은 **개인의** 윤리적 자질을 보증하는 증명서, 특히 경제 활동에서 요청되는 **개인의** 윤리적 자질을 보증하는 증명서를 획득했다는 것을 의미했다.
>
> – Weber 2011d p.212. 강조는 베버

막스 베버는 1904년 11월 미국 전역을 정열적으로 여행하고 귀국한 다음(부록 1을 보라), 『프로테스탄트 윤리와 자본주의 정신』을 완성하고, 프로테스탄트 종파에 관한 짧은 논문(1985)을 집필했다. 베버는 1920년에 이 종파 논문을 대폭 수정하고 확장했다 (2011d). 베버는 바로 이 ("종파") 관련 두 논문에서 미국 정치문화와 미국 민주

주의 정신을 직접 논평했다.1

베버는 종파 관련 두 논문을 『프로테스탄트 윤리와 자본주의 정신』보다 덜 학술적이고 비공식적 논조로 집필함으로써 보다 광범위한 독자에게 다가가고자 했다. 이 두 논문에는 베버가 뉴잉글랜드, 중서부, 남부, 중부 대서양 주들을 여행하면서 예리하게 관찰한 내용을 담았다. 그러나 그의 논평을 단순히 "미국인의 생활에 대한 단편적 인상을" 제공한 것으로 이해해서는 안 된다. 베버는 순례자들(the Pilgrims)이 아메리카 대륙에 상륙한 이후 250년이 지난 시점에서 퓨리턴 신앙으로부터 영향을 받은 미국사회의 모습을 독자들에게 생생하게 보여주었기 때문이다. 그는 크게 두 가지 주제에 초점을 맞추었다.

첫째, 베버는 미국 정치문화를 명쾌하게 밝혔다. 그는 유럽 전역에서, 특히 독일에서 널리 유포된 미국에 대한 고정관념들을 비판했는데, 예컨대 미국사회를 "원자화된 개인들의 모래더미"(a sandpile of atoms), 즉 사회적으로 긴밀하게 엮이지 못한 채 표류하는 개인들의 집단으로 묘사하는 것을 거부했다. 베버는 미국에서 다양한 종류의 클럽, 단체, 사회 등이 역동적으로 활동하는 모습을 봤기 때문이다. 베버는 이러한 그룹들과 그 그룹 구성원들의 적극적 참여정신의 기원을 프로테스탄트 종파로 거슬러 올라가서 찾을 수 있다

---

1 베버는 『프로테스탄트 윤리와 자본주의 정신』에서 주로 미국의 종교적 독트린과 종교적 전통을 중점적으로 다루었다. 하지만 두 편의 프로테스탄트 종파 관련 논문에서는 대부분 베버가 미국 여행 중 예리하게 관찰한 것, 즉 금욕적 프로테스탄티즘이 (지배적인 노동 윤리를 넘어서) 미국사회 일반에까지 행사한 영향력을 현장감 있게 다루었다. 베버가 집필한 종파 논문 두 편은 축약된 부분 없이 완전한 형태로 참조할 수 있다. 다음을 보라. Weber 1985; 2002, pp.127-147. 다음도 보라. Weber 2005, pp.277-289.

고 강조했다.

둘째, 베버는 『프로테스탄트 윤리와 자본주의 정신』에서 제기한 주장을 "프로테스탄트 종파" 논문들에서 더욱 확대했다. 이 논문들에서는 프로테스탄트 종파들 특유의 사회심리적 역학이 두 가지 중요한 과업을 성취한 방법을 분석했다. 하나는 그러한 사회심리적 역학이 퓨리턴 성직자들이 기대한 **윤리적** 행동을 독실한 신자들의 일상생활에 효과적으로 **주입한** 방법을 분석한 것이고, 다른 하나는 금욕적 프로테스탄티즘의 경제윤리를 독실한 신자들의 일상적 행동에 일관되게 전달한 방법을 분석한 것이었다. 독실한 신자들은 이처럼 복잡한 사회심리적 역학에 따라 노동, 이윤추구, 경제적 성공 등을 체계적으로 추구했다.

베버가 관찰한 미국사회 모습은 개방적이고 활력이 넘치면서도 안정을 유지했다. 실제로 베버는 미국을 곧 강대국으로 도약할 역량을 지닌 활기찬 국가로 인식했다. 그는 경제문화와 정치문화 측면에서 미국사회와 유럽사회 간에 커다란 차이를 보인다고 주장했다. 그는 특히 독일사회와 미국사회가 커다란 차이를 보인다고 확신했으며(4장을 보라), 따라서 미국 성공 스토리의 확고하고 오래된 뿌리가 "프로테스탄트 종파"에 존재한다는 사실을 독일 동포들에게 보여주고자 했다. 바로 그랬기 때문에 베버는 독일의 학자, 기업가, 정치인 사이에서 널리 퍼져 있는 통념, 즉 미국의 정치적 안정과 경제적 능력을 멸시하는 시각에 맞서 경고하고자 했다. 베버의 주장에 따르면, 고도로 세속화된 유럽 사람들에겐 보이지 않지만, 미국의 성장, 국가 권력, 국부, 민주주의 등의 토대에는 종교적 가치를 활성화시키는 독특한 지형이 존재했다.

이 장에서는 먼저 다양한 퓨리턴 종파들이 수많은 단체들 사이에서 근본적으로 "배타적 성격을" 지닌 정치문화를 창조하는 방식을 검토하고자 하는데, 특히 종파 내부의 사회적 역학 측면에 착안해서 그렇게 할 것이다. 모든 미국인 사이에서 원자론적 관계는 존재하지 않았다.

베버는 미국 민주주의가 고독한 개인들에게 뿌리를 두고 있다는 당대 유럽 사회의 지배적 견해를 거부했다(2011a, pp.231-232; 2011d, pp.214-219). 그와는 정반대로 미국사회는 다양한 단체들, 예컨대 교회, 종파, 사회적 클럽, 취미집단, 다양한 정치단체와 경제단체 등으로 구성된 특성을 지녔다고 주장했다. 미국인들은 다양한 단체들을 대단히 빠르고 영리하게 만들어냈다. 베버에 따르면, 미국 민주주의는 고립되고 고독한 개인들로 구성된 "모래더미"가 아니라 "단체 가입자들", 각종 단체들, 단체의 배타성 등에 기초를 둔 것이었다.

진정한 형태의 미국사회는—여기에서 나의 얘기는 "중간" 계층과 "하급" 계층에게도 분명히 해당된다—결코 모래더미(sandpile)가 아니며, 심지어 들어가려는 모든 사람들에게 무차별적으로 개방된 문이 있는 건물도 아니었다. 오히려 미국사회는 모든 종류의 "배타성"으로 충만한 사회였고, 지금도 그러하다. 이러한 초기 상황이 여전히 남아 있는 곳이면 어디에서나 개인은 사회조직(초기에는 거의 예외 없이 교회였고, 오늘날에는 각종 조직을 의미함) 내 투표를 통해 성공적으로 선출된 다음, 그 조직 내에서 **자신의 지위를 스스로 유지하는** 경우에 한해서만, 대학이나 회사에서 자신의 입지를 탄탄하게 구축할 수 있었다(2011a, pp.231-232; 강조는 베버).

미국 민주주의는 고립된 개인들로 구성된 모래더미가 아니라 매우 배타적이지만 전적으로 자발적인 종파, 협회, 클럽 등이 미로처럼 얽혀 있고, 바로 그 미로가 개인이 영위하는 사회생활의 중심을 이룬다는 것은 여전히 진실이다(2005, p.287; 다음도 보라. 2011d, pp.216-217).

따라서 베버는 토크빌이 단호한 어조로 강조했던 미국 생활의 한 측면, 즉 미국의 다양하고 다채로운 "시민단체"를 강조했다. 베버는 바로 이 시민단체를 토대로 미국 정치문화, 미국 민주주의 정신, 그것의 특수성 등을 분석했다.

그러나 베버는 프랑스의 이론가 토크빌과 달리 미국 정치문화, 민주주의 정신, 그것의 특수성 등의 기원을 종교 영역에서 찾았다.2 더욱이 베버는 토크빌처럼 시민단체의 멤버십이 소속감과 사회활동의 안전한 토대를 제공한다는 사실을 인정했지만, 시민단체가 사회적 명예를 부여하는 능력 또한 강조했다. 미국에서 사회적 명예는 도시화, 사회적 평등화, 산업화 등의 진전에 따라 사라지지 않고 새로운 형태를 취했다. 즉 그것은 봉건사회에서 출생 신분이나 오래된 전통에 따라 부여되었던 것과 달리 공동체에서 널리 존경을 받는 단체에 가입함으로써 새롭게 "획득되는" 것이었다(2011d, pp.212-218; 1968, p.933). 베버는 새로운 연구계획을 세워야만 했다. 그는 미국 정치문화의 이러한 근본적 측면을 설명하기 위해서 금욕적 프로테스탄트 종파 연구에 착수했다.

---

2 토크빌이 이러한 기원을 분석한 내용에 관해서는, 3장 각주 5번 참조.

『프로테스탄트 윤리와 자본주의 정신』을 넘어서: "프로테스탄트 종파" 연구

베버는『프로테스탄트 윤리와 자본주의 정신』에서 퓨리턴 신앙의 세계관과 독실한 신자들 사이에서 발견되는 의미 있는 행동의 윤곽을 자세히 설명했다. 베버의 이 고전적 연구는 예정설을 참고하고, 또 리처드 백스터와 여타의 퓨리턴 성직자들이 착수한 퓨리턴 교리 수정 등을 참고하면서 퓨리턴 신자들의 세계 지배 금욕주의와 그들의 신에 대한 헌신을 설명했다. 신과 신자를 중재하는 교회의 도움 없이, 그리고 퓨리터니즘의 예정설에 함축된 운명론에도 불구하고, 퓨리턴이 고독하게 구원을 추구하는 문제가 베버의 논의에서 핵심을 차지했다(다음을 보라. 2011c, pp.118-122).『프로테스탄트 윤리와 자본주의 정신』은 세밀한 분석을 통해서 특정의 실용적 경제적 활동은 물론 규율 기반 조직적 삶에 주관적 의미와 윤리적 표준을 최종적으로 부여하는 방식을 탐구했다. 이러한 퓨리터니즘이 그들의 행동에 부여하는 "심리적 보상"은 여전히 중요한 것이었다. 이처럼 커다란 주제가 프로테스탄트 윤리의 기원에 관한 베버의 방대한 연구를 지배한다(부록 2를 보라).

18세기에 들어서면서 금욕적 신자들에게는 자신의 구원 상태를 "증명하는" 과정이 새로운 차원의 중요한 의미를 갖게 되었다. 베버는 신자들이 신을 추종하는 활동을 하고, 그들의 구원의 "증거"를 창조하는 고독한 노력을 포기하는 대신, 미국의 **프로테스탄트 종파**라는 **사회적** 환경에 깊이 자리를 잡은 신자들의 집단으로 옮겨

갔다고 주장한다.3 따라서 그는 이제 『프로테스탄트 윤리와 자본주의 정신』에서 제기한 질문—신자들은 어떻게 **신 앞에서** 자신들의 진실성을 증명할 수 있는가?—을 넘어서 신자들이 **사람들 앞에서** 자신들의 신앙을 증명하는 방법에 관한 분석으로 연구를 확장시켰다(2011d, pp.225-226). 베버의 주장에 따르면, 신자들은 "도덕적 삶을" 영위하고 신에게 헌신하기 위해 여전히 내면의 힘에 의지했지만, 프로테스탄트 종파의 엄격한 감시와 끊임없는 순응 압력 또한 멤버들의 활동에 커다란 영향력을 행사했다.

이처럼 긴밀하게 결속된 종파는 퓨리턴 신도들이 원래 신자들에게 기대했던 퓨리턴 교리 기반 윤리적 행동과 체계적이고 합리적인 삶의 조직을 육성하고 강화했다. 따라서 베버의 「프로테스탄트 종파」 논문에서는 프로테스탄트 종파의 영향력으로 아이디어와 가치가 현실에서 효과적으로 "구현되는" 방법을 탐구했다. 이러한 퓨리턴 가치의 사회적 담지자(social carriers)는 확고한 조직으로서 퓨리턴 세계관에서 표명하는 종교적 신념과 심리적 보상을 신자들에게 심어주면서 그들의 윤리적 행동을 확인하고 그렇게 확인한 행동을 신자들에게 **체계적으로** 전달했다. 어떻게 프로테스탄트 종파는 그렇게 할 수 있었을까?

이 문제를 이해하기 위해서는 먼저 베버가 "종파"와 "교회"를 중요하게 구분한 까닭에 주목할 필요가 있다. 이어서 우리는 미국사회의 다양한 시민단체의 종파적 기원에 대한 베버의 다원적, 사회심리적 분석을 검토할 준비를 할 것이다. 그러면 우리는 종파 멤버들

---

3   베버는 이렇게 말했다. "프로테스탄트 종파의 주요 거주지는 미국이다."(1968, p.1206)

의 활동을 **실용적-윤리적** 방향으로 이끄는 종파의 역량 또한 파악할 수 있을 것이다(3장을 보라).

종파와 교회

 베버가 볼 때 교회는 포괄적인 "신성한 기업"(sacred corporation)을 의미한다. 멤버들은 그 안에서 태어난다. 교회는 "보편적 기관"이자 "모든 사람들에게 제공되는 … 영원한 신탁 기금"으로서 그것의 "은총을" 의로운 사람과 불의한 사람을 망라한 "모든 사람에게 비추는 것"을 허용한다. 이 조직은 "은총의 보편주의"를 대신해서 모든 신성한 가치를 공식적으로 독점하고 중재한다(2011d, p.212; 1968, p.1164).

 종교적 신념과 행동을 함양하고, 각 멤버의 영혼을 구원하는 교회의 임무는 종종 어려운 것으로 드러난다. 교회는 의무적으로 다니는 곳이기 때문에 교회 멤버십 그 자체가 개인의 특별한 영적 자질 내지 윤리적 자질의 소유를 결코 함축하지 않는다. 교회 조직은 포괄적인 민주적 사명을 지니기 때문에 범죄자나 이단자조차도 받아들인다. 그러나 평신도는 사제보다 신앙심이 약하며, 사제는 정교한 위계조직에서 높은 지위에 있기 때문에 특별한 아우라, 즉 "오피스 카리스마"(office charisma)를 부여받는다. 따라서 그들은 죄인을 교회의 규율에 복종시키고, 모든 구원 문제와 구체적 위반 사항을 다룰 분명한 권한을 가지고 있다. 사제는 고해성사를 통해서 교회의 "신탁 기금"의 수호자가 되며, "(교회의) 제도적 권한 아래 등록된 … 모든 사람의 윤리적 충분성"을 평가할 수 있는 능력을 부여받았다(2011a, p.229; 1968, p.1164; 1946e, p.288).

반면 종파는 오직 "종교적 자질"을 입증한 사람들로만 구성된 자발적 공동체로서 그 종류가 매우 다양하다. 종파 가입 후보자는 그가 가진 신앙의 진정성과 도덕성을 면밀히 검토하는 수습기간을 성공적으로 이수해야만 종파에 가입할 수 있었다. 종파의 멤버들은 "신의 만찬"에 죄인이 참석하면 신의 위엄이 모욕당하고 불명예를 당할 수 있기 때문에 **반드시** 이 검사가 이뤄져야 한다고 주장한다. 그들은 "종교적 자질을 갖추지 못한 자"로부터 "종교적 자질을 갖춘 자"를 (분리시키지) 않는다면 신이 격노할 것이라고 믿었으며(1968, pp.1204-1206), 따라서 "골칫덩어리"(black sheep)는 반드시 배제되어야 한다고 역설했다. 빚은 빠르게 갚았는가? 선술집(tavern)에 자주 들락거렸는가? 자주 춤추러 다녔는가? 종파 가입 후보자들 중에서 분명히 카드게임과 도박을 한 자들이 있는가? 어린 시절에 방정하지 못했는가? 종파 가입 후보자들이 가진 성품의 진정성을 분명하게 확인해야만 했기 때문에 그들에 대한 광범위한 조사는 필수불가결 것으로 간주되었다. 요컨대 종파에 가입하려는 사람들은 성격상의 경솔함, 결함, 흠집 등이 없어야만 했다(2011d, pp.211-212; 1968, pp.1205-1206).

더욱이 종파 멤버들은 사람보다도 신에게 더욱 엄격히 순종해야 한다고 확신했기 때문에 신도들에게 분명한 행동규범을 요구했다. 즉 그들의 행동은 무조건 신의 뜻을 지향하고, 신의 신성한 말씀을 완전히 실천하며, 항시 "의로운 성격"을 지녀야만 했다. 종파 전체가 확고한 공동체로 활동하면서 적절한 행동 규범에 따라 멤버들의 행동을 규율했다. 반면 교회에서는 목사들이 권위주의적 방식으로 멤버들의 행동을 규율했다(1968, pp.1204-1205).

따라서 종파 멤버들은 자신들을 종교적 엘리트 집단에 소속된 것으로 간주했다.4 독실한 신자들 사이에서는 "윤리적 순수성"과 "청정 삶"을 영위할 수 있는 능력이 핵심적 관심사였으며, 모범적인 행동을 "현세의 교회"(visible church)에서 보여줄 수 있어야만 했다(2011d, pp.212-218-219; 2011a, pp.229-230). 끝으로 신자들이 "구원 기관" 밖에 있을 때, 그리고 특별한 신의 섭리 수단을 관리할 권한을 가진 종교적 관리와 떨어져 있을 때, 다음과 같이 오직 스스로 자신을 돌봐야 하는 상황에 처한다.

> 그러한 개인은 신이 그에게 부여한 종교적 자격을 바탕으로 자신의 구원 상태를 전적으로 그 자신이 결정한다는 생각이 중요했다. ... 오직 신자의 실제 행동이 중요했다. 즉 그의 신앙을 "증명하고 검증하는" 행위만이 그가 구원의 길에 서 있다는 **표징(sign)**을 제공했다(2005, pp.285-286; 강조는 베버).

베버는 바로 이런 차이 때문에 교회와 종파가 신자들의 행동에 매우 다른 방식으로 영향을 미쳤다는 결론을 내렸다.5 베버에 따르

---

4 베버는 이렇게 말했다. "종파는 그 자체의 본성과 목적상 보편성을 철저히 배제하고, 멤버들의 자유로운 합의를 요구하는 그룹이다. 종파는 일종의 귀족적 그룹, 다시 말해서 종교적 자질을 충분히 갖춘 사람들만의 단체를 추구했기 때문이다."(1968, p.1204) 「용어 해설」도 참고하라.

5 베버에 따르면, 18세기 미국에서 침례교, 퀘이커교, 감리교, 메노나이트교, 장로교(칼뱅교) 등은 모두 종파를 구성했다.

면, 진실한 신앙심을 전수하는 데 더욱 효과적이었던 종파는 신자들에게 윤리적 자세를 독특한 강도로 훈련시켰는데, 특히 신의 자비심을 직접 매개할 너그러운 사제가 없었기 때문에 더욱 그러했다. 여기서는 이질적인 사회심리적 역학이 작동했다. 종파는 종교적 규범에 맞는 신자들의 행동을 주조하는 역량, 즉 신자들의 **윤리적** 자질을 "육성하는" 역량이 대단히 뛰어났는데, 바로 이것이 베버의 핵심 연구 주제가 되었다. 또한 그것은 베버가 미국 정치문화와 자본주의 정신을 분석한 내용의 주요 요소에서 근간을 이루기 때문에 다음 절에서 우리의 주요 관심사가 될 것이다.

프로테스탄트 종파의 사회심리적 역동성: "자신을 꿋꿋이 지키는" 개인주의, 종파에 순응, 삶의 양식을 체계적-합리적 방식으로 조직함

모든 종파의 멤버들은 높은 기준과 엄격한 윤리적 강령을 준수해야만 했다. 베버에 따르면, 이러한 조직이 신도들에 미치는 강력한 영향력은 다양한 방식으로 표출되었다. 그리고 그러한 영향력은 미국 정치문화와 민주주의 정신에 여러 가지 중요한 공헌을 했다.

첫째, 각 종파에서 견지한 선별적 가입 절차 때문에 종파의 멤버십 그 자체는 멤버의 좋은 성품을 정당화하고 보증했다. 이러한 "도덕적 자격 증명서"는 신자의 신에 대한 충성심과 결합해서 모든 범죄를 인간사에서 우연히 발생해서 용서할 수 있는 실수가 아니라 "신의 은총으로부터 추락한 것"으로 명확하게 정의했다. 그러나 종파에서는 고해성사와 같은 인간의 죄악 문제를 해결하는 가톨릭의 제도적 메커니즘을 추방했기 때문에 신도의 내면적 고통을 해소할 수 있는 제도적 수단이 부족했다(2011d, pp.211-212, 224-225). 베버에 따르면, 종파에서는 신자들이 **끊임없이** 의로운 방식으로 행동해야 할 필요성이 질적으로 강화되었다.

둘째, 종파의 자치적 특성은 그것의 윤리적 활동을 촉구하는 놀라운 역량 또한 강화했다. 베버에 따르면, 종파에서 규율과 권위를 행사하는 방식은 교회에서 그것을 행사하는 방식과 크게 달랐다. 비록 종파 내부의 질서는 분산적 권위적 성격을 지녔지만, 이제 평신도의 손에서 규율과 권위가 더욱 철저하고 더욱 포괄적으로 시행되었기 때문이다. 따라서 개별 평신도의 어떤 실수도 결국 밝혀질 수밖에 없었다.6

셋째, 미국 종파의 의미가 순수한 신자들로 구성된 "배타적" 조직이라는 사실은 "인성이 불량한 구성원"이 발견되는 순간 곧바로 퇴출시킨다는 것을 함축했다. 베버는 이처럼 가혹한 처우가 추방된 사람들을 견딜 수 없는 상황으로 내몰았다고 강조했다. 종파는 수많은 활동을 통해서, 예컨대 교회 만찬, 주일 학교, 자선 활동, 팀 스포츠, 성경 공부 그룹 등을 통해서 종파 구성원의 행동 양식을 효과적으로 빚어내고, 그에 따른 적절한 사회화에 대해서 많은 심리적 프리미엄을 부여했으며, 신자들의 사회생활까지 독점했다. 그러나 "부도덕한 행동으로" 종파에서 추방된 사람들은 곧바로 "일종의 사회적 보이콧을 당했으며," 그들의 모든 사회적 존재양식까지도

---

6   베버는 특히 종파의 이러한 특성 때문에 수도원 질서의 감시 능력에 필적하는 감시 능력을 갖추었다고 주장했다. 다음을 보라. 2011d, pp.222-225.

철저히 붕괴되어야만 했다(2011d, pp.222, 224-225; 2005, pp.287-288; 1968, p.1206). 따라서 동료들의 감시 아래에서 "자신을 꿋꿋이 지켜야 할"(hold one's own) 필요성, 즉 자신의 윤리적 행동을 통해 종파 구성원 사이에서 자신의 자격을 끊임없이 증명해야 할 필요성이 강화되었다. 이제 그것은 종교적 행동을 빚어내는 종파 그 자체의 능력과 비슷했다. "사회적 자존감이라는 가장 강력한 개인의 관심사가 이러한 성격적 특성의 육성을 위해 투입되었다."(2011c, p.222)7

넷째, 베버는 윤리적 활동을 육성하고 유지하는 프로테스탄트 종파의 독특한 능력을 더욱 자세히 설명하기 위해서 관련 사회 심리적 역학을 언급한다. 신자들은 도덕적 자질을 기초로 종파의 멤버로 선발되었기 때문에 그들의 지역 내에서도 대단히 청렴하고 심지어 신뢰할 수 있는 사람으로까지 여겨졌다. 주로 이러한 이유로 종파가 사회적 명성을 획득하게 되면서 신도들 사이에서 행동의 감시가 더욱 강화되었다. 이제 지역 사회 전역에 퍼진 종파의 호의적 평

---

7   "자신을 꿋꿋이 지키다"(hold one's own)는 독일어 구문 "sich behaupten"에 대한 통상적 번역이다. 이는 기존의 종파 내에서 개별 멤버가 그의 동료를 상대하면서 자신의 사회적 입장과 윤리적 입장을 그대로 유지하고 옹호하는 것을 의미한다. 요즘 그것을 세속적 일상적 방식으로 표현하는 용어가 있는데, "당신의 기개를 증명하라"(prove your mettle)가 바로 그것이다. 사람은 당면 과제에 "충실"(measure up)해야 한다는 표현도 같은 뜻이다. 종파 멤버들은 탄탄하게 조직된 종파 **내부에서** 생활하면서도 결코 "자아를 상실하거나" 종파 조직에 "녹아들어가지 않았다." 만일 그러지 않았다면 종파 멤버들 간의 긴밀한 상호작용 때문에 타자를 지향할 수밖에 없는 상황이었는데도 불구하고, 각 멤버는 윤리적 기준에 집중하는 자세를 여전히 유지했다(2011d, p.232). 미국에서는 "너 자신을 꿋꿋이 지키는 것"(holding your own)이 명백히 긍정적 의미로 사용된다. 그러나 세계 지배 금욕주의 전통으로부터 영향 받지 않은 문화에서 살다가 미국에 온 사람들은 그런 수준의 미국 개인주의를 회의적으로 바라볼 수도 있다. 그것을 자기중심주의와 위험할 정도로 가까운 것으로 파악할 수 있기 때문이다.

판을 반드시 유지해야만 했다. 다시 말해서 대규모 공동체 내에서 종파 멤버들의 사회적 명예가 두드러진 만큼 그들은 "좋은 도덕적 품성" 기준을 유지해야 한다는 고도의 심리적 압박을 받았다.

베버는 종파 멤버들의 윤리적 자세 역시 이런 방식으로 빚어졌다고 주장했다. 실제로 종파는 전 인격을 참여시키고 사회적 명예와 존경을 모두 부여함으로써8—특히 교회의 권위주의와 대조적으로—신자들에게 독특한 강도로 윤리적 행동을 배양하도록 훈육하는 영향력을 지니고 있었다. "모든 경험에 따르면 자신이 속한 단체에서 자신의 자아를 유지하는 필요성보다도 성격적 특성을 잘 육성시키는 강력한 수단은 없기 때문이다."(2011d, p.224; 다음도 보라. pp.219-220; 1968, p.1206) 베버는 바로 여기에서 미국인이 어떤 표준에 대해서 적극적으로 주도권을 확보하는 방식과 미국인이 보유한 자존심 개념의 원천을 발견했다.

다섯째 그리고 마지막으로, 종파는 기능적 그룹, 심지어 "비인격적"(impersonal, *sachliche*) 그룹으로 구성되었다. 종파 구성원들은 서로 사귀길 좋아하는 대신 무엇보다도 신의 위대한 영광을 위해 봉사하고 지상에서 "신의 왕국" 건설을 돕는 **과업을** 추구했기 때문

---

8 종파 멤버들의 기대에 따라 모범적 방식으로 행동한 사람들은 그들로부터 다음과 같은 분명한 메시지를 받았다. 즉 당신들은 명예롭게 인정받은 사람들이다. 이처럼 직접적으로 사회적 존경을 받으면 독실한 신자들의 심리가 고양되고, "예정설"로부터 파생된 숙명론에 기우는 습성도 모두 방지할 수 있었을 것이다. 흥미롭게도 여기에서 종교적 맥락은 동료로부터의 인정이 상징적 차원("당신은 구원 받았다")을 암시한다고 본 반면, 20세기 미국의 응집력 있는 집단은 오직 **카푸트 모르툼(caput mortuum)**, 즉 "당신은 좋은 사람이다"(you are well liked)라는 일상화된 형태의 인정만 해줄 수 있었다. 인정을 추구하는 사람(따라서 그룹 규범에 순응하는 사람)과 그룹 내에서 윤리적 기준을 준수함으로써 자신을 꿋꿋하게 지키는 사람 간의 이러한 긴장은 미국사회에서 현재까지 지속된다. 자세한 내용은 6장을 보라.

이다. 이처럼 "물질적이고 이상적인 목표 달성을 위한 메커니즘"은 "종파가 추구하는 도구적 과업에 개개 구성원을 정확하게 배정하는 작업"을 촉진시킴으로써 신자들 사이의 감정 의존 관계와 전통 의존 관계를 억제했다. 종파에서 감정에 기초한 상호관계는 결코 우세하지 않았으며,9 친숙하고 오래된 전통에 뿌리를 둔 따뜻하고 감성적 방식도 결코 우세하지 않았다.10 또한 "(신자) 위에 떠서 그를 감싸는 신비스런 본질의 총체"로부터 파생된 것은 모두 철저히 추방되었다(2011c, p.337, n. 34; 2005, p.286).11

독실한 신자가 성스러운 빛 속에서 합일할 수 있는 후광이 종파를 결코 에워쌀 수는 없었다. 오히려 종파 멤버들은 신을 섬기는 일과 높은 수준의 윤리적 행동에 몰두했다. 충실한 신자들은 오로지 "(그들의) 행동에서 드러난 종교적 자질로서" 평가되었으며, 따라서 끊임없이 그들 자신을 꿋꿋이 지킬 필요성에만 관심을 기울였다(2011a, p.232; 2005, p.286). 베버에 따르면, 통상 종파 멤버들 간의 교류가 긴밀하게 이뤄짐에도 불구하고, 타자와 깊은 정서적 유대감을 배양하고 집단에 매몰되는 일은 발생하지 않았다. 종파 멤버들 간

---

9 이와 관련해서 베버는 퓨리터니즘에서 개인의 욕구와 욕망에 대한 모든 신격화를 비판하는 부분에(Kreaturvergötterung) 주목했다. 신자의 개인적 만족이 신에 대한 충성과 경쟁하기 때문이다. 따라서 퓨리터니즘은 사람의 모든 사유화된 관심에 주목하는 것의 정당성을 부정했다.

10 베버는 퇴니스의 유명한 『공동사회와 이익사회』(*Gemeinschaft-Gesellschaft*, 1957)를 잘 알고 있었다. 베버는 그의 저서들 전반에서 퇴니스의 책에 대해서 비판적 입장을 취했던 것처럼 여기에서도 명시적으로 비판적 입장을 취했다(2011a, p.232).

11 베버는 여기에서 가톨릭과 루터주의를 마음에 두고 있다. 이런 교회의 멤버들은 신비스런 아우라에 뒤덮였기 때문에 자신을 스스로 꿋꿋하게 지켜야 할 필요성을 절실하게 느끼지 못했다. 베버는 당시 독일에 널리 퍼져 있던 이러한 집단 형성 방식을 비판했다.

의 상호작용이 활성화되면 타자와 "군집"을 형성하거나("association" [*Vergesellschftung*] with others), 사교성(sociability)이 증진되는 특성을 보였다.12

요컨대 프로테스탄트 종파는 끊임없이 추구하는 활동, 과제, 윤리적 기준, 그리고 강력한 순응 압력을 "너 자신을 꿋꿋이 지키는 개인주의"(a hold-your-own individualism)와 병치시킴으로써 독실한 신자들을 감정 지향적 관계, 전통 지향적 감상주의, 그리고 신성한 아우라를 종파에 귀속시키는 모든 경향성으로부터 떼어놓았다. 그러나 종파는 신자들을 일상적 삶의 변화와 흐름, 이익과 권력을 지향하는 실용주의적 합리주의, 또는 끝없이 변칙적으로 그리고 허무주의적으로 표류하는 인생에 결코 내버리지 않고, 곧바로 확고하게 붙잡았다. 이제 독실한 신자들은 미국 민주주의 정신의 토대 위에서 윤리적 행동을 배양하고, 유지하고, 활성화시키는 사회 심리적 역동성 안에 단단히 묶이게 되었다.

베버의 입장을 다시 정리할 필요가 있다. 금욕적 프로테스탄트 사이에서 전형적으로 발견되는 삶의 양식의 **체계적-합리적** 조직화는 부분적으로 자신의 구원에 대한 "증거"를 창조하려는 개인의 고독한 추구와 『프로테스탄트 윤리와 자본주의 정신』에서 밝혔던 것처럼 퓨리턴 성직자들의 윤리적 행동에 대한 심리적 보상에서 비롯되었다. 그러나 그것은 프로테스탄트 종파의 사회적 역학에서 비롯된 것으로 볼 수도 있다. 실제로 이러한 종파의 요구 사항, 즉 오직 도덕적으로 자격을 갖춘 사람들만이 종파에 참여할 수 있다는 조

---

12 "사회화"(sociation) 역시 "Vergesellschftung"의 적절한 번역어라고 할 수 있다.

건은 그 자체로서 회중의 많은 사회적 활동에 추진력을 제공한 것으로 이해할 수 있는데, 그러한 조건을 통해서 종파 멤버의 행동에 대한 필수적 감시가 가능했기 때문이다.13 베버가 볼 때, "종파와 그것의 파생물들은 (미국의) 헌법에 직접 기록되지는 않았지만 실질적인 헌법적 요소인데, 그것들이 다른 어떤 영향력보다도 개인의 품성을 형성하는 데 큰 힘을 발휘하기 때문이다"(1968, p.1207). 아울러,

프로테스탄트 종파는 사회적 자존감이라는 가장 강력한 **개인적** 관심사를 멤버에 요청되는 품성의 육성을 위해 사용했다. 따라서 **개인적** 동기와 개인적 이기심 역시 "중산층"의 퓨리턴 윤리와 그것의 모든 파급효과를 유지하고 선전하는 데 사용되었다. 바로 이것이 퓨리턴 윤리가 사회에 침투되어 강력한 영향력을 행사할 수 있었던 결정적 이유였다(2011d, pp.224-225; 강조는 베버).

통합적 가치, 즉 보편주의, 공정성, 신뢰성 등은 이러한 금욕적 프로테스탄트 종파가 지배적인 지역에서 공동체 전체의 윤리적 행동의 표준이 되었다. 이제 응집력 있는 조직들이 실천한 윤리적 가치는 정치와 경제 영역에서 종종 지배적 자리를 차지했던 계산적, 실용적, 합리적 관계에 침투해서 그것을 변형시켰다. 다음 장에서 자세히 설명하겠지만, 가치 기반 **시민** 영역은 미국 정치문화에서 그 기원을 찾을 수 있다. 미국 민주주의 정신의 이런 측면은 실용주의적 합리주의를 거부하면서 굳건하게 자리를 잡았다(Weber 2011d;

---

13 이 논점은 베버의 텍스트에서 직접 언급되지는 않았지만, 충분히 추론할 수 있다.

2011a; 1968, pp.1205-1206).

퓨리턴 종파들: 민주적 거버넌스, 양심의 자유, 그리고 세속적 권위에 대한 저항

베버는 퓨리턴 정치문화의 두 가지 업적을 19세기와 20세기 적극적인 시민단체 형성과 적극적인 시민단체 참여로 파악했다. 첫째, 금욕적 프로테스탄트 회중은 19세기 참여 민주주의 확장에 크게 기여한—비록 이런 종교적 뿌리로부터 종종 단절된 경우도 있었지만—광범위한 자치 방식을 실천했다.

모든 일률적 교회와 달리 모든 엄격한 종파는 평신도 설교 원칙과 모든 멤버의 사제직 원칙을 고수한다. ... 더욱이 순수한 종파는 회중에 의한 "직접 민주주의 행정"과 성직자를 회중의 종복으로 간주해야 한다고 주장한다. 바로 이러한 구조적 특성은 종파와 정치적 민주주의 간의 선택적 친화성(elective affinity)을 보여준다(1968, p.1208).

둘째, 퓨리턴 종파와 교회는 "사람보다 신에게 더 순종하라"(obey God more than men)라는 법령을 특별히 엄격하게 시행했기 때문에, "오피스 카리스마"(the "charisma of office")를 지향하는 어떤 발전도 격렬하게 반대했다. 여기서는 정통성과 존경을 상징하는 특별한 후광이 세속적 권위를 둘러싸고 있었다. 그러나 금욕적 프로테스탄트는 통치자 역시 죄인이라고 확신했기 때문에, **인간의** 권위는 곧 우상 숭배로, 혹은 인간의 욕구와 욕망의 신격화로 정죄되어야 한다고 주장했다. 베버에 따르면 금욕주의는 항시 세속적 권위에 대한 적대감을 보였는데, 바로 이런 특성이 오늘날까지 "퓨리터니즘의 영향을 받은 사람들이 공유하는 독특한 **민주주의**의 역사적 토대를" 구성했다(2011c, pp.365-366; 강조는 베버). 17세기 퓨리턴 신학자 리처드 백스터는 "권위와 존경을 사람에게 귀속시키면 커다란 위험이 발생하는데, 이는 결국 **신**에 대한 복종을 위반하는 위험으로 귀결되기 때문이다"라고 강조했다(2011c, p.329, n.39).[14] 더욱이 금욕적 프로테스탄트는 통치자가 신의 뜻을 거역할 경우, 신자들은 그처럼 불법적이고 부당한 권력자에게 저항하거나 그를 전복시킬 **종교적** 의무에 따라 분연히 일어서야 한다고 믿었다(2011a, pp.230-231; 1968, pp.1208-1209).[15]

요컨대 퓨리터니즘은 교리와 그것이 불러일으키는 종파의 역동성 측면에서 독실한 신자들에게 일련의 규칙과 원칙에 따라 정치 영역에서 단호하게 행동할 수 있는 권한을 부여했다. 그들은 종교적 신념에 따라 세속적 권위와 대중의 의견에 대항하는 행동을 **반드시** 취해야 한다. 그러면 개인의 권리라는 관념이 번성할 수 있었다.

---

14 세속적 권위에 대한 신앙을 죄악으로 파악한 백스터의 견해에 관해서는 2011c, p.329, n.39를 더욱 참고하라.

15 베버는 루터주의가 금욕적 프로테스탄티즘과 정반대의 성격을 지닌다는 점을 지적한다. 루터는 농민전쟁(1524-1525) 이후 신민들에게 힘을 실어주지 못하는 입장을 취했기 때문이다. 루터에 따르면 통치자들은 신의 계율을 준수해야만 한다. 그러나 통치자들이 그러지 못했을 경우에도 신민들은 그처럼 부당한 통치권을 전복시킬 종교적 의무를 가지고 있지 못했다. 신이 그 통치자의 책임을 물을 것이기 때문이다.

변함없는 종파는 정치적, 교권제적(hierocratic), 가부장적 권력 등 어떤 권력으로도 유린할 수 없는 피지배자 개인의 양도할 수 없는 권리 개념을 낳았다. 이러한 양심의 자유는 가장 오래된 "인간의 권리"(Right of Man)일 수 있다. ... 여타의 인간의 권리들이나 시민권들도 이러한 기본권과 결합되었다 (1968, p.1209, p.1207; 1996, pp.40-41; 2011d, p.225; 2011a, pp.231-232).[16]

베버는 특히 프로테스탄트 종파에 뿌리를 둔 이러한 민주주의 정신이 18세기 미국 정치문화에 미친 영향을 강조한다. 그러나 그는 이러한 종파들이 후대 역사에 장구하게 그리고 폭넓게 행사한 영향력 또한 강조한다. 그러한 영향력의 윤곽은 19세기에도 상당히 선명하게 확인할 수 있다. 이제 이 중요한 세기를 검토하고자 한다. 미국 초기 민주주의 정신이 후대에 장구하게 행사한 영향력을 앞으로 두 장에 걸쳐 검토할 것이다.

---

16 베버는 더 나아가 퓨리턴이 집단 압력에 순응하거나 권위에 복종하기보다는 신앙에 초점을 맞추는 부분에 주목한다. "한 개인을 순전히 그의 행동에서 증명된 종교적 자질의 관점에서 배타적으로 평가하는 방식은 필연적으로 봉건 왕조의 낭만주의를 그 뿌리로부터 제거한다"(2011a, p.230). 미국 권리장전(Bill of Rights)의 종교적 기원에 관해서는 다음 책을 참고하라. Jellinek 1979. 옐리네크가 베버에 끼친 영향에 관해서는 다음 책을 참고하라. Bendix and Roth 1971, pp.308-310.

3장

그룹들을 형성하는 미국 정치문화의 "탁월한 힘"

프로테스탄트 종파로부터 시민단체, 시민사회,
19세기 실용적-윤리적 행동에 이르기까지

> 프로테스탄트 종파들의 중요성은 종교 영역을 넘어선다. 예컨대 미국 민주주의 그 자체의 역동적 형태와 독특한 흔적은 오직 종파들에게서만 유래한 것이기 때문이다.
>
> – Weber 2011a, p.231

> 미국사회는 … 결코 … 모래더미가 아니었으며, 심지어 모든 사람들에게 개방된 문들이 달려있는 빌딩도 아니었다. 오히려 미국사회는 모든 종류의 "배타성들"이 팽배한 사회였고, 지금도 그러하다. 이러한 초기 상황이 계속 남아 있는 곳이면 어디에서나 개인은 **사회조직의** 투표를 통해서 그 조직에 성공적으로 가입하는 경우에 한해서만 대학과 사업현장에서도 자신의 발밑에 확고한 기반을 확보할 수 있다.
>
> – Weber 2011a, pp.231-232. 강조는 베버

베버에 따르면, 프로테스탄트 윤리는 빠르면 18세기 중반쯤 미국의 많은 지역에서 종교적 토대를 상실했다. 벤저민 프랭클린이 대표하는 "자본주의 정신", 즉 퓨리터니즘으로부터 직접 빚을 진 세속

적 가치의 윤곽이 점차 드러났다. 지금까지 중추적 역할을 했던 초자연적 정당성이 이 정신에서는 제거되었다.[1]

그럼에도 불구하고, 베버는 "종파 정신"이 19세기 내내 살아 숨쉬었으며, 그것의 가치, 내적 역동성, 민주주의 정신은 당시 매우 다양한 클럽, 사회, 단체 등을 통해 육성되면서 시행된다고 주장한다. 예컨대 베버는 라이온스 클럽, 로터리 클럽, 키와니스 클럽 등처럼 미국에 널리 퍼져 있는 수많은 비즈니스 클럽을 프로테스탄트 종파의 직접적 유산으로 봤다. 멤버십은 유사한 선발과정("투표")과 행동에 대한 면밀한 모니터링을 거쳐 획득되었다. 따라서 멤버십 그 자체가 공동체에서 "신사"가 갖춰야 할 도덕적 성격과 사회적 명예를 증명하는 "존경의 배지"로 간주되었다(Weber 2009, pp.191-194; 1968, pp.1206-1207).[2]

투표를 통해서 구성원을 모집하는 세속적 클럽과 협회의 최신 모습은 대체로 **세속화** 과정의 산물이다. 그들의 위상은 이러한 자발적 단체의 원형, 즉 **종파(sects)**의 대단히 배타적 특성에서 비롯되었다. (Weber 2011d, pp.217-218; 강조는 베버)

수많은 "집단"(orders)과 각종 클럽이 종교단체의 기능을 부분적으로 계승하기 시작했다. 자신을 특별한 존재로 생각하는 거의 모든 중소기업인은 옷깃에 일종의 배지를 달고 다녔다. 그러나 개인의 "명예"를 보증하기

---

1 「프로테스탄트 윤리 테제」에 관한 자세한 내용은 부록 2를 다시 참고하라.
2 따라서 "신사"(the gentleman)는 "구원 받은 자"(the saved)의 세속화된 버전으로 간주될 수 있었다.

위해 **모두** 사용하는 이런 형식의 원형은 사실상 교회 공동체에서 유래했다. (Weber 2005, p.288, 번역 수정, 강조는 베버; 2011d, p.214를 보라)

수없이 다양한 단체가 이러한 정치문화의 특성을 지녔다. 베버의 설명에 따르면, 원자화된 개인들의 "모래더미"(sandpiles)가 아니라 다양한 "배타성"(exclusivities)이 미국 민주주의 정신의 특성을 구성했다. 이런 특성을 지닌 단체들은 어떻게 생겨났는가? 베버의 주장에 따르면, 단체를 조직하고 사회의 원자화를 억제하는 이 특이한 능력의 깊은 문화적, 장기적 원천은 퓨리터니즘에서 찾아야만 한다. 어떻게 19세기에 프로테스탄트 종파로부터 세속화된 단체로의 이러한 변화가 일어났는가? 또한 어떻게 이러한 변화가 **실용적-윤리적인** 행위(practical-ethical action)—즉, 시민적 개인주의—를 미국 정치문화에 광범위하게 소개하고 전달할 수 있었는가?

이 장에서는 3가지 주요 주제를 다룰 것이다. (a) 그룹들을 형성하는 금욕적 프로테스탄티즘의 "탁월한 힘"(the eminent power); (b) 실용적-윤리적인 행동을 배양하는 미국 시민사회의 기원과 특성; (c) 19세기에 퓨리턴 가치들이 학교, 이웃, 공동체 등으로 확산되면서 퓨리턴 종파들이 시민단체들로 변형되는 방식. 미국의 민주주의 정신은 이러한 사회적 변화로 인해서 중요한 요소들을 새롭게 획득했다.

베버의 주장에 따르면, 이처럼 경계가 뚜렷한 **영역**, 즉 시민사회는 미국 정치문화가 다양한 방식으로 구성된 수많은 그룹들을 형성할 수 있는 역량을 유지하는 데 도움을 주었으며, 따라서 미국사회가 모래더미처럼 원자화된 사회로 전락하는 것을 효과적으로 방지했다. 베버가 볼 때, 미국 시민사회의 기원은 합리적 선택, 네트워크 다이내믹, 국가, 정치 및 경제의 이해관계, 거시적이고 전반적인 근대화의 진전 등이 아니라, 기독교적 단체에서 찾아야만 하는 것이었다. 이러한 시민사회가 그룹들을 형성할 수 있는 의미 있는 추진력을 발휘하는 역량을 먼저 개관해보고자 한다.

"미국사회는 모래더미가 아니다"

1장에서 언급했던 것처럼 청교도가 헌신적으로 추구하는 목적—지상에서 신의 고귀하고 의로운 왕국을 건설함으로써 신을 섬기는 것—은 신자들로 하여금 개인적 이익과 욕망에서 벗어나 이러한 최고의 존재를 향하게 했다. 신의 목적에 대한 충성이 우선시되어야 하며, 독실한 신자는 그 충성을 감시해야만 했다. 더욱이 윤리적 행동은 "내면에 있는 신의 힘"과 양호한 구원상태를 예증하기 때문에 (왜냐하면 신은 그분의 에너지로 아무에게나 은혜를 베풀지 않기 때문에), 구원받은 사람들은 통상 성실성과 신뢰성을 식별할 수 있었다. 그들은 이러한 기초 위에서 폭력이나 두려움 없이 서로 긴밀하게 교류하였고, 따라서 회중(congregation)을 용이하게 형성할 수 있었다. "바로 이 개념—개인이 자신의 의로운 행동을 통해서 자신의 구원을 입증할 수 있다—이 회중을 하나로 묶는 사회적 결속의 토대가 되었다."(Weber 2011a, p.231) 베버의 주장에 따르면, "[퓨리턴] 개인주의는 **그룹들을** 형성하는 탁월한 힘(an eminent power)을 낳았다." (2005, p.284; 번역 수정)

내적으로 고립된 개인(the internal isolation of the individual)을 가장 안정적인 응집력과 최대한의 영향력을 가진 사회적 그룹들을 형성하는 능력에 결합시키는 것은(이는 고립된 개인의 에너지를 최대한 외부에 쏟아 붓는 것을 의미함) 프로테스탄트 종파를 형성하는 토양에서 가장 먼저 가장 완벽하게 실현되었다(Weber 2005, p.285; 번역 수정).3

신자들은 바로 이러한 이유들 때문에 사적 영역에서 긴밀한 인간관계를 육성하는 작업으로부터 분명하게 등을 돌리기 시작했다. 베버의 주장에 따르면 신자들은 사적 감정을 효과적으로 통제하면서 그런 노선을 걸었다.4 그러자 비인격적 과제(impersonal tasks)에 힘을 집중하기가 쉬워졌고, 협력하기도 쉬워졌다. 신자들은 자신들이 추구하는 목표와 그것을 실현하기 위한 행동양식을 공유했기 때문이다. 베버는 공동의 목표를 추구하는 개인들이 감정에 매몰된 개

---

3 "내적으로 고립된 개인"은 고해성사와 신과 독실한 신자 사이에서 중개자 역할을 수행하는 사제의 지위를 폐지한 데서 비롯되었는데, 그 두 가지 역할은 모두 구원의 확실성 문제와 종교적 헌신 전반에 관해서 신자들에게 직접적 도움을 줄 수 있었다. 그 두 가지를 폐지한 결과 금욕적 프로테스탄트 신자는 신과 직접 소통할 수 있게 되었다. 그러나 그 관계는 신이 우위에 있고 신자가 하위에 있는 비대칭적 성격을 지녔다. 또한 그 관계는 신자 개인의 자질보다 보편적 계명과 신자의 명확한 임무가 중심이 되었기 때문에 비인격적(impersonal) 성격을 지녔다. 아울러 독실한 신자들은 **바로 이** 관계가 다른 어떤 관계보다 훨씬 더 중요하다고 확신했다. 더욱이 신자들은 자신의 내면에서 구원의 확실성 문제에 대한 해답을 찾는 노력이 헛된 것임을 알았기 때문에 자신의 에너지를 최대한 외부로, 즉 외적 활동에 쏟아부었다. 그 결과 신자들의 영적 영역은 어느 정도 빈곤해질 수밖에 없었다.

4 나는 신자들이 사적 영역으로부터 등을 돌리는 태도에 관해서 자세히 논의한 바 있다. Kalberg 2012, pp.291-300.

인들보다 그룹들에 더욱 잘 어울린다고 주장한다. 전자가 참여하는 "그룹들"은 공동의 **목표**를 달성하기 위해서 작동하는 "비인격적 메커니즘이 되었다"("Groups became mechanism" operating on behalf of goals). 더욱이 신자들은 그들이 추구하는 궁극적 목표, 즉 지상에서 신의 왕국을 건설하는 목표 때문에 정당성과 명성 또한 획득했다. 따라서 신자들 개개인은 그룹에 순응해야 한다는 분명한 압력을 경험했다. 결국 신자들이 "그룹에 헌신함으로써" 그룹의 통합을 더욱 강화시켰다(2009, pp.107-108, 492 [n. 34], 204, 493-494 [n. 39]).

베버는 이렇게 형성된 그룹들의 역학관계가 이후 자생력을 갖게 되었다고 주장한다. 또한 독실한 신자들이 공유하는 목적의식적이고 비인격적인 상호작용 방식은 강력한 업무 집중력을 발휘했으며, 실제로 신자들이 규칙적으로, 심지어 강렬하게 감정적 상호교류를 했음에도 불구하고 개인들을 그룹의 의제로 "정확하게 정렬하는 것"을 촉진했다는 것이다(2011a, p.232).

끝으로 이러한 "사회화" 방식(Vergesellschaftung)으로 인해서 사회가 매끄럽게 작동할 수 있었고, 신자들이 윤리적 기준에 계속 관심을 기울일 수 있었으며, 프로테스탄트 종파 구성원의 행동을 정기적으로 감시할 수 있었다. 그 결과 종파가 구성원 개개인의 윤리적 책임에 대한 관심을 더욱 전면에 내세울 수 있었다. 그러자 신자들에 대한 신뢰와 그들의 "존경받을 만한" 태도가 강화되었고, 그룹의 결속력도 강화되었다. 이제 종파는 자율적으로 작동하기 시작했는데, 이는 실제로 미국 정치문화와 미국 민주주의 정신에 직접적으로 기여했다.

이러한 방식으로 주도권을 가진 신자들은 **초자연적 세계를** 체계적으로 추구했는데, 그런 노력은 예기치 않게 현실에서 **실용적** 발전을 가져왔다. 미국 식민지 시대에 수많은 그룹과 다양한 그룹 형성 기술이 육성된 것이다. 베버의 결론에 따르면, 지금 당장의 현실에서 활동하는 공리주의적 실용주의적 인간 개념에 배타적으로 주목해서 미국인들의 다양한 그룹 형성 능력을 설명하려는 모든 이론들은 거부되어야만 할 것이다.5 더욱이 베버의 주장에 따르면, "옛 종파 정신"(the "old sect spirit")은 동질화된 산업화와 도시화의 맹공으로도 사라지지 않고 계속 살아남았으며, 세속화의 진전에도 불구하고 19세기에도 여전히 커다란 영향력을 발휘했다. 물론 종교적 기반의 변화가 일어났다. 회중의 가치, 이상, 사회적 역동성 등은 세속적 커뮤니티에 전반적으로 확산되었다. 이처럼 특이한 그룹 형성 능력 때문에 미국의 정치문화는 "고립된 개인의 모래더미"의 형태

---

5   바로 이것이 토크빌이 취한 관점이었다. 그의 분석에서 시민단체가 차지하는 중요성은 곧바로 다음과 같은 질문을 제기한다. 어떻게 미국인들은 그처럼 "고도의 기술"과 "민첩성"을 발휘해서 시민단체를 만들어낼 수 있었는가? 토크빌은 그러한 시민단체를 탄생시킨 첫 번째 동기가 상업의 영역에서 비롯되었다고 파악했다. 그는 사람들이 공동으로 추구하는 경제적 이해관계 때문에 시민단체로 모여들었다고 주장했다. 이처럼 "작은 일들"(small affairs)이 늘어나면서 사람들은 공동의 이해관계를 가지고서 함께 모이는 경험을 획득했다는 것이다. 그렇게 해서 시민단체를 조직할 수 있는 능력이 탄생했다는 것이다 (1945, vol. 2, p.123). 또한 그런 능력이 발전하면서 정치적 목표를 가진 시민단체가 형성되기 시작했다는 것이다. 결국 정치단체는 시민단체에 효과적으로 활력을 불어넣는다는 것이다. "공공 생활에 대한 지식"이 증가함에 따라 "시민단체의 개념과 사람들의 결속 욕구가 나타나고", "정치적 생활은 시민단체에 대한 사랑과 실천을 더욱 보편적인 것으로 만든다"는 것이다(vol. 2, pp.123-125, 127, 251-252; vol. 2, pp.111-113, 252). 따라서 정치영역 자체에서 "연합의 욕망"(a desire of union)이 생겨난다는 것이다. Kalberg 1997, pp.211-218. 토크빌이 애국심, 시민적 열정, 법위 권위 등의 발전에서 개인의 이해관계(self-interest)가 수행하는 역할을 고찰한 부분에 관해서는 다음을 참조. 1945, vol. 1, pp.250-253, 256-257; Crèvecoeur 1981.

를 결코 취하지 않았다(2005, p.286).

회중의 가치가 커뮤니티로 확산되면서 시민사회가 형성됨

프로테스탄트 종파에서 추구하는 가치가 모든 커뮤니티에 스며들었다. 베버의 주장에 따르면, 그러한 가치는 세속화의 진전에 따라 약화되었음에도 불구하고 여전히 영향력을 행사했다. 종교 영역에서 파생된 미국 정치문화의 가치가 이제 가정, 학교, 동네, 시민단체, 사회집단, 그리고 커뮤니티 일반에서 육성됨으로써 미국사회 전역에 널리 확산되었다.

그런 과정을 거쳐 커뮤니티 전반의 표준이 명확해졌다. 19세기 사회 운동가들은 자신들의 활동을 "신의 소명을 수행하는 것"(doing God's work)으로 여기거나 악과 싸우면서 지상에서 윤리적 공동체를 만들어 신의 은총을 얻기 위한 것으로 보는 경우는 거의 없었지만, 그들은 전임자들처럼 그들이 속한 커뮤니티의 존경을 받으면서 보상을 받았다. 이제 종교적 독실함보다 시민단체의 멤버십이 사회적 명예의 표준이 되었다. 그래서 시민단체의 멤버십 그 자체가 "신분상승"을 보장했다.6 실제로 어떤 사람이 자신의 커뮤니티에서 완전히 받아들여지면서 신분상승을 하려면 시민단체의 멤버십이 반드시 필요했다. 그것만으로도 그 사람의 "선한 행실"과 신뢰성을 보

---

6 이러한 나의 주장은 프로테스탄트 윤리와 자본주의 정신의 관계에 관한 베버의 주장과 형식적 유사성이 존재한다 (2011c, pp.108-109, 177-179). 두 경우 모두 종교적 뿌리가 사라졌다.

장할 수 있었기 때문이다(Weber 2011d, pp.217-219; 1985, pp.7-8; 1968, p.1207).

19세기에는 수많은 클럽, 단체, 협회 등에서 지원자들의 행동을 평가하고 비밀투표를 통해 도덕적 품성이 좋은 사람을 선발했다. 지원자가 일단 멤버십을 취득하면 동료들의 "감시의 눈"(watchful eyes) 아래에서 그룹의 윤리적 기준에 따라 **자신의 품행을** 지켜야 했다. 그리고 클럽, 단체, 협회 등의 멤버십을 취득한다는 것은 프로테스탄트 종파의 멤버십을 취득한 것과 마찬가지로 존경, 품위, 신분 등이 보증되는 것을 의미했다. 베버가 볼 때, "미국 민주주의는 고립된 개인들의 모래더미가 아니라, 매우 배타적이지만 절대적으로 자발적인 종파, 협회, 클럽 등의 복합체가 개인의 사회생활의 터전을 이룬다는 것이었다."(1968, p.1207) "개방성"보다는 배타성이 미국 정치문화와 민주주의 정신에 스며들었다. 이러한 "사회집단의 엄청난 홍수"가 미국 정치문화의 독특성을 상당 부분 설명해준다(2011a, pp.231-232).

솔직함, 정직함, 페어플레이, "선한 행동" 등을 지향하는 사회적 관계가 확대되면서 **시민의 이상**이 출현했다. 눈에 띄는 공공생활은 모두 이러한 가치들을 참조하여 관찰하고 평가할 수 있었다. 공적 생활, 즉 시민**영역**에서 요청되는 뚜렷하고 윤리적이며 세속적인 이상의 배열이 초기 미국에서 확립되었다. 이러한 선의와 신뢰의 장은 가혹하고 권위주의적인 문화 대신 유쾌하고 우호적인 문화를 지녔으며, 심지어 시민들을 시민단체로 "끌어들일" 수 있는 능력까지 지났다.7 다시 말해서 이러한 이상에 의해서 시민단체의 창설이 강력하게 촉진되었고, 일단 시민단체가 자리를 잡으면 다시 그 이상은 시민단체를 정당화시켰다.

공적 윤리의 이상으로서 금욕적 프로테스탄티즘의 유산, 즉 "종파 정신"은 "이러한 조직 내부의 성격에 끊임없이 영향력을 행사함으로써"(Weber 2011a, p.232) 윤리적 기준, 참여, 봉사 등과 같은 공동체 전체의 규범, 즉 **시민사회**를 만들었다. 이처럼 베버의 분석은 시민사회의 원천과 실체를 종교적 전통과 그것의 사회적 담지자(social carrier), 즉 교회와 종파에서 찾는다. 베버의 주장에 따르면, 18세기 후반과 19세기 초반에 시민운동과 시민의 이상이라는 **사회적 환경**이 확립되었는데, 이는 광범위한 시민단체의 발전에 필수불가결한 것으로 판명되었다. 이러한 시민사회는 시민단체의 형성에 적합한 맥락을 제공했다. 베버는 미국 정치문화가 방대한 규모의 시민단체들을 형성하는 특성을 이해하기 위해서는 이러한 퓨리턴 유산의 인과적 중요성에 주목해야 한다고 반복해서 강조했다.8 예컨대,

---

7   따라서 회중의 신자들이 쌓은 신뢰 외에도 미국에서 (구 남부 제외) 대중에 대한 신뢰, 즉 대중의 올바른 판단력과 기본적 지혜에 대한 신뢰가 독특하게 널리 확산된 원인 중 하나를 여기에서 볼 수 있다. (저자는 책에 수록된 문장의 뜻을 명료하게 하기 위해서 앞부분을 다음과 같이 수정했다. "Thus, in addition to the trust cultivated by believers in the congregation, here can be seen one of the…." 여기서는 수정된 문장을 번역했다.—역주)

8   미국에서는 커뮤니티의 교회나 클럽에 가입하는 것이 대단히 중요하다. 오직 그래야만 사회적 신분을 획득할 수 있기 때문이다. 이점에 주목한 베버는 미국을 "관대한 봉건주의"(benevolent feudalism)의 사회라고 묘사했다. 이 "봉건주의"에서는 유럽식의 사회적 위계와 폐쇄된 계급의 지배가 부재하지만, 봉건주의에서 전형적으로 강조하는 사회적 신분(social status)은 보유하고 있다. 다음을 보라. 1978, p.281.

이러한 모든 점에서 미국 종파 및 종파 유사 단체의 현대적 기능은 … 한때 모든 금욕적 종파 및 수도원을 지배하던 문화로부터 직접 파생된 원리, 잔재 등이라는 점이 분명하다(2011d, p.223, pp.210-212, 215-217, 224-225).

미국인의 삶 구석구석에 침투한 엄청난 규모의 사회적 그룹들은 이러한 "프로테스탄트 종파" 모델에 따라 구성되었다(Weber 2011a, p.231).[9]

베버는 이런 식으로 초기 미국에서 영향력 있는 가치들을 실질적으로 부여받으면서 형성된 경계가 뚜렷한 시민사회를 설명한다. 무수히 많은 배타적 단체들이 존재하지만, 국가, 가족, 기업체 등으로부터 분리된 공공영역에서 무작위로 존재하는 개별 집단들이 미국 시민사회를 구성한 적은 없다. 더욱이 베버는 미국 시민사회가 공리주의적 실용주의적 계산만으로 응결된 것이 결코 아니라고 강력하게 주장한다. 베버에 따르면, 오히려 이러한 조직들이 터를 둔 확고한 가치 기반 **토대**는 종교의 영역에서 효과적으로 제공되었다. 즉 종교적 가치의 독특한 복합체가 시민사회의 형성과 그것의 장기적 생존에서 핵심적 역할을 했다. 베버가 볼 때, 이러한 종교적 가치들은 미국 정치문화의 민주주의 정신을 특징짓는 다각적 정력적 집

---

9 "(종교기관은) 미국인의 삶에서 가장 특징적 요소일 뿐만 아니라, 내면의 심층적 변화를 북돋우는 가장 운명적인 요소다. 지금까지 미국인의 삶의 모든 분야에서 특별한 의미를 부여한 것은 정통 프로테스탄트 종파였다. 모든 사회성, 모든 사회적 결속력, 자선적, 윤리적, 심지어 정치적 관심사(예컨대 부패 방지 운동) 등을 지지하는 동력 역시 프로테스탄트 종파가 장악했다"(Letter of September 20, 1904, from the United States; from Scaff 1998, p.66).

단형성 동학의 핵심이 되었다.

베버의 주장에 따르면, 미국인들이 시민단체를 형성하는 특이한 성향을 설명하고자 할 때, 상업 및 정치 집단, 개인의 자유와 자유를 추구하는 제도, 국가의 운명이 시민의 손에 달려 있다는 생각, 개인의 사적 이익 증진이 공공의 번영과 연결되어 있다는 인식 등을 언급하는 것만으로는 충분치 않다. 왜냐하면 이런 요소들은 시민단체들이 희박한 정치문화에서도 존재했기 때문이다.10 오히려 이런 시민단체들은 생동하는 **시민사회**에 기반을 둔 **시민적 가치가 활성화됨으로써** 시민단체들의 창조와 발전에 적합한 깊은 문화적 맥락을 만들어내는 경우에 한해서만 방대한 규모로 형성될 수 있다는 것이다. 하지만 시민단체와 시민사회의 이상이 사회적 관계에 영향을 미치는 만큼, 권력, 지배, 이익 계산, 완고한 사회적 위계에 뿌리를 둔 관습 등을 지향하는 여타의 관계들 또한 같은 정도로 시민단체와 시민사회의 가치에 저항한다고 주장한다.11

---

10 이것은 토크빌이 시민단체를 결성하는 미국인들의 독특한 성향의 원인으로 정의한 요소들을 간략하게 나열한 것이다. 앞에서 서술한 각주 5번을 참조하라.

11 베버는 이처럼 상충하는 사회적 관계들의 완고한 힘을 고려할 때, 이러한 시민사회의 이상이 실제로는 거의 영향력을 행사하지 못하는 경우가 많다는 사실도 잘 알고 있었다(6장 참조). 베버가 볼 때, 시민사회의 이상은 항상 유지되는 것도 아니고, 현실에서 매우 드물게 실현된다는 것도 자명했다. 그럼에도 불구하고 시민사회의 이상은 경험적 현실과 상당한 **긴장관계**를 반복적으로 유지하는 것 또한 사실이라고 주장한다. 베버는 시민사회의 이상이 그것을 북돋는 상황에서는 행동을 안내할 수 있고 실제로 그렇게 한다고 확신했다. 따라서 시민사회의 이상을 사회학의 개념적 자본(conceptual capital)에서 배제해서는 아니 된다고 주장했다. 예컨대 다음을 참조하라. 1946c, p.324; 1946e, p.290; 이 책 6장의 "일반화 모델"과 "전문가 단체 모델" 그리고 Kalberg 2012, pp.43-72.

공적 이상과 시민윤리의 유지: "실용적-윤리적 행동"과 새로운 공생적 이원주의

보편적 정의, 페어플레이, 사회적 신뢰, 기회 균등이라는 **이상의** 형태로 통합된 가치는 미국 정치문화에서 "공적 이상"(public ideals)과 "시민윤리"(civic ethics)로서 지속되었다. 이러한 공적 이상과 시민윤리는 현실에서 남용되고 위반되는 사례가 일상적으로 발생했음에도 불구하고, 경제적 정치적 관계에서 윤리적 행동을 해야 한다는 시민들의 **희망을** 끊임없이 되살리는 행동 기준으로 남았다. 그렇게 함으로써—때때로, 그리고 때로는 단호하게—공적 이상과 시민윤리는 시민들에게 그들 자신의 뜻을 성취하기 위해 행동할 수 있는 힘을 부여했다. 이 책 6장에서 자세히 논의하겠지만, 이처럼 통합된 시민적 가치는 오늘날에도 분명하게 확인할 수 있다. 물론 미국 초기 때보다는 훨씬 덜 강렬하게 나타나기는 한다.[12]

미국 민주주의 정신에서 시민적 이상과 시민사회가 차지하는 중요성은 다른 시각에서 설명할 수도 있다. 미국에서는 개인의 자유와 제한된 정부(the limited tasks of governance)를 크게 강조했다. 따라서 시민의 윤리적 행동은 가족관계의 굴레를 벗어났을 뿐만 아니라 정치적 권위와 국가로부터 완전히 분리된 특이한 **위치를** 확보할 수 있었다(Weber 1985, pp.10-11). 수많은 시민단체들이 "실용적-윤리적" 행동을 미국사회의 정치 및 경제 분야 전반에 걸쳐 확산시킴으로써

---

[12] 예컨대 오늘날 강조되는 "기업윤리"와 "시민의 책임"은 공동체주의 학파(the Communitarian school)의 의제에서 핵심을 이룬다. 109쪽의 각주 16번을 참조하라.

헤아릴 수 없는 결과를 낳았다. 베버는 한정된 그룹들에서 육성된 시민 지향적 행동이 반복적으로, 때로는 광범위한 형태로 정치 및 경제 영역에서 흔히 볼 수 있는 순전히 공리주의적, 실용주의적, 합리적인 동기에 도전하고 그것을 제한했다고 주장한다(2011a, pp.230-232; 1985, p.11). 때로는 실용적-윤리적 행동에 함축된 시민적 가치가 이러한 정치 및 경제 영역에 스며들어 변화시킴으로써 미국 특유의 사회적 신뢰와 커뮤니티 구축을 확장하고 활력을 불어넣었다. 실제로 이러한 확장이 심지어 형사 사법 시스템을 포함한 영역에서 일어날 때에도 국가와 그것의 법률적 행위는 항시 부차적 역할만을 수행했을 뿐이다.13

더욱이 미국 정치문화와 민주주의 정신은 개인주의를 길들여서 미국 시민사회의 이상으로 안내하는 중요한 능력을 지녔음에도 불구하고, "개인적" 요소와 "시민적" 요소 간의 긴장상태 또한 없지 않았다. 이러한 두 요소는 동일한 종교로부터 발생해서 서로 긴밀하게 연결되어 있음에도 불구하고, 서로 정면으로 충돌하는 일이 잦았다. 하지만 그런 갈등이 마구잡이로 발생한 것은 아니었다. 확고하게 한정된 스펙트럼 내에서 발생했기 때문이다. 진자가 한 방향으로 너무 멀리 나아가면 반드시 그것을 제어하는 힘이 등장했다.

이처럼 긴장감 넘치는 이원론 그 자체가 미국 정치문화에 역동성

---

13 실용적-윤리적 행동이 확산되는 만큼 국가의 "치안" 업무 중 많은 부분이 축소된다. 이익 지향적 활동에 맞서고 제지하는 **이러한** 방식은 멀리 떨어져 있는 비인격적 국가와 법원 시스템이 수행하는 것보다 더 온건하고 효과적인 "치안" 방식을 만들어낸다(실제로 동일 수준의 커뮤니티를 구축하려면 국가가 거의 전체주의적 지배력을 발휘해야 할 것이다). 또한 수많은 시민단체들이 널리 퍼져 있는 만큼 국가에 대한 적대감이 구체화된다. 왜냐하면 국가는 분명히 "국내 질서를 안정시키는"(domestic tranquility) 기능이 취약하기에 통치의 정당성이 결여된 것처럼 보이기 때문이다.

을 크게 불어넣었는데, 베버는 바로 그 부분을 크게 칭찬했다. 만일 시민사회가 충분히 발전하지 않았다면, 가치를 지향하는 세계 지배 개인주의는 이미 오래전에 단순히 수지타산을 따지는 실용적-합리적 활동으로 변질되었을 것이다. 결국 이러한 발전은 정치 영역과 윤리적 행동 영역 **전체에 걸쳐** 엄청난 냉소주의로 귀결되고 말았을 것이다. 그러나 지상에서 신의 왕국을 건설하려는 17세기와 18세기의 목표에 궁극적 뿌리를 둔 **시민적 오리엔테이션**으로부터 지도를 받은 이러한 금욕주의 기반 개인주의(asceticism-rooted individualism)는 19세기에 들어서면서 실용적-윤리적인 "시민적 개인주의"(a practical-ethical, "civic individualism")로 변형되었다.14 만일 이러한 실용적-윤리적 개인주의가 없었다면 억압적인 사회적 순응주의(oppressive social conformism)가 광범위하게 확산됨으로써 아주 오래전부터 사회적, 정치적, 경제적 침체를 초래했을 것이다.15 미국 정치문화에서 서로 얽힌 요소들 간의 긴장이 유지된다는 것은 역동적 활력 메커니즘이 계속 작동한다는 것을 암시한다. 실제로 일종의 **공생적 이원주의**가 특징적으로 작동하고 있는 것이다.16

---

14 이 표현은 앞으로 "실용적-윤리적" 개인주의("practical-ethical" individualism)와 동의어로 사용할 것이다.

15 활동 지향적 개인주의가 결여된 평등주의는 오늘날 미국인들에게선 상상할 수 없는 거대한 순응을 의미할 것이다. 토크빌은 미국에서 평등주의가 "다수의 폭정"(a "tyranny of majority")으로 이어질 수 있다고 크게 우려했다. 그러나 그는 미국 특유의 시민적 개인주의를 간과했기 때문에 그런 우려를 했던 것이다. 7장을 참고하라.

16 베버는 미국 민주주의 위기를 진단하는 평론가들이 규율 바른 개인들의 실용적-윤리적인 행동이 시민사회에 대한 노골적 적대감이 아니라 공생적 이원주의 속에서 작동하는 중요한 방식을 무시한다고 주장할 것이다. 다시 말해서 이러한 평론가들은 미국의 독특한 정치문화의 핵심에 시민사회를 **지향하는** 윤리적 개인주의라는 필수불가결한 맞물림과 서로 활력을 주는 **두 축**이 있다는 사실을 인정하지 못하기 때문이

요컨대 베버의 분석은 일련의 장기적 인과요인들을 밝혀냈다. 실제로 그는 종종 보이지 않는 역사적 유산을 자신의 주장의 핵심으로 엮어냈다. 베버는 가치와 신념은 물론, 사회적 담지자가 사회적 행위에 영향력을 행사한다는 사실을 입증했다. 여기에서 사회적 담지자란 17세기와 18세기의 퓨리턴 종파들과 19세기의 시민단체들을 의미한다. 다시 말해서 베버는 한편으로는 집단에 속한 사람들의 주관적 의미(the subjective meaning)가 가치 기반 규칙성과 신념 기반 규칙성을 포함한 확고한 행동 패턴을 확립하는 방식에 초점을 맞추었고, 다른 한편으로는 이런 행동 패턴의 전달자(bearers) 역할을 하는 특정 집단에 초점을 맞추었다. 강력한 조직이 이런 패턴을 전달하면 여러 시대에 걸쳐 거의 그대로 전승된다. 실제로 세속화, 도시화, 산업화 등과 같은 거대한 변화가 그들의 사회적 담지자를 실질적으로 변화시켰을 때에도 그런 유산은 거의 그대로 관철되었다.

다. 그러나 이처럼 긴장을 유지하는 공생적 이원주의는 명시적으로 에너지를 창출했을 뿐만 아니라 강렬한 **도덕적** 요소를 유지했는데, 이는 미국 역사 전반에 걸쳐 사회 개혁 운동(예컨대 노예제도 폐지론, 여성 참정권 운동, 시민권 운동)과 선교사적 대외 정책(a missionary foreign policy)의 형태로 나타났다. 5장과 6장을 참조하라.

4장

19세기 말과 20세기 초 미국 정치문화

강력한 개인주의와 작은 국가의 복합체

> 오래된 문명을 가진 나라에서는 문제가 훨씬 복잡하다. 그 나라의 역사에서 전승된 관념의 힘과 새롭게 도입된 자본주의적 이해관계의 압력 사이에서 전개되는 투쟁은 부르주아 자본주의의 적으로서 특정 사회세력을 전투에 소환하기 때문이다. 하지만 미국에서는 그러한 사회세력이 부분적으로 존재하지 않는다.
>
> — Weber 2005, pp.142-143

> 귀족적으로 분화된 농촌 공동체가 존재하는 (유럽) 국가들에서는 복잡한 사회적 정치적 문제가 발생한다. 미국인은 유럽 대륙에서, 특히 독일에서, 심지어 독일정치에서 차지하는 농업문제의 중요성을 이해하기가 어렵다. 그는 이처럼 거대한 복합체를 눈여겨보지 않으면 완전히 잘못된 결론에 도달할 것이다. 이처럼 오래된 나라들에서는 동기의 독특한 조합이 효과적이며, 유럽과 미국이 처한 조건이 상이한 까닭을 설명해준다.
>
> — Weber 2005, p.144

퓨리턴 종파는 19세기 후반 산업화와 도시화가 진행되는 동안에도 여전히 영향력을 행사했다. 앞 장에서 검토했던 것처럼 퓨리터니즘의 세속적 형태로 나타난 실용적-윤리적 행동(practical-ethical actions)의 에토스는 이제 가족, 이웃, 학교, 사회적 클럽, 시민단체 일반에서 계승되고 육성되었다. 이 에토스는 활동 지향적이고 자립적인 개인주의로 구성되었는데, 전통에 도전하고, 자신의 운명을 개척하고, 사회적 문제와 대결하고, 시민 영역의 이상을 실현하는 데 기여할 수 있는 개인의 능력에 대한 결단력과 강력한 낙관주의를 중시하는 특성을 지녔다. 베버의 용어로 표현하면, 그러한 에토스는 미국 정치문화의 민주주의 정신을 구성하는 요소로서, 다시 말해서 시민 지향적 개인주의로서 바로 "이 현실에서" 존재했다. 이처럼 단호한 개인주의는 19세기 전반에 걸쳐 전개된 중요한 발전 속에서 강화되고 유지되었다. 따라서 모든 시민은 "작은 국가"(small state)를 선호했다.1

이 장에서는 이처럼 강력한 개인주의와 작은 국가의 복합체(strong individualism-small state constellation)를 분석하고자 한다. 먼저 미국인의 국가관을 검토하고, 이어서 19세기 말 산업화된 독일과 비교하고 대비할 것이다. 하지만 독일 정치문화를 깊이 다루는 대신, 미국 사례에 분석의 초점을 맞추고자 한다. 내가 독일에 주목한 까닭은 오직 색출적 목적(heuristic purposes) 때문이다. 즉 미국 정치문화와 민주주의 정신의 핵심적 측면을 더욱 분명하게 드러내기 위한 수단으로서 독일에 주목했다. 결론 부분에서는 미국의 굳센 개인과 작은 국가 복합체의 주요 특성을 검토할 것이다.2

---

1   곧 분명히 밝혀지겠지만, 이 구절은 미국 정치문화에서 유럽 노선에 따라 포괄적 사회복지를 추구하는 국가들에 대한 근본적 적대감을 가리킨다. "약한 국가"(weak state)가 동의어로 사용된다.

2   앞선 장과 5장은 베버의 저술에 대한 주석의 성격을 지녔다. 그와 달리 이 장은 "베버리언 해석"(Weberian interpretation)과 "베버리언 연구"(Weberian study)에 더

미국 산업화 시대의 국가관

　미국은 대단히 독특한 방식으로 국가의 개념을 정의한다. 미국 해안에 처음 도착한 퓨리턴들은 국가의 개입으로부터 자유로운 종교적 표현의 권리를 행사하고 싶었다. 실제로 퓨리터니즘은 모든 세속적 권력을 근본적으로 싫어했다. 세속적 국가가 추구하는 가치는 금욕주의적 신자들의 신념, 즉 신자들의 모든 에너지와 활동은 오직 신 그 자체와 신의 율법, 그리고 지상에서 신의 왕국을 건설하는 과제에 배타적으로 집중되어야 한다는 신념과 정면으로 충돌했기 때문이다.[3] 따라서 그들은 항시 국가를 의심의 눈초리로 바라봤으며, 국가는 오직 최소한의 기능을 수행할 수 있는 권력만 소유해야 한다고 확신했다. 그들이 추구한 새로운 국가의 존재이유에서 핵심은 헌법과 권리장전으로 보장된 개인의 자유였다.

　자립적 에토스와 어려운 상황을 극복할 수 있는 개인의 능력에 대한 확고한 신념이 17세기 퓨리터니즘에 기반을 두고서 널리 확산

　욱 가까운 성격을 지녔다.
[3]　퓨리터니즘의 **금욕주의**는 세속 정치의 통치자들도 독립적 정당성을 소유한 권위자가 아니라 (일반 신도들과 마찬가지로) 신의 율법정신을 담는 "그릇"으로(as "vessels" of God's laws) 이해될 것을 단호하게 요구했다. 세속적 권위에 대한 이러한 경계심은 세속적 통치자의 경우 막강한 권력을 소유했기 때문에 특히 허영심과 자아도취에 빠지기 쉽다는 퓨리턴의 시각에도 근거를 두었는데, 바로 이 두 가지는 신자가 신과 그분의 계명에 헌신하는 데 방해가 되기 때문에 억제되어야만 했다. 베버는 이처럼 퓨리터니즘의 중요한 측면을 여러 곳에서 기록했다. 자세한 내용은 이 책 61-64쪽과 부록 2를 보라.

되었다. 미국 건국의 아버지들은 국가가 자유로운 토론과 개방된 의견 교환을 보호함으로써 개인의 권리와 사회 발전이 방해받지 않고 펼쳐질 수 있도록 보장해야 한다고 주장했다. 초기 미국인들은 정부가 시민의 삶을 지도하고 사회적 경제적 변화를 유도하려는 시도를 피해야만 정의롭고 좋은 사회가 발전할 수 있다고 확신했다. 이러한 유산과 더불어 제퍼슨식 공화주의, 서부의 승리, 호레이쇼 앨저의 "자수성가"의 꿈("rags to riches" dream), 19세기 고전적 자유주의와 사회진화론의 강력한 수용 등은 모두 활동 지향적이고 "능력 있는" 개인을 반석 위에 올려놓았다. 이처럼 영향력 있는 사조들은 모두 포괄적인 서비스 지향 국가(services-oriented state)라는 개념과 대립 관계에 있었다.[4]

고전적 자유주의의 경제관은 아담 스미스(1723~1794)의 『국부론』에서 가장 간결하게 정식화되었다. 즉, "모든 사람의 부"(the "wealth of all")는 개인이 국가의 간섭 없이 자신의 이익을 추구할 수 있는 기회를 갖게 될 때 가장 잘 실현될 수 있다는 것이다. 공리주의자인 존 스튜어트 밀(1806~1873)과 제러미 벤담(1748~1832)이 보다 포괄적인 용어로 명료하게 표현한 이 아이디어는 더욱 일반적이면서 원칙적인 표현을 취한다. 즉, 밀과 벤담은 개인들 모두가 각자의 이익을 추구할 때 개개인은 "공익"(the "common good")에 기여할 것이라고 주장했다.

다시 말해서 공리주의는 개인의 이익이 전체 집단의 이익과 충돌한다는 발상을 추방했다. 따라서 미국 엘리트들 사이에서 널

---

4 이 문단은 다음 저서들로부터 도움을 얻었다. Bailyn 1967; Dewey 1922, 1989; Konwitz and Kennedy 1960; Lipset 1979.

리 영향력을 행사한 고전적 자유주의는 행동 지향적 개인을 강조하는 퓨리터니즘에 영향을 미쳤다. 19세기 중반 초월주의자들(Transcendentalists)의 반발조차도 시민들을 **공동사회**(Gemeinschaft)나 **민족**(Volk)에 몰입시키자는 제안을 한 적이 없다. 오히려 역경을 극복하고, "자신의 길을 개척하고", 윤리적 노선을 충실하게 걷는 개인의 능력에 대한 신념이 계속 지배적인 것으로 남았다. 더욱이 19세기 초중반 제퍼슨주의와 잭슨주의의 대중주의적 신념은 "보통사람"(the "common man")의 덕성, 지혜, 자립심, 건전한 판단력 등을 강조했다(Tocqueville 1945, vol. I, pp.48-60; vol. II, pp.34-36, 129-136; Lipset 1979; Bellah 1970, pp.32-35).

"프런티어를 개척하고" 그에 따른 "강인한 개인"을 이상화하는 풍조는 미국인들이 **이 세상에서** 행동하는 능력을 더욱 확실하게 보여주었다. 아울러 1860년대와 1870년대에 산업화가 활기를 띠면서 활기찬 인간형이 싸구려 소설(penny novels)에서 크게 찬양되었다. "호레이쇼 앨저"는 자신의 재능과 에너지를 바탕으로 패배를 반복적으로 극복하면서 자력으로 성공했다. 19세기 말, 자신의 운명을 스스로 개척하고, 모든 "도전"에 응전하고, 타인의 도움을 거부하고, 이른바 풍요로운 기회를 활용하는 개인은 사회적 다윈주의(Social Darwinism)의 시각에서 "적자생존"을 상징하는 존재로 칭송받았다(White 1957; Hofstadter 1955; Konwitz and Kennedy 1960; Sumner 1906).

이렇게 수렴하는 흐름은 모두 금욕적 프로테스탄티즘이 강조하는 주도적이고 유능하며 윤리적인 인간형을 지지했다. 19세기 후반 "아래로부터" 크게 제약받지 않는 자본주의가 급속히 성장하고, 그에 따른 심각한 사회적 격변이 있었다. 그러나 그렇다고 미국인들이 자립정신을 포기하거나 서비스 지향 국가를 경멸하지는 않았다. 실제로 퓨리터니즘 기반 근대 자본주의와 기업가 정신의 수용은 강력한 부르주와지의 탄생과 성장을 도왔다. 이 계급은 강력한 국가의 확대를 전면 거부했다. 반면 그들은 자본주의의 유익한 측면을 옹호하는 신념을 확립했는데, 작업장에서 설정한 목표뿐만 아니라, 경쟁, 개인적 성취, 승진 등의 일반적 이점을 적극 실현하려는 신념이 그것이다. 또한, 이러한 유산은 한편으로는 체계적이고 무한한 부의 추구와 다른 한편으로는 정의와 민주주의 사이에 적대적인 관계가 존재한다는 개념을 거부했다. 요컨대 "보통사람"의 독립성, 주도적 자세, 윤리적 덕성, 올바른 판단력, "할 수 있다"는 자신감 등은 거의 모든 분야에서 찬사를 받았다.

이처럼 활동 지향적 시민적 개인주의는 여러 가지 기본적 특성을 지녔다. 앞에서 언급했던 것처럼 그러한 개인주의는 윤리적 개인들이 자신들의 운명을 개척하고, 그들의 사회를 개혁할 수 있는 능력에 관해서 낙관적 견해를 견지했다. 더욱이 그것은 대규모 정치단체에 실질적으로 참여하고, 위협받는 시민권을 확고하게 방어하는 데 필요한 자신감을 제공했다. 실제로 이러한 규율 바른 개인주의는 퓨리턴 **금욕주의**의 오래된 유산 때문에 행동의 표준, 원칙, 법률, 이상 등의 준수 여부에 따라 시민들의 사회적 활동을 엄격하게 평가했다. 바로 여기에서 개인의 자유는 물론, 언론, 집회, 출판의 자유 등을 실질적으로 실행하는 데 필수적으로 요청되는 문화적 지지

가 제공되었다.5

요컨대, 17세기와 18세기 퓨리터니즘의 자립적 개인주의는 19세기에 다양하게 전개된 새로운 사회적 지적 운동에서 계속 유지되고 활력을 되찾았다. 이러한 정치문화에서 각 운동들은 정부와 세속적 권위 일반에 적대적인 가치관을 강력하게 육성하고 정당화시켰다. 따라서 미국의 토양에서 큰 국가가 발전하는 것은 불필요하고 바람직하지 않은 것처럼 보였다.

이처럼 확고한 개인주의와 작은 국가 복합체의 경계와 특성은 대조적 사례와 간략하게 비교할 경우 더욱 분명하게 드러날 것이다. 이제 우리는 19세기 후반 근대 독일의 여명기로 시선을 돌려보고자 한다.

미국의 특수성을 포착함: 독일 산업화 시기의 국가관과 실용적-윤리적 행동의 일탈

미국의 국가관은 근대 독일의 국가관과 크게 다르다. 독일인들은

---

5   바로 이러한 금욕주의 유산은 미국 독립전쟁 당시 토머스 페인이 취한 자세의 기초에 놓여 있었다. 그는 이렇게 말했다. "나는 당신의 말에 동의하지 않지만, 당신이 말할 권리는 끝까지 지키겠다." 이러한 자세의 잔재는 오늘날에도 미국의 정치(및 사회) 생활에서 경험적으로 발견할 수 있다. (예컨대 개인의 권리가 침해된 방식과 상관없이 개인의 권리를 옹호하기 위해서 헌신하는 변호사 단체, 즉 미국 시민 자유 연맹[American Civil Liberties Union] 지지자들 사이에서 가장 두드러지게 나타난다.) 하지만 이러한 태도는 미국사회 어디에서나 더욱 일상화된 형태로 나타난다. 예컨대 법의 존중, 미국 형사 사법 시스템의 징벌적(vs. 재활적) 성격(Savelsberg 1994, 1999; Savelsberg and King 2005), 그리고 미국 대외정책의 "선교사적"("missionary"), "의욕적"("can-do") 성격 등이 그것이다(Kalberg 1991, 2003).

비스마르크-빌헬름 시대(1871~1917)의 자본주의, 도시화, 지속적인 세속화가 전통적인 **공동사회**(Gemeinschaft)를 무너뜨림으로써 유례없는 사회적 정치적 혼란을 초래했다고 믿었다. 따라서 거대한 "문화적 비관주의," 즉 파멸과 절망과 불안과 방황의 유령이 독일 지식인 계급(Bildungsbürgertum)을 사로잡았다(Ringer 1969; Stern 1965; Mosse 1964; Elias 1981; Kalberg 2012, pp.227-247). 국가는 이러한 변화를 해결하고 사회적 혼란을 방지할 수 있는 충분한 권한을 가진 유일한 기관으로 인식되었기 때문에 기대와 희망이 국가를 중심으로 응집되었다. 그래서 국가는 적극적 역할을 해야 할 **의무를** 갖게 되었다(Kocka and Ritter 1974; Plessner 1974; Kocka 1981).

다양한 "보호 및 관리" 조치가 정치적 스펙트럼 전반에 걸쳐 적절하고 필요한 것으로 간주되었다. 그러한 조치는 구조적으로 불리하고 잠재적으로 파산될 것으로 평가되는 사람들을 지원하는 것이 목표였는데, 예컨대 실업보험, 재해보험, 의료보험, 퇴직연금, 세금을 통한 부의 재분배, 다양한 사회복지 혜택 등이 그것이다. 더욱이 독일은 상류층과 하류층을 막론하고 국가가 주도적으로 경제를 관리하고 규제된 시장을 활성화시켜야 한다고 주장했다. 이러한 카르텔 기반 경제가 시장의 불안정성이 초래할 위험에 효과적으로 대처할 수 있다고 믿었기 때문이다.6 따라서 다양한 국가정책 시행을 반대하는 강력한 장애물은 등장하지 않았다. 또한 개인들은 자력으

---

6 물론 독일의 산업화가 영국과 미국 중심 국제 경쟁국을 "따라잡아야 한다"는 지배적 신념 때문에 국가가 주도적으로 경제정책을 시행할 수 있게 되었다. 독일에서는 카르텔 기반 경제가 그런 목표를 달성할 수 있는 가장 효율적 수단이라는 믿음이 널리 확산되었다(Berghahn 2005).

로 근대 자본주의의 혼란을 바로잡을 수 있는 자신의 역량을 확신하지 못했다(Holborn 1981; Kocka 1981).

그러나 그러한 국가관만이 산업화된 독일 정치문화의 주요 축을 결정한 것은 아니었다. 루터교와 천주교 역시 독일사회에서 **실용적-윤리적** 행동이 차지하는 독특한 **위상에** 영향을 미쳤기 때문이다. 이 두 종교는 모두 세속 내 금욕주의(this-worldly asceticism)가 결여되었기 때문에 신도들에게 강력한 자립정신을 주입하지 못했다(Weber 2011c, pp.104-105; Troeltsch 1960; Mommsen 1974, pp.81-84; Dillenberger 1961, pp.363-402). 다시 말해서 독일에서는 신도들의 일상 행동에 강력하게 영향을 미칠 수 있는 종교적 가치관이 존재하지 않았다. 따라서 실용적-윤리적 개인주의가 근대화된 정치 및 경제 영역에서 확립된 지배적인 실용적 합리주의와 직접 대결하면서 그것을 억제할 수는 없었다.

독일은 미국과 다른 길을 걸었다. 오랜 세월 지속된 독일의 준봉건적 위계적 관습과 풍습이 도시화, 세속화, 근대 자본주의 등이 펼쳐지는 영역에 침투했기 때문이다. 이러한 관습과 풍습은 사회적 행동 **패턴**의 기초로서 사회적 혼란을 방지하는 역할을 수행했지만, 순전히 이해관계만을 따지는 실용적 합리주의의 계산적 관계를 실용적-윤리적인 행동보다 덜 효과적인 방식으로 억제했다. 따라서 독일인들은 특히 1870년대와 1880년대에 전개된 장기적 지속적 세속화와 광범위한 사회적 무질서를 고려할 때, 더욱 강력한 방식으로 실용적 합리주의를 억제해야 한다는 결론에 도달했다.7 독일에

---

7   19세기에는 유럽 전역의 세속화가 미국보다 훨씬 더 진척되었는데, 오늘날도 다르지 않다(Pew Forum, November 17, 2011: www.pewforum.org).

서는 방대한 시민사회의 사회적 담지자 역할을 수행할 수 있는 다양한 **시민**단체가 부재한 상황에서,8 국가의 모든 자원을 시급히 동원하는 것이 실행 가능한 유일한 대안이라는 사실이 입증되었다.

따라서 독일에서는 미국처럼 교회, 종파, 시민단체가 아닌 국가와 그 법률이 사회적 신뢰와 페어플레이를 책임지는 주요 담지자가 되었다. 독일 특유의 이러한 배열은 한편으로는 고도로 권위주적 성격을 지닌 봉건제 유산으로부터, 다른 한편으로는 루터교의 세속적 권위에 대한 직접적 정당화로부터 생겨난 국가의 준신성화(a quasi sanctification of the state)를 통해서 확립되었다(Troeltsch 1960; Dillenberger 1961, pp.363-402; Weber 2011c, pp.103-104).9 세기말 독일 국가(the fin de siècle German state)의 **윤리적** 의무로는 다음과 같은 것들이 포함되었는데, (a) 자본주의 경제의 관리와 통제, (b) 다양한 사회적 공정성, 사회복지, 사회통합 조치 일반 등의 시행, (c) 법원제도를 통한 포괄적 법규의 구축 및 시행, (d) 법 앞에서 형식적 평등 보장 등이 각각 그것이다. 이러한 국가는 선진 산업화로부터 파생된 사회적 문제들에 대처하기 위해서 지속적 정당성을 확보했다.10

따라서 독일에서는 국가가 산업화된 미국에서보다 훨씬 더 중심

---

8   그렇다고 독일에 단체들(Vereine)이 존재하지 않았다는 말은 아니다. 그런 견해는 이미 신뢰를 잃었다. 다만 독일 단체들은 비정치적 성격을 지녔고(예컨대 하이킹, 체스, 합창 단체들), 정당은 양극화 되었다. 하지만 보호와 관리를 관장하는 독일국가의 권위주의적 성격 때문에 강력한 시민사회가 발전할 수는 없었다.

9   퓨리터니즘과 비교하려면 이 책 61-64쪽 참조.

10 이런 의미에서 독일 국가의 법과 법령은 19세기 초 독일 낭만주의의 보편주의와 포용의 이상을 담은 것으로 이해해야 한다(Brunschwig 1975). 이러한 이상은 종파나 교회가 아닌 국가에서 사회적으로 자리를 잡음으로써 20세기 독일 정치문화 형성에 지대한 영향을 미쳤다.

적 지렛대이자 주요 기준점이 되었다. 이로부터 두 가지 중요한 결과가 파생되었는데, 그 두 가지는 모두 미국 정치문화의 특성과 미국 민주주의 정신을 개념적으로 포착하려는 우리의 목표에 도움이 된다. 첫째, 독일에서는 실용적-윤리적 행동이 국가를 중심으로 더욱 집중되었고, 둘째, 정치 분야의 정당성은 국가의 성공과 더욱 긴밀하게 연결되었다. 여기에서 국가의 성공이란 자본주의화, 세속화, 도시화 과정에서 불가피한 사회적 무질서와 불평등에 효과적으로 대처하는 것을 의미한다. 따라서 미국의 경우 광범위한 시민단체들이—각 단체들은 실용적 합리주의와 긴장관계에 있는 윤리적 이상을 추구함—**다양하게 확장된 정치적 영역**을 구성하는 반면, 산업화된 독일에서는 국가가 그런 영역을 더욱 많이 차지했다. 독일에서 정당과 노동조합은 상당한 규모를 확보했지만, 국가의 압도적 권력과 권위에 맞서 경쟁하지는 못했다.

따라서 국가와 국가의 적절한 책임에 대한 상이한 견해가 산업화된 독일과 미국에서 분명하게 드러난다. 산업화와 도시화에 공통의 구조적 제약이 있음에도 불구하고 이질성 또한 분명히 존재한다. 미국 정치문화와 자본주의 정신은 뚜렷한 특징이 있는데, 확장된 시민사회, "작은 국가" 선호 및 국가 그 자체에 대한 적대적 태도, 실용적-윤리적인 시민 지향적 개인주의 등이 그것이다. 이 책의 1장, 2장, 3장에서는 이러한 특징이 17~18세기 금욕적 프로테스탄티즘과 19세기 시민단체에서 자리 잡는 과정을 검토했다.

이 장에서 제시된 베버의 도움을 받은 해석(Weber-inspired interpretation)은 대단히 축약된 방식이긴 하지만 19세기 말과 20세기 초 미국 정치문화에서 중요한 4가지 주제를 다루었는데, 활동적인 개인주의, 두드러진 시민사회, 독특한 근대 국가관, 정치적-윤리적 행동의 독특한 위치가 각각 그것이다. 부분적으로는 산업화된 독일과 비교함으로써 각 주제 관련 뚜렷한 **미국의** 주요 윤곽을 포착했다.

이러한 모든 주제는 이어지는 두 장에서 다시 살펴볼 것이다. 즉 미국 정치문화의 기원, 매개변수, 변동을 **분석적으로** 논의할 것이다. 5장은 베버가 제시한 미래 비전을 검토하는 작업부터 시작할 것이다. 베버는 "쇠우리"(iron cage) 사회가 이미 지평선에서 보이는지를 질문했다. 과연 미국 시민사회와 민주주의 정신 일반은 거대한 관료화의 와중에서 심각하게 약화될 것인가?

5장

베버리언 모델
20세기 미국 시민사회의 해체

> 사실상 (민주주의와 자유는) … 오랜 시간 동안 국가가 양 떼처럼 끌려가지 않겠다는 단호한 **의지**가 뒷받침되는 곳에서만 (가능하다).
>
> — Weber 1978, p.282. 강조는 베버

막스 베버의 주장에 따르면, 17세기와 18세기의 농업 및 종교적 환경에서 탄생한 미국 시민사회는 19세기와 20세기에 심각한 도전에 직면했다. 금욕적 프로테스탄티즘에 깊이 뿌리내린 이 시민사회와 미국 민주주의 정신 일반은 여전히 독자적 영향력을 행사할 수 있을까? 도시화, 산업화, 근대 자본주의화는 거대한 사회적 변혁을 의미했다.

금욕적 프로테스탄티즘은 기업가 계급의 확장이라는 가치를 미국사회에 확산시켰다. 따라서 경쟁, 성취, 근면, 자립, 상향 이동, 개인의 능력에 대한 낙관적 사고방식, 적극적으로 문제와 과제를 해결하는 방식 등을 추구하는 행동이 미국사회에서 자리를 잡았다. 1870년대에 이르러서는 호레이쇼 앨저가 빚어낸 영웅들이 전통의 구속에서 벗어나 오직 자신의 재능, 에너지, 의지만으로 빈털터리에서 부자로 올라섰다. 그렇게 홀로서기에 성공한 개인은 주요 서클에서 존경을 받았고, 칭찬받는 존재가 되어 반석 위에 올랐다.

베버는 19세기의 공생적 이원주의(symbiotic dualism), 즉 실용적-윤리적 개인주의와 건강한 시민사회의 종합이 20세기에도 그대로 유지될 수 있을지 의문이었다. 즉 새롭게 활성화된 실용적 합리주의가 이러한 시민 지향적 개인주의를 추방할 것인가? 수많은 시민단체가 미국 정치문화에 계속 스며들어 커뮤니티 구축 인프라를 지지할 수 있을까? 그래서 원자화된 모래더미를 계속 억제할 수 있을까? 베버의 주장에 따르면, 19세기 말에도 교회와 시민단체가 여전히 상당한 영양분을 시민사회에 공급했지만, 거대한 사회적 변혁은 시민사회의 기초와 민주주의 정신에 심각한 도전을 제기했다.

물론 베버는 19세기 후반과 20세기 초반 미국사회에 널리 퍼진 부패와 "엽관제"를 보았다. 더욱이 그는 권력과 냉혹한 계산이 도덕적 이상에 대한 요청보다 우세한 경우가 많았다고 보았다. 실제로 베버는 도시조직의 부패한 정치가 비정상적으로 만연되었고, 시민적 에토스에 충실한 윤리적 행동은 예외적 현상일 뿐이라고 파악했다(1946b, pp.108-110; 1968, p.1401; 1978, pp.281-282). 요컨대 실용적 합리주의가 시민적 에토스를 상당히 약화시킨 것처럼 보였다.

미국에서 건실했던 시민사회의 **운명**은 빠르게 변화하는 20세기와 21세기에 **어떻게** 변화할 것인가? 이제 이 문제를 검토하고자 한다. 베버의 개념과 분석틀은 먼 과거에서 가까운 과거와 현재로 시선을 옮기는 지금에도 우리의 미국 정치문화 분석을 계속 도와주고 안내한다. 우리는 먼저 베버가 제시한 20세기 전망을 검토할 것이다. 그가 전망했던 "쇠우리" 같은 독재체제(an "iron cage" autocracy)가 이내 등장했던가?

근대세계: 일종의 쇠우리?[1]

베버는 산업 자본주의의 도래를 두려움과 불길한 예감으로 바라봤다. 사실 그는 종종 근대의 특성을 차갑고 비인간적인 "쇠우리"로 묘사하기도 했다. 이렇게 묘사한 "쇠우리"를 어떻게 이해할 것인가? 그런 비유는 근대 미국 정치문화에 대한 베버의 시각을 정확하게 포착한 것일까? 그것은 미국 민주주의 정신의 질식을 암시하는 것일까?

이 장은 이런 질문들에 답하는 방식으로 구성될 것이다. 먼저 베버가 우리 시대 미국 시민사회의 약화를 분석한 내용을 검토할 것이다. 이어서 3장에서 검토한 미국 정치문화의 새로운 공생적 이원주의를 다시 살펴볼 것이다. 끝으로 20세기 구조적 변혁의 맥락에서 미국 시민사회에서 노정된 취약성을 살펴볼 것이다.

그런 다음 **베버리언 모델**을 다시 구성할 것이다. 그 모델의 세 가지 하위 구조, 즉 "노동의 사유화", 미국사회의 "유럽화", "물질적 상품의 권력"을 각각 검토할 것이다. 이 세 가지는 모두 미국에서 **실용적 합리주의**가 크게 확장되었다는 증거인데, 베버는 그에 따라 미국의 시민사회가 큰 위험에 처했다고 봤다. 즉, 미국 시민사회의

---

1 "쇠우리"(iron cage)는 눈에 쉽게 띄는 용어이기 때문에 계속 사용할 필요가 있다. 그러나 "강철처럼 단단한 외피"(steel-hard casing)가 더욱 정확한 번역이라고 할 수 있으며, 따라서 이 책에서는 동의어로 사용하겠다. 이 책 52쪽의 각주와 「용어해설」 참조.

생존 가능성이 희박하다고 본 것이다.

베버는 『프로테스탄트 윤리와 자본주의 정신』에서 퓨리턴 금욕주의가 대단히 체계적인 노동윤리를 강제했다고 주장했다. 이러한 에토스는, 3장에서 언급했던 것처럼, 19세기 미국사회 전반에 널리 확산되면서 종교적 지지를 상실했다. 그러나 그것의 세속적 계승자는 직업적 소명의 형태로 계속 살아남았는데, **자본주의 정신**이 바로 그것이다(부록 2 참조). 그 정신은 고도로 조직화된 행태의 산업자본주의 탄생을 도왔다.

그러나 베버의 주장에 따르면, 노동을 체계적으로 수행하려는 동기와 복잡하게 연결되어 있던 **가치**는 더 이상 "근대의 산업노동"에서 중요하지도 않고, 육성되지도 않는다. 20세기의 노동 방식은 이미 확고하게 자리를 잡았지만, "이제 '직업적 소명을 찾아서 수용해야 할 의무'라는 발상은 과거의 종교적 신념의 유령처럼 우리의 삶 주변에서 배회하고 있을 뿐"이라는 것이다(2011c, p.177). 이러한 "근대 경제 질서"에서 태어난 오늘날 사람들은 더 이상 소명의식을 가지고서 체계적으로 일하려는 동기를 가지고 있지 않다. 그보다는 "자동적으로 작동하는 기계 기반 생산의 기술적 경제적 조건에 묶인 이 경제"(2011c, p.178)가 노동자의 생존을 위해 그렇게 하도록 강요할 뿐이다. 이제 "압도적 힘"이 자본주의를 지배하고, 기술적, 행정적, 시장적 자율성의 "형식합리성"(a "formal rationality")에 기초한 거대한 구조가 우리의 삶을 결정한다. 바로 이러한 "기계적 토대"가 근대 자본주의의 근간을 이루며, 우리의 직장생활을 전반적으로 지배한다(2011c, pp.177-178). 더욱이 베버는 근대 자본주의 발전이 그 기능에 가장 적합한 특정 조직의 발전과 병행해서 이뤄졌다는 점을 강조했는데, 기술적으로 우수한 행정이라는 필수불가결한 가치가 바로 그것이다.

훈련된 기술의 전문화, 직무역량의 정의, 그것의 규칙 및 위계적 복종관계 등을 갖춘 관료조직은 … 고대 이집트의 노예들처럼 저항의 힘이 없는 사람들이 언젠가는 강제로 거주해야 할 속박의 감옥(a cage of bondage)을 짓는 과정에 있다. **합리적인 공무원 행정과 복지 혜택의 분배라는 순전히 기술적 가치가 모든 업무 조직을 결정하는 궁극적 단일 가치로 간주된다면 이런 일이 발생할 수 있다.** 관료제는 다른 어떤 지배구조보다도 이러한 결과를 훨씬 더 잘 달성한다(1968, p.1402; 번역 수정, 강조는 베버).

이처럼 강철처럼 단단한 외피(steel-hard casing)에 편재된 관료주의는 공무원 계급을 불러낸다. "모든 개인을 그의 직업에 … 그의 계급에 … 그리고 어쩌면 그의 직무에 속박하는 일이" 벌어진다. 진정한 기업가와 정치 지도자의 발전 기회는 "기계처럼 냉혹하게 합리적인" 사회, 즉 엄격하게 계층화된 폐쇄적 사회에서 사라지고 만다. 관료제의 공무원이 소유한 "피할 수 없는 권력"이 지배하는 곳이면 어디에서나 "사회적 무력감이 초래하는 평화주의", 모든 사회적 역동성의 상실, 철저한 사회적 침체 등이 초래된다(1968, pp.1402-1403; Weber 1978, pp.281-283).

형제애, 연민, 영웅적 윤리적 행동이 사라진 이 융통성 없는 "우주"는 한편으로는 공무원의 비인격적 신중한 가치, 즉 의무, 시간 엄수, 신뢰, 조직 위계 존중 등에 의해서, 다른 한편으로는 실용적 합리주의의 이익계산과 이익에 의해서 점점 더 지배를 받는다. 따라서 감정과 사람 중심 가치가 여전히 살아 숨 쉬는 친밀한 사적 영역으로 후퇴하고, 그러한 사적 영역을 계속 **가꾸는 것이** 어느 정도 인간 본래의 존엄성을 유지하면서 생존할 수 있는 유일한 수단으로 간주된다. "따뜻한 가정"(home and hearth)이 피난처가 되었고, 오직 그곳에서만 따뜻하고 깊은 유대감을 느낄 수 있었다. 이러한 "비인격적 메커니즘"에서는 모든 시민적 덕성과 공적 윤리가 부재했으며, 사적 영역을 지배하는 대부분의 가치란 주로 종교적 전성기를 구가했던 옛 시대가 남겨준 빈사상태의 유산뿐이다. 이제는 그런 가치들조차도 계산, 조작, 실용적 합리성 일반의 강력하고 냉혹한 팽창으로 멸종 위기에 처했다(Weber 2011c, pp.177-178; 2005, p.270-271, 339).

오늘날까지 수많은 평론가들은 앞에서 제시한 초상화를 베버가 우리 시대를 실제로 묘사한 것으로 이해했고, 다른 평론가들은 베버가 이 암울한 시나리오를 먼 지평선에 있는 것으로 봤다고 주장했다. 그러나 두 경우 모두 베버를 음울하고 유령에 사로잡힌 인물, 운명론적이면서 절망적이지만 영웅적이고 금욕적인 인물, 즉 현재와 미래의 무거운 짐을 그의 넓은 어깨에 짊어진 우울한 거인으로 묘사했다.

베버가 근대를 바라보는 시각은 앵글로색슨 이론가들이 산업화 시대의 도래를 "진보," 문명의 새로운 발전, 인류의 진화가 한 단계 더 전진한 것 등으로 간주하는 시각과 크게 다르다는 사실을 인정해야 한다. 또한 베버는 산업사회에서 개방적 참여, 개인의 자유, 공공의 이상과 윤리라는 넓고 깊은 **시민적** 영역을 발견한 모든 "민주주의 이론가들"과도 완전히 생각을 달리했다. 만일 베버가 살아서 1950년대에 글을 썼다면, 근대화 이론가들을 정면으로 비판했을 것이다. 그들은 모두 (어떤 식으로든) 자본주의 그 자체가 민주주의를 요구하고, 민주주의의 발전이 산업화의 행진과 거의 평행으로 전개된다고 주장했기 때문이다(Parsons 1966, 1971, 2007).

그럼에도 불구하고, 쇠우리 비유는 현재와 미래에 대한 베버의 복잡한 관점을 요약하지 못한다. 첫째, 베버가 볼 때, 이 강철처럼 단단한 외피는 지금 당장의 현실이나 단기적 시나리오라기보다는, 우리의 미래에서 **실현될지도 모르는** 악몽같은 비전이기 때문이다. 베버가 이 문구를 사용할 때는 거의 항상 가정법, 한정 표현, 여러 전제조건들을 첨부했다(1968, pp.559-560, 960-961, 991, 1403-1404; Mommsen 1974, pp.86-87).

둘째, 베버는 근대세계를 힘주어 **환영했는데,** 특히 개인에게 부여된 자유와 권리, 자율적 개인이라는 개념 그 자체를 중시했다. 반면 그의 대부분의 동료들이 견지한 과거에 대한 순진한 낭만주의를 경멸했다. "결국, 우리 중 누군가가 (가장 보수적인 사람까지 포함해서) '인간의 권리'를 중시하는 시대의 성취 없이 자신의 삶을 계속 영위할 수 있을 거라고 믿는다면 거대한 환상에 빠지는 것이다."(1968, p.1403)[2] 베버는 강력하고 경쟁적인 정당, 헌법에서 규정한 권력분립, 정치가의 "책임윤리", 헌법에서 보장한 시민의 자유, 참정권 확대 등을 지지하기 위해서 끊임없이 연설하고 글을 썼다(1968, p.1462; 1946b, pp.115-127). 더욱이 베버는 오직 강력한 의회가 존재하는 곳에서만 민주주의가 가능할 수 있다고 격렬하게 주장했는데, 그는

---

2   베버는 여기에서 프랑스 계몽주의 사상가들을 지목하고 있다.

의회를 자신이 주장하는 "국민투표 리더십 민주주의"(plebiscitary leadership democracy)의 정치지도자를 양성하는 훈련장으로 파악했기 때문이다(1968, pp.1409-1414; Mommsen 1974). 끝으로 베버는 "우리 '개인주의자'와 '민주적' 정당의 구성원들이 … 물질적으로 구성된 '거대한 조류를 거슬러' 헤엄치고 있다"면서(1978, p.282; pp.281-282), 관료제의 권력을 견제할 수 있는 다원적 경쟁적 그룹 유지를 위한 다양한 메커니즘을 구축하고자 했다.

베버와 동시대를 살았던 독일인들, 특히 니체와 게오르그 짐멜은 근대 산업사회를 운명론과 절망에 크게 경도된 시각에서 평가했다. 그러나 베버는 그들과 달리 긍정적 측면과 회의적 측면을 동시에 평가하는 입장을 취했다. 베버는 산업사회가 **역동적으로 작동한 다면 윤리적** 가치의 안내를 받는 자율적 개인의 발전 기회를 제공할 수 있을 것으로 믿었다(Weber 1946b, pp.115-127; 1968, pp.960-961, 979-980, 1207-1210; 1978, p.282; Löwith 1970; Mommsen 1974, pp.86-87, 93-95; Kalberg 2011b).

셋째, 통상 베버는 자본주의 사회의 현재와 미래를 쇠우리로 묘사한 사회학자로 알려져 있는데, 이런 시각은 그의 사회학적 저술보다는 주로 정치 및 사회철학 에세이에서 파생된 것이다.3 그러나 베버의 비교사적 텍스트들을 검토해보면 산업사회와 도시사회에 대한 베버의 견해는 강철처럼 단단한 외피 이미지보다는 **더욱 역동적이고 더욱 분화되어 있다**는 것을 알 수 있다. 베버는 자본주의 사회를 과거와 현재의 혼합물, 심지어 **역동적** 혼합물로 개념화

---

3   눈에 띄는 예외는 Weber(2011c, p.177) 끝에 나오는 구절에서 찾아볼 수 있다.

하는 것이 가장 적절하다고 주장한다. 실제로 베버의 분석 양식은 개별 국가를 검토하면서 그 국가의 **특수성**(uniqueness)을 평가하는 데 중점을 둔다(Kalberg 1994, pp.81-84). 베버의 분석 초점은 지구적 차원에서 전개되는 돌이킬 수 없는 단일한 발전 양태를 추정하는 것이 아니라, 개개의 구체적 **사례들**을 분석하는 데 집중되어 있다(179-185쪽을 보라).

예컨대 독일과 미국은 모두 19세기 말에 상당히 발전된 선진적 산업사회였지만, 두 나라는 상당히 많은 차이점을 가진 상이한 나라였다.4 독일에서는 강력한 사회복지 국가가 우세했고, 강력한 엘리트 공무원, 권위주의적 권력 집중, 비효율적이면서 약한 의회, "양처럼 순한" 수동적 시민, 국가 권위를 적극 지지하는 국가교회, 위계적인 사회적 관습, 국가가 "위로부터"(from above) 주도하는 산업화, 헌법에 배타적으로 확립된 형식합리적 대륙법 체계 등이 있다(Weber 1968, pp.1381-1469; Kalberg 2003; 2012. pp.227-248). 반면, 미국에서는 독일과 상당히 다른 사회적 구성이 두드러진다. 예컨대 분권화된 "약한 국가," 적극적인 시민과 사회 곳곳에서 활동하는 시민단체들, 정교분리, 반권위주의적 종교기관, "아래로부터의"(from below) 산업화, 법률체계가 (헌법에 기초를 두고 있지만) 판례를 중시하는 영국 보통법으로부터 커다란 영향을 받은 점, 비교적 평등한 성격을 지닌 사회적 관습 등을 꼽을 수 있다(Weber 1988, pp.438-448; 1946d; 1968, pp.1197-1210). 끝으로 독일에서 공무원은 사회적 명성이 상당히 높고 쇠우리 모델을 구성하는 핵심 존재인 반면, 미국에서

---

4 이 주제에 관해서는 앞 장을 참고하라.

공무원의 사회적 명성은 유난히 낮은 것처럼 보인다.

일반적으로 공무원의 사회적 평판은 전문적 행정 요구와 신분적 관습 유지가 약한 곳에서 특히 낮다. 보통 새로운 정착지에서는 경제적 기회가 많고 사회적 계층의 불안정성이 크기 때문에 공무원의 사회적 평판이 낮다. 미국이 그런 사실을 예증한다(Weber 1968, p.960).

따라서 다시 강조하건대 베버가 근대 시대의 모습을 쇠우리처럼 획일적 이미지로 묘사했다는 통념은 거부되어야 한다. 베버는 자신의 사회학적 저술에서 각 산업국가의 정치문화가 그 자체로서 고유한 특성을 지녔다고 주장했다. 심지어 그는 "관료화" 연구에서도 각 사례 특유의 맥락(case-specific contextualization)을 중시해야 한다고 주장했다.

우리는 모든 개별 역사적 사례에서 관료화가 전개되는 특별한 방향을 분석해야 한다. 따라서 관료화가 확산되는 근대 국가에서 관료의 권력이 예외 없이 증가하는가의 여부는 미리 결정할 수 없는 문제로 남겨두어야만 한다. ... 다시 말해서 관료의 권력 그 자체의 증가 여부는 선험적으로 결정할 수 없다(1968, p.1991; 저자가 번역 수정함).

요컨대, 쇠우리 비유는 오늘날의 미국 정치문화의 민주주의 정신을 검토하고자 할 때 제한적 유용성만을 지닌 것으로 이해되어야 한다. 베버의 사회학적 분석은 1장에서 4장까지 검토한 바와 같이 대단히 독특한 성격을 지녔기 때문이다. 이제 더욱 중요한 질문을 제기할 필요가 있다. 미국은 농업사회, 퓨리턴 지배 사회, 농촌사회 등에서 20세기 산업사회, 도시사회, 대단히 세속적 국가 등으로 이행하면서 기존의 정치문화를 어떻게 변화시켰는가? 베버의 경우는 미국 종교의 역사에 깊은 뿌리를 둔 탄탄한 시민사회가 20세기에는 상당한 영향력을 발휘하기 어려울 것으로 판단했다.

베버리언 모델: 미국 시민사회의 해체

이제 재구성한 "베버리언 모델"을 통해서 건강한 시민사회의 생존 가능성과 실용적-윤리적 행동 일반에 대한 다양한 위협을 식별하고자 한다. 그것은 베버가 미국 시민사회의 약화와 해체를 바라보는 여러 가지 방식을 요약하는 형태로 이뤄질 것이다. 세 가지 하위 모델이 특히 중요한데, "노동의 사유화" 모델(the "privatization of work" model), "상품권력" 모델(the "power of goods" model), "유럽화" 모델(the "Europeanization" model)이 각각 그것이다. 이러한 모델들은 모두 사회변혁의 규모를 그려내고, 미국 정치문화의 핵심을 획정하며, 시민사회를 위협하는 도전에 관한 가설을 구성한다.5 아래에서 각 모델을 간략하게 검토하고자 한다.

---

5   따라서 이 장에서는 베버의 연구에서 경험적 정확성 측면보다 개념적 분석 측면을 강조하고자 한다. 베버 사회학의 개념과 가설 구성 측면을 강조하겠다는 말이다. 따라서 이 장에서는 베버의 개념과 분석틀을 사용해서 미국 정치문화 전반에 걸쳐 (베버에 따르면) 시민사회 운동이 발생하는 전체 스펙트럼을 도식화하는 순전히 **분석적** 고찰을 제시하게 될 것이다. 베버의 방법론에 따르면, 이처럼 "명료한 개념화" 모델 구성과 가설 수립은 항상 연구 과정의 첫 번째 단계, 즉 실증적 조사를 시작하기 이전 단계에 해당해야 한다(Weber 1949, pp.90-104).

노동의 사유화와 실용적 합리주의의 확산

이 하위 모델에 따르면, 초기 퓨리턴이 노동을 신성시했던 정신과 시민단체에 기반을 둔 19세기의 실용적-윤리적 행동은 모두 20세기에 들어서면서 크게 퇴색했다. 가치에 기반을 두었던 개인주의 역시 이익에 기반을 둔 개인주의로 전락했다. 이 하위 모델은 이런 추세에 따라 시민정신의 고갈과 왜곡이 뒤따랐다는 가설을 세운다. 이러한 세기의 전환기에 전개된 과정의 각 단계를 간략하게 검토할 필요가 있다.

"노동의 사유화" 모델에서는 지상에서 신의 왕국을 건설하려는 식민지 시대 미국의 목표가 퓨리턴 금욕주의의 쇠퇴로 약화되었지만 세속화된 형태로는 계속 지속되었다고 가정한다. 즉 미국인들은 18세기 후반과 19세기 내내 **정의로운 사회**를 건설하기 위해서 노력했다는 것이다. 이러한 종교적 유산에서 볼 때, 노동, 투자, 커뮤니티 서비스 등은 당연히 그런 목적 달성을 위한 핵심 수단으로 간주되었다. 따라서 지상에서 정의로운 신의 공동체를 건설하는 과제와 세계 지배 개인주의가 공존하는 미국사 초기의 공생적 이원주의가 점차 세속화된 형태이긴 하지만 꾸준히 유지되었다. 실용적-윤리적 행동이 세계 지배 개인주의를 대체했기 때문이다. 그러나 19세기가 막바지에 이르면서 시민사회는 다시 쇠퇴하기 시작했다. 산업화와 도시화가 확대되면서 미국인의 수없이 다양한 활동을 **지도하던** 시민사회의 능력이 약화되었기 때문이다. 이제 실용적 합리주의에 뿌리를 둔 개인주의가 질주했다.

이 새로운 사회에서는 벤저민 프랭클린의 자본주의 정신이나 퓨리턴의 프로테스탄트 윤리가 체계적인 노동에 주관적 의미를 더 이상 부여하지 않는다(Weber 2011c, pp.177-178). 퓨리턴 금욕주의의 놀라운 노동 신성화로 채색된 역사적 여정이 끝나면서 노동은 단순히 공리주의적 활동, 즉 주로 개인의 사적 이익을 추구하는 활동이 되었다. 이제 노동은 종교적 가치로부터 분리되어 실용적이면서 합리적인 형태로 자리를 잡았으며, 따라서 점점 더 개인의 실용주의적 이익만을 배타적으로 추구하게 되었다.

"노동의 사유화" 모델은 이러한 기념비적 여정의 마지막 단계를 지배하는 노동의 전면 **사유화**를 포착한다. 또한 베버는 이러한 발전에 영향을 미친 사회적 맥락을 서술하는데, 근대 자본주의의 강제적 측면과 실용적 합리주의가 각각 그것이다. 피고용자가 되었건 기업가가 되었건 "이 자본주의라는 강력한 우주에서 태어난 사람들은" 모두 시장 기반 법률과 비인격적 상품교환 체제에 반드시 적응해야 한다. 일단 "자본주의라는 안장에 올라타면" "승리한 자본주의"의 작업 속도가 모든 사람에게 조직화된 삶의 양식을 강제한다. 따라서 초자연적 세계나 시민사회를 지향하는 활동은 더 이상 지배적 삶의 양식이 될 수 없다. 개인의 생계 능력뿐만 아니라 기업의 생존도 그 이상을 요구하지 않는데, 왜냐하면 이처럼 "힘들고 단조로운 메커니즘"("grinding machine")은 "피할 수 없는 독단적 강제성의 네트워크"("inescapable network of pragmatic necessities")로 구성되었기 때문이다. "노동의 사유화" 모델에 따르면 근대사회의 토대는 "정신적" 성격이 아니라 "기계적" 성격을 지녔다. 베버는 자신의 유명한 구절 중 하나에서 주관적 의미와 동기 수준이 일어난 중요한 변화를 다음과 같이 간결하게 표현했다. "퓨리턴은 직업적 소명을 가진 존재가 **되고자 했다**. 그러나 우리는 직업인간이 **될 수밖에 없다**."(2011c, p.177, pp.177-178; 2011b, pp.269-271; 부록 2).

"노동의 사유화" 모델에서 노동은 시민사회의 운명에서 대단히 중요한 의미를 가지고 있고, 일상생활의 중심에 여전히 남아 있지만, 이전의 종교적 시민적 기반은 물론 모든 커뮤니티 구축 및 통합 능력을 상실했다. 따라서 "노동의 사유화" 모델은 세계 지배 개인주의 특유의 퓨리턴 가치로부터, 심지어 19세기의 공생적 이원주의로부터, 세속화된 노동과 확장된 실용적-합리적 개인주의로의 거대한 전환을 가정한다. 시민사회를 육성했던 실용적-윤리적 행동은 점차 주변부로 밀려나고, 시민사회의 이상을 추구하는 시민의 전형적 행동은 마지막 단계에 도달했다. 미국 민주주의 정신은 곧 사라질 것이다.

미국의 "유럽화"에 따른 시민사회의 위축

베버의 "유럽화" 모델은 미국 정치문화의 점진적 유럽화를 가정한다.6 이 모델에서는 대규모 조직이 산업사회에 내재된 것으로 보고, 관료화가 시민사회를 축소시키면서 위축시키는 것으로 본다. 이 또한 미국 민주주의 정신을 직접 위협한다.

산업화를 수반하는 제약 조건이 이러한 변화를 가능하게 한다는 것이 "유럽화" 모델의 가설이다. 베버는 공무원과 관리자의 명성과 권위가 증가한다고 주장한다. 국가와 경제의 작동 방식에 대한 그들의 특별한 지식이 그러한 추세를 뒷받침하며, 관료제가 비대화되

---

6   이것은 베버의 용어다(2011d, pp.210, 216).

면서 선출된 정치인의 정책결정 권한을 감소시킨다는 것이다. "유럽화" 모델은 관료화가 꾸준히 확대되면서 경쟁하는 정당, 공개 토론, 다원적 경쟁적 가치, 사상의 자유 등이 지배하는 시민사회가 위축된다고 가정한다. 집단들이 격렬하게 경쟁하는 곳이면 어디에서나 나타나는 광범위한 논쟁이 더 이상 활력을 되찾지 못하게 된다. 따라서 갈등이 길들여지고 잠잠해지면서 시민의 이상도 사라진다(1968, pp.1396-1405; 1978, pp.281-282; 1971b).

"유럽화" 모델에 따르면, 점점 더 커지는 계급의 계층화와 직업적 사회적 이동성의 제약으로 "사회적 경직화"(a "societal ossification")가 심화된다. 실용적-윤리적 행동의 존속 여부가 의문시되는데, 관료의 명성과 권위가 커질수록 더욱 그렇게 된다. 위험을 회피하고, 안전을 추구하고, 몸을 사리는 관리자가 지배하는 경직되고 내향적이며 정체된 사회가 나타난다. 프로테스탄트 종파 정신이 제공한 공동체 건설 에너지의 모든 잔재뿐만 아니라 시민의 영역도 주변부로 밀려난다. "유럽화" 모델의 주장에 따르면, 그와 동시에 관료제의 **형식**합리성은 절차, 법령, 규범, 서면 규정 등을 지향하기 때문에 가치에 뿌리를 둔 세계 지배 개인주의와 실용적-윤리적 형태의 개인주의 유산과 충돌해서 약화시킨다. 따라서 19세기의 공생적 이원주의, 즉 실용적-윤리적 개인주의와 시민사회의 긴밀한 유대가 계속 유지될 가능성은 희박하다. 시민사회의 독립성이 억제되고, 광범위한 신뢰가 심각하게 약화된다(Weber 2005, pp.255-272).[7] 미국 민주

---

[7] 다시 말하지만, 여기에서 구성한 "베버리언 하위 모델들"은 경험적 현실을 포착하기 위해 고안된 구조가 아니라 연구에 필요한 가설 구성을 돕는(hypothesis-forming aids to research) 도구다. 그런데도 많은 베버 연구자들은 베버의 "유럽화 논제"

주의 정신이 소멸한다.

"물질적 상품의 권력"에 의한 시민사회의 위축

최근 수십 년 동안의 중요한 추세, 즉 "물질적 상품의 권력"이 확대됨에 따라 가치에 길들여지지 않은 개인이 용인되고 활기찬 시민사회를 적대시하게 되었다. 베버의 "상품권력" 모델은 미국 정치문화에서 발생한 이러한 변화와 그것의 결과, 즉 실용적 합리주의의 확대를 포착했다.

"승리를 거둔 자본주의"에서 상품권력은 인간에 대해서 확고한 지배력을 행사한다는 것이 "상품권력" 모델의 가설이다. 17세기와 18세기의 퓨리턴들은 **이** 세상에서 **살지만 저** 세상을 지향했기 때문에 매력적인 상품들을 쉽게 거부할 수 있었다. 그들에게 그런 상품은 "언제든 벗어던질 수 있는 가벼운 코트"와 다를 바 없는 것이었다. 그러나 20세기에는 그런 상품들의 권력이 엄청나게 증가하면서 "강철처럼 단단한 외피"가 되어버렸다(2011c, pp.163-164, 176-178).

"상품권력" 모델은 이제 물질적 상품이 "역사상 그 어느 때보다도 사람들이 더 이상 피할 수 없을 정도로 막강한 권력을 획득했다고"(2011c, p.178) 가정한다. 사회에 널리 확산된 강렬한 소비문화가 발전하면서 번영이 시작된다. 매력적인 상품을 소유해야만 한다. "상품권력" 모델의 주장에 따르면, 더욱이 상품을 획득하려는 노력은 새로운 강도로 "미국에서 격렬하게 이익을 추구함으로써" 직업

를 경험적 발전으로 이해하면서 신랄한 비판을 제기했다(Mommsen 1974, 1988; Roth 1985, 2005a, 2005b).

적 소명의 금욕주의 정신을 대체했다. 20세기 들어서면서 시작된 이러한 추세는 "스포츠 이벤트와 유사한 성격을" 지녔는데, 그곳에 선 모두 "순전히 경쟁적 열정이" 지배하기 때문이다(2011c, p.178; Bell 1996).

따라서 산업화가 급속히 확산되면서 미국의 개인주의는 시민적 가치로 향하지 않고 점점 더 물질적 번영으로 향했다. 그런 추세는 여타의 후기 산업화 국가에서는 찾아볼 수 없는 강도를 지녔다. 19세기 미국 개인주의는 시민영역과 철저히 결합되어 활력을 얻었지만, 20세기에 들어서면서 그러한 활력을 상당히 상실했다. 오늘날에는 사회과학 학위를 지닌 광고업계(Madison Avenue) 경영진들이 개인주의를 체계적으로 조정하고 육성한다. 소비자 제품과 이미지가 널리 침투한 공공영역은 시민적 이상의 범위를 좁게 만든다. 이제 광고가 친근함, 편안함, 쾌감, 로맨스 이미지, 개인의 번영에 대한 희망 등을 제공한다.

이 새로운 미국 정치문화는 또 다른 면에서도 구별된다. 19세기 공생적 이원주의는 과업 지향적, 실용적-윤리적 개인주의가 실용적-합리적 개인주의로 쇠퇴하는 것을 억제하는 강력한 시민적 요소를 가지고 있었다. 그러나 최근의 이원론은 이익 기반 지향에 매우 다른 방어벽을 설정했다. 공동체 개선을 꾸준히 추구하는 모든 노력은 물론, 신의 위대한 영광을 찬양하기 위해 악을 극복하려는 모든 노력이 약화되었기 때문에, 시민사회는 개인주의를 견인하고 지도할 능력을 상실했다. 오히려 이제는 패션, 욕망, 최신 유행 등에 순응하라는 미묘하게 노골적인 압력이 개인주의를 견인하고 지도한다. 19세기에는 실용적-윤리적 개인주의와 시민사회의 공생적 이원주의가 미국 민주주의 정신의 **두** 구성 요소를 활성화시키는 역동성을 지속적으로 불러일으켰다면, 오늘날의 개인주의와 소비자 이원론은 다른 의제를 추구한다. 즉 물질적 번영을 배타적으로 추구하는 개인을 저지하는 장벽을 세우는 대신, 그런 개인의 욕망과 소비문화를 긴밀하게 연결시킨다.

"상품권력" 모델에 따르면, 미국사회에 널리 확산된 소비주의 에토스는 분명히 실용적-합리적 개인주의를 더욱 활성화시킨다. 그에 따라 시민사회의 해체가 가속화된다. 시민사회의 독립성은 약화되고, 실용적-윤리적 행동의 잔재는 모두 사라진다. 다시 악순환이 계속된다. 당장은 눈에 보이지 않을 수 있지만, 장기적 결과는 분명하다. 즉, 실용적-윤리적 개인주의와 시민사회의 공생적 이원주의가 약화되고, 사회적 역동성과 개방성이 억제되며, 거대한 사회적 순응주의로 향하는 표류가 분명히 발생한다.8 미국 민주주의 정신은 이런 맥락에서 더 이상 지속될 수 없다.

이상에서 검토한 세 개의 하위 모델들은 20세기 미국 정치문화에 대한 **베버의 개념화**를 묘사한 것이다. 이들을 종합하면 이 장의 주제인 **베버리언 모델**이 구성된다. 즉, 한편으로는 이 책의 1장부터 4장에 걸쳐 검토한 분석틀과 풍부한 개념들에 따라서, 그리고 다른

---

8 베버는 이런 변화를 단지 막연하게 예견했지만(2011c, pp.177-178), 초월적 계명과 종교적 가치에 대한 지향에서 비롯된 단 하나의 요인, 즉 세계 지배 개인주의가 후대의 역사적 시대에서 그것이 필수불가결한 카운터파트였던 튼튼하고 명확한 시민사회의 이상을 전복시켜버리는 역설적 전환을 보았더라도 놀라지는 않았을 것이다. 그는 동서양의 역사에서 이러한 역사적 질서의 아이러니한 왜곡과 예상치 못한 결과를 발견했다. 바로 이런 문제들이 베버가 추구한 비교역사사회학의 근간을 이루었다 (Kalberg 1994; 2012, pp.43-139, 205-224).

한편으로는 베버의 다양한 저작들에 따라서 미국 정치문화와 민주주의 정신의 미래에서 예견되는 특성을 투시할 수 있는 모델이다.

"노동의 사유화" 모델, "물질적 상품의 권력" 모델, "유럽화" 모델은 모두 미국 시민사회의 해체를 가정하는데, 이는 실용적-윤리적 개인주의와 시민영역의 지속 가능성에 커다란 도전을 제기한다. 베버는 세계 지배 개인주의와 실용적-윤리적 개인주의가 미국 민주주의의 안정적 기능에서 기여할 수 있었던 까닭은 **오직** 그러한 개인주의들이 건실한 시민영역을 확고하게 지향했기 때문에 가능했다고 경고했다. 다시해서, **여기에서** 개인주의란 **시민적 개인주의**(civic individualism)로 이해되어야만 한다. 그와 반대로, 앞에서 논의했던 것처럼, 실용적-합리적 개인주의(practical-rational individualism)는 그것의 공리주의적 성격 때문에 시민사회를 부양하는 영양분을 제공할 수 없다는 사실이 입증되었다.

베버의 분석은 가치 기반 개인주의가 실용적-합리적 개인주의와 대결해서 승리한다는 것, **또는** 시민사회의 이상을 강력하게 지향한다는 것 등을 결코 "보장하지" 않는다. 시민사회의 이상에 **부응하는 활동은** 오직 실용적-윤리적 개인주의를 분명하게 지향하는 경우에 한해서만 **패턴화된** 방식으로 자리를 잡고서 유지될 수 있다. 도시화, 선진 산업화, 탈산업화, 대대적인 소비주의 등의 환경에서는 실용적-윤리적 개인주의가 쇠퇴하고, 오로지 자기 이익과 감정적 욕망을 배타적으로 추구하는 실용적-합리적 개인주의로 변질될 가능성이 높아진다(6장 참조).

그러면 다음과 같은 개인주의가 **육성된다**. 즉, 시민사회의 가치에 의해서 규제되지도 않고, 시민사회의 가치를 지향하지도 않는 개인의 활동이 확산된다. 21세기의 맥락에서 이런 방향으로 전개되는 모든 활동은 베버의 사회학적 관점에서 평가할 때 상대적으로 약화된 원인들, 즉 과거의 유산이나 "선한 의지를 가진 사람들의" 언어적 훈계 등이 겨우 지시하는 것처럼 보일 것이다. 따라서 가치 기반 개인주의는 실용적 합리주의에서 추구하는 공리주의를 추방하기는커녕, 그것과 경쟁해서 실패할 가능성이 높다. 오랫동안 위협을 받아온 19세기의 공생적 이원주의는 20세기와 21세기에 원기를 회복해서 부활할 가능성이 없다는 사실이 입증되었다. 따라서 미국 민주주의 정신은 위축될 수밖에 없다.

이제 세 개의 분석 모델들을 추가로 구성하고자 한다. 이 모델들 역시 베버의 개념과 분석틀에 빚지고 있다. 각 모델은 베버리언 모델의 분석틀을 **확장시킬 것이다**. 이렇게 구성한 세 개의 모델들은 오늘날 미국의 정치문화, 특히 시민사회의 윤곽과 변화를 획정하는 데 도움을 주는 개념적 도구들을 추가로 제공할 것이다. 또한 최근의 경험적 연구를 뒷받침하는 가설도 구성해준다. 다음 장에서 세 개의 "보완적" 모델을 다시 구성할 것이다.

6장
보완적 모델
베버리언 모델을 확장함

> 어쨌든 우리 중 누구라도, 가장 보수적인 사람을 포함해서, 인간의 권리를 보장하는 시대(the age of the Rights of Man)의 성취 없이 자신의 삶을 잘 영위할 수 있다고 믿는다면 거대한 자기기만에 빠지는 것이다.
>
> — Weber 1968, p.1403

> 정책결정은 기술적 사안이 아니며, 따라서 전문 관료의 업무가 될 수 없다.
>
> — Weber 1968, p.1419

 5장에서 재구성한 20세기 미국 정치문화에 대한 베버리언 모델은 시민사회의 심각한 쇠퇴, 심지어 해체까지 가정하며, 따라서 미국 민주주의 정신도 그런 지경에 처했다고 본다. 그러나 베버리언 모델은 3개의 하위 모델로 구성되었지만, 여러 가지 가능한 결과 중 하나만을 묘사할 뿐이다. 베버의 분석적 논문들을 집대성한 『경제와 사회』(Economy and Society)는 더 많은 주요 개념과 가설을 제시한다. 따라서 이들을 함께 놓고 보면서 "보완적" 모델을 구성할 수 있다. 이 모델은 미국 정치문화의 또 다른 중요 특징, 긴장, 역학, 발전 경로 등을 보여준다. 따라서 "보완적" 모델은 베버리언 모델의 개념적 범위를 확장시켜준다.

보완적 모델은 시민사회에 훨씬 다양한 영향력이 행사된다고 가정한다. 보완적 모델은 미국 정치문화에 대한 3개의 하위 모델들로 구성되는데, "일반화" 모델, "전문가 단체" 모델, "갈등" 모델이 각각 그것이다. 각 모델은 경험적으로 **가능한** 경로를 제시한다. 이들은 모두 오늘날 미국 시민사회의 뚜렷한 윤곽과 변화를 깊이 이해하는 데 없어서는 안 될 필수 요소라는 사실이 입증되었다. 세 가지 하위 모델들을 결합하면 미국 시민사회가 두텁고, 광범위하고, 독립적인 모습에서 보다 느슨하고, 위축되고, 종속적인 형태로 이행하는 스펙트럼의 전모를 포착할 수 있다. 보완적 모델과 베버리언 모델을 묶으면 미국 정치문화의 전체 스펙트럼과 오늘날의 민주주의 정신을 획정하는 **베버리언 분석**을 구성할 수 있다.[1]

일반화 모델: 시민사회의 장기지속성

일반화 모델은 베버리언 모델과 비교할 때, 스펙트럼의 반대편 끝에 위치한다. 그것의 기초에는 베버 사회학의 핵심 전제가 깔려 있다. 즉 과거는 구조적 변화의 결과로 사라지는 것이 아니라 현재에도 상당한 정도로 지속된다(the past never fades away as a consequence of structural changes; rather, it endures to a significant extent

---

1 나는 이러한 모델들이 비록 완전하지는 않지만, 베버의 개념적 도구들로부터 도출한 가장 최선의 모델들이라고 주장한다.

into the present).

이 하위 모델에 따르면 19세기의 실용적-윤리적 개인주의는 오랜 기간 시민 지향적 성격을 유지했다. 또한 이러한 개인주의는 일에 대한 집중력을 계속 유지했고, 커뮤니티 빌딩 노력도 적극 기울였다. "공동체를 위한 봉사"라는 개념 역시 오래 지속되었고, 실용적-윤리적 활동과 시민사회 간의 가치 기반 **공생적** 이원주의도 활기차게 유지되었다. 따라서 건실한 시민사회는 확장성과 독립성을 여전히 유지했다. 미국 민주주의 정신이 살아 있는 것이다.

여기에서 경험적으로 실천 가능한 시민적 개인주의는 실용적 합리주의, 유럽화, 물질적 상품의 권력 등이 풍미하는 시류에 저항하면서 그 자체의 영역을 방어한다. 또한 시민적 개인주의는 수없이 흩어진 시민단체들에게 다채로운 역동성을 주입함으로써 사회적 정체에 저항한다. 이처럼 시민단체들의 방대한 다양성은 시민사회의 가치와 실용적-윤리적 개인주의를 독립적으로 발전시킨다. 따라서 시민단체들은 미국사회의 다양한 분야에 걸쳐 일반적 영향력을 꾸준히 행사한다. 정책 결정 분야는 계속해서 선거 정치와 강력한 입법부에 뿌리를 두고 있다.

일반화 모델은 이러한 캐리어 그룹들(carrier groups)이 반대 집단들과 대결해서 권위, 지위, 권력을 획득하는 곳이면 어디에서나 시민사회는 두터운 일관성과 독립성을 유지한다고 가정한다. 실용적-윤리적 행동, 즉 시민적 개인주의는 직장이나 정치 영역에만 국한되지 않고 가족, 이웃, 학교, 자선 단체, 재단, 자원봉사 단체, 대학, 군대, 기타 주류 조직 및 기관 등 미국사회 전반에 걸쳐 광범위하게 퍼져 있다.

5장에서 논의했던 베버리언 모델의 세속주의는 시민사회와 실용적-윤리적 개인주의 **모두를** 약화시켰는데, 실제로 그 모델은 시민사회의 심각한 약화, 심지어 해체까지 가정했다. 그러나 일반화 모델에 따르면, 미국에서 노동은 성스러운 요소, 또는 다소간 성스러운 요소를 훨씬 더 오래 유지한다. 따라서 이러한 조직들과 제도들은 모두 커뮤니티 빌딩 에너지를 계속해서 전달한다.

요컨대 미국사회는 19세기와 20세기를 거치면서 거대한 구조적 변화를 겪었지만, 일반화 모델은 시민사회가 초기의 활력과 영향력을 여전히 유지한다고 가정한다.2 다시 말해서 일반화 모델은 베버리언 모델과 정반대로 건실하고 독립적인 시민사회가 계속 유지된다고 본다.3 따라서 일반화 모델은 오늘날 미국사회의 중요한 특성을 포착한다.

2004년 미국 대통령 선거 캠페인에서 "도덕적 가치"가 수행한 중요한 역할을 간략하게 검토하면 일반화 모델의 중요성을 쉽게 확인할 수 있을 것이다. 미국 유권자의 22%는 당시 선거에서 도덕적 가

---

2 오늘날의 시민사회 영역이 전통적 범주를 넘어서 확장되는 양상을 보여주는 책들이 최근 많이 나왔다. 예컨대, Dalton 2008; Schudson 1998.

3 일반화 모델은 탈콧 파슨즈가 미국사회를 바라보는 시각의 주요 전제와 유사한 것처럼 보일 수 있다. 하지만 내가 이곳과 5장에서 제시한 "다원주의적 모델"의 관점은 파슨즈가 제시한 미국사회이론과 큰 차이가 있다. 파슨즈의 미국사회이론 역시 일정한 스펙트럼을 왕복하는 진자운동을 강조하지만, 그것의 폭은 대단히 협소하기 때문이다. 따라서 파슨즈는 미국사회와 그것의 문화를 베버보다 훨씬 더 단선적이고 조화로운 모습으로 파악한다. 이런 식의 파악은 다양한 "제도들" 간의 통합과 협력의 수준이 대단히 높다는 분명한 전제를 깔고 있다. 더욱이 파슨즈는 미국에서 가치의 확산("가치 일반화")이 방대하게 이뤄진다는 사실을 경험적으로 관찰했지만, 베버는 그러한 확산은 모두 다양한 캐리어 그룹들(carrier groups)이 실제로 존재하면서 인과적 시스템의 작동을 촉진시켜야만 가능하다고 주장한다.

치가 "가장 중요한 이슈"라고 밝혔다. 유권자의 20%는 경제, 19%는 테러, 15%는 이라크전쟁이 "가장 중요하다"고 밝혔다. 미국에서 "도덕적 가치"란 무엇인가? 그리고 그것을 이라크전쟁보다 더욱 중요하게 판단하는 까닭은 무엇인가? 이 문제는 일반화 모델을 통해서 명료하게 분석할 수 있다. 일반화 모델을 당시의 선거 분석에 활용하면 그것의 설명력을 쉽게 확인할 수 있기 때문이다. 또한 그러한 분석은 미국 민주주의 정신이 오늘날에도 여전히 중요하다는 사실을 말해줄 것이다.

2004년 미국 대통령 선거에서 도덕적 가치가 수행한 역할: 일반화 모델 응용 사례

앞에서 논의했던 것처럼 실용적-윤리적 개인주의는 19세기 미국 시민단체에서 독특하게 자리 잡게 되었다(3장 참조). 이처럼 편재하는 단체들은 시민적 가치의 복합체를 미국사회 구석구석의 시민 활동에 확산시켰다. 시민단체들은 그런 과정을 거치면서 광범위한 가치 기반 시민사회를 육성하고 활성화시켰다. 이 분야는 "공적 윤리"나 "도덕적 가치" 중 어떤 형태가 되었건 상관없이 윤리적 이상을 지향하는 활동 영역, 즉 공리주의적, 실용적-합리적 계산을 추구하는 모든 행동의 일상화를 반대하는 활동 영역을 구축했다. 2004년 대통령 선거에서 이러한 "도덕적 가치"가 어떻게 출현해서 영향력을 행사했을까? 이제 이런 설명은 우리에게 친숙한 것이 되었다.

17세기와 18세기 종교적으로 독실한 공동체에서 전형적으로 드러난 도덕적 엄격함의 메아리와 유산은 각종 캐리어 그룹들, 즉 가족, 학교, 이웃, 직장 조직, 다양한 시민단체 등을 통해서 완화되고 세속화된 형태로 여러 세대를 거쳐 전달되었다. 이러한 사회적 캐리어들(social carriers)은 20세기 도시화와 산업화에 따른 사회적 변화로 많은 변화를 겪었다. 그런데도 그러한 캐리어들은 이상적 행동을 강제하는 엄격한 규율을 계속해서 견지했다. "공동체의 표준"과 그것의 집행 기관을 정기적으로 체크함으로써 윤리적 행동 문제를 민감하게 감시했다. 사회에서 쉽게 확인할 수 있는 올바른 행동의 **규범**이 계속 살아 있으면서 기업인과 정치인 모두에게 적용되었다. "프로테스탄트 종파의 유산"은 비록 세속화된 형태이긴 했지만 광범위한 영역에서 주기적으로 활성화되었다.4 따라서 20세기 내내 프로테스탄트 금욕주의의 자립적 에토스, 신자의 모든 행동양식을 지배하는 엄격한 규율, "존경스런 품행" 등의 유산을 쉽게 발견할 수 있었다. 심지어 진실한 신앙심과 회중의 감시를 받지 않는 경우에도 그런 유산이 그대로 유지되었다. 과거의 종교적 규범 및 유사 종교적 규범의 강력한 유산이 미국사회에서 통용되는 모든 행동 개념에 분명히 남아 있었다.

오늘날에도 어떤 삶의 영역에서든 자신의 공동체를 이끌고자 하는 사람들의 성격은 어느 정도 "올곧은"(upright) 자질을 보여야 한다. 즉 도덕적 엄격함, 정직함, 신뢰성 등을 공적으로 입증하는 품행을 보여주어야 하는데, 미국사회에서 그러한 행동은 일련의 확고한 가치에 따라 일관되게 행동할 수 있는 능력을 입증하는 것으로

---

4   로버트 벨라가 묘사한 미국의 "시민종교"(civil religion)에서는 그것의 기초에 있는 금욕주의적 요소(asceticism component)를 완전히 무시했다. 그러나 베버는 이렇게 주장했을 것이다. 만일 금욕주의적 요소가 없었다면 시민종교의 활성화는 (설혹 공휴일 등에서도) 매우 제한적 형태로 발생할 수밖에 없었을 것이다(Bellah 1970, 1975).

간주되었기 때문이다. 성인이 되어서도 품행이 계속 방정하다는 것은 도덕적 나침반의 소유를 증명하는 것으로 여겨졌다. 목적의 명확성과 명확한 결심은 신과의 관계와 인간관계 모두에서 정직하고 솔직한 의사결정 방식과 동일시된다. 또한 모범적인 도덕적 성격은 전통적인 삶의 방식과 모범적인 개인적 상황, 즉 흠잡을 데 없는 과거, 품위 있는 아내, 행동이 바르고 존중받는 자녀, 장기적 결혼생활 등을 고수함으로써 "증명"되기도 한다.

가치와 표준에 대한 확고한 신념, 장기간에 걸쳐 유지되는 행동양식의 일관성, "훌륭한 도덕적 품성" 등과 같은 금욕적 프로테스탄티즘의 유산들이 2004년 대통령 선거 캠페인에서 이례적으로 표출되었다. 사실 당시 선거에서 도덕적 가치가 극단적으로 강조되었다. 특히 외국의 관찰자들은 그 까닭을 이해하기가 쉽지 않았을 것이다. 그 까닭은 오직 미국 정치문화에 금욕적 프로테스탄티즘이 각인되었다는 사실을 먼저 이해하는 경우에 한해서만 비로소 이해할 수 있는 것이었다. 다시 말해서 선거에서 도덕성 문제가 그토록 강렬하게 표출되었던 까닭은 오직 미국 역사 심층을 관철하는 독특한 역동성을 참조해야만 이해할 수 있다. 공립학교에서 종교적 기도를 허용해야 하는가 말아야 하는가? 이 문제가 많은 지역에서 주요 선거 의제가 되었다. 또한 TV에서 방영되는 성 및 폭력 문제, 낙태 문제, 줄기세포 연구 문제, 동성결혼("게이 결혼") 문제 등등에 대한 심각한 우려가 미국 전역에서 분명하게 드러났다.5 도덕적 가치 논쟁 전체를 지배한 문제는 초기 종교적 정착민들이 확립한 원

---

5   한 여론조사에 따르면 63%에 달하는 부모들이 TV에서 성적 장면을 보여주는 문제를 크게 우려했고, 53%에 달하는 부모들이 폭력 장면을 크게 우려했다.

6장 보완적 모델

칙, 즉 도덕적 선택은 양심의 문제 중 하나이며, 따라서 정부는 그처럼 사적인 영역에 개입할 수 없다는 원칙을 준수해야 한다는 것이었다. 금욕적 프로테스탄트 교회와 종파의 유산이 19세기 시민단체를 매개로 활력을 유지하면서 21세기까지 이어져온 오랜 역사적 과정은 널리 알려졌다.6

조지 부시는 존 케리보다 훨씬 더 성공적으로 금욕주의적 행동기준에 부합하는 자신의 현재와 과거 이미지를 만들었다. 또한 부시는 사회문제를 해결할 수 있는 제안을 분명하고 쉽게 전달할 수 있는 능력을 보였는데, 이는 유권자들에게 부시의 "정직하고 성실한" 이미지를 부각시키는 데 크게 기여했다. 부시의 이런 능력은 존 케리의 이미지 어필 능력을 압도했다. 부시와 달리 매사추세츠주 출신 상원의원이었던 존 케리는 모호하고 일관성이 없다는 비난을 자주 받았다. 부시의 캠페인은 후보의 강점과 확실성의 이미지를 키운 반면, 존 케리의 경우는 "흐리멍텅하고"("fuzzy"), 오락가락하고, 신뢰할 수 없는 사유의 소유자로서 모순된 제안을 쉽게 받아들일

---

6 따라서 유럽의 정치 캠페인에서 핵심을 차지하는 유권자들의 모든 고려사항들, 예컨대 전문적 지식과 지식체계에 대한 장악력으로 측정되는 후보들의 역량이 미국 선거 캠페인에서는 주변으로 밀려났다. 앨 고어와 존 케리가 수많은 정책 분야에서 잘 알려지지 않은 세세한 문제들까지 정확하게 파악했던 것과 달리, 조지 부시의 경우는 주요 이슈들에 대한 이해력이 취약했다. 그러나 그것이 부시에게 결코 불리하게 작용하지 않았다. 선거 캠페인에서 전문적 지식이 차지하는 대중성과 중요성의 문화적 차이를 더욱 분석하려면, 금욕적 프로테스탄트 유산뿐만 아니라, 상대적으로 높은 수준의 장거리 직업 이동성과 개방된 노동 시장, 미국사회에 만연된 파퓰리즘과 사회적 평등주의를 특징으로 하는 미국적 "성취 사회"(achievement society)의 영향력과 같은 다양한 요인들도 함께 강조해야 할 것이다. 이러한 모든 것들이 파퓰리즘에 젖은 미국인들의 세상에 대한 불신, 예컨대 직업 정치인, 정책 전문가, 정부 관료, 지식인들에 대한 불신에 크게 기여한다.

것처럼 묘사되었다.

유권자들은 "(케리)의 입장이 무엇인지 모르겠다고" 거듭 불평한 반면, 조지 W. 부시의 "신뢰성과 명료성"을 자주 칭찬했다. 케리에 대해서 같은 질문이 반복적으로 제기했다. "케리의 입장은 무엇인가?" "그의 도덕적 기준은 어디에 있는가? 그의 진실성은?" "그의 기준과 신념은 무엇인가?" "왜 도덕적 문제에 대한 그의 답변은 간결하지 않고 복잡한가?" "그는 정부가 근본적으로 사적인 결정을 내리는 것을 허용할 것인가?" 분명히 통치 권력은 확고한 결의가 부족하고 입장을 자주 바꾸는 사람에게 넘겨줄 수는 없는 일이었다. 특히 미국 정치문화에서 그처럼 "생각을 쉽게 뒤집는 것"("flip-flopping")은 후보자의 윤리, 성격, 결단력 등에 대한 의구심을 불러 일으켰기 때문이다. 반면 부시의 캠페인은 신뢰할 수 있는 가치를 위해 일관되게 행동하는 단호한 지도자가 국가를 이끌어야 한다고 주장했다. 부시는 "선"과 "악"의 **차이는** 분명한 것이며, 따라서 그것을 확실하고 명료하게 선언해야 한다고 주장했다. 인격의 힘이 그렇게 할 것을 요구한다는 것이다.

오늘날까지 "강력한 도덕적 성격"과 "신뢰성"이라는 주제가 커다란 영향력을 행사하는 미국의 정치적 환경에서 부시의 흔들리지 않는 메시지 그 자체가 긍정적 가치를 획득했다. 이처럼 금욕주의 유산이 미국사회에서 여전히 생동하고 있다는 사실은 일반화 모델의 지속적 유용성을 말해준다.

전문가 단체 모델: 프로테스탄트 종파 유산의 재편과 축소

전문가 단체 모델은 일반화 모델과 달리 베버리언 모델의 핵심 전제를 공유한다. 즉 미국사회가 크게 탈바꿈됨으로써 실용적 합리주의가 엄청나게 확산되었다는 것이다. 그러나 베버리언 모델은 전문가 단체 모델의 핵심 전제를 거부한다. 금욕적 프로테스탄티즘의 독특한 성취, 즉 **많은 그룹과 계층에서** 수행한 노동을 순전히 공리주의적 활동으로부터 가치 기반 활동 내지 신성한 활동으로까지 승화시키고 합리화시킨 성취가 전후 시대에는 사라졌다는 것이다. 그러나 전문가 단체 모델은 노동이 장기간에 걸쳐 종교적 가치체계로부터 분리되었다는 사실을 인정하면서도 퓨리턴 유산이 이 시대에도 여전히 깊이 스며 있다고 가정한다. 그럼에도 불구하고 전문가 단체 모델에서 옹호하는 퓨리턴 유산의 **범위는** 일반화 모델에서 옹호하는 방대하게 확산된 퓨리턴 유산에 필적하지는 못한다. 전문가 단체 모델은 먼저 전후 미국에서 퓨리턴 유산의 **제한된 위치를** 명확히 파악한 다음 그것의 지속적 영향력을 검토한다.

전문가 단체 모델에 따르면 금욕적 프로테스탄트 유산을 19세기에 유지되었던 유산과 거의 동일한 것으로 일반화하는 것은 더 이상 타당하지 않다. 더욱이 종파 유산은 시민단체와 크게 분리됨으로써 더욱 이완되고 내적으로 덜 엄격하게 되었다는 것이다. 이제 미국사회의 특정 **부문**, 즉 중상류 계급의 전문가 단체들이 프로테스탄트 종파 유산의 본거지가 되었다고 본다. 전문가 단체 모델은 바로 그 본거지에서 종파 유산을 육성하고 유지한다고 주장한다. 이처럼 세속화된 중상류 계급의 전문가 단체들이 추구하는 직업에 대한 가치 지향성은 여타의 단체에서 추구하는 실용적-합리적 지향성과 직접 경쟁한다. 그러면 전후 전문가 단체들은 종파 유산을 어떻게 계승하는가?7

전문가 단체들에서는 회원에게 허용되는 행동과 적절한 도덕적 행동을 규정한다. 회원의 행동은 높은 기준을 지향해야만 한다. (성직자 추천서가 아니라) 교육 성취 증명서가 입회 후보자의 적절한 행동을 보증한다. 따라서 교육 성취 증명서가 회원자격의 기초를 제공한다. 또한 회원의 행동을 공식적 비공식적으로 모니터링해서 행동의 진실성과 조직의 표준에 적합한 정도를 평가한다. 이를 위해 프로테스탄트 종파의 외형적 형식을 채택한다. 그래서 관찰 메커니즘과 규율을 분명하게 확립한다.

위반자를 처벌할 권한을 가진 지정된 위원회가 "행동 강령"으로 명시된 규칙과 법령을 시행한다. 회원자격 상실을 포함한 페널티를 부과할 수 있으며, 심각한 제재를 받을 경우 경력이 곧바로 단절될 수 있다. 끝으로 전문가들은 일련의 도덕적 코드에 입각해서 회원들의 가치와 존엄성을 측정한다. 회원들은 협회의 기준에 따라 "생활하는가?" 특정 사건과 관련해서 그리고 경력 전반에 걸쳐 "직업적 청렴성"을 유지했는가? 성실한 "전문성"과 "전문적 경력"은 다른 영역과 뚜렷하게 구분되는데, 바로 여기에서 정당성과 위신을 획득한다. 전문가 단체의 가치 기반 토대가 이런 방식으로 유지되며, 가

---

7 물론 이러한 전문가 단체들은 다른 나라에서도 발견할 수 있다. 그러나 그런 단체들은 광범위한 종파적 유산에서 비롯되었다기보다는 국가의 법률이나 엘리트 그룹의 리더십 이니셔티브에서 비롯되었다(Rueschemeyer 1973; Abel 1985, 1986; Abel and Lewis 1989).

치 지향적 행동양식이 회원들의 의무로 강제된다(Barber 1978-1979; Abbott 1983; Friedson 1984; Abel and Lewis 1989; Sullivan 1995; Brint 1994).

따라서 전문가 단체 모델은 전문가 단체들이 프로테스탄트 종파의 유산을 풍부하게 계승한 것으로 이해한다.8 미국에서는 다양한 직업 기반 단체들이 확립되었는데, 그중 다수는 전후 시기 이전부터 존재했다. 예컨대 미국의학협회, 미국변호사협회, 미국심리학회, 미국사회복지학회, 미국사회학회 등을 꼽을 수 있다. 크고 작은 기업체들은 비즈니스 윤리, 행동 규범, "기업의 강령"("mission statement") 등을 정의해서 실행하고자 한다(Barber 1978-1979; Abbott 1983; Friedson 1984; Abel 1985, 1986; Parsons 2007).9 "비즈니스 윤리"와 "법률 윤리" 강의는 경영대학과 로스쿨에서 제공한다.

전문가 단체 모델에 따르면 오늘날 금욕적 프로테스탄트 종파의 유산이 전문가 단체에서 차지하는 위상은 미국 시민사회에 중요한 결과를 시사한다. 미국사회에 대한 종파 정신의 영향력이 크게 변

---

8   만일 베버가 살아서 전문가 단체의 전체적 발전과 범위를 관찰했다면, 그는 또 다른 관점에서 그것을 평가했을 것이다. 즉 미국사회의 특성을 고립된 개인들의 모래더미로 파악하는 것은 잘못이라는 자신의 근본적 입장을 더욱 옹호했을 것이다(Kalberg 2011b).

9   로버트 머튼(Robert Merton)의 고전적 진술은 "과학자"의 전문성 분야에서 존재하는 프로테스탄트 종파의 유산을 다음과 같이 생생하게 표현한다. "과학자들을 결속시키는 것으로 간주되는 가치와 규범의 정서적 복합체가 과학적 연구의 에토스다. 규범은 명령, 금지, 특혜, 허가 등의 형태로 표현된다. 이러한 규범은 제도적 가치의 관점에서 정당화된다. 이러한 명령은 교훈과 모범을 매개로 전달되고, 제재의 형태로 강화된다. 아울러 과학자들 내면에서 다양한 수준으로 자리를 잡음으로써 과학자들의 양심을 형성한다. … 비록 과학적 연구의 에토스가 성문화되지는 않았지만, 관례적으로 표현되는 과학자들의 도덕적 합의로부터 쉽게 추론할 수 있다. 예컨대 과학적 연구 정신에 관한 수많은 저술들과 과학적 연구의 에토스에 위배되는 것에 대한 도덕적 분노 등으로부터 쉽게 추론할 수 있는 것이다."(Merton 1973, pp.268-269)

화했기 때문이다. 전문가 단체 모델은 그런 변화를 다음과 같이 파악한다. 이제 종파 유산은 19세기 실용적-윤리적 개인주의와 시민단체가 그랬던 것처럼 **시민사회에 기여하는** 선한 행동의 기준을 광범위하게 설정하는 대신, 대단히 제한된 영역에서 영향력을 행사할 뿐이다. 오직 전문가 단체의 회원들만이 종파 유산의 사회적 캐리어 역할을 수행하기 때문이다. 아울러 윤리적 행동은 이제 시민사회 **밖에서** 육성되기 때문에 이전 세기와 유사한 방식으로 시민적 개인주의가 활성화되는 것은 불가능하다. 더욱이 전문가 단체들은 대체로 내부 지향적 성격을 지닌다. 그러보니 그러한 단체들은 종파, 교회, 시민단체들과 달리 실용적 합리주의, 미국사회의 유럽화, 물질적 상품 권력의 득세 등과 같은 추세에 저항할 능력이 약화될 수밖에 없었다. 그래서 시민사회에 공백이 생겼다. 실제로 전문가 단체 모델은 종파 유산이 시민사회로부터 유리된 것을 보여주면서 시민생활을 풍요롭게 하는 금욕적 프로테스탄티즘의 장기적 역량이 종식되었다고 가정한다. 종파 유산이 미국 민주주의 정신을 육성하는 일이 더 이상 존재하지 않는다는 것이다.

전문가 단체와 시민사회 간의 **긴밀한 유대**가 사라졌다는 사실은 전문가 단체 회원들의 행동이 그 단체 **내부의** 윤리적 기준과 행동강령에 배타적으로 지향된다는 것을 의미한다. 아울러 전문가 단체 모델은 전문가들의 체계적인 연구 정신이 "명예", "자아성취", "자기실현" 등의 영광을 획득할 때마다 전문가 단체와 시민사회 사이에서 갈등이 조성된다고 가정한다. 금욕적 프로테스탄트 가치의 유산인 이러한 정당한 아우라는 전문적 활동에 더 많은 자율성과 명예를 부여한다.10 전문가 단체 모델에 따르면, 시민사회 참여와 같은 활동은 전문가들의 부족한 에너지와 시간 때문에 축소될 수밖에 없을 뿐만 아니라, 지나치게 시민적 가치를 중시하는 재단의 적극적 활동 앞에서 위축될 수밖에 없다.11

요컨대,12 이러한 전문가 단체 모델은 20세기에 실용주의적 합리주의, 물질적 상품의 권력, 미국사회의 유럽화 등이 풍미했지만, 금욕적 프로테스탄티즘의 유산을 완전히 근절시키지는 못했다고 가정한다. 그러나 전후 시대 전문가 단체들만이 견지했던 그 유산은 실용적-윤리적 행동을 시민사회에 강력하게 전달함으로써 공리주의적, 이익 지향적 활동을 상쇄할 수 있는 역량까지는 지니지 못했

---

10 윌리엄 M. 설리번은 오늘날의 프로정신(professionalism) 계보가 베버의 (퓨리턴) 소명 개념에서 파생되었다는 사실을 정확하게 지적했다. 그러나 그의 흥미로운 주장, 즉 "시민적 프로정신"이 확대됨으로써 시민사회에 활력을 불어넣을 수 있다는 주장은 그가 바로 앞에서 명시적으로 제시한 주장, 즉 전문가 단체와 시민사회의 실질적인 **연계**가 분명하게 존재했을 거라는 주장을 지지하지 않는다(Sullivan 1995, pp.191-237). 스티븐 브린트가 제시한 "사회적 수탁자 프로정신"(social trustee professionalism)이란 개념 역시 설리번의 개념과 유사하지만(Brint 1994), 베버의 입장은 분명하다. 즉 그처럼 전문적 에토스를 시민사회에 **확장**시킬 수 있는 사회적 캐리어(social carrier, 5장 참조)가 그곳에는 없다는 것이다.

11 미국인들은 한국을 제외한 다른 어떤 나라 사람들보다도 연간 근무시간이 더 많다. 베버의 사회학은 외부 제약과 지배체제의 인과적 중요성을 인정하지만, 문화적 맥락에 대한 고려 또한 모든 인과적 설명에 포함되어야 한다고 주장한다(Kalberg 1994, 2012).

12 전문가 단체 모델을 실증적으로 입증하려면 비교연구가 필요하다. 다른 국가들의 전문가 단체들은 회원 모니터링과 효과적인 처벌 조치에 대해서 미국의 전문가 단체들보다도 덜 적극적인 자세를 취한다고 가정할 수 있다. 아울러 다른 국가들에서 "전문가답지 못한 행위"(unprofessional conduct)에 대한 처벌 권한은 보통 전문가 단체 외부의 법률적 권위에 있다(Rueschemeyer 1973; Abel and Lewis 1989; Savelsberg 1994, 1999; Savelsberg and King 2005).

다. 전문가 단체 모델은 일반화 모델과는 정반대로 정치적 윤리적 행동이 지배하는 시민사회를 활성화시키는 프로테스탄트 종파 정신의 강력한 역량이 크게 축소되었다고 가정한다.

갈등 모델: 경쟁적 시민사회

갈등 모델은 미국 시민사회의 확장을 설명하기 위해 고안된 또 하나의 가설을 제시한다. 갈등 모델은 보완적 모델을 구성하는 마지막 하위 모델에 해당한다. 보완적 모델의 3가지 하위 모델, 즉 일반화 모델, 전문가 단체 모델, 갈등 모델을 종합하면 미국 시민사회를 종합적으로 조망할 수 있는 독특한 스펙트럼을 구성한다.

미국에서 갈등은 정기적으로 나타나며, 거의 동일한 비중을 차지하는 집단 간 경쟁이 특징이다. 긴장과 경쟁의 교차에서 비롯된 활력, 즉 집단 구성원들의 충성심이 강화되면서 다원적 집단이 활기차게 육성되고 사회적 개방성이 유지된다. 갈등은 미국 정치문화에서 몇 가지 주요한 방식으로 발생한다.

우선 갈등은 미국의 종교적 세계관을 구성하는 가치들이 상충하면서 발생한다. 베버에 따르면 대단히 포괄적 성격을 지닌 가치들의 복합체가 종교적 세계관에 내재한다. 그렇게 구성된 종교적 세계관은 궁극적 문제에 대한 답을 제공한다. 예컨대 인생의 의미란 무엇인가? 우리의 존재는 어떤 목적을 추구하는가? 우리는 어떻게 최선의 삶을 살 수 있는가? 왜 인생에서 고통, 불의, 불행이 지속되

는가?(1968, p.450; pp.439, 450-451, 519)[13]

미국 종교적 세계관의 가치들은 극심한 적대관계에 있다. 그러한 가치들의 역동적 에너지는 부분적으로 일련의 "대조적인 게임 규칙"(Lynd 1967, p.59)에서 나온다. 평등주의는 칭찬을 받는다. 그러나 리더십, 창의성, 개인의 성취, "개성 있는 자아"를 개발하는 것 등도 칭찬을 받는다. 개인주의, 개인적 야망, 부의 추구, 자립정신 등이 중시된다. 그러나 시민적 책임, 자선 기부, 지역사회 참여, 봉사정신 함양 등도 중시된다. 미래와 그 "기회"에 대한 희망이 널리 퍼져 있다. 그러나 기존 관행을 옹호하는 실용주의도 강력하게 존재한다. 미국사회에 널리 확산된 위험 감수 태도가 존경을 받는다. 그러나 그 태도는 신중하면서 실용적인 성격 또한 지닌다. 정직하고 솔직하고 윤리적인 행동이 존중된다. 그러나 그러면서도 실용적 이익이 걸린 문제에 영리하고 실용적으로 접근하기도 한다. 사회적 관습에 순응하는 태도가 미국사회 전반에서 강력하게 정착했다. 그러나 "강인한 개인주의", "나만의 길 가기", 자립심, 다양한 삶의 스타일에 대한 비교적 폭넓은 관용, 정치적 권위에 대한 강력한 회의주의 또한 존재한다. 경제적 부를 추구하는 행위는 큰 찬사를 받는다. 그러

---

13 베버에 따르면, 종교적 세계관의 가치체계는 초자연적 영역이나 "세속적" 영역에 뿌리를 둘 수 있다. 지적, 사회적, 정치적 운동 역시 종교처럼 방대한 가치체계와 "질서 정연한 의미체계"를 제공할 수 있다. 그러나 종교적 세계관은 일단 확립되면 한편으로는 경험할 수 있는 "세속적 영역"과 다른 한편으로는 논리 정연한 가치들로 구성된 윤리적 질서, 명시적 이상 등 사이에서 건널 수 없는 심연(dislocation)을 구축한다. 따라서 종교적 세계관의 가치들은 (a) 산만하고 경솔한 행동, (b) 수단과 목적을 합리적으로, 그리고 전략적으로 계산하는 행동, (c) 전통을 중시하는 행동 모두를 단호하게 반대한다. 나는 베버가 제시한 종교적 세계관의 포괄적 의미를 자세히 검토한 바 있다(Kalberg 2012, pp.73-92).

나 어떤 사람이 막대한 부를 소유하더라도 다른 사람들보다 근본적으로 우월하다는 자기정체성을 정당화시켜주지는 못한다.

이러한 적대감이 노골화되는 정도는 수없이 많은 정치적, 경제적, 사회적, 문화적 변수들과 그들의 다차원적 상호작용에 따라 달라진다. 그러나 의견의 불일치가 휴면 상태로 남아 있는 경우는 거의 없다. 그러한 불일치는 토크빌과 베버 이전에도 유럽 사람들이 공통적으로 지적한 미국사회의 특징, 즉 쉬지 않고 맥동하는 역동적 에너지를 북돋운다.14 미국인들은 "딜레마"에 빠진 "부정의" 문제를 해결하기 위해서 노력하고, 이성과 인지능력을 동원해서 미국의 종교적 세계관에 내재하는 모순된 요소들을 조정하려고 시도한다. 그러자 다양한 관심을 가진 정치적, 사회적, 종교적, 윤리적 그룹들 형성하는 데 기여하는 추진력이 발휘된다. 이러한 모든 그룹들은 다양한 방식으로 그 세계관에 내재하는 불일치를 진단하고 그것을 개선하기 위한 프로그램과 정책, 즉 "정의"를 제공하고자 한다. 이처럼 역동적으로 경쟁하는 그룹들 사이에서 긴장과 갈등은 끊임없이 발생한다. 실제로 그룹 경쟁 그 자체는 앞에서 언급했듯이 그룹의 영역에 활력을 불어넣음으로써 더욱 강렬한 역동성을 낳는다.

미국 정치문화는 독특한 특성을 지녔는데, 예컨대 개인의 권리, 자립정신, 권력이 제한된 국가를 극단적으로 강조하는 풍조가 다양한 시민단체에 기반을 두고서 커뮤니티 개선과 사회적 신뢰라는 시민적 이상을 지향하는 정치적 윤리적 행동과 얽혀 있다. 이런 특성을 지닌 미국 정치문화는 시민들에게 활력을 불어넣고, 어디에서나

---

14 토크빌이 지적했던 것처럼 "미국인의 일생은 우연의 게임, 혁명적 위기, 전투처럼 흘러간다."(1945, vol. 1, p.443)

활기찬 행동주의와 자원봉사 정신을 북돋운다. 이러한 미국 정치문화의 특성은 국가를 과도하게 중시한다거나 실용적 합리주의의 공리주의적 계산을 과도하게 중시하는 방식으로는 이해할 수 없는 것이었다. 그보다는 경험적 "현실"과 시민적 이상 사이에서 발견되는 심각한 모순을 다양한 시민단체를 통해서 확인하고 대처하는 건실한 능력에서 찾아볼 수 있다. 예컨대 보편적 평등이라는 이상과 불평등과 차별을 반복적으로 체험하는 현실 사이의 **괴리** 그 자체는 개혁주의 정신의 동력을 반복적으로 제공했다. 노예제 폐지 운동, 참정권과 시민권 운동, 게이의 사회운동 등이 좋은 사례라고 할 수 있다.

미국 정치문화의 이러한 핵심적 측면, 즉 경계가 분명한 시민사회에서 추구하는 **이상** 때문에 실천적 윤리적 활동을 활성화시킬 수 있는 광범위한 시민단체 기반 활동주의의 지속적 역량을 정확히 이해할 필요가 있다. 바로 이러한 방식으로 시민사회에서 대규모 시민들이 계속해서 철수하는 것을 저지하는 장벽이 세워진다. 그럼에도 불구하고 미국 정치문화의 핵심에는 잠재적 위험요소가 존재한다. 즉, 광범위하게 확대된 시민적 이상은 종종 강력한 영향력을 행사하고, 심지어 **강제적** 성격을 지니기까지 하는데, 그러다 보니 그러한 이상을 실현하기 위한 행동은 도덕적 순수성을 강화하는 캠페인으로 전개될 가능성이 생긴다. 실제로 그러한 가능성은 금욕적 프로테스탄티즘의 관성과 그것의 세속화된 유산 때문에 주기적으로 실현되는데, 이러한 모든 활동은 시민적 이상을 규율된 방식으로 추구한다.

바로 여기에 미국 정치문화의 특수성과 그것의 핵심적 딜레마가 있다. 시민적 이상과 경험적 실재 간의 괴리를 지적하는 끊임없는 도덕적 캠페인만이 미국 정치문화의 핵심에서 실용적-윤리적 행동을 활성화시킬 수 있었으며, 그 결과 정치 및 경제 분야를 지배하는 자기이익 추구활동으로부터 파생되는 실용적 합리주의의 분열적 성격을 억제할 수 있었다. 그러나 이러한 십자군 운동은 불관용적 요소를 강제함으로써 200년 이상 소중히 지켜온 개인의 자유에 직접적 위협을 가할 수 있다. 또한 미국사회의 수많은 시민단체에 뿌리를 둔 활기찬 사회적 정치적 다원주의를 약화시킬 수도 있다.

미국에서 매우 규칙적으로 등장하는 도덕적 캠페인은 사회질서의 미묘한 균형을 깨뜨릴 가능성이 거의 없는 비교적 해롭지 않은 형태로 전개되었다. 예컨대 사회적 불평등, 인종적 차별, 범죄, 부패, 술, 마약, 담배, 음란물, 매춘, 큰 정부 등에 반대하는 캠페인을 그런 시각에서 이해할 수 있다. 그러나 미국의 도덕적 캠페인은 때때로 십자군 전쟁의 열정을 지니고서 (매카시즘, "악의 축" 등과 같은) "악에 대항하는" 맹렬한 미션으로 전개되기도 한다.15

---

15 때때로 이러한 십자군 전쟁은 미국 고유의 이념과 가치를 다른 문화에서 사는 사람들에게 강제하는 것이 타당하다고 가정한다. 미국인들은 그러한 이념과 가치가 대단히 보편적 성격을 지녔다고 확신하기 때문이다(Hofstadter 1967). (미국 대외정책에서 두드러지게 나타나는 선교사적 이상주의 요소들[missionary idealism elements]의 정치문화적 뿌리에 대해서는, Kalberg 1991, 2003.) **그럼에도 불구하고**, 그리고 비록 정치적 윤리적 가치의 활성화와 개인의 자유 사이에서 섬세한 균형을 유지하는 것은 미국 정치문화에 심각한 도전을 제기하지만, 시민단체들의 다양한 다원주의 또한 지속적 갈등을 야기하지만, 그러한 균형의 근간이 되는 긴장이 어떤 식으로든 완화될 경우 대단히 심각한 파멸적 결과를 초래할 수 있다. 미국 특유의 활력, 역동성, 개방성 등의 근원적 **원천**이 공격을 받을 수 있기 때문이다. 미국에서는 이러한 섬세한 균형, 다양한 다원주의, 지속적으로 유지되는 온건한 갈등 등이 과학적, 문화적, 정치적, 경제적 혁신을 촉진시킨다. 또한 이러한 균형은 미국사회에서 존재하는 수없이 다양한 소수 민족들, 주기적으로 제기되는 현상유지에 대한 신중한

갈등모델에 따르면 이러한 시민사회의 역동성은 때때로 노동의 사유화, 물질적 상품 권력의 강화, 관료화, 프로테스탄트 종파 유산의 전문가 단체 지배 등의 추세에 맞서서 저지한다. 비록 지배적 양태는 아니지만, 실용적-윤리적 행동은 정기적 갈등과 "문화전쟁"의 와중에서도 계속해서 장려된다는 것이다. 요컨대 "커뮤니티를 위한 봉사"라는 전통적 이상과 커뮤니티 구축 정신은 실용적 합리주의를 제약하는 데 상당한 영향력을 발휘한다.

따라서 베버리언 모델과는 정반대로 갈등 모델은 시민사회가 계속 존재한다고 가정한다. 물론 갈등 모델에서 이해하는 시민사회는 일반화 모델에서 이해하는 시민사회보다 덜 실질적 성격을 지녔고, 또 끊임없이 적대감에 시달리는 성격을 지녔다. 하지만 갈등 모델은 여전히 강력한 시민단체가 시민사회를 유지시키고, 생동하는 시민정신이 영향력 있는 조직들에 계속 스며든다고 본다. 미국 민주주의 정신도 여기에서 활력을 얻을 수 있다는 것이다.

그럼에도 불구하고 갈등 모델은 시민사회의 존재에 대한 도전과 위협이 끊이지 않는다고 가정한다. 시민사회의 정체성이 점차 희석되고 있다는 것이다. 갈등 모델은 실용적, 이성적, 이익 지향적 활동이 일반화 모델에서 가정하는 것보다 훨씬 강력하게 전개된다고 본다. 따라서 실용적-윤리적 행동의 제약을 받지 않는 공리주의적 관심사가 행동의 동력이 되는 경우가 많다는 것이다. 더욱이 갈등 모델은 세속화가 진행되면서 세계 지배 개인주의, 노동의 신성한 의미, 신에 헌신하는 커뮤니티 건설 풍조 등이 추방되었다고 본다. 그

비판, 사회적 개혁 의제를 유지하되 혁명적 조치를 거부하는 점진주의적 역량을 북돋운다.

러자 시민사회의 두터운 질적 속성이 고갈되었다. 따라서 물질적 상품의 권력이 일상에 스며드는 추세를 제어할 방어벽이 줄어들었다. 게다가 관료화가 진행되면서 시민사회의 독립성이 정기적으로 도전을 받았다. 이런 상황에서는 전문가 조직에서 육성된 윤리적 행동이 사회적으로 확산되지 못하고 오로지 전문가 조직 그 자체의 내부 문제에만 집중하게 된다.

이 장에서 검토한 보완적 모델, 즉 일반화 모델, 전문가 단체 모델, 갈등 모델은 앞장에서 검토한 베버리언 모델의 분석틀을 확장시켜준다. 이러한 모든 모델들은 오늘날의 미국 정치문화, 시민사회의 윤곽과 변화, 민주주의 정신의 확장 등을 경험적으로 조사할 수 있는 작업가설들을 배열한 것이라고 할 수 있다.

베버리언 모델과 보완적 모델을 모두 결합하면 미국 시민사회의 과거와 현재 활동 전체를 개념적으로 포착할 수 있는 하나의 **스펙트럼**을 구성할 수 있다. 이러한 색출적 도구(heuristic tool)의 한쪽 끝에서는 보다 두텁고, 넓고, 독립적인 시민사회 모습이 드러나는 반면, 반대쪽 끝에서는 보다 엉성하고, 좁고, 종속적인 형태의 시민사회 모습이 드러난다. 더욱이 이처럼 독특한 개념적 틀을 연구의 방향을 잡는 메커니즘으로 활용할 경우, 시민운동의 방향, 시민단체들 간의 제휴, 시민단체들 간의 갈등 등을 파악할 수 있다. 베버의 주장에 따르면, 영향력을 발휘하는 시민단체 **집합체**가 이러한 스펙트럼을 가로지르면서 "활동"한다(Kalberg 1994, pp.52-78, 168-176).

베버의 모델들은 독립적 시민사회가 경쟁적 집단들 간의 정기적 다원적 긴장에 뿌리를 두고 있을 경우 오래 지속될 가능성이 대단히 높다는 사실을 보여준다(Weber 2005, pp.168-172, 255-271). 베버의 주장에 따르면, 온건한 수준의 지속적 갈등은 사회적 개방성을 촉진시킨다. 그러나 단일 그룹이나 조직이 헤게모니를 장악한 곳이면 어디에서나 사회적 경직성이 초래될 가능성이 대단히 높다.

이런 측면에서 보면 신분이 보장되고, 위험을 회피하며, 순응적인 관료가 문제의 핵심을 구성하지만, 그것만이 큰 문제가 되는 것은 아니다. **관료화**가 사회적, 경제적, 정치적, 법적 제약을 거의 받지 않을 정도로 진행되어 결국 가치 지향적 의사결정이 실용주의적, 공리주의적, 도구적 가치를 추구하는 의사결정으로 대체되어버릴 때도, 사회가 침체될 가능성이 매우 높아지기 때문이다(Weber 2005, pp.255-271; Kalberg 2011c, pp.348-356). 그러면 시민사회의 범위가 축소될 것이고, 미국 민주주의 정신도 그렇게 될 것이다. 베버는 관료화의 부정적 결과를 검토하면서 하나의 역설을 인정했다. 즉, 관료화를 억제한다손 치더라도 오늘날의 역동적이면서 긴장으로 가득 찬 사회는 물질적 상품의 권력과 실용적 합리주의의 무제한적 개인주의를 강화시키는 역설이 바로 그것이다. 앞에서 논의한 것처럼, 이 두 가지 역시 시민사회를 제약하게 될 것이다.

7장

결론
막스 베버가 분석한 미국 민주주의 정신의 과거, 현재, 미래

> 우리는 다양한 사회들 간의 온갖 유사성에도 불구하고 한 사회에서 가장 중요한 것에 분석의 초점을 맞추어야 한다. 또한 두 사회의 유사성을 활용해서 각 사회의 독특한 개성을 부각시켜야 한다. 그러한 특수성은 언제나 식별할 수 있다.
>
> – Weber 1976, p.341

지난 15년 동안(이 책은 2014년에 출간되었음—역주) "미국의 위기"를 주장하는 목소리가 크게 울려 퍼졌다. 때로는 끔찍한 경고가 언론을 독점하기도 했다. 과도한 개인주의와 시민단체의 낮은 참여율을 한탄하기도 했다. 로버트 퍼트넘은 점점 많은 미국인들이 "혼자서 볼링을 친다"(bowling alone)고 주장했다(Putnam 2000).

더욱이 최근 비평가들은 2008년 이후 막대한 부의 불평등과 권력 엘리트의 지배로 아메리칸 드림이 시들어간다고 주장했다. 이러한 "새로운 도금시대"에서 신분상승 동력은 곧 공허한 꿈이 되어버릴 것이며, 공적 서비스 가치와 "공동체 정신"을 불러일으키는 시민사회의 역량도 사라질 것이라고 역설했다(Stiglitz 2012; Reich 2011, 2012). 그에 따라 모든 자립 개념이 사라질 것이고, 생활의 심각한 사유화도 심화될 것이라고 강조했다.

이 연구는 이러한 "위기 논평"에서 너무나 자주 경시되는 장기적 관점, 즉 역사적 차원을 도입해서 "미국의 위기" 문제를 새롭게 조망하고자 했다. 먼 과거와 현재를 연결시키는 데 적합한 개념들, 즉 미국의 **정치문화**와 **민주주의 정신**이 이 연구 전체에서 중요하게 사용되었다. 나는 이러한 개념들이 오늘날 미국 정치적 지형의 주요 윤곽에 대한 우리의 이해를 크게 넓혀준다고 주장한다. 그것은 기존의 위기 논평이 제시한 이해의 지평을 훨씬 넘어선 것이기 때문이다.

그러나 여기에서 이러한 정치문화에 초점을 맞춤으로써 미국의 과거가 미국의 현재와 긴밀하게 연결된 방식을 밝힐 수 있었을 뿐만 아니라, 이 연구의 또 다른 중요한 목표, 즉 명료한 개념과 절차로 구성된 하나의 **분석양식**(a mode of analysis)을 투입함으로써 미국의 현재를 더욱 정확하게 파악할 수 있었다. 그러나 현재 유통되는 미국의 위기 논평에서는 이러한 체계적 접근방식이 결여되어 있다. 반면 이 연구는 미국의 과거가 미국의 현재에 미치는 엄청난 영향력과 엄밀한 분석양식을 모두 참조함으로써 기존의 위기 논평보다도 더욱 다차원적이고 체계적인 방식으로 미국의 정치적 지형에 대한 이해를 제공했다.

역사적 차원을 도입하려는 우리의 목표는 대단히 복잡한 문제를 제기했다. 그러나 막스 베버의 분석방식과 그의 분명한 입장은 우리에게 대단히 중요한 연구 지침을 제시해주었다. 즉, 정치문화는 한 국가의 과거에 깊은 뿌리를 내리고 있으며, 장기간에 걸쳐 인과적 힘을 발휘한다는 것이다. 베버의 주장에 따르면, 정치문화는 주로 토착적 가치체계로 구성되는데, 놀라운 탄력성과 지구력을 보여준다. 또한 과거는 현재에 지속적으로 그리고 강력하게 각인된다. 실제로 베버는 독특한 개념과 연구절차를 활용해서 초기 미국 민주주의 정신을 명확하게 정의하고, 그것의 원천, 가치체계, 전개과정, 최종적 모습 등에 대한 설명을 제시했다. 또한 그는 장기간의 역사적 과정을 분석할 수 있는 연구도구들을 제시했다.

베버의 분석방식은 영국 식민지 시대 미국과 미국 초기 시대를 지배했던 정치문화가 어떻게 미국 민주주의 정신의 토대를 형성했는지를 밝혔다. 그 시대의 익숙한 정치적 행위를 뒷받침하는 **신념과 가치**의 체계가 베버의 분석 전반에 걸쳐 전면에 나타났다. 베버의 주장에 따르면, 미국의 **독특한** 사고방식 내지 에토스가 미국인들의 정치적 견해에 광범위한 영향을 미쳤다. 우리는 여기에서 권위, 평등, 다원적 그룹들 간의 경쟁, 자치 일반에 대한 미국인의 습관뿐만 아니라, 시민적 참여의 독특한 추세와 범위를 발견했다. 무엇보다도 베버의 분석방식은 미국 정치문화 특유의 공생적 이원주의를 명료하게 정의해서 제시했다. 베버에 다르면, 1장부터 6장까지 다룬 내용의 요체는 미국 정치문화가 최초로 확립된 방식, 이후 그것이 미국 민주주의 정신을 매개로 정치적 자치 메커니즘을 장기간 유지하는 데 도움을 준 방식을 명료하게 밝힌 것이었다.

이제는 익숙한 여러 주제와 질문이 핵심적 위치를 차지했다. 17세기와 18세기에 통용된 정치적 가치와 신념은 어떻게 생겨났는가? 그것들의 정확한 내용은 무엇인가? 미국 민주주의를 지지하는 정신은 미국 민주주의 탄생과 220년에 걸친 민주주의의 역사에 어느 정도 영향력을 행사했는가? 21세기가 시작되는 지금, 미국 민주주의의 위기를 주장하는 논평은 미국 민주주의의 핵심적 요소들이 질적인 변화를 겪었다고 평가했는데, 과연 그런 평가는 타당한 것인가? 만일 그런 평가가 타당하다면, 새로운 체계가 오랫동안 지속된 기존의 민주주의 정신을 대체함으로써 미국 민주주의 기능에 파괴적이고 해로운 방식으로 영향력을 행사하기 시작했는가? 5장과 6장에서는 이러한 민주주의 정신이 **오늘날의** 미국 민주주의의 양태에 영향을 미칠 수 있는 다양한 방식을 개관했다. 또한 미국 민주주의 정신에 제기되는 다양한 도전과 위협도 검토했다.

그러나 최근 미국 민주주의의 위기를 주장하는 책들은 다른 관점에서 분석한다. 이 책들은 현재 미국이 직면한 문제에만 초점을 맞추다 보니 미국의 정치문화가 수행한 중요한 역할을 대부분 간과한다. 따라서 나는 이 책에서 위기를 주장하는 학자들이 언급하는 익숙한 주제들(이 책 30-33쪽을 보라), 예컨대 그룹 내 강력한 행위자들의 경제적 정치적 이해관계, 2008년 이후 전개된 급격한 부의 불평등과 극소수의 손에 편중된 부, 엘리트에 의한 시민사회의 식민화 등등이 비록 중요한 주제이긴 하지만, 너무 많은 것을 생략했다고 주장한다. 특히 위기를 주장하는 학자들은 내가 이 책에서 중시하는 두 가지 관심사를 경시하는데, (a) **여러 시대에 걸쳐** 미국 민주주의 정신의 성장을 지원한 미국 정치문화의 독특한 지형, (b) 이 정신이 **미국 역사 전반에 걸쳐** 미국의 자치 양식(modes of self-governance)에 끼친 중대한 영향이 각각 그것이다.

이 장에서는 먼저 1장부터 6장에 걸쳐 제시한 주요 주제와 주장을 검토할 것이다. 이어서 베버의 분석으로부터 얻을 수 있는 **교훈**이 무엇인지를 질문할 것이다. 베버의 분석이란 (a) 미국 정치문화의 기원, 발전, 특징, (b) 미국 민주주의 정신이 미국 민주주의의 탄생과 성장에 미친 영향력, (c) 그 영향력의 현주소 등을 의미한다. 여기에서 하나의 정치문화에 초점을 맞춘 연구는 과연 민주주의를 지지하는 정치문화가 확립되는 **일반적** 방식을 이해하는 데 도움을 줄 것인가? 그것은 안정적인 민주주의가 탄생해서 발전하는 방식에 대해서 중요한 통찰력을 제공하는가? 권위주의적 정치권력이 해체되면 참여를 지향하고, 시민에 기반을 두고, 시민이 주도하는 정치문화가 자연스럽게 등장하는가? 이런 질문에 답하려면 베버의 미국 정치문화 분석을 다시 검토해야 할 것이다.

베버의 주장을 다시 검토함

영국 식민지 시기 미국의 공생적 이원주의

금욕적 프로테스탄트 종파와 교회의 구성원들은 "종교적 삶"에 전폭적으로 헌신하며 살았다. 베버에 따르면, 금욕주의에서 요구하는 삶의 양식은 가족의 유대감마저 느슨하게 만들었다. 퓨리턴 신자들은 지상에서 신의 왕국 건설이라는 공동의 목적을 달성하기 위해서 함께 노력했다. 그 왕국은 그것의 풍요로움과 정의로움 때문에 신의 위엄과 의로움을 명확하게 드높일 것으로 믿었다. 따라서 그들은 지상에서 **신의 왕국을** 반드시 건설해야만 했다.

이 책 1장, 2장, 3장에서 주장했듯이, 베버는 미국 시민사회와 종교적 가치가 깊이 스며든 실용적-윤리적 개인주의[1]의 **기원**을 이러

---

[1] 베버와 크게 다른 토크빌의 개인주의에 대한 이해를 간략하게 살펴보면 베버의 주장이 얼마나 독창적인지 바로 알 수 있다. 토크빌의 종교에 대한 고찰은 평등주의가 증

한 종파와 교회에 몸담은 독실한 신자들의 전형적 활동에서 발견할

가하는 시대에 다수의 폭정(a tyranny of the majority)을 피하려면 종교적 신념이 행동과 덕성의 표준을 제시하는 것이 특히 중요하다는 일반적 논의에 거의 전적으로 머물러 있다.

토크빌에 따르면 개인주의는 봉건주의가 쇠퇴하고 그에 따라 평등주의가 등장하면서 생겨났다. 즉, "개인주의는 민주주의적 기원을 가지고 있으며, 조건의 평등과 같은 비율로 확산될 위험이 있다."(vol. 2, p.104) 이처럼 순전히 구조적인 주장에 따르면, 평등 그 자체는 봉건주의의 유기적 계층화에 내재된 고정된 지위와 의무를 이완시키고, 사람들로 하여금 자기 자신을 과거의 유산과 모든 종류의 확고한 사회적 속박으로부터 해방된 존재로 볼 수 있게 해준다. 즉, "인간의 정서적 유대는 확장되지만, 느슨해진다."(vol. 2, p.104) 확고한 사회적 위계질서가 사라졌기 때문에, 사람들은 더 이상 "쇠사슬의 연결고리"(links in a chain)가 아니다. 오히려 그들은 서로 단절되고, 심지어 낯선 사람이 되기도 한다. 즉, "사회적 조건이 더욱 평등해지면서 사람들의 수가 증가한다. … [그들은] 누구에게도 빚진 것이 없다. 그들은 항시 자기 자신을 홀로 서 있는 사람으로 생각하는 습관을 갖게 되며, 자신의 모든 운명이 자신의 손에 달려 있다고 상상하기 쉽다."(vol. 2, p.105, pp.104-107) 토크빌의 주장에 따르면, 고정된 의무, 직무, 책임 때문에 사람들이 서로 강력하게 연결된 유기적으로 계층화된 사회와는 달리, 평등은 사람들이 서로 분리되는 것을 의미한다. 그곳에선 봉건사회 특유의 분명한 "장소감"(sense of place)이 부재하기 때문이다. 토크빌은 근본적으로 개인주의를 "[개인]의 고립, 즉 원자주의(atomism)와 자기 자신에게만 관심을 집중하는 것으로 정의한다. 즉, … 민주주의는 … 개인을 영원히 자기 자신에게만 던져버리고, 그래서 결국 자신을 자신의 마음의 고독 속에 전적으로 가둬버릴 위험이 있다는 것이다."(vol. 2, p.106) 더욱이 "인간을 서로 독립적 존재로 만드는 평등의 원칙은 다른 어떤 행동지침도 배제하고 오직 자신의 의지에 따라 자신의 사적 행동을 수행할 수 있는 습관과 취향을 부여한다는 것이다."(p.304, p.343)

이처럼 토크빌이 이해한 개인주의는 베버가 파악한 세계 지배를 지향하는 개인주의나 추상적 원칙 및 규칙을 엄격하게 준수하는 금욕적 개인주의와는 확연하게 다르다. 토크빌에 따르면 "평등은 인간을 분리시키고 약화시키기 때문에"(vol. 2, p.344), 개인주의는 내적으로 지향하는 분명한 노선을 결여한 채 "유약한 상태로" 전락한다. 따라서 토크빌이 다수의 폭정을 저지할 수 있는 다양한 안전장치를 논의하면서 개인주의를 언급하지 않은 것은 놀라운 일이 아니다. 베버가 미국 땅에서 본 개인주의는 사회적 평준화 과정이 아니라 금욕적 프로테스탄트 신념의 세계 지배 지향성에 뿌리를 둔 것이었으며, 따라서 토크빌이 파악한 개인주의와 극적으로 다른 것이었다. 나는 토크빌이 냉혹하게(harsh) 논의한 개인주의를 좀 더 자세히 검토한 바 있다. Kalberg 1997, p.219, n.9.

수 있다고 주장한다. 또한 베버는 신자들이 자신의 개인적 구원 문제에 끊임없이 관심을 갖는 것이 핵심이었다고 주장한다.2

영국 식민지 시대 미국의 **공생적 이원주의** 역시 대단히 중요한 역할을 했다는 사실이 판명되었다. 이 시대에는 금욕적 프로테스탄티즘의 강력한 공동체 건설 노력과 세계 지배 개인주의가 상호작용을 했다. 이러한 상호작용으로부터 중요한 결과들이 파생되었다. 즉, 퓨리턴 신자들은 신의 이름으로 장애물과 역경에 맞서는 역량을 강화할 수 있고, 실용적-합리적 행동 내지 공리주의적 행동을 지속적으로 자제하는 윤리적 행동을 강화할 수 있고, 설혹 인기가 없더라도 계율과 원칙을 지향하는 활동을 꾸준히 지지하는 사유의 틀을 강화할 수 있는 자신감을 획득했다.

베버는 이러한 공생적 이원주의의 기원과 강도를 사회적 분화, 가치 일반화, "진보", 민주주의의 평등주의, 자본주의의 성장과 지배계급의 거대한 경제적 이익 등이 진화하는 가운데 파생된 것으로 설명하는 모든 주장을 단호하게 거부한다. 베버의 주장에 따르면, 공생적 이원주의를 구성하는 축들의 원천은 독실한 신자들이 금욕적 프로테스탄티즘의 구원 예정설과 신관이 제기한 시급한 **구원 문제**와 마주선 데서 찾아야만 한다(2장 참조). 더욱이 이러한 초기의 공생적 이원주의는 세계 지배 개인주의와 공동체 건설 **양쪽 모두를** 육성함으로써 19세기 미국사회에 깊이 각인된 유산을 남겼다는 것

---

2   토크빌은 시민사회보다는 시민단체에 주목했다. 그는 시민단체의 기원을 방대한 평등주의와 공동의 경제적 이익을 추구하면서 나타난 "상업적 열정"에서 찾았다 (3장, 각주 15번). 토크빌과 베버의 이러한 차이에서 출발해서 위대한 두 이론가 사이의 근본적 차이를 체계적으로 파악할 수 있다. 예컨대, 1장, 각주 5번; Kalberg 1997.

이다. 퓨리터니즘에 빚을 진 이 시대에 세속화된 이상적 공동체, 즉 시민사회와 19세기에 들어서면서 가장 강력하게 표출된 세계 지배 개인주의 사이에서 새로운 연결고리가 분명하게 확립되었다. 베버는 바로 이 **새로운** 공생적 이원주의가 실용적 합리주의의 이익 지향성과 실용주의적 계산에 맞설 수 있고, 심지어 억제할 수도 있는 **가치기반**, 시민 지향적 개인주의를 불러일으켰다고 확신했다.

19세기: 시민 지향적 개인주의와 새로운 공생적 이원주의

베버의 주장에 따르면, 19세기 내내 미국 개인주의는 상당 부분 시민활동으로 꾸준히 이어졌다. 수많은 응집력 있는 단체들이 시민사회에 스며들었다. 미국인들은 "서로 연결되지 않은 원자들의 모래더미"와는 거리가 멀었다. 그들은 시민단체에 완전히 종속되지는 않았지만, 그곳에 깊숙이 관여하면서 생활했다. 그들은 영향력 있는 행동을 취했는데, 어떤 경우에는 명백히 윤리적 방식으로 행동했다(4장 참조).

이처럼 **새롭게 등장한** 공생적 이원주의는 한편으로는 두터운 시민사회와 다른 한편으로는 실용적-윤리적 개인주의 내지 시민적 개인주의로 구성되었다. 베버의 주장에 따르면(4장과 5장 참조), 새롭게 등장한 공생적 이원주의는 선의, 시민 참여, 사회적 신뢰, 평등주의, 시민적 책임, 표준과 원칙에 대한 일관된 헌신 등과 같은 **이상**이 스며든 민주주의 정신을 탄생시켰다.[3] 더욱이 베버가 가르치는 바

---

3 미국의 정치적 생활뿐만 아니라 일상생활 전반에서 표준과 원칙에 대한 이러한 헌신이 이뤄지는 것은 퓨리터니즘의 직접적 유산으로 간주되어야 한다. 이에 대해서는 앞에서 여러 차례 논의했는데, 특히 1장, 2장, 6장을 참고하라.

에 따르면, 실용적-윤리적 개인주의를 끊임없이 활성화시키는 이러한 시민영역의 역량, 그리고 시민단체와 시민사회를 육성하고 유지시키는 그것의 역량은 미국 특유의 것이었다.4 베버의 주장에 따르면, 바로 이 새로운 이원주의가 미국 민주주의의 발전 경로와 역동성의 중요한 기반이었다. 새로운 이원주의의 상보적 요소들은 일상의 정치적 행위를 뒷받침하는 중요한 신념과 가치를 구성했다.5

4   크레브퀘르(1735~1813, Crèvecoeur 1981 참조) 이래로 미국을 방문한 외국의 관찰자들은 실용적-합리적 개인주의(practical-rational individualism)와 실용적-윤리적 개인주의(practical-ethical individualism)의 차이를 거의 이해하지 못했다. 미국에 편재된 광범위한 가치 다원주의와 분쟁을 해결하기 위해서 타협점을 모색하는 일반적 관행으로 인해서 그 차이를 이해하는 것은 더욱 어렵게 되었다. 이러한 실용주의적 협상 풍조 때문에 외국 논평가들 사이에서는 가치가 거짓으로 유지되고 쉽게 버려지며 단지 겉치장 목적으로만 사용된다는 믿음이 종종 만연했다. 유럽의 우파 논평가들은 "어떤 나라도 **그런 식으로** 발전하지 않았다"고 확신했다. 다시 말해서 어떤 나라도 가치가 매우 빈번하게 시민사회의 행동을 지도할 정도로 가치를 중시하지는 않았다고 확신했다. 반면, 유럽의 좌파 논평가들은 미국 자본주의의 고강도 선진적 발전이 시민사회를 질식시켰다고 주장했다.

5   이제 토크빌이 시민단체에 초점을 맞춘 것은 미국 민주주의의 안정성을 설명하려는 그의 중요한 목표에 부적절하다고 볼 수 있다. 그의 주장에 따르면 이러한 시민단체가 평등주의와 함께 발생할 것으로 예상되는 위험한 열정과 끊임없는 욕망을 억제함으로써(Tocqueville 1945, vol. I, pp.48-55 et passim) 안정적 민주주의를 창출할 수 있는 기본조건을 충족한다는 것이다. 그러나 이러한 주장은 안정적 민주주의를 가능케 하는 정치문화에서 핵심을 이루는 공생적 이원주의를 간과했다. 더욱이 토크빌은 개인에 대한 집단의 권력이 베버가 생각하는 것보다 훨씬 더 강력하다고 주장한다. 그러나 베버는 주관적 의미(subjective meaning)를 중시하기 때문에, 성찰적 인간은 다양한 행동 옵션을 가지고 있더라도 (종파와 관료제처럼) **심지어** 대단히 응집력 있는 그룹의 멤버가 **될 수도 있다는 사실을** 발견했다. 베버는 자신의 방법론을 통해서 사람들의 행동에 깊은 영향력을 행사하는 프로테스탄트 종파의 권력이 신자들의 **내적 긴장**에서 파생되었다는 사실을 간파했다. 그러한 내적 긴장은 금욕주의에 기반을 둔 "스스로 꿋꿋하게 견디는" 개인주의("hold your own" individualism)와 엄청난 사회적 순응 압력을 **결합시킬 수 있는** 종파의 능력에서 파생된 것이었다. 85-92쪽 참조. 다시 말해서 베버에 따르면 "프로테스탄트 종파보다도 [윤리적]

19세기 미국 **정치**는 상당 부분 이런 방식으로 윤리적 차원을 획득했다. **윤리적** 이상은 핵가족, 대가족 등과 같은 사적 영역을 넘어서 시민사회로 확대되었다. 그렇게 확대된 윤리적 이상은 경제와 정치 영역에 확산된 실용주의적 합리주의에 도전했다(Weber 1946c, pp.331-340; 1968, pp.346, 585, 1186). 그 결과는 베버에게 분명하게 보였다. 즉, 윤리적 이상이 경제와 정치 영역에 침투해서 변형시킨 것이다. 이와 달리 근대화된 독일 정치문화의 경우는 실용적-윤리적인 행동을 미국처럼 널리 확산시키지 못했다. 따라서 독일 정치문화는 한편으로는 19세기 후반의 노동계급 운동과 좌파 또는 우파 세계관을 표방하는 정당들에서, 다른 한편으로는 발전하는 사회복지국가의 보편적 법칙에서6 분열적 모습을 드러냈다(117-122쪽).7

베버의 주장에 따르면, 19세기 실용적-윤리적 개인주의와 생동하

성격을 더욱 잘 육성할 수 있는 강력한 수단은 없다."(Weber 2011d, pp.224-225; Weber 2011a, pp.230-232) 베버와 토크빌에게서 볼 수 있는 것처럼 사회학적 연구방법론의 근본적 차이는 이론가들을 구분시키며, 다시 그런 구분은 그들의 미국 정치문화 분석에서 분명한 차이를 낳는다(Kalberg 1997).

6 이 말을 오해해서는 안 된다. 독일사회에도 수많은 단체들이 있다. 그러나 그들은 주로 취미 및 레크리에이션 레저 그룹들이었다. 따라서 여기에서 말하는 시민단체가 아니라 사적 단체로 이해해야 한다.

7 대부분의 독일 사회학자들은 미국사회를 구성하는 두 축, 즉 시민사회와 실용적-윤리적 행동에 몽매했다. 따라서 그들이 미국사회는 광범위한 공동체를 유기적으로 결속시킬 수 있는 기반이 취약하다고 인식한 것은 놀라운 일이 아니다. (베버를 제외한) 그들은 자본주의와 도시화가 진전되면 사회의 원자화가 수반된다는 통념을 미국에 잘못 적용하는 오류를 범한 것이다. 이처럼 **잘못된 인식에는** 도시화, 근대 자본주의, 산업화로 대전환을 겪는 모든 사회는 독일사회와 근본적으로 유사하다는 시각이 함축되었기 때문에 **개개의** 국가 특유의 "예외성"을 간파할 수 없었다. 더욱 구체적으로 말하면, 독일 사회학자들은 (프랑스의 크레브쿼르와 토크빌처럼) 프로테스탄트 종파 전통의 광범위한 영향력, 특히 그룹 형성을 촉진시키는 강력한 역량을 인정하지 못했다(1장-3장 참조; Weber 2011a, pp.231-232, 2011d, pp.224-226).

는 시민사회에 기반을 둔 미국의 전국적 사회운동이 자치능력을 뒷받침하는 민주주의 정신을 지탱했다. 베버가 파악한 미국의 모습은 철창 같은 이분법(the iron cage dichotomy)을 분명히 거부한다. 그 이분법에서 공적 영역은 생동하는 시민사회와 시민 지향적 개인주의가 모두 결여되었고, 기술적, 행정적, 시장의 제약, 위계적 사회의 관습, 원초적 권력, 이해관계의 계산 등이 널리 퍼진 곳으로서, 따뜻함과 연민의 친밀한 관계가 배양되는 비정치적이고 지극히 사적인 피난처의 정반대편에 서 있다(5장 참조).8 또한 미국의 사회적 구성은 공무원, 국가의 법률, 폐쇄적 정당이 공적 영역을 포괄해서 독점하는 정치문화와 극명하게 달랐다.9

앞에서 언급했듯이(2장-4장), 베버에 따르면 이익 지향적 공리주의적 개인주의는 시민사회 형성과 육성에 필수적인 규율된 행동 내지 가치기반 행동을 낳을 수 없다. 실제로 베버는 실용적-윤리적 개인주의가 부재하고, 시민사회와 시민 지향적 개인주의 간의 공생적 관계가 결여된 곳에서는 어디에서도 시민사회가 **지속될 수** 없다고 주장한다. 따라서 시민사회가 탄탄하게 지속되려면 가치로 구성된 일관된 내적 지침이 부재한 실용적-합리적 개인주의가 실용적-윤리적 개인주의로 합리화되어야 한다.

---

8   비판이론이 이러한 이분법을 모든 산업화 국가들의 근대 자본주의에 일률적으로 적용시킨 것은 **미국** 자본주의의 독특한 특징을 근본적으로 오해한 것이다(Horkheimer 1972, pp.188-243; Arato and Gebhardt 1982, pp.26-48; Marcuse 1964). 탈코트 파슨스의 근대화이론은 비판이론과 정반대 방향을 취했지만, 비판이론처럼 심각한 오류를 범하기는 마찬가지였다.

9   베버가 파악한 독일사회의 모습에 관해서는, Weber 1946b, pp.103, 111-114; Weber 1968, pp.1381-1469; Weber 1994.

다시 말해서 베버가 볼 때, 실용적-윤리적 개인주의는 그것을 구성하는 가치와 금욕주의 유산으로부터 비롯된 뛰어난 연속성과 엄격성, 그리고 강력한 공동체 형성 능력을 부여받았다. 따라서 그러한 개인주의는 특히 대중 여론의 변덕과 범람에 맞서 시민적 이상과 시민사회의 실체를 옹호하고 지킬 수 있는 능력을 배타적으로 소유한다. 바로 이 개인주의가 시민적 이상과 시민사회 모두에게 활력을 불어넣는다.10 베버의 주장에 따르면, **오직** 금욕주의와 금욕주의에 뿌리를 둔 유산만이 장기간에 걸쳐 시민사회를 세우고, 가꾸고, 활성화시킬 수 있는 개인주의의 유형을 충분히 정착시킬 수 있다.11

또한 베버는 이러한 가치의 독특한 역량은 실용적-합리적 이익 지향적 행동과 비교할 때 선명하게 파악할 수 있다고 주장한다. 즉, 시민 지향적 가치는 종파, 교회, 시민단체 등과 같은 응집력 있는 캐리어 그룹들(carrier groups)이 지지한다면 세대를 넘어서, 심지

---

10 베버의 분석 시각에서 볼 때, 오늘날 일부 이론가들이 추구하는 의제(서론, 각주 3번 참조), 즉 공리주의적 개인을 약화시키거나 제약하고 시민사회를 확장시키려는 시도는 전망이 밝지 않다. 더욱이 그들은 행동의 주관적 의미를 경시하기 때문에, (a) 활동이 중요성 차원에서 **변화하는** 정도를 평가하고, (b) 생동하는 시민사회를 형성하기 위해서는 실용적-윤리적인 개인주의가 반드시 **필요하다는** 문제를 제대로 이해하지 못하는 처지에 있다. 따라서 그들은 베버가 미국 정치문화와 민주주의 정신의 핵심으로 강조한 **공생적** 이원주의를 무시한다.

11 오늘날 많은 학자들이 미국 정치문화 속에 원칙에 충실한 가치 기반 개인주의가 깊은 뿌리를 내리고 있다는 사실을 인식하지 못하는 것은 그들의 지적 아버지인 토크빌이 범한 유사한 오류보다 더욱 놀라운 일이다. 토크빌은 (a) 개인주의와 (b) 새로운 민주주의 시대에서 가치의 생존 가능성을 전반적으로 회의하는 유럽의 사회적 맥락에서 글을 썼다. 117-122쪽 참조.

어 수 세기에 걸쳐 **지속성**을 유지할 수 있다는 것이다.12 시민 지향적 가치는 개인을 순전히 공리주의적 자세 내지 실용주의적 자세로부터 지속적으로 끌어냄으로써 미국 민주주의를 지탱하는 초석 역할을 한다. 베버의 주장에 따르면, **이러한** 가치 기반 개인주의 내지 시민 지향적 개인주의는 미국 정치문화와 민주주의 정신의 지배적 특성을 이룬다.13 베버의 가르침에 따르면, **가치**는 이해관계와 권

---

12 로버트 벨라 등은 『마음의 습속』(*Habits of the Heart*, 1985)에서 미국 문화에서 두드러진 **네 가지** 문화적 전통을 논의했는데, 성경적 전통, 공화주의 전통, 공리주의적 개인주의, 표현적 개인주의(the Expressive individualist)가 각각 그것이었다. 그러나 그들은 금욕적 프로테스탄티즘이 (퓨리터니즘에 대한 반발 전통까지 포함한) 그 네 가지 전통 **모두의** 이면에서 각 전통을 서로 이어주는 다양한 방식을 무시했다. 그래서 네 가지 각 전통이 마치 독립적 기원을 갖는 것처럼 취급했다. 예컨대 공리주의적 개인주의는 (토크빌에 따라) 목전의 세태를 추종하는 실용적 관심사에서 파생된 것으로 봤다. 그러나 사실 그것은 퓨리터니즘에서 추구하는 노동의 신성함, (궁극적으로 가치의 지도를 받는) 목적 지향적 활동 등을 통해서 추구하는 이익과 부에서 파생된 것이었다. (벨라는 토크빌을 그대로 답습했다. 그는 금욕적 프로테스탄티즘이 광범위한 영역에서 강력하게 발휘하는 영향력**뿐만 아니라** 질적으로 다른 대단히 중요한 **활력을** 노동 활동에 주입하는 독특한 역량을 모두 무시했기 때문이다. Bellah et al. 1985, pp.27-35.) 토크빌은 금욕적 프로테스탄티즘의 유산보다는 "조건의 평등"(equality of conditions)을 주로 참조하면서 미국사회의 여러 측면을 반복해서 설명한다. 물론 토크빌도 "수많은" 프로테스탄트 종파들이 미국의 토양에 존재한다고 언급하기는 한다. 그러나 그는 "모든 기독교적 도덕은 어디에서나 동일하다"고 주장한다(Tocqueville 1945, vol. 1, p.314; Tocqueville 1945, vol.2. pp.22-23, 28). Kalberg 1997, p.221, notes 26 and 27.

13 이제 미국의 시민적 개인주의는 니체의 개인주의, 19세기 독일 낭만주의의 개인주의 등과 명확하게 구분할 수 있게 되었다. 니체의 개인주의란 "대중"과 완전히 단절된 예외적 영웅을 의미한다. 19세기 독일 낭만주의의 개인주의란 내적 자기발견의 고귀한 여정에 참여하는 괴테의 독특한 개인을 의미한다. 베버가 관료화에 반대했던 것처럼, 마르크스가 자본주의에 반대하면서 강력하게 옹호하고자 했던 것이 바로 19세기 독일 낭만주의의 개인주의였다. 미국의 개인과 독일 낭만주의의 개인주의는 모두 "영웅적" 성격을 지녔다고 할 수 있는데, 각자에 필요한 엄청난 에너지를 체계적으로 동원하기 때문이다. 그럼에도 불구하고 양자는 지향하는 "방향"이 완전히 다르다.

력의 무작위적인 흔들림에 휘둘리는 것이 아니라, 미국 민주주의를 지배하는 자치 양식(mode of self-governance)의 근간을 이룬다.14

그럼에도 불구하고 베버는 19세기 공생적 이원주의의 경험적 취약성과 그것이 필요로 하는 섬세한 균형에 거듭 주의를 기울인다(3장-4장 참조). 20세기의 끊임없는 사회적 변화 역시 실용적-윤리적 개인주의와 시민사회 간의 공생을 위협했고, 사회적 양극화와 사회적 분열을 예고했다. 공생적 이원주의의 두 축 간의 상호작용이 약화되고 강도가 이완되자 각 축은 점차 독립적 노선을 취했다. 두 축 간의 연결고리가 제거되자 두 축 모두 노출되어 취약해졌다(5장-6장 참조). 따라서 **외적인** 요소들, 예컨대 지배구조, 이익 기반 제휴, 권력의 꾸준한 흐름 등이 이러한 축들의 확장과 수축을 점차 결정

낭만주의의 개인이 추구하는 내적 지향성은 미국의 개인주의가 추구하는 "세계 지배" 지향성과 정면으로 충돌하기 때문이다. 윤리적 디자인과 "표준"에 입각해서 "세계"를 빚어내어 정착시키려는 지향성은 미국의 사례에서 분명하다. 반면, 이처럼 활동 지향적 시민적 개인주의는 니체의 "초인"은 물론 독일 낭만주의의 독특한 개인과 분명하게 구분되어야 한다. 미국의 시민적 개인주의는 소수의 엘리트가 아니라 **모든 사람**이 성취할 수 있는 행동의 유형이기 때문이다. 더욱이 그것은 절제력, 냉정한 태도, 엄격한 규율 등의 특징을 가진다(Kalberg 2012, pp.291-300).

14 많은 이론가들은 로버트 벨라의 시민종교(civil religion) 주장에 따라(Bellah 1970, pp.168-192) 시민사회에 의례적 가치와 규범을 철저히 부여한 다음, 그러한 가치와 규범이 약화되었기 때문에 시민활동이 쇠퇴했다고 이해한다. 그들은 그러한 쇠퇴를 특히 우려했는데, 그러한 쇠퇴는 뒤르케임이 높은 비율의 아노미로 귀결될 것으로 우려한 "사회화" 메커니즘의 약화와 동일한 의미를 함축한다고 이해했기 때문이다. 따라서 그러한 이론가들은 다시 뒤르케임을 따라 **사회**(그것의 제도, 규범, 시민단체, 연대의 메커니즘)는 **반드시** 확고하게 자리를 잡아서 강력하게 유지되어야 한다고 주장한다. 토크빌과 뒤르케임에서 유래된 이러한 선형적 접근방식은 베버의 접근방식, 즉 (a) 해석적 이해사회학, (b) 공생적 이원주의에 입각한 역동적 분석, (c) **특정** 유형의 행동, 즉 일상의 행동을 지배하면서 실제로 시민적 요소를 **함유한** 윤리적 행동의 역사적 기원과 그런 행동을 실천하는 캐리어 그룹들(carrier groups) 등을 강조하는 접근방식과 커다란 차이를 보인다.

했다. 베버의 주장에 따르면, 시민사회가 엉성해지면서 윤리적 차원을 상실한 곳이면 어디에서나 어떤 발전이 뒤따르기 쉽다. 즉, 실용적-윤리적 행동이 실용적-합리적 방향으로 일상화될 가능성이 대단히 커진다는 것이다.

독특한 미국 사례의 교훈은?

베버는 미국 정치문화의 요체인 민주주의 정신의 기원, 가치 콘텐츠, 궤적, 영향력 등을 분석했다. 베버의 분석을 다시 검토한 이 책은 가치, 신념, 공생적 이원주의 등의 복잡한 조합이 어떻게 미국 민주주의를 뒷받침하면서 지속시켰는지를 보여준다. 베버의 주장에 따르면, 이러한 **정치문화**가 미국 민주주의에 장기적으로 긍정적인 영향을 미치면서 미국 민주주의의 독특한 성격을 조성했다.15 베버는 미국 정치문화의 기원과 지속성은 순전히 세속적 요소들, 예컨대 헌법의 견제와 균형, 선거와 같은 공식적 절차, 원자적 개인들의 합리적 선택, 권력집단의 정치적 경제적 이해관계 등이 아니라, 상당 부분 퓨리터니즘의 종교적 가치와 구원관에 뿌리를 둔 것으로 이해해야 한다고 주장한다.

---

15 베버는 종교개혁이 근대 자본주의 발전에 미친 "정확한" 영향력에 대한 자신의 입장과 관련해서 정확히 **얼마나** 영향력을 행사했는지 "측정할 수" 없다고 주장했을 것이다. "(나는) 실제로 **매우** 많은 영향력을 행사했다고 평가한다. 나는 이 문제를 꾸준히 그리고 자세히 성찰했다. 그러나 역사적 영향력을 정확하게 측정할 수 있는" 계량적 "비율이 존재하지 않는다는 사실에 별로 신경을 쓰지 않았다."(Weber 2011b, p.271)

금욕적 프로테스탄티즘이 미국 민주주의 기원에 행사한 영향력은 독특해 보이며, 식민지 시기와 19세기에 성행한 공생적 이원주의 역시 특이한 것처럼 보인다. 그들이 미국사회에 행사한 영향력에 대해서도 같은 결론을 내려야만 한다. 아울러 4장에서 6장까지 검토한 것처럼, 20세기 미국 민주주의 정신이 거대한 도시화, 근대 자본주의, 산업화, 소수 엘리트의 손에 쥐어진 부의 팽창 등과 독특하게 **상호작용한 것** 역시 미국 특유의 경험이라고 할 수 있다. 미국 정치문화의 주요 원천, 특징, 궤적 등에 대한 이러한 연구, 그리고 미국 정치문화가 미국 민주주의의 형성과 발전에 행사한 독특한 영향력 등에 대한 이러한 연구 등으로부터 새로운 민주주의의 탄생과 지속에 관한 보편적 교훈을 도출할 수 있을까? 미국의 역사와 미국의 공생적 이원주의는 너무도 독특하기 때문에 오늘날 권위주의에서 민주주의로 이행하는 국가들에게는 적용할 수 없는 것일까? 베버는 이 문제에 대해서 대단히 신중하게 판단해야 한다는 입장을 분명하게 밝혔다.

    베버의 사회과학방법론은 단일 사례로부터 도출한 그런 "일반화"를 거부한다. 베버는 근대 민주주의에 도달하는 **모든** 경로는 각기 다르다고 주장한다.16 따라서 베버의 사례 중심 연구는 얼핏 그럴듯해 보일 수 있는 다음과 같은 두 가지 입장을 단호하게 거부할 것이다. (a) 민주주의는 **오직** 퓨리터니즘 기반 정치문화의 토대에서만 탄생해서 발전할 수 있다, (b) 퓨리터니즘과 다른 정치문화에 뿌리를 둔 국가들은 권위주의적 지배체제로 향하는 노선을 걸을 것

---

16 베버는 유비(analogies)를 사회과학방법론으로 사용하는 것 역시 거부했다 (Kalberg 1994, p.83).

이다. 실제로 영국과 프랑스의 민주주의는 모두 미국의 사회적 지형과 전혀 다른 사회적 지형들에서 탄생했다. 더욱이 베버에 따르면, 영국과 프랑스의 민주주의는 전혀 다른 경로를 추구했다. 20세기까지 프랑스는 고도의 중앙집권적 행정국가와 가톨릭교가 특징이었던 반면, 영국은 (퓨리턴을 반대하는) 성공회 교회와 농촌 귀족 계급인 젠트리가 수 세기에 걸쳐 지배적 지위를 차지했다(Weber 1968, pp.1059-1064; Bendix 1978, pp.292-320).[17]

베버의 분석양식은 민주주의의 "보편적 경로" 또는 "획일적 로드맵"을 표방하는 모든 학파에 반대한다. 베버의 사회학은 모든 "단일 모델" 방법론을 거부하면서 다른 노선을 추구한다. 즉, **단일 사례에 대한 철저한 연구**와 그것의 장기간에 걸친 영향력을 밝히기 위한 개념과 연구 절차를 구성한다. 이러한 방법론은 개별 국가에서 고유한 민주주의 정신의 기원, 가치 콘텐츠, 발전과정 등과 그것의 장기적 영향력을 설명하기 위해서 채택했는데, 바로 그러한 방법론이 베버의 분석양식을 **실행하는 것**이었다. 나는 이 책에서 베버가 엄격한 방식으로 연구에 착수했다면, **어떤 방식으로** 미국 정치문화의 원천, 가치, 발전, 영향을 **연구했을까**를 전달하고자 노력했다.

베버가 쓴 논문들에 대한 해설서들은 베버의 연구 정신이 개별적 문제에 초점을 맞추고 특정 사례의 전개과정을 인과적으로 분석

---

17 아마도 베버의 사회과학방법론에서 이러한 측면을 가장 잘 보여주는 사례는 『프로테스탄트 윤리와 자본주의 정신』에서 찾아볼 수 있을 것이다. 우리는 이 책에서 단일 사례로부터 일반화를 도출하는 모든 연구방식을 반대하는 베버의 입장을 분명히 확인할 수 있다. 그는 "자본주의 정신의" 기원을 **오직** 금욕적 프로테스탄티즘에서만 찾을 수 있다는 시각을 명시적으로 거부했다. "우리는 이 책에서 … '자본주의 정신'이 … **오직** 종교개혁의 어떤 영향력 속에서만 탄생할 **수 있다는** 어리석고 독단적인 견해를 어떤 형태로든 옹호하지 않을 것이다."(Weber 2011c, p.108)

하는 데 있다는 사실을 종종 모호하게 만들었다.18 베버는 사회학의 가장 중요한 목표를 "역사적 개체"(historical individual)의 특수성이 출현하는 과정을 설명하는 데 두어야 한다고 제안했다. 그는 이렇게 말했다. "우리는 우리의 삶이 처한 현실의 **독특한 고유성을** 이해하고자 한다."(Weber 1949, p.72, 번역 수정, 강조는 원문 그대로임. 다음도 참고하라. Weber 1949, p.69; Weber 1968, p.10; Weber 2011c, pp.76-77.)

따라서 베버는 자연과학의 실험적 방법론에 따라 일련의 보편적인 사회학적 법칙을 발견하고 그로부터 연역해서 구체적 현상을 설명하고자 했던 당대의 수많은 실증주의 학파에 반대했다. 또한 베버는 다음과 같은 입장을 강력하게 거부했다. 즉 사회과학의 목표는 "하나의 완결된 개념체계를 창조하는 것인데, 이 체계는 현실을 어떤 의미에서는 **최종적으로** 그리고 **완벽하게** 포착한 것이며, 따라서 현실은 이 체계에서 다시 연역해낼 수 있다."(Weber 1949, p.84)19

---

18 베버가 탐구하는 "특정 사례들"은 오늘날 사회과학 연구에서 흔히 볼 수 있는 주제보다 훨씬 많은 주제를 다루고 있는데도 그러하다. 베버가 특정 시대의 식별 가능한 신자 그룹들 사이에서 "프로테스탄트 윤리"가 출현하는 것에 주목하는 것도 특정의 역사적 전개과정을 밝히기 위한 노력의 일환이라고 할 수 있다(Weber 2011c, pp.178-179).

19 베버는 『경제와 사회』(*Economy and Society*) 제1부에 수록된 통치권(rulership) 관련 챕터에서 이러한 일반적 관점을 다음과 같이 더욱 강조한다. "따라서 앞에서 제시한 용어와 분류체계의 종류는 … 어떤 의미에서도 역사적 현실 전체를 고정된 체계에 온전히 가두려는 목적을 가지고 있지 않으며, 실제로 그럴 수도 없다."(Weber 1968, pp.263-264) ("Weber 1949, p.84"는 에드워드 A. 쉴즈(Edawrd A. Shills)와 헨리 A. 핀치(Henry A. Finch)가 옮긴 것인데, 의미가 대단히 모호하다. 국내외 학계에서 출간된 여타의 수많은 번역본도 사정은 크게 다르지 않다. 내가 볼 때 전성우와 키스 트라이브(Keith Tribe)의 번역이 그중 가장 우수했다. 따라서 나는 여기에서 두 번역을 참조하면서 최대한 명료하게 번역하고자 했다. 전성우와 키스 트라이브의 번역본은 각각 다음과 같다. 막스 베버, 전성우 옮김, 「사회과학적 그리고 사회정책적 인식의 '객관성'」, 『막스 베버 사회과학방법론 선

더욱이 베버는 사회과학적 법칙 그 자체가 인과적 설명을 제공한다는 시각에 노골적인 적대감을 표출했다. 베버의 주장에 따르면, 구체적인 현실, 사례, 전개과정, 그리고 주관적 의미는 사회과학적 법칙으로부터 연역해낼 수 없다. 따라서 그러한 법칙 그 자체는 구체적 현실 등을 설명할 수 있는 지식을 제공할 수 없다(Weber 1949, pp.75-76; Kalberg 1994, pp.81-84).

베버가 오늘날 많은 사회과학자들과 정치적 행위자들에게 결정적으로 중요한 규범적 지침을 제공하지 않는 것은 놀라운 일이 아니다. 베버의 사회학은 특정 유형의 "바람직한" 정치적 활동을 사람들에게 교육할 수 있는 법칙이나 공리를 추구하지도 않고 제공하지도 않는다.[20] 베버의 사회과학방법론을 따른다면, 예컨대 베버가 이 책의 3장, 4장, 5장에서 설명했던 연결고리들—식민지 시대 미국의 종파적 유산은 19세기 시민단체 탄생을 촉진시켰고, 이후 자치를 지지하는 그룹들의 다원적 경쟁을 위한 탄탄한 토대를 형성했다—조차도 반드시 먼저 "확립"되어야 할 "보편적 전제조건"으로, 다시 말해서 안정적 민주주의를 가능케 하는 빌딩 블록으로 이해될 수 없다. 오히려 베버는 종파와 시민단체가 없는 일부 국가에서도 자치가 등장했다고 주장했다. 따라서 베버는 다음과 같이 경고

집』, 나남, 2011, p.80. Max Weber, "The 'Objectivity' of Knowledge in Social Science and Social Policy," trans. by Keith Tribe in Sam Whimster, ed., *The Essential Weber: A Reader*, London: Routledge, 2004, p.383.—역주).

20 베버는 여기에서 "사회과학에서 객관성 문제"라는 우리에게 익숙한 커다란 지형으로 진입하는데, 이 주제는 학자들 사이에서 격렬한 논쟁을 불러일으켰다. 베버가 "객관성" 개념을 옹호한 고전적 논의에 관해서는, Weber 1949, pp.50-112; Weber 1946d. 나는 객관성 문제의 주요 쟁점을 요약 정리한 바 있다. Kalberg 2011c, pp.311-319.

했다. 베버 자신이 미국 민주주의의 지속성에 대한 분석에서 도달한 결론, 즉 실용적-윤리적 개인주의와 시민사회 간의 공생적 이원주의가 미국 자치방식의 장기지속에 기여했다는 결론은 민주주의 탄생의 "전제조건"이나 국가를 초월하는 공리로 공식화되어서는 안 된다는 것이다.

베버의 개념과 연구절차는 모든 역사적 발전 이면에 있는 다양한 원인들을 강조하고, 또 양식화된 행동이 영향력을 발휘하려면 반드시 응집력 있는 강력한 그룹들이 사회적 캐리어로 활동해야 한다고 강조한다. 또한 그룹들 고유의 근성이 사회적 변화를 지향하는 다른 그룹들의 효율성을 심각하게 저해하는 방식도 강조한다(Kalberg 1994, pp.98-102, 168-176, 189-192). 그리고 그러한 근성의 "두께"는 다양한 양상을 보인다. 베버의 사회학이 지닌 이러한 근본적 특징들은 명확한 법칙을 쉽게 구성하고, 그렇게 구성한 법칙을 다양한 사례들에 "보편적으로 적용하는" 연구방식을 거부한다.

베버는 수많은 그룹들에—여기에는 종종 적대적 그룹들도 포함된다—모인 사람들의 주관적 의미가 다양한 방식으로 형성되는 문제에 주목했다. 따라서 사회과학적 법칙을 추구하는 사회과학 개념을 포기하지 않을 수 없었다. 베버가 "사회"를 이해하는 관점도 마찬가지였다. 그는 사회를 하나의 유기적 전체가 아니라 역동적으로 상호작용하는 그룹들의 다양한 배열로 이해했기 때문이다. 베버가 이념형을 중요한 색출적 수단(the ideal type as his major heuristic tool)으로 선택한 것도 이러한 사회관이 그의 사회학의 기초가 된다는 사실을 확인시켜준다. 이러한 이념형적 방법은 "사회"와 그것의 법칙성을 추적하는 대신, 일정한 그룹들 내부의 양식화된 행동이 보여주는 규칙성을 추적해서 "기록하는 것이기 때문이다". 이념형적 방법은 일종의 **모델**로서 "사회"와 그것의 "일반적 법칙"을 가리키는 대신, 가능성 있는 (또는 가능성 없는) 집단 간의 경험적 인과관계를 가리킨다. 더욱이 이념형적 방법은 일부 그룹들의 합병과 다른 그룹들의 분리를 그려낼 수 있는 능력을 지녔기 때문에 그룹들이 변동하면서 표출하는 끝없는 긴장과 변화를 거듭하는 그룹합병의 양상을 규칙적으로 포착할 수 있다. 이러한 베버의 분석양식 역시 법칙을 추구하는 사회과학을 거부한다.

베버의 분석양식: 정치문화 연구

나는 이 책에서 베버의 분석개념과 연구절차가 작금의 미국 정치문화를 연구하는 사회과학자들에게 큰 도움이 된다는 사실을 일관되게 주장했다. 앞에서 언급했던 것처럼 베버가 **이 책의** 사례 연구에서 도달한 결론은 일반화시킬 수 없고 다른 사례에 적용할 수는 없다. 그러나 베버의 분석 방식은 다른 정치문화의 근간이 되는 가치와 신념을 정의하고, 그것의 원천, 발전과정, 영향력 등을 설명하는 데 쉽게—베버와 유사한 방식으로—활용할 수 있다. 다시 말해서, 베버의 분석개념과 연구절차는 신념과 가치를 명확하게 식별한 다음, 어떤 신념과 가치는 어떻게 자치를 지지하고, 다른 신념과 가치는 어떻게 공개적 참여와 민주주의 전반을 방해하는가를 설명할 수 있다. 베버는 사례와 그것의 원인에 대한 경험적 연구를 추구했고, 유용한 분석개념 또한 구성했는데, 이 모두는 현재에도 여전히 생명력을 유지한다.

  따라서 베버는 오늘날 우리에게 익숙한 분석방식을 포기한다. 그는 모든 개괄적인 진화론적 공리들(all broad evolutionary axioms), 예컨대, 분화(differentiation), 적응적 업그레이드(adaptive upgrading), 가치 일반화(value generalization), 근대화(modernization) 등을 반대한다. 베버의 주장에 따르면, 이러한 공리들은 각각의 사례와 각각의 발전을 둘러싼 여러 가지 얽힌 과정의 복잡성을 평준화하고 경시한다. 또한 베버의 사회과학방법론은 개인의 합리적 선택, 헌법의 견제와 균형, 특정 그룹과 국가의 권력만을 참고하면서 민주주의의 기원, 안정성, 지속성 등을 이해하려는 모든 학파와 뚜렷이 구별된다.

  더욱이 베버의 주장에 따르면, 견제와 균형, 시민의 시위, 공식적 절차, "고위 정치인"과 "청렴"과 "선의"를 가진 사람의 훈계 등으로는 민주주의 지향적 정치문화를 뒷받침하는 신념과 가치를 체계적으로 그리고 장기적으로 배양할 수 없다. 끝으로 베버는 오늘날 많은 사회학자들과 달리 정치문화는 정치적 힘이나 경제적 힘만으로는 육성할 수 없다고 주장한다. 얼핏 보기에 민주주의에 매우 유리한 외적 조건들, 예컨대 상당한 수준의 사회적 평등, 선진화된 산업주의, 높은 수준의 사회적 부 등조차도 민주적 자치를 지지하는 신념과 가치를 자연스럽게 **야기하지는** 못한다. 베버의 주장에 따르면, 이런 방향에서 진행되는 연구는 모두 피상적 설명만을 제공할 수 있을 뿐이다. 베버는 민주주의를 지지하는 정치문화를 확립하는 작업은 매우 복잡해서 성공하기가 쉽지 않다고 주장한다. 또한 베버는 민주주의에 대단히 우호적인 가치와 신념조차도 권력의 지형

속에서 쉽게 제한될 수 있다고 강조한다. 이러한 문제는 단기적으로 발생할 수 있지만, 장기적으로도 발생할 수 있다는 것이다.

전 세계 100개국 이상이 미국 헌법을 모델로 삼아 자국의 헌법을 제정했다. 그러나 그런 국가들 중 거의 대부분은 민주주의 기능을 뒷받침하는 정치문화를 성공적으로 확립하지 못했다. 그들 국가들은 먼저 견제와 균형 원리에 입각해서 권력 분산체제를 수립했지만, 10년 내지 20년이 지나면 쉽게 해체되어버렸다. 처음엔 고귀한 이상을 추구했던 사회운동이 점차 편협한 정치적 경제적 이익을 옹호하는 조직운동으로 변질되는 경우도 많았다.

2011년 2월부터 "아랍의 봄"(Arab Spring)에 관한 뉴스가 전 세계를 장악했다. 전혀 예상하지 못한 민주주의에 대한 신념과 평등주의를 추구하는 정신이 강력한 힘을 발휘했다. 희망과 이상주의가 고조되었고, 시민들의 폭넓은 정치참여가 임박한 것처럼 보였다. 그러나 많은 사람들이 의문을 제기했다. 북아프리카와 중동 국가들은 민주적 통치를 **유지할 수 있는** 정치문화를 과연 보유하고 있는가? 만일 보유하고 있다면, 민주적 통치를 유지할 수 있는 영향력을 행사할 수 있는가?

걱정스런 사건들이 너무 빈번하게 발생하면서 많은 우려를 낳았다. 민주화 과정에서 독재자를 전복시키는 것은 단지 첫 단계에 불과했다. 그 이후 민주적 자치가 순조롭게 자리를 잡는 경우는 거의 없었다. "아랍의 봄"에서는 "강압과 협박의 주역인 독재정권만 제거되면 국민들은 쉽게 민주주의를 수립할 수 있을 것이다"라는 낙관론이 팽배했었지만, 이제 그런 낙관론은 거의 사라진 것처럼 보인다. 시리아의 내전은 격렬하게 전개되고 있고, 이집트와 리비아도 유사한 길을 걷는 것처럼 보인다.

정치문화를 연구하는 학자들은 잘 알겠지만, 민주화 과정에서 극복해야 할 고비는 매우 많다. 낡고 폐쇄적인 엘리트들이 거의 똑같이 폐쇄적인 새로운 엘리트들로 교체될 수 있다. 이렇게 등장한 엘리트 그룹들은 이전의 권위주의적 통치권만큼이나 부패한 정권을 강제할 수 있고, 그렇게 수립된 국가의 강압적 권력이 민주적 자치를 향한 첫걸음을 제한하거나 전복시킬 수 있다. 일부 지역에서는 독재자의 철권통치가 전복되면 곧바로 종교적 종파주의, 종족 분쟁, 씨족 갈등 등이 수면 위로 떠오를 수 있다. 이런 상황에서는 민주주의를 촉진하는 정치문화가 어떻게든 형성되더라도 별다른 영향력을 행사할 수 없을 것이다.

20년 전 동유럽 전역에서 민주주의가 목전에 나타났다 (이 책은 2014년에 출간되었다—역주). 그러나 오직 일부 국가에서만 개방적 다원적 제도와 시민사회를 지지하는 탄탄한 정치문화가 존재했을 뿐이다(Kotkin 2010). 활기찬 시민사회에서 자유롭게 활동하는 개인의 모습은 오직 지식인과 반체제 인사의 꿈에서만 존재하는 것일까?

베버의 주장에 따르면, 개인의 합리적 선택, 국가의 역할, 헌법에 규정된 견제와 균형, 엘리트의 이해관계 등의 시각에서 시도된 민주화 과정 연구는 모두 실패했다. 그 이유는 간단하다. 그러한 연구들은 모두 민주화 과정에서 정치문화가 차지하는 중요성을 **간과했기** 때문이다. 특히 베버는 정치문화가 민주주의 정신을 작동시키는 능력과 관련이 있다고 강조한다. 베버의 주장에 따르면, **바로 이러한** 정치문화가 시민사회의 탄생, 시민사회의 개방성과 접근성의 안정적 유지, 시민의 정기적 참여, 대의제 민주주의 일반을 **촉진시킨다**. 그러나 그러한 민주적 정치문화는 유약해서 수명이 짧을 수도 있다.

지금까지 베버의 시각에서 **미국** 민주주의의 기원과 지속성을 연구했는데, 이로부터 얻은 수확을 다음과 같이 간결하게 정리할 수 있다. 오직 **민주주의 정신**에 뿌리를 둔 특정 정치문화만이 민주적 자치를 안정적으로 유지할 가능성을 **높여준다**. 거꾸로 말하면, 베버의 분석양식에 기반을 둔 이 사례 연구는 민주주의를 확립하려는 시도가 정치문화의 지지를 받지 못하면 언제나 커다란 난관에 직면할 수밖에 없다는 결론을 제시한다.

베버의 분석개념과 연구절차는 초기 미국인의 신념과 가치에 내재된 공생적 이원주의가 식민지 시기 미국은 물론 19세기 미국에서도 권력과 공리주의적 이해관계의 무작위적인 흐름을 넘어 어느 정도 규칙적으로 미국인의 활동을 "견인했음을" 보여준다. 실제로 이 시대에 효과적으로 작동했던 공생적 이원주의는 미국인의 에너지를 공통의 관심사, 심지어 시민적 관심사에 상당 부분 집중시켰다. 19세기에 이질적 시민단체들이 성장할 수 있는 비옥한 토양이 등장해서 확장되었는데, 이는 특히 이 시대의 세속화된 공생적 이원주의의 영향력 때문이었다. 그러나 20세기 내내 상당한 장애물이 출현해서 자리를 잡았다. 요컨대 베버의 분석양식을 체계적으로 활용하면 미국 민주주의 정신의 기원, 가치 콘텐츠, 발전, 영향 등에 대한 이해를 돕는 통찰과 설명을 얻을 수 있다.

지금은 다소 익숙해졌지만, 그래도 베버의 정치문화 연구에서 중요한 요소 네 가지를 다시 강조할 필요가 있다. 첫째, 사회적 행위는 그 행위에 상당한 영향력을 행사할 수 있는 가치에 깊이 내재화될 수 있다. 아울러 그러한 가치가 실제로 영향력을 행사할 수 있으려면 강력한 사회적 캐리어를 확보해야만 한다. 둘째, 강력한 사회적 캐리어가 건장하게 존속한다면 수 세기 전의 과거에 뿌리를 둔 가치와 신념이 현재에도 여전히 활력을 발휘할 수 있다. 실제로 규칙적이고 유의미한 방식으로까지 영향력을 행사할 수도 있다. 셋째, 시민사회와 실용적-윤리적 개인주의 간의 공생적 이원주의는 다양한 요인들의 독특한 결합의 결과로서만 나타난다. 그러나 그러한 결합은 살아 있는 민주주의의 형성을 촉진하는 정치문화의 탄생과 확장에 인과적으로 중요한 역할을 할 수 있다. 끝으로, 베버의 분석양식은 정치문화의 신념과 가치가 (적절한 사회적 캐리어가 확립되었을 경우) 장기적으로 영향력을 행사한다는 사실, **아울러** 그러한 신념과 가치는 민주주의의 탄생과 발전에 영향력을 행사할 수 있는 능력을 보유하고 있다는 사실 등을 인정한다. 그러나 그것의 깨지기 쉬운 취약성에도 주의를 환기시켰다.

부록 1

막스 베버의 미국 여행: 관찰과 영향

　1904년 여름, 막스 베버는 유명한 "세인트 루이스 만국박람회 및 예술과 과학 회의"에서 9월 말에 강연을 하도록 초청을 받았다. 베버는 아내 마리안느와 함께 8월 30일 미국 항구에 도착했다.

　베버 부부가 탄 배는 자유의 여신상을 지나서 로어 맨해튼에 도착했다. 배에서 내린 그들은 신세계의 "자본주의 정신"이 뿜어내는 시끄러운 소음 속으로 들어갔다. 두 달간의 바쁜 여행이 시작된 것이다. 마리안느의 설명에서 확인할 수 있듯이 베버는 이러한 "근대 현실"의 사회적 생활에 뛰어들어 다양한 정보를 흡수했다. 그는 경청하고, 자주 얘기를 나누고, 다양한 배경을 가진 사람들과 즐겁게 교류하면서 끊임없이 질문을 던졌다.[1]

　베버의 독일인 여행 동료들은 베버의 걷는 속도가 빨라졌다고 말했다. 뉴욕의 역동성과 거대한 도시에 모인 사람들의 "환상적인 흐름"이 그를 매료시켰기 때문이었다. 그의 관심은 활기찼고, 호기심

---

[1] 이 절의 많은 내용은 마리안느 베버가 기록한 여행기를 참고했다. Marianne Weber 1975, pp.279-304. 다음과 같은 흥미 있는 연구들도 참고할 수 있다. Roth 1985, 2005a, 2005b; Rollman 1993; Scaff 1998; Mommsen 1974, 1998, 2000. 베버의 미국 여행에 관한 가장 뛰어난 연구로는, Scaff 2011.

은 끝이 없었으며, 몇몇 독일인 여행 동료들의 완강한 만류에도 굴하지 않았다(Rollman 1993, pp.367-368, 372-374). 베버는 어머니에게 쓴 편지에서 말했던 것처럼 근대 세계의 선봉에 있는 거칠게 준비된 사회, 길들여지지 않은 날것 그대로의 사회에 빠져들었다. 베버는 "모든 것을 감상하고, 가능한 한 많은 것을 흡수하고 싶어 했다." (Marianne Weber 1975, p.281, pp.280-283)[2] 저명한 신학자이자 베버의 여행 동료 중 한 사람이었던 에른스트 트뢸취는 베버의 뉴욕에 대한 찬사를 다음과 같이 전한다.

베버는 매우 훌륭하다. 그는 ... 매우 흥미로운 방식으로 끊임없이 많은 얘기를 하면서 나를 교육시킨다. 그와 함께 이 비즈니스의 나라를 보는 것은 큰 도움이 된다. 그 역시 자신이 보는 것에서 끊임없이 배우면서 이해하고자 한다. 하지만 그는 그렇게 하면서 생각을 소리 내어 말하기 때문에 나에게도 도움이 된다(Rollman 1993, pp.368, 372).

뉴욕 방문은 열흘 동안 지속되었다. 북적이는 대도시 곳곳을 관광하고, 가족 친구들, 먼 친척들, 새롭게 알게 된 사람들 등과 집중적인 대화를 나누었다.[3] 오랜 우울증에 시달렸던 베버는 이제 정신적 활력을 되찾았다. 베버 부부는 허드슨 강을 따라 북쪽으로 올라가서 나이아가라 폭포를 구경한 다음 시카고로 떠났다.

마리안느 베버가 "미국 정신의 결정체"(Marinne Weber, p.285)라고

---

2 특별한 언급이 없는 한 모든 인용문은 마리안느 베버의 책에서 인용한 것이다.
3 베버의 뉴욕 방문에 대해서, 특히 베버가 만난 먼 친척에 대해서는 Roth 2001, 2005a, 2005b.

묘사한 시카고에서 베버 부부는 시카고대학교에서 개최한 연회에 참석했고, 헐 하우스에서 사회개혁가인 제인 애덤스와 플로렌스 켈리를 만났다. 이 자리에서는 다양한 주제 중에서도 특히 직장 안전 규제에 대한 자본주의 기업가들의 반대 문제, 대규모 이민이 강력한 노동조합에 미치는 부정적 영향 문제에 관해서 활발한 토론을 이어갔다. 마리안느 베버는 1893년에서 1897년까지 일리노이주 공장의 수석 감독관이었던 켈리를 베버 부부가 미국에서 만난 "가장 뛰어난 인물"이라고 설명했다(Marianne Weber, p.302; Rollmann 1993, pp.369-370, 375-376; Scaff 2011, pp.43-48).[4]

베버는 자신의 편지에서 경외심과 혐오감을 섞어 시카고를 인종적 계층화가 이루어진 도시로 묘사했다. 시카고는 근대 자본주의의 "핵심"을 적나라하게 보여주었는데, 특히 가축 수용소에서 더욱 그러했다.

다양한 국적의 사람들이 뒤섞여 있었다. 그리스인들이 거리 곳곳에서 양키들의 구두를 5센트에 닦았다. 독일인은 양키들의 웨이터로 일하고, 아일랜드인은 양키들의 정치를 돌보고, 이탈리아인은 가장 더러운 도랑 파는 일을 한다. 좋은 주거 지역을 제외하면, 이 거대한 도시 전체는—런던보다 더 넓다!—마치 피부가 벗겨져 창자가 일하는 모습이 훤히 보이는 사람과 같다(Max Weber in Marianne Weber, p.286).

우리는 어디에서나 엄청난 노동 강도를 목격하면서 충격을 받는다. 특히

---

4 플로렌스 켈리는 베버가 공동으로 편집한 학술지 『사회과학 및 사회정책 논총』 (*Archiv für Sozialwissenschaft und Sozialpolitik*)의 미국인 편집자가 되었다.

"피의 바다"가 있는 가축 수용소에서는 매일 수천 마리의 소와 돼지가 도살된다. 방심하고 있던 소가 도살장에 들어와 망치에 맞아 쓰러지는 순간부터 즉시 쇠 집게로 붙잡혀 끌어올려져 여행을 시작한다. 새롭게 투입된 노동자들이 소의 내장을 제거하고 가죽 벗기는 작업 등을 하지만, 항시 (작업의 리듬에 따라) 그 노동자들을 지나치는 동물들을 끌어당기는 기계에 묶여 이동한다. 나는 50센트를 받고 안내를 해주는 "소년"과 함께 오물에 빠지지 않기 위해 애쓰면서 걸었는데, 증기, 가축 분뇨, 피, 가죽 등이 뒤섞인 분위기 속에서 정말 놀라운 결과물을 볼 수 있었다. 우리는 그곳에서 돼지가 돼지우리에서 소시지를 거쳐 통조림으로 완성되는 일련의 과정을 목격할 수 있었다(Max Weber in Marianne Weber, p.287).

마리안느 베버는 시카고를 "웅장한 야생성"과 "개인의 모든 것을 냉혹하게 삼켜버리는" "근대의 현실"이 공존하는 곳으로 묘사했다. 그러나 "시카고의 온화한 풍토는 … 사랑과 친절과 정의, 그리고 아름다움과 영성에 대한 끈질긴 열망을 보여준다"고도 평가했다(Marianne Weber, p.287).[5]

베버는 세인트루이스에서 소규모 청중을 대상으로 「독일의 자본주의와 농촌사회」(Weber 1946a)라는 제목의 논문을 발표했다.[6] 베버의 아내는 6년 만에 처음으로 열린 그의 공개 강의가 훌륭하게 전달되었고 호평을 받았다는 사실에 안도감을 느꼈다고 기록했다

---

[5] 베버 부부가 시카고에 머물던 시기를 잘 설명한 사례로는, Scaff 2011, pp.40-53.

[6] 로렌스 A. 스캐프가 베버의 강의 내용을 요약 정리한 바 있다(Scaff 2011, pp, 60-64). 또 다른 요약본으로는, Weber 2005, pp.142-146. 세인트루이스 학술회의를 개괄적으로 소개한 사례로는, Rollman 1993; Scaff 2011, pp.60-64; Roth 1987, pp.175-182.

(Marianne Weber, pp.290-291). 베버는 그 자리에서 1890년대 초 베를린에서 자신의 강의에 참석했던 미국의 사회학자이자 시민권 개혁가인 W. E. B. 듀 보이스와 다시 친분을 쌓았다. 베버는 몇 년 후 듀 보이스를 "남부 지역에서 가장 중요한 사회학자이며, 그와 비견되는 백인 학자는 없다"고 평가했다(Weber 1973, p.312).7

그 후 베버는 혼자서 기차를 타고 서쪽으로 여행하면서 "인디언 땅"으로 진입했다.8 그는 오클라호마에서 주로 인터뷰를 하면서 아메리카 원주민 땅이 계속 분할되는 상황을 조사했고, 미국 자본주의의 거대한 힘이 프런티어와 직접 대결하면서 정복하는 방식을 목격했다.

(여기에는) 베버의 뜨거운 관심사들이 ... 많았다. 예컨대 문명의 이름으로 황무지를 정복하는 것, 최근까지 인디언의 삶의 터전이었던 지역에서 오클라호마 시티가 발전하고 오클라호마 주가 발전하는 것. ... 여기서는 여전히 "우월하고", 보다 지적인 백인종이 "열등한" 인디언을 비무장 복종시키면서 병합시키는 모습, 인디언 부족의 재산을 백인들의 사유재산으로

---

7   베버는 듀 보이스에게 자신이 편집하는 저널에 논문을 투고하도록 권유했다. 또한 베버는 듀 보이스의 "훌륭한 작품", 『흑인의 영혼』(The Soul of Black Folk, 2003)의 독일어 번역 출간을 주선했지만 실패했다. 베버는 "흑인문제와 문학 관련 짧은 서설을 쓰려는" 계획까지 세웠는데도 그러했다. 또한 베버는 "미국 인종문제 관련 최근 저작들"에 대한 서평을 쓰고자 했다. 베버가 듀 보이스에게 보낸 영문 편지 참조(Aptheker 1973, p.106). 다음 자료도 참조. Scaff 1998; Scaff 2011, pp.102-108. 베버의 인종에 관한 견해에 관해서는, Weber 1971a; Weber 1973; Weber 2005, pp.297-314; Manasse 1947; Peukert 1989; Scaff 1998, pp.69-73; Scaff 2011, pp.112-116; Winter 2004; Kalberg 2005.

8   마리안느 베버는 세인트루이스에 머물렀다. 기차로 여행하던 두 사람은 나중에 뉴올리언스로 가는 길에 멤피스에서 만났다.

전환시키는 모습, 식민지 개척자들이 원시림을 정복하는 모습 등을 관찰할 수 있었다. 베버는 혼혈인과 함께 지냈다. 그는 보고 들으면서 자신을 주변 환경에 몰입시켰으며, 따라서 어디에서나 사물의 핵심을 꿰뚫어 봤다(Marianne Weber, p.291).9

베버 부부는 미국인들이 격식 차리지 않으면서 친절하게 대하는 행위를 보면서 깊은 인상을 받았다. 그뿐 아니라 미국인들의 강건한 개인주의, 사람들 간의 상호 신뢰, 대단히 어려운 문제 앞에서도 주저하지 않고 취하는 "할 수 있다"는 자세 등도 그들에게 깊은 인상을 주었다. 또한 베버가 볼 때, 자본주의가 대평원을 "번개 같은 속도"로 변화시키는 추진력도 앞으로 지속될 것이었다.

(오클라호마 주 매캘러스터)는 시카고보다 더 "문명화"된 곳이다. 이곳에서 자기 멋대로 행동할 수 있다고 믿는 것은 완전히 잘못된 것이다. 확실히 매우 짧은 대화에서도 예의 바른 어조와 태도를 느낄 수 있었고, 유머는 아주 맛깔스러웠다. 그러나 안타깝게도 1년 후면 매캘러스터는 오클라호마 (도시)처럼, 다시 말해서 미국의 다른 도시처럼 변모할 것이다. 자본주의 문화를 가로막는 모든 것이 거의 번개처럼 빠른 속도로 분쇄되고 있기 때문이다(Max Weber in Marianne Weber, p.293).

베버는 미국 생활의 빠른 맥박의 근원을 계속 탐구하기 위해 뉴올리언스로 이동했다. 베버 부부는 이곳에서 흑인과 백인의 관계를

---

9   베버의 여행 중 이러한 측면을 흥미롭게 서술한 사례로는, Scaff 2005, pp.85-109; Scaff 2011, pp.73-97.

직접 관찰했다. 베버는 1911년 독일에서 열린 한 학술회에서 "유럽 인종"의 우월성을 주장하는 사람들을 반박하는 자신의 주장을 뒷받침하기 위해서 미국에서 경험했던 것과 관찰했던 것을 동원했다(Weber 1971a; Weber 1973; Weber 2005, pp.306-313; Winter 2004).

베버 부부는 이어서 앨라배마에 있는 터스키기 연구소를 방문했다.10 또한 흑인 대학교를 둘러보면서 정서적으로 깊이 공감하기도 했다. "베버 부부가 (이곳에서) 발견한 것이 여행 중 발견한 다른 어떤 것보다도 더 큰 감동을 주었을 것이다. 백인종과 예전에 노예였던 흑인종 간의 대결은 모든 미국인의 삶에서 가장 심각한 국가적 문제인데, 바로 그 문제의 뿌리를 여기에서 발견할 수 있었다." (Marianne Weber, p.295)11 베버가 볼 때, "미국인들은 훌륭한 사람들이지만, 흑인 문제와 심각한 이민 문제만큼은 커다란 검은 구름에 휩싸여 있다."(Max Weber in Marianne Weber, p.302) 베버는 곧바로 이러한 문제에 대한 자신의 전반적 평가를 담은 편지를 듀 보이스에게 보냈다. "나는 백인과 흑인 간의 인종차별 문제가 앞으로 미국과 전 세계 모든 곳에서 가장 심각한 문제가 될 것이라고 절대적으로 확신합니다."12 베버는 "가능한 한 빨리" 남부로 돌아가고 싶었지

---

10 안타깝게도 베버가 연구소를 방문했을 때 연구소 소장 부커 T. 워싱턴(Booker T. Washington)은 외부 출장 중이었다. 베버는 워싱턴의 주요 저작을 잘 알고 있었다. 그들은 후에 편지를 교환했다. Scaff 1998, pp.69-70; Scaff 2011, pp.108-112.

11 "백인들은 (남부에서) '인종 보호'를 목적으로 분리정책을 시행하다 보니 피를 흘리며 죽어가고 있었다. 남부에서 이 정책에 열의를 보이는 사람들은 (종종 백인의 9/10에 해당하는) 흑인 상류층뿐이며, 백인들 사이에서는 오직 양키들의 마구잡이식 본능적 증오만이 존재했다."(Max Weber in Marianne Weber 1975, p.296. 저자가 이 인용문 일부 수정함—역주)

12 베버가 1904년 11월 7일 듀 보이스에게 보낸 편지(Scaff 2011, p.100에서 인용됨).

만 그의 뜻은 이뤄지지 않았다.

베버 부부는 노스캐롤라이나주 에어리산의 블루리지산맥 가장자리에 있는 먼 친척들을 며칠 동안 방문했다. 베버와 함께 성인 세례식을 지켜보던 베버의 사촌 중 한 명은 어린 지인이 앞에 나서자 비웃었다. 그 후보자의 동기를 조사해본 결과 의심스런 것으로 드러났다. 그는 동네에서 새로운 사업을 시작하고 싶었기 때문에 성인 세례식에 참여했다. 베버의 사촌은 베버에게 그 내막을 이렇게 설명해주었다. 교회 신도 자격은 후보자의 "좋은 성품"을 면밀하게 검토한 후에만 부여된다. 그렇게 획득한 교회 신도 자격은 그의 신뢰성을 공적으로 보증할 수 있는 확실한 증거가 될 수 있다. 또한 공정 거래와 적정 가격을 제공한다고 평판이 난 상인은 다른 상인들보다 지역사회 전체에서 선호될 가능성이 높다는 것이다(Weber 2011d, pp.209-212).[13]

이후 베버 부부는 워싱턴, 볼티모어, 필라델피아를 차례로 방문했다. 그들은 그 과정에서 퀘이커교, 장로교, 감리교, 백인 침례교, 흑인 침례교, 크리스천 사이언스 예배에 참석했다(Marianne Weber,

---

스캐프가 지적했듯이 베버가 취한 입장은 듀 보이스가 일찍이 정리한 입장이기도 했다. 베버는 이전에 듀 보이스의 주요 저작들을 읽었다(Scaff 1998, pp.69-71; Scaff 2011, pp.100-108).

13 베버의 노스캐롤라이나 방문을 기억하는 친척들과 인터뷰한 내용에 관해서는, Keeter 1981. 마리안느 베버의 다음과 같은 일반적 평가는 정확한 것처럼 보인다. "뜻밖에도 베버는 여기에서도 자신의 연구를 예증하는 자료, 즉 민주주의 사회를 구성하는 사회적 계층화의 옛 형태와 최신 형태를 획득했다. 베버는 사회의 기본적인 형식에서 종교적 종파의 유산을 간파했다. …"(Marianne Weber, p.298. 또한 Marinne Weber, pp.288-289에 인용된 베버의 편지도 참고하라)

pp.288-289, 300-301).14 마리안느 베버의 친척들은 보스턴 북부 교외의 조용한 거리에 있는 소박한 집에서 베버 부부를 맞이했다.15 베버 부부는 도시를 둘러보고, 하버드대학교와 펜실베이니아대학교 간의 축구경기를 관람했다(Marianne Weber, p.301).16 베버는 축구경기 관람 후 하버드대학교의 저명한 심리학자 윌리엄 제임스를 만난 것으로 추정된다. 베버 부부는 "세계 그 자체"라고 할 수 있는 미국 대학들을 보면서 깊은 인상을 받았다.17 그들은 그곳에서 필그림 파더스의 전통을 느꼈다(Marianne Weber, pp.133, 301, 288).

젊은 시절 추억의 모든 마법은 오직 대학시절에만 깃들어 있다. 다양한 스포츠 활동, 매력적인 형태의 사회생활, 무한한 지적 자극, 지속적인 우정 등이 그 결과이며, 그리고 무엇보다도 미국의 교육은 우리 독일 학생들보다 훨씬 더 많은 자발적 학습 습관을 포함한다(Max Weber in Marianne Weber, p.288).

필그림 파더스의 전통은 ... 여전히 젊은이들을 순결의 이상에 묶어두었고,

---

14 베버는 크리스턴 사이언스 예배에 관한 상세한 논평을 담은 긴 편지를 작성했다. Scaff 1998, pp.67-68; Scaff 2011, pp.164-168.
15 현재는 매사추세츠주 몰든 지역에 해당하는 와이오밍 지역이었다.
16 베버 부부는 마리안느 베버의 친척들과 함께 타고 온 마차의 맨 끝 좌석에 앉아서 경기를 관람했다. 사람들이 너무 많아 경기장으로 들어갈 수 없었기 때문이다. 그러나 베버는 곧 경기가 지루하게 느껴졌다. 그래서 전반전만 관람하고서 자리를 떠났다.
17 막스 베버는 컬럼비아대, 하버드대, 하버포드대의 도서관 및 기록보관소를 간략하게 방문했다. 그는 예일대, 존스홉킨스대, 브라운대, 하버드대를 포함해서 동부 해안의 주요 대학을 거의 모두 방문했다. 그는 "미국 대학의 강의 방식을 관찰하기 위해서 종종 강의에 참석하기도 했다."(Marianne Weber, p.288) Scaff 2011, pp.141-142, 161.

음탕한 얘기를 금지했으며, 여성들에 대한 기사도 정신을 주입시켰는데, 이는 당시 일반 독일인에게는 알려지지 않은 것이었다(Marinne Weber, p.288).

11월 19일, 베버 부부는 유대인 동네에서 이디시어(Yiddish)로 상영되는 저녁 연극을 관람한 후 독일로 떠났다.

베버는 10대 시절부터 열렬한 해외 여행자였다.[18] 베버의 생애 동안 유럽의 철도망은 유럽 전역으로 확대되었다. 따라서 베버는 수많은 여행을 통해서 이탈리아 남부에서 스코틀랜드 북부에 이르는 광대한 대륙을 답사했다. 그러나 베버의 미국 여행은 베버에게 지울 수 없는 흔적을 남겼다. 그는 미국 여행 후 수년이 지난 후에도 자신의 공개 강연과 저술에서 미국에서 관찰한 내용을 언급하곤 했다.[19]

베버의 독일 동료들 대부분은 미국 자본주의가 개인의 윤리적 진실성을 위협하고, 노동자를 체계적으로 착취하며, 탄탄한 사회적 유대를 파괴함으로써 사람들을 표류시키고 "원자화"시킨다고 확신했다.[20] 그러나 베버는 그들과 달리 미국을 대부분 수용하고, 미국

---

18 베버의 가족은 국제적으로 널리 확산되어 살았기 때문에 매우 세계주의적 성격을 지녔었다(Roth 2011, Roth 2005b).

19 베버가 미국을 이해하는 전반적 시각에 관해서는, Mommsen 1974; Roth 1985; Roth 2005a; Roth 2005b; Scaff 1998; Scaff 2011; Berger 1971; Rollman 1993. 미국의 유니테리언주의와 사회복음운동이 청년 베버에게 미친 영향에 관해서는, Roth 1997. 베버가 젊은 시절에 읽은 미국 관련 서적에 관해서는, Scaff 2005, pp.80-81; Scaff 2011, p.12; Roth 2005b. 베버는 10대 중반부터 미국에 관심을 가지고 있었다(Weber 1936, p.29).

20 베버의 친구이자 뉴욕 여행 동반자였던 베르너 좀바르트는 "이 끔찍한 문화적 지

의 이질성을 흡수했으며, 유럽에서는 찾아볼 수 없는 미국의 확고한 윤리적 표준, 개방성, 엄격한 목적의식 등을 인식했다. "미국에는 젊고 신선하고 자신감 넘치는 에너지, 악의 세력 못지않게 강력한 선의 세력 또한 존재했기 때문이다."(Marianne Weber, p.302)[21] 사실 베버는 독일에 널리 퍼진 고정관념과 맞서 싸우고 싶어 했다.[22] 그러나 베버는 5장에서 논의했던 것처럼 미국 경제성장이 장기적으로 쇠퇴하고, 정당, 경제조직, 행정 등이 점차 관료화되리라고 예견했다. 그는 앞으로 미국이 "유럽화"될 경우 기존의 평등주의가 약화되고, 사회적 위계가 더욱 경직되면서 역동성이 약화될 수밖에 없다고 우려했다.

11주간의 미국 여행은 베버의 미국 정치문화 분석뿐만 아니라, 종교사회학, 정치리더십, 관료제, 민주주의, 신분집단, 계층화 일반, 인종과 민족 등에 관한 베버의 다양한 저술에도 커다란 영향을 미쳤다. 또한 베버는 종교 영역에서 성취된 과거의 발전이 어떻게 세속화되거나 준세속화된 형태로 현재에 침투해서 여전히 살아 있는지를 명확하게 이해할 수 있게 되었다. 끝으로 베버는 근대 산업사회들과 도시화된 사회들이 각각 다르게 존재하는 방식을 정확하게 통찰했다. 베버는 미국 여행에서 얻은 지식을 통해서 독일의 정치

옥"과 "자본주의의 공포의 방"을 한탄하는 편지를 집으로 보냈다(Lenger 1994, pp.148-149).

21 이 문장은 마리안느 베버가 쓴 것이다.

22 그럼에도 불구하고 베버는 미국 대도시의 "기계정치"(machine politics)에 만연된 부패를 반복해서 설명했다. Weber 1968, p.1401; Weber 1946b, pp.107-111; Marianne Weber, p.302. 또한 베버는 미국에 만연된 소비주의에 대해서도 비판적으로 언급했다. 5장, 138-140쪽.

및 경제 문화의 특수성과 약점에 대한 이해를 더욱 분명히 증진시켰다.23

---

23 베버가 독일에 도입하고자 했던 "국민투표제적 민주주의"(plebiscitary democracy)라는 개념은 이념에 기반을 둔 유럽식 정당과 개별 지도자의 호소력에 기반을 둔 미국식 정당을 대조한 것으로서, 미국 모델에서 직접 가져온 것처럼 보인다.

부록 2

『프로테스탄트 윤리와 자본주의 정신』: 간략한 요약

    1904년과 1905년 두 편의 긴 논문으로 『사회과학 및 사회정책 논총』에 처음 발표된 막스 베버의 고전, 『프로테스탄트 윤리와 자본주의 정신』(PE, 2011b)은 현대 사회과학에서 가장 오랫동안 널리 읽히는 책 중 하나다. 이 책의 주요 내용을 간략하게 살펴보면 미국 정치문화에 대한 베버의 분석을 이해하는 데 도움이 될 것이다.1

    PE는 17세기 퓨리턴(캘빈주의자, 감리교도, 침례교도, 메노나이트, 퀘이커교도) 사이에서 발견된 "프로테스탄트 윤리"가 과연 베버가 서구 산업사회 부상에 기여한 것으로 본 원동력, 즉 세속적 "자본주의 정신"을 낳는 데 **"공동으로 참여"**했는가를 조사한 책이다. 베버의 주장에 따르면, 이러한 "근대 경제 윤리" 지지자들은 노동을 체계적인 노력, 즉 **소명**으로 간주했다. 그것의 특징으로는 일련의 가치에 따라 직업생활을 엄격하게—"금욕적으로"—조직하고, 체계적으로 그리고 성실하게 이익과 부를 추구하며, 돈을 유흥비로 낭비하지 않

---

1 이 개요는 "베버 테제"의 간략한 요약을 제공할 것이다. 또한 이 책의 1장과 2장의 배경과 맥락을 제공할 것이다. 좀 더 자세한 논의는, Kalberg 2011a; Kalberg 2011c, pp.321-330.

고 체계적으로 재투자하는 것 등을 꼽을 수 있다. 베버의 주장을 정확하게 이해하려면 16세기와 17세기의 뿌리 깊은 종교적 세계에 대해서 간략하게 검토할 필요가 있다.

"정신적 토대"

구원예정설은 PE에서 펼친 막스 베버의 주장에서 핵심적 지위를 차지한다. 스위스 신학자 존 캘빈(1509~1564)에 따르면 『구약성서』의 전지전능한 신은 자신이 선택한 소수의 인간들만이 천국에서 다시 태어날 수 있다고 결정했다. 인간의 선행이나 윤리적 행동으로는 신의 결정을 결코 수정할 수 없으며, 평범한 인간은 전지전능한 신의 동기를 결코 이해할 수 없다. 베버에 따르면, 바로 이 구원예정설 때문에 신자들에게서 견딜 수 없는 불안과 숙명론이 생겨났다. 그러나 16세기 후반에서 17세기 초반에 걸쳐 리처드 백스터(1615~1691)가 이끄는 영국의 "퓨리턴 성직자들", 즉 목사들, 신학자들, 평신도들 사이에서 그처럼 견딜 수 없는 불안을 완화시키기 위한 교리 수정 작업에 착수했다. 베버는 바로 여기에 프로테스탄트 윤리의 원천이 존재한다고 주장한다. 바로 이 문제에 관한 베버의 분석은 두 단계로 나눠서 살펴볼 수 있다.

첫째, 퓨리턴들은 캘빈을 따라 이 짧은 생애에서 수행해야 할 자신의 임무를 분명한 용어로 파악했다. 즉, 지상에서 신의 영광과 위엄을 찬양하는 왕국을 건설하는 것, 다시 말해서 부와 풍요의 왕국을 건설하는 것이었다. 따라서 노동은 이 왕국을 건설하는 수단이었기 때문에 "심리적 프리미엄"을 부여받았고, "모든 사람들에게 명령되었으며", 진실한 신자들에 의해서 삶의 최전선으로 격상되었다. 또한 성직자들의 주장에 따르면, 노동은 체계적인 방식으로 수행해야 하며, 특히 **소명의식을 갖고서** 수행해야만 한다. 아울러 체계적인 노동은 원초적인 욕구와 욕망을 억제함으로써 신과 신의 계획에 집중할 수 있도록 도와준다. 특히 체계적 노동은 구원예정설이 강제한 견디기 어려운 의심증, 불안감, 도덕적 무가치함 등에서 벗어날 수 있게 해준다. **금욕적 프로테스탄티즘**은 바로 이러한 방식으로 끊임없는 노동과 부를 추구하는 활동에 분명한 프리미엄을 부여했다. 이제 이 두 활동은 모두 순전히 공리주의적 의미를 탈각하고 신의 뜻을 획득하게 되었다.

 이처럼 신성시한 노동이 영향력은 있었지만 중세 가톨릭에 뿌리를 둔 오래된 노동의 에토스를 완전히 극복하지는 못했다. 이러한 "전통적 경제 윤리"에 따르면, 노동은 필요악으로 이해되었고, 이윤은 정직하게 벌어들이는 경우가 드물었다. *PE*의 주장에 따르면, 이러한 사고방식에서 탈피하려면 노동과 부는 더욱 포괄적인 신성한 의미를 획득해야만 했다. 결국 "전통적 경제 윤리"는 거의 뿌리가 뽑히지 않았다. 기업가적 통찰력과 "사업 수완", 세상에서 자신의 길을 개척하는 모든 지적인 방식, 심지어 카리스마 넘치는 모험적 자본가들도 "전통적 경제 윤리"를 약화시키는 데 실패했다(Weber 2011c, pp.79, 83-84). 더욱이 불안한 신자들에게 가장 중요한 "구원의 확실성"을 묻는 질문, 즉 "나는 구원을 받은 사람인가?"라는 질문에 대한 적절한 답변은 아직 나오지 않았다. 바로 이런 맥락에서 볼 때, 베버의 분석에서 두 번째 단계는 매우 중요하다.

구원예정설에도 불구하고 리처드 백스터와 여타의 퓨리턴 신자들은 신자의 구원 상태에 대한 신의 **표징**(signs)을 발견할 수 있다는 결론에 도달했다. 무엇보다도 신자들이 직업적 소명에 따라 체계적으로 노동을 하거나 부를 획득하기 위해서 힘든 일에 계속 집중할 수 있는 능력을 보여준다면 그들에 대한 신의 은총은 분명한 것처럼 보였다. 실제로 신도들은 그렇게 할 수 있는 힘과 규율, 그리고 깊은 헌신과 올바른 행동이 신으로부터 온다고 스스로 확신했다. 즉 신의 에너지가 "나의 내면에서 작동하고 있다"고 확신한 것이다. 더욱이 캘빈이 제시한 우주는 결정론적 성격을 지녔기 때문에 우연히 일어나는 일은 결코 있을 수 없었다. 따라서 체계적인 노동으로 거대한 부를 획득한 신자들은 자신들의 행운을 신의 손길이 보살핀 결과로 이해했다. 또한 독실한 신자들은 신은 **오직** 구원으로 예정된 자들만을 도와주신다고 스스로 확신할 수 있었다. 요컨대 체계적인 노동을 통해서 이익과 거대한 부를 획득한다는 것 그 자체가 자신에게 유리한 구원 상태를 말해주는 "증거"(evidence)가 되었다.

이제 더욱 강렬한 방식으로 심리적 프리미엄을 부여받은 신자들은 끊임없는 노동과 부의 소유가 그들의 구원을 **증명하는 것으로** 여기게 되었다. 다시 말해서 끊임없는 노동과 부의 소유 그 자체가 신자들에게 문자 그대로 구원의 증거를 제공했다. 늘 암담했던 퓨리턴은 불안감이 줄어들면서 신의 뜻을 실현하는 훈련된 "도구"로 변모되어 지상에서 신의 위대한 왕국을 건설하는 대업에 자랑스럽게 참여했다.

베버에 따르면, 이처럼 **체계적-합리적** 삶의 조직과 **세속 내 금욕**

주의**, 즉 "프로테스탄트 윤리"가 "퓨리턴의 삶의 양식"의 두드러진 특징이었다. 이제 독실한 신자들은 자신들의 에너지와 행동 전체를 신의 뜻에 집중하고, 소비를 억제하고, 이윤을 재투자하고, 전통적인 경제윤리를 추방하고, 노동을 자신의 삶의 중심에 두었다. 신자들은 신의 위대한 디자인에 극도로 충성하는 특징적 모습을 보였고, 부는 전능하신 신의 손에서 나왔기 때문에 오직 그분과 그분의 왕국에만 속하는 것으로 인식했다. 따라서 부는 **반드시** 신자들의 유흥비로 사용되는 대신 신과 신의 왕국을 위해서 재투자되어야만 했다.

동시에 비즈니스에 종사하고 이익을 추구하는 사람들의 이미지도 바뀌었다. 자본가들은 옛날부터 계산적이고, 탐욕스럽고, 이기적인 존재로 여겨졌다. 그러나 이제 자본가들은 신이 부여한 고귀한 프로젝트에 성실하게 참여하는 선한 성품을 지닌 정직한 고용주로 인식되었다. 베버의 주장에 따르면, 종교의 후광—"영적 토대"—이 그들의 활동을 감싸고 있었다. 따라서 상품의 생산과 교환을 오로지 공리주의적 계산과 영리한 사업절차로만 이해하는 사고방식은 버려야만 했다. 이제 직업적 전문가들—소명에 충실한 "새로운 인간"—이 서양 역사의 무대에 새롭게 등장했다.

베버의 주장에 따르면, 퓨리턴들이 노동, 부, 이익을 체계적으로 추구하는 삶의 양식을 그들에게 중요한 질문—"나는 구원받은 사람인가?"—에 집중시킨 것이 중요한 것으로 판명되었다. 직업적 노동에 종교 기반 심리적 보상을 부여하는 것만으로도 전통적 경제윤리를 뿌리 뽑을 수 있는 능력이 부여되었기 때문이다. 베버는 퓨리턴 고용주와 노동자로 구성된 이러한 **일관된 집단**의 끈기와 "지속적인 회복력"(Weber 2011c, p.91)을 인정해야 한다고 주장한다. "내면으로부터 우러나는" 노동의 동기를 부여한 "내적 구속력을 가진" 종교적 가치관과 물질적 성공을 추구하는 열정은 "윤리적 원칙을 중심으로 조직된" 삶의 양식을 도입했다. 이처럼 강력한 행동 패턴은 전통적 경제 윤리와 정면으로 충돌했다. 베버가 볼 때, 퓨리턴의 경제적 활동을 관통하는 다양한 윤리적 차원은 전통적 경제 윤리에 대항하는 "혁명적 힘"을 발휘했다(Weber 2011c, pp.89, 134-135). 또한 그것은 자본주의 정신을 불러일으켰다.

프로테스탄트 윤리에서 자본주의 정신으로

교회와 종파를 통해 전파된 프로테스탄트 윤리는 17세기에 뉴잉글랜드, 네덜란드, 영국의 많은 지역 사회에 퍼졌다. 퓨리턴 가치에 대한 확고한 신념에서 비롯된 부와 마찬가지로, 소명의식을 갖고서 수행하는 절제되고 힘든 노동은 신으로부터 선택받은 사람들의 두드러진 특징이었다. 이러한 에토스가 한 세기 후 벤저민 프랭클린 시대에는 전 지역에서 육성되었다. 그러나 이러한 확산과 함께 종교 기반 윤리적 요소가 약해지면서 점차 "실용주의적 악센트를 지닌 에토스"로 변질되었다(Weber 2011c, pp.79, 173, 176-178).

베버는 이러한 에토스를 자본주의 정신으로 부르는데, 이는 개인이 노동 그 자체를 목적으로 보고, 소명의식을 가지고서 체계적으로 노동을 하고, 자본을 증식시키고, (돈의 낭비는 피하면서) 끊임없이 돈을 벌고, 물질적 부를 "직업적 소명에 대한 능력과 숙련도"의 구현으로 이해하는 의무를 함축하는 가치체계라고 할 수 있다(Weber 2011c, p.81). 이러한 삶의 조직화 방식을 고수하는 사람들은 다른 사람들에게 구원받은 존재로 인식되기보다는 도덕적 품성이 좋은 공동체 지향적 시민으로 여겨졌다. 즉시 눈에 띄는 그들의 충직한 태도는 더 이상 선택 받은 사람들 사이에서 확고한 신념과 구성원임을 증명하는 데 도움이 된다기보다는, 존경심, 존엄성, 정직성, 자신감 등을 보여주는 것이었다.2

벤저민 프랭클린은 *PE*에서 이러한 "정신"을 대표했다. 베버의 주장에 따르면, 기민한 사업 수환, 공리주의적 계산, 탐욕 등은 프랭클린의 절제된 삶의 **기원을** 설명하지 못하며, 오히려 금욕적 프로테스탄티즘의 유산이 크게 기여했다. 실제로 이러한 해석은 프랭클린이 자신의 삶을 조직하고 운영하는 방식에서 윤리적 요소가 존재한다는 사실로부터 확인할 수 있다는 것이다(Weber 2011c, pp.79-81). 하지만 여기에서 하나의 수수께끼가 등장한다. 프로테스탄트 윤리의 윤리적 차원은 이제 그것의 근본적인 구원 추구 동력을 상실하고, "세상에 존재하지만 세상에 속하지 않는" 구성 요소들인데("in but not of" the world components), 어떻게 프랭클린의 시대까지 살아남을 수 있었을까?

퓨리턴의 윤리적 가치는 윤리적 행동의 종교적 뿌리가 약화되기 오래전에 원래의 사회적 캐리어인 금욕적 프로테스탄트 교회와 종

---

2   개인적 행동은 물론 심지어 정치 영역에서도 (정치적 활동가의 이상으로서) "좋은 품성"의 핵심적 측면으로서 모든 사람에게 정직하고 솔직하게 대할 것을 강조하는 미국적 기원은 여기에서 찾아야 한다. 퓨리턴들에게는 자신의 선택받은 지위를 입증하는 의로운 행동은 신자 **내부에 있는** 신의 힘에서 비롯되는데, 신은 결코 솔직하지 않을 수 없다. 같은 이유로 퓨리턴들은 감히 부정직하게 말하지 않는다.

파를 넘어서서 또 다른 캐리어 조직인 프로테스탄트 가정으로 확장되었다. 따라서 이러한 가치는 가정에서 수행되는 아동의 사회화에서 중심적 역할을 수행했다. **심지어** 식민지 시기 미국에서 이러한 교회와 종파의 포괄적 영향력이 점진적으로 점차 약화되었음에도 불구하고 그러했다. 부모는 자녀가 삶의 목표를 설정하고, 삶을 체계적으로 조직하고, 자립심을 갖고서 개인으로서 자신의 운명을 스스로 개척하고, 윤리적 기준에 따라 행동하고, 부지런히 일하도록 가르쳤다. 부모들은 그들의 자녀들에게 비즈니스 분야에서 경력을 쌓고, 자본주의의 개방된 시장에서 미덕을 찾고, 물질적 성공을 추구하고, 신분 상승을 추구하고, 겸손하고 검소하게 살고, 부를 재투자하고, 미래와 그것이 제공하는 "기회"를 바라보고, 시간을 현명하게 사용하도록 격려했다. 바로 이것이 벤저민 프랭클린이 자신의 글에서 훈계했던 내용이기도 했다(Weber 2011c, pp.77-78). 또한 가족들은 금욕적인 개인의 습관, 치열한 경쟁, 비즈니스 거래에서 정직과 페어플레이가 차지하는 중요성 등을 강조했다. 아이들은 가정에서 친밀하고 개인적인 관계를 통해서3 절제되고 냉정한 방식으로 행동하도록 사회화되었다. 그러자 아이들은 윤리적 가치의 체계를 참조하면서 그런 식으로 행동했다.

  이런 식으로 원래 금욕적 프로테스탄트 종파와 교회에서 추구했던 가치 지향적 행동은 이러한 종교조직이 약화된 후에도 오랫동안 지속되었다. 윤리적 행동 지향은 학교를 포함한 지역사회 조직에

---

3 베버는 **윤리적** 가치 교육이 효과를 발휘하려면 반드시 강력한 개인적 유대가 수반되어야 한다고 강조한다. Weber 1927, pp.357-358; Weber 1946c, p.331; Weber 1968, pp.346, 600, 1186-1187; Weber 2005, pp.251-254.

서도 육성되었다. 프로테스탄티즘의 "종파 정신"은 이제 격률, 지역 사회 규범, 특정한 품행, 그리고 익숙한 관습과 전통으로 루틴화되어서 새로운 세대에 계속 영향력을 행사했다. 그래서 그러한 루틴이 프랭클린의 미국 내부에서 여전히 존재했던 것이다(Weber 2011a, pp.227-232; Nelson 1973, pp.98-99, 106-108). 그러나 베버는 이러한 자본주의 정신의 원천은 "세속적인 것"이 아니라 "탈속적인 것"이었다고 주장한다. 즉 프로테스탄트 윤리가 자본주의 정신의 전신이었다는 것이다. 베버는 이렇게 말한다. "퓨리턴의 진실한 신앙은 우리가 여기에서 자본주의 정신으로 지칭하는 삶의 양식을 확장하기 위해서 생각할 수 있는 가장 강력한 지렛대였음에 틀림없다."(Weber 2011c, p.170)

우리의 분석은 근대 자본주의 정신의 구성 요소 중 하나, 더 나아가 근대 문명의 구성 요소 중 하나가 **소명이란 관념에** 기초해서 삶을 합리적으로 조직한 것이라는 점을 보여주고자 했다. 그것은 **기독교적 금욕주의** 정신에서 탄생했다(Weber 2011c, p.176. 강조는 베버).

"'관념'이 역사에서 효과를 발휘하는 방식"을 설명한 *PE*는 이제 결론에 도달한다. 베버는 자본주의 정신의 궤적을 추적하면서 상당히 중요한 비공리주의적, 비정치적, 비경제적 뿌리를 발견했다. 베버는 프로테스탄트 윤리가 자본주의 정신의 형성에 "**공동으로** 참여했다"는 사실을 *PE*에서 밝혔다(Weber 2011c, p.108).[4] 가치와 관

---

4   베버는 분명히 자본주의 정신의 다른 기원도 인정했다. Weber 2011c, pp.108, 399-400, note 142.

넘이 역사에서 두드러진 인과적 역할을 했다는 것이다.

"기계론적" 토대

PE의 마지막 몇몇 쪽에서는 새로운 주제인 근대 자본주의의 "우주"를 간략하게 살펴보기 위해서 수 세기를 뛰어 넘는다. 베버는 광범위한 필치와 인상적인 구절을 통해서 오늘날의 "세속" 지향적 행동과 윤리적 가치체계를 참조하면서 체계적으로 조직된 삶의 운명을 간략하게 탐구한다. 우리는 근대 자본주의하에서 어떻게 **살 수 있는가**라는 질문이 베버를 평생 사로잡았다.

베버의 주장에 따르면, 19세기의 대대적인 산업화 이후 확고하게 자리를 잡은 "승리한 자본주의"는 이제 **수단-목적 합리적** 행위의 기초 위에서만 스스로를 지탱한다. 이처럼 도시적 관료적 환경에서는 프랭클린의 정신이나 프로테스탄트 윤리의 금욕주의는 체계적인 작업에 더 이상 주관적 의미를 부여하지 못한다. 근대 자본주의 탄생에서 그토록 중요한 역할을 했던 그러한 가치체계가 붕괴되고 사라지면서 순전히 공리주의적 계산이 전면에 등장한다(Weber 2011c, pp.175-176). 오늘날 근대 자본주의는 우리가 피할 수 없는 실용적 필수품의 네트워크를 기반으로 전개된다.

고용인이든 기업가이든 이 "강력한 우주"에서 태어난 사람들은 누구나 생존하려면 시장의 기능적 교환에 적응해야만 한다. 이러한 "강철처럼 단단한 외피"(steel-hard casing)에서 노동하려는 사람의 심리적 동기에는 반드시 절제와 수단-목적 합리적 행위가 함께 존재해야 한다. 요컨대 우리 시대는 이러한 "기계론적 토대"(mechanical foundation)에 뿌리를 두고 있는 것이다. 근대 자본주의의 이러한 "연마 메커니즘"(grinding mechanism)은 … "압도적인 힘으로 … (그곳에서 태어난 모든 사람들의 삶의 스타일을 결정)할 것이고, 아마도 그런 과정은 마지막 1톤의 화석 연료가 다 타서 재가 될 때까지 계속될 것이다."(Weber 2011c, p.177)[5]

오늘날 자본주의 사회에 대한 베버의 간략한 논평을 이런 식으로 이해할 때, PE에서 전개된 베버의 분석이 크게 4개의 단계로 구성되었다는 사실을 확인할 수 있다(다음 쪽 도표 참조).

요컨대 PE 분석은 역동적 태피스트리로 구성된 특성을 보인다. 베버의 논문은 오늘날까지 꾸준히 비판을 받지만, 서구에서 근대 자본주의가 탄생한 까닭을 이해하고자 하는 학자들은 반드시 대결해야 할 연구 성과라고 할 수 있다. PE는 프로테스탄트 윤리와 자본주의 정신이 수행한 중요한 역사적 역할에 주목함으로써, 공리주의적 활동(예컨대 합리적 선택이론)이나 구조적 변화(마르크스 계보나 뒤르케임 계보)만을 배타적으로 참조하면서 근대 세계의 부상을 설명하려는 모든 이론들에 의문을 제기한다. 경계가 획정된 집단에 속한 사람들의 다양한 **주관적 의미**는 근대 세계를 탄생시킨 **탈**속적, **가치** 지향적 활동과 마찬가지로 베버에게 핵심적인 것으로 판명되었다. 퓨리턴의 금욕주의는 "세상에 존재하지만 세상에 속하지 않는" 퓨리턴 자신의 삶에서 비롯되었다.

---

5   이 주제에 관해서는 이 책 전체에서 다각도로 검토했다.

『프로테스탄트 윤리와 자본주의 정신』: 베버의 분석 단계들

	시기	조직	행동유형	독실한 신앙심
I. 캘빈: 구원예정설로부터 운명론이 파생됨	16세기	작은 종파들	가치 합리적	예
II. 백스터: 프로테스탄트 윤리	16-17세기	교회들과 종파들	가치 합리적 (체계적으로 세상을 지향 하는 활동)	예
선택적 ↕ 친화성				
III. 프랭클린: 자본주의 정신	18세기	지역공동체들	가치 합리적 (체계적으로 세상을 지향 하는 활동)	아니오
V. "전문가": 하나의 "우주"로서 근대 자본주의	20세기	산업사회	수단-목적 합리적	아니오

    PE를 저술한 베버는 장기간에 걸친 사회적 변화를 설명하고자 할 때 문화적 힘에 명시적으로 주의를 기울이는 모든 사회학적 학파의 창시자로 이해되어야 할 것이다. 또한 PE는 과거가 현재와 얽혀 있으면서 현재에 영향을 미친다는 사실을 단호하게 선언한 연구로 이해되어야 할 것이다. 끝으로 PE는 세계화가 보편화된 시대에

서 한 국가가 경제적 근대화를 추진하고자 할 때 필연적으로 저항하는 그 나라 고유의 문화적 체계의 인과적 힘을 알려준다. 베버는 사회과학자 일반에게 사회적 변화의 종교적 배경을 고려하라고 권고했다.

용어 해설

이 목록에는 (a) 이 책의 주요 주제에 중심이 되는 용어와 (b) 베버의 사회학에서 기초가 되는 전문 용어가 포함되어 있다. 볼드체는 이 용어 해설의 다른 항목에 대한 상호 참조를 나타낸다.

가치합리적 행위(동기) (value-rational action [motives])
가치합리적 행위는 베버가 분류한 "네 가지 유형의 **사회적 행위**" 중 하나인데, 사람들이 자신의 행동을 상당 부분 가치에 맞춰 조정할 수 있다는 것을 의미하며, 실제로는 그러한 조정이 의무적이거나 "구속력 있는" 수준까지 이를 수 있다. 베버는 종종 가치합리적 행위를 "목적합리적 행위"(means-end rational action)와 대비시킨다.

강철처럼 단단한 외피("쇠우리") (steel-hard casing ["iron cage": *stahlbartes Gehäuse*])
근대 자본주의는 일단 "안장에 올라타면" 더 이상 **자본주의 정신**의 지지를 필요로 하지 않는다. 이제 이 "연마 메커니즘"은 전적으로 시장의 법칙에 따라 그 스스로 유지되기 때문이다. 이러한 강철처럼 단단한 외피는 비인격적 계산, 도구적 합리성, 효율적 생산을 극대화하는 메커니즘 등을 특성으로 지닌다. 근대 자본주의에 수반되는 광범위한 관료화는 강철처럼 단단한 외피의 비인격적이고 냉혹한 성격을 더욱 강화시킨다.

공생적 이원주의(symbiotic dualism)

베버는 미국 정치문화에서 특이한 종합, 즉 활동 지향적 **세계 지배적** 개인주의가 생동하는 **시민사회**의 가치를 지향하는 사람들과 병치되는 모습을 통찰했다. 양자는 상생적 관계를 안정적으로 유지했다. 베버는 이러한 공생적 이원주의의 원형을 17세기와 18세기 퓨리턴 종파에서 발견하고(1장과 2장 참조), 이후의 세속적 형태, 즉 **새로운 공생적 이원주의**를 19세기 시민단체에서 발견했다(3장 참조).

교회(church)

사람들은 교회에서 "태어나는" 존재다. 따라서 의무적으로 교회에 가입해야 한다. 교회는 **종파**와 달리 "의로운 사람과 불의한 사람 모두에게 은혜를 베푼다." **종파** 참조.

구원예정설(Predestination [doctrine of])

특히 캘빈주의자들 사이에서 두드러진다. 신은 소수의 사람들만 구원받기를 원했고, 대부분의 사람들은 정죄를 받는다. 그 이유는 알 수 없으며, 인간의 어떤 활동으로도 "구원예정 상태"를 바꿀 수 없다. 이러한 구원예정설을 믿는 신자들은 운명론과 절망에 빠질 수밖에 없었다. 따라서 신학자들과 목사들("퓨리턴 성직자들")은 구원예정설을 개정했는데, 그러한 개정으로부터 **프로테스탄트 윤리**가 파생되었다.

금욕적 프로테스탄티즘(퓨리터니즘) (ascetic Protestantism [Puritanism])

이 일반적 용어는 칼뱅주의, 경건주의, 감리교, 침례교, 메노나이트의 **교회** 및 **종파**를 가리킨다. 베버는 이러한 신앙의 직업윤리를 서로 비교하고 대조하며, 루터란 프로테스탄티즘(Lutheran Protestantism)과 가톨릭의 직업윤리와도 비교한다. 베버의 주장에 따르면, 모든 퓨리턴은 노동과 엄격한 금욕주의를 중심으로 삶을 조직했다. 따라서 퓨리터니즘은 직업적 **소명**이란 개념에 일관된 토대를 제공했다. 놀랍게도 퓨리턴의 치열한 활동은 현세의 재화나 이익보다 내세의 구원을 지향했기 때문에 세상에 **존재하지만** 세상에 **속하지** 않았다(in the world not of the world). 베버는 퓨리턴의 가르침과 실천에서 **자본주의 정신**의 분명한 원천 하나를 발견했다.

금욕주의(asceticism)

신자의 자연스런 인간적 충동과 욕망(**자연상태**)을 일련의 가치에 따라 극단적으로 길들이고, 채널링하고, 승화시키고, 조직하는 것을 말한다. 금욕주의는 두 가지 방향에서 "삶의 체계적-합리적 조직화"를 추구하는데, 세계 **안에서**(금욕적 프로테스탄티즘의 "세속 내 금욕주의")와 세계 **밖에서**(수도원의 수도사들의 "세속 외 금욕주의")가 각각 그것이다.

"너 스스로 지켜라"("hold your own")

금욕적 프로테스탄트 신자는 자신의 행동을 엄격하게 감시하는 집단 내에서도 여전히 신에게 직접 책임을 져야 한다. 자신을 신에게 중개하는 사제는 없다. 따라서 신자는 행동을 통해서 자기 자신의 구원을 증명해야 한다. 다시 말해서 신자는 온갖 유혹에도 불구하고 오직 신의 계명에 따라 자기를 스스로 지켜야 한다.

루틴화(routinization)

베버에 따르면 집단에 속한 사람들의 패턴화된 행위는 네 가지 유형의 **사회적 행위**, 즉 목적합리적 행위, 가치합리적 행위, 전통적 행위, 감정적 행위를 참조하여 파악할 수 있다. 원래 가치를 지향하던 행위가 나중에 계산적이고 오로지 수단-목적 합리성을 띠게 되면 "루틴화"된 것이다.

마음의 틀(frame of mind [Gesinnung])

특정 집단의 사람들이 공유하는 **주관적** 의미를 특징짓는 기질이나 성향을 말한다. 베버의 주장에 따르면, 마음의 틀은 **이념형**을 구성해서 개념화할 수 있다. 이념형이란 본질적 특성을 부각시켜 구성한 개념을 말한다. 예컨대 캘빈주의자, 가톨릭교도, 루터교도, 봉건 귀족, 오래된 상업 중심의 저명한 (귀족) 가문, 중산층 각각의 본질적 특성을 부각시켜 칼뱅주의자의 이념형, 가톨릭교도의 이념형, 루터교도의 이념형, … 등을 구성할 수 있다. 어떤 집단의 마음의 틀은 가치의 영향을 많이 받을 수 있고(종교적 그룹의 경우는 윤리적 가치의 영향을 많이 받을 수 있음), 다른 집단의 마음의 틀은 이익이나 전통(풍습과 관습)의 영향을 많이 받을 수 있다.

모래더미(sandpile)

베버의 주장에 따르면, 미국사회는 원자화된 개인들, 즉 실질적 관계가 없는 사람들로 구성된 "모래더미"가 아니다. 오히려 "처음부터 엄청난 양의 **시민적** 단체들과 사회적 단체들이 미국 생활의 모든 구석구석에 침투하여" 개인들을 집단으로 단단히 묶어놓았다.

미국적 스펙트럼(American spectrum)

21세기에는 진자운동이 베버리언 모델(5장)과 보완적 모델(6장) 사이에서 일어난다.

사람들 앞에서 증언함(testify before people) (종파, 프로테스탄트 종파 참조)

종파의 멤버가 되기 위해서는 "특정 종류의 자질"을 필수적으로 갖춰야만 했고, 신실한 행동을 지속적으로 실천해야만 했다. 베버의 주장에 따르면, 종파는 멤버들의 행동을 면밀하게 감시했기 때문에 멤버들은 자존감을 유지하고 존경을 받기 위해서 반드시 "사람들 앞에서 **자신을 지켜야만 했다**"(hold their own before people). 베버가 볼 때, "어떤 사람이 속한 단체"에서 "자신을 지켜야 할 필요성보다도 더욱 강력하게 단체의 특성을 번성시킬 수단은 없다."

사회적 캐리어(social carriers [*Träger*])

베버에 따르면 가치, 전통, 이해관계, 감정, 관념 등을 지향하는 패턴화된 사회적 행위는 특정의 영향력 있는 집단 (계급, 지위 집단, 조직)에 의해서 "전달될 때" 중요한 인과적 힘을 발휘한다. 베버는 『프로테스탄트 윤리와 자본주의 정신』에서 어떤 집단이 특정 유형의 직업윤리를 전달했는지 알고 싶어 했다. 사회적 캐리어는 베버의 사회학에서 핵심적 개념이다.

사회적 행위(의미 있는 행위) (social action [meaningful action])

베버의 사회학은 "사회적 행위에 대한 해석적 이해를 제공하고자" 한다. 사회적 행위는 "반응적" 또는 "모방적" 행위와 달리, "타인의 행위를 고려하는" 주관적으로 의미 있는 요소를 함축한다. 연구자는 이러한 측면을 이해할 수 있다. 베버는 네 가지 "유형의 사회적 행위"의 이념형을 구성했는데, 감정적, 전통적, 목적합리적, 가치합리적 행위가 각각 그것이다. 베버의 사회학에서 추구하는 또 다른 중요한 목표로는, 그의 『경제와 사회』에서 다양한 사회적 영역(예컨대 경제, 종교, 법률, 권위 분야 등)에서 의미 있는 행동을 요구하는 사회적 맥락을 도식적으로 제시한 것을 꼽을 수 있다.

새로운 공생적 이원주의(new symbiotic dualism)

공생적 이원주의 참조.

섭리의(신성화된) (providential [sanctified])

지금까지 순전히 실용적인 활동(예를 들어 노동, 부, 이익)에 종교적(구원) 의미를 부여하는 것을 뜻한다.

세계 지배(world-mastery)

퓨리턴 신자들의 **마음의 틀**을 의미한다. 그들은 지상에서 질서 있고, 정의롭고, 풍요로운 신의 왕국을 건설하기 위해서 세상의 장애물, 혼돈, 불의를 "지배하고자" 한다. 그들은 그러한 왕국이 신의 계명에 따라 신의 위엄을 영화롭게 할 것으로 본다. 베버는 바로 여기에서 퓨리턴 신자들의 활동적이고 주도적인 자세를 본다. 이러한 자세의 세속적 표현이 **자본주의 정신**이다.

세상에 대한 공리주의적 적응(utilitarian adaptation to the world)

세상의 실용적 도덕을 지향하는 삶을 말한다. 따라서 신의 율법을 엄격하게 준수하면서 구원을 위해 노력함으로써 실용적 도덕을 뛰어 넘는 태도와 큰 차이가 있다.

소명(calling [Beruf])

원래는 신이 주신 임무라는 뜻이었다. 따라서 그 임무는 존중하고 성실하게 수행해야 했다. 이 소명은 16-17세기 서양에서 프로테스탄트 신자들의 삶에 경계가 정해지고 존중받는 일의 영역을 도입했다. 오늘날에도 세속화된 형태이긴 하지만 직업이나 지역사회에 대한 "봉사"라는 의미로 계속해서 존재한다.

시민단체(civic association)

19세기 미국에서는 지역사회 봉사단체들(예컨대 로타리, 라이온스, 키와니스 클럽들)의 활동이 두드러졌다. 베버의 주장에 따르면, 이러한 단체들의 사회학적 선구자는 18세기 프로테스탄트 **종파들**에서 찾아볼 수 있다. 지역사회 봉사단체들도 프로테스탄트 종파들처럼 투표를 통해서 멤버십을 결정했으며, 멤버십을 획득하면 지위와 존경을 부여받았다. 베버는 이런 단체들이 널리 확산되는 모습을 보면서 유럽에 유포된 미국사회에 대한 통념, 즉 미국사회는 고립된 개인들로 구성된 **모래더미**(sandpile)와 같다는 통념을 거부했다.

시민사회(civic sphere)

사적 영역과 분리된 일련의 가치체계가 설정한 공동체의 규범을 의미하는데(A set of values separate from the private realm that sets community standards), 이는 시민들이 진심으로 추구하는 이상적 가치라고 할 수 있다.

시민적 개인주의(실용적-윤리적 개인주의) (civic individualism [practical-ethical individualism])

19세기 퓨리터니즘의 유산인데, 미국인들이 **시민사회**에서 표방하는 일련의 가치를 충실하게 추구한다는 사실을 의미한다. 이러한 가치는 윤리적 성격을 지닌 것으로 이해되는데, 바로 그러한 윤리적 가치가 사람들이 준수해야 할 필요성을 느끼는 표준과 이상을 설정하기 때문이다. 따라서 시민적 개인주의는 시민적 가치의 지도를 받는 행동주의적 자세를 의미한다. 그러나 베버가 볼 때, 이러한 유형의 시민적 개인주의는 20세기에 들어서면서 등장한 **실용적-합리적**(practical-rational) 개인주의에 의해서 위협을 받는다.

신성화된(sanctified)

섭리의 참조.

실용적 합리성(practical rationality) (실용적 합리주의, 실용적-합리적 개인주의 [practical rationalism, practical-rational individualism])

여기서는 일상적 이해관계의 무작위적 흐름이 중심이며, 개인은 수단과 목적의 합리적 계산을 통해서 그것에 적응한다. 이는 윤리적 행위와 정면으로 대조된다. 윤리적 행위의 가치 지향성은 이해관계의 무작위적 흐름을 억제하면서 질서를 잡는다.

실용적-윤리적 개인주의(practical-ethical individualism)

시민적 개인주의 참조.

심리적 보상(psychological reward [*psychologische Prämien*])

금욕적 프로테스탄트들은 신앙과 종교 활동을 통해서 특정 활동(예컨대 부의 축적이나 신의 법률에 따른 삶의 조직화)에 "구원 프리미엄"을 부여한다. 그래서 신자들이 그런 활동을 수행하는 한 구원 받은 자들 가운데 자신도 속해 있다는 것을 더욱 쉽게 확신할 수 있도록 돕는다.

"연마 메커니즘"("grinding mechanism")

강철처럼 단단한 외피(steel-hard casing) 참조.

윤리적 행동(ethical action)

가치에 뿌리를 두고 있고, 의무적 요소도 포함한다. 의무적 요소는 행동을 강력하게 지시할 수 있는 잠재력을 지닌다. 베버가 볼 때, 윤리적 행동은 근대에 들어서서 꾸준히 약화되고 다양한 제약을 받는다. 그러자 **실용적 형식적 합리성**(practical and formal rationality)이 확장되었다.

의미 있는 행위(meaningful action)
사회적 행위 참조.

이념형(ideal type)
베버의 중요한 방법론적 도구다. 이 색출적 개념(heuristic concept)은 연구자가 설정한 테마의 관점에서 특징적인 것을 강조함으로써 어떤 그룹에서 핵심적인 **주관적 의미**(예컨대 상이한 종교에 속한 사람들의 경제윤리)를 포착하고자 한다. 이념형은 일단 형성되면 특정 경험적 사례를 "측정하고" 정의할 수 있는 기준이 된다. 또한 인과관계를 확립할 때도 중요한 역할을 한다. 이념형은 역사적 서술, 합리적 선택, (사회나 근대화 같은) 글로벌 개념 등이 아니라 베버의 분석수준을 나타낸다.

자본주의 정신(근대의 합리적 경제윤리) (spirit of capitalism [modern, rational economic ethic])
벤저민 프랭클린이 대표하는 자본주의 정신은 프로테스탄트 윤리의 세속화된 유산인데, 양자는 "선택적 친화성"(elective affinity)의 관계에 있다. 자본주의 정신은 이익과 경쟁을 체계적으로 추구하는 것, 노동 "그 자체를 절대적 목적으로 간주하는 것", 자신의 부를 늘려야 한다는 의무감(그러나 그렇게 획득한 부를 쾌락에 사용하지는 않는 것), 등을 뜻한다. 베버의 주장에 따르면, 자본주의 정신의 기원은 공리주의적 경제 활동에서 찾을 수 없으며, 오히려 일련의 종교적 가치와 **금욕적 프로테스탄트** 신자들 사이에서 구원의 확실성을 추구하는 것이 이러한 **마음의 틀**의 원천이다. 베버는 바로 이러한 "정신"이 근대 자본주의를 탄생시킨 인과적 요인이었다고 주장했다.

종파(sect)

종파는 교회와 달리 특정의 도덕적 기준을 충족해야만 새로운 회원으로 받아들이는 배타적이고 긴밀하게 결속된 집단이다. 따라서 모든 회원은 "좋은 성품"이 "보증된" 자들이다. 회원들이 높은 도덕적 기준을 준수하면서 행동하는지도 철저하게 모니터링한다. **교회** 참조.

주관적 의미(subjective meaning)

베버의 사회학은 객관적으로 타당한 것을 확립하려고 하지 않는다. 그보다는 특정 집단 (예컨대, 교회, 종파, 관료제, 신분집단 등)에 속한 사람들이 수행하는 독특한 패턴화된 행동의 주관적 의미를 이해하고자 한다. 베버는 자신의 사회적 전반에 걸쳐 사람들이 자신의 행동에 의미를 부여하는 방식 그 자체(그것이 관찰자에게 아무리 이상하게 보일지라도)를 이해하려고 노력했다. 예컨대 베버는 『프로테스탄트 윤리와 자본주의 정신』에서 **금욕적 프로테스탄트**가 끊임없이 헌신적으로 수행하는 노동을 주관적으로 의미 있는 노력으로 여기는 까닭을 이해하고자 했다. 그러한 주관적 의미는 **이념형**을 통해서 포착했다.

직업적 소명 (vocational calling)
소명 참조.

캐리어(carriers)
사회적 캐리어(social carriers) 참조.

퓨리턴(Puritans)
금욕적 프로테스탄티즘 참조.

프로테스탄트 윤리(Protestant ethic)
자본주의 정신의 원천이다. 캘빈주의의 **구원예정설**에 대한 16세기 및 17세기 해석은 결국 신자들이 자신들의 행동을 체계적인 노동, 경제적 경쟁, 경제적 이익, 부의 획득에 성공적으로 집중시키면 그들의 구원의 지위와 관련해서 "심리적 보상"을 경험할 수 있는 상황으로 이어졌다.

프로테스탄트 종파 (Protestant sects) (종파 참조)
멤버들은 "좋은 도덕적 품성"을 기준으로 "투표"를 통해 선발되었다. 선발된 멤버들의 행동은 엄격하게 모니터링되었다. 그런 과정에서 종파의 높은 명성이 지역사회에서 유지되었다. 놀랍게도 종파 내에서는 높은 순응 압력과 신의 뜻에 책임 있는 개인으로 행동해야 한다는 높은 압력이 **공존했다**.

합리적(rational)

행동이 지닌 체계적이고 엄격하며 규율 바른 요소를 뜻한다.

해석적 이해(interpretive understanding) (Verstehen, 주관적 의미를 보라)

베버가 자신의 방법론을 설명할 때 사용하는 용어다. 그는 특정 집단에 사는 사람들의 가치, 전통, 관심사, 감정(**사회적 행위** 참조) 등의 환경을 재구성해서 그들의 패턴화된 행동을 이해하고, 그럼으로써 주관적 의미가 형성되는 방식을 이해하고자 한다.

행동의 합리화(rationalization of action)

행동의 체계화, 즉 가치에 대한 포괄적 지향에 기반을 둔 삶의 "체계적-합리적" 조직화를 뜻한다. 금욕적 프로테스탄트 신자들은 가장 엄격한 방식으로 자신들의 행동을 "합리화시켰다."

형식합리성(formal rationality)

이러한 유형의 합리성은 근대 자본주의, 근대 법률, 관료적 권위, 근대 국가 등에 널리 퍼져 있는데, "사람을 고려하지 않고"(without regard to persons), 다시 말해서 오직 보편적 규칙, 법률, 법령, 규정 등만을 참조하면서 의사결정을 내리는 것을 의미한다.

크레디트

본 저자는 이전에 출판된 책과 논문을 이 책에 다시 수록할 수 있도록 허락한 출판사들에게 감사의 말씀을 드린다.

Oxford University Press. For republication of extracts from pp.39-43 of Introduction to Part 1 and from pp.183-189, 191-197, and 220-225 of Introduction to Part 2 of Max Weber, *The Protestant Ethic and the Spirit of Capitalism*, translated and introduced by Stephen Kalberg. New York, 2011. By permission of Oxford University Press, USA.

Sage Publications. For republication of extracts from pp.127-131 of "Max Weber's Analysis of the Unique American Civic Sphere." *Journal of Classical Sociology* 9, 1 (February 2009) (http://online.sagepub.com).

Sheffield Academic Press. For republication of extracts from pp.179-185 of "The Modern World as a Monolithic Iron Cage? Utilizing Max Weber to Define the Internal Dynamics of American Political Culture Today." *Max Weber Studies* 1, 2 (May 2001).

해제 1

막스 베버와 탈근대 사회과학의 재발견: 12·3 계엄령을 사례로

> 한국인들은 오늘날 외견상으로는 양복을 입고, 하이컬러를 하고, 자동차를 타고, 교회에 다니면서, 구두를 신고, 높은 아파트에서 살지만, 내면적 의식구조와 삶의 방식 차원에서는 여전히 조선시대에서, 조선인으로서, 유교식으로, 조선식으로 살아가고 있다.
>
> - 박승관

이현휘

    한국정치는 1987년을 기점으로 권위주의 체제에서 민주주의 체제로 이행한 이후 공고화 단계로 충분히 진입한 것으로 평가되었다. 세계 각국의 정치체제를 분류하고 평가하는 해외 유명 연구기관들은 한국을 탄탄한 시민사회가 확립되고 언론의 자유가 상당히 보장된 성숙한 민주주의(full democracy) 내지 자유민주주의(liberal democracy) 국가로 평가했다.[1] 그러나 윤석열은 2024년 12월 3일 22시 28분, 비상계엄을 선포했다. 도대체 왜 그리고 어떻게 성숙한 민주주의 국가에서 비상계엄이 발생할 수 있었는가? 답변이 쉽지 않

---

1 Christopher Green and Steven Denny, "Why Do Democratic Societies Tolerate Undemocratic Law? Sorting Public Support for the National Security Act in South Korea," *Democratization*, Vol. 31, No. 1, 2024, p.113.

다. 물론 많은 연구들이 쏟아지고 있다.2 하지만 12·3 계엄이 발생한 궁극적 까닭을 밝히는 데는 여전히 한계가 있다.

중요한 이유가 있다. 주류 인문사회과학은 대체로 17세기 과학혁명을 계기로 탄생한 근대 세계관에 뿌리를 두고서 구성된 '근대' 인문사회과학이다. 그러나 근대 세계관은 20세기 초엽의 새로운 과학혁명을 계기로 완전히 붕괴되었다. 그런데도 근대 인문사회과학은 그 자체의 철학적 혁신을 방기한 채 학계에서 거의 그대로 온존하고 있다. 에롤 E. 해리스는 그런 사정을 이렇게 비판했다. "내가 볼 때 16세기 코페르니쿠스 혁명에서 비롯된 개념적 도식은 철학, 윤리학, 정치학 등의 사고방식과 그들 각 사고방식에 상응하는 사회적 행위에 점차 스며들어 결국은 사고방식과 사회적 행위 그 자체를 변형시켰다. 이렇게 형성된 사고방식과 행동의 관성은 너무도 강력한 나머지 20세기 초반 새로운 과학혁명이 발생했는데도 불구하고 아직까지 여전히 건재한 상태에 있다. 나는 현재 인류가 직면한 곤경의 원천이 바로 여기에 있다고 믿는다."3 따라서 근대 인문사회과학은 문제의 현실을 구체적으로 설명하는 대신, 그 현실로부

---

2 예컨대 『역사비평』은 2025년 봄호에서 "역사로 돌아보는 12·3계엄사태"라는 제하의 특집을 다루었다. 강성현, 「대한미국 태초에 계엄이 있었다, 1948-1952」, pp.12-45. 권혁은, 「계엄이라는 '체계'의 형성, 1952-1972」, pp.47-81. 노영기, 「독재의 연장, 1979-1981년의 계엄」, pp.82-115. 김봉준, 「대만의 계엄: 계엄 체제의 고차고가 장기화가 남긴 상처」, pp.116-140. 이상록, 「예외상태 법 이론으로 쿠테타 세력에 동조한 법학자 다시 읽기」, pp.141-178. 신동규, 「2024년 비상계엄, 인민주권의 파괴 시도를 어떻게 서술할 것인가?-주권의 소재를 둘러싼 정당성에 대한 역사인식을 위하여」, pp.179-218.

3 에롤 E. 해리스, 이현휘 옮김, 『파멸의 묵시록: 과학적 패러다임과 일상의 사유양식』, 산지니, 2009, p.16.

터 끊임없이 도피하는(the flight from reality in the human studies) 특성을 지닌다.4 그래서 근대 인문사회과학의 시각에서 12·3 계엄의 궁극적 까닭을 밝히는 것도 불가능한 일이었다.

하지만 막스 베버는 근대 세계관을 철학적으로 돌파하면서 탈근대 사회과학의 지평을 선구적으로 열어냈다. 바싯 빌랄 코슈은 그런 사실을 다음과 같이 밝혔다. "베버와 동시대를 살았던 사람 중 어떤 이는 '베버를 계몽주의 시대의 맨 끝자락에 탄생한 아이'로 묘사했다. 베버의 작품이 '종교를 신랄하게 비판했다'고 판단했기 때문이다. 후대의 베버 연구자도 대체로 그런 평가에 동의하면서 베버의 학문적 성과를 베버의 용어로 근대의 탈주술화 그 자체를 구현한 사례로 파악했다. 하지만 바싯 빌랄 코슈의 연구는 베버가 당시대를 훨씬 앞지른 탈근대 사상가라는 사실을 보여주면서 위와 같은 평가에 도전을 제기했다. 베버는 계몽주의적 패러다임의 핵심을 이루는 탈주술적 이원론, 즉 사실과 가치의 분리, 주체와 객체의 분리 등을 거부했다는 것이다. 코슈의 베버 연구는 베버가 뉴턴 패러다임에서 서로 분리되었던 사실과 가치, 주체와 객체를 명시적으로 통합시켰고, 종교와 과학 간의 분리를 묵시적으로 통합시킨 면모를 보여준다. 이런 세 가지 측면을 고려하면 베버의 연구가 근대의 탈주술화로부터 해방될 수 있는 중요한 첫걸음을 내디뎠고, 탈주술화 이후의 문화적 가능성에 대한 새로운 지평을 열었다는 것을 말해준다. 하지만 베버의 그런 발걸음은 21세기 사회과학의 사상과 이론에서 여전히 제대로 이해되지 못한 채 안개가 자욱한 지평으로

---

4 이언 샤피로, 이현휘·정성원 옮김, 『현실에서 도피하는 인문사회과학』, 인간사랑, 2018.

남아 있다."5 따라서 나는 베버의 '탈근대' 사회과학이 12·3 계엄의 궁극적 까닭을 밝힐 수 있는 학문적 역량을 지닌다고 본다.

이 글에서는 먼저 막스 베버가 탈근대 사회과학의 지평을 선구적으로 개척한 사실을 철학적으로 확인하고자 한다. 이어서 베버의 탈근대 사회과학의 시각에서 12·3 계엄의 궁극적 까닭을 밝힐 것이다. 끝으로 한국 민주주의의 공고화를 실현할 수 있는 처방을 제안할 것이다.

1. 19세기 방법론 논쟁과 막스 베버의 탈근대 사회과학6

근대 세계관의 실상을 파악하기 위해서는 복잡한 논의가 필요하지만,7 그것의 요체는 알프레드 노스 화이트헤드의 다음과 같은 설명에서 빠르게 파악해볼 수 있다.

한편으로는 공간과 시간에서 **단순히 위치를 차지하는 물질(matter)**이라는 개념을 낳고, 다른 한편으로는 지각하고, 고민하고, 추론하지만 다른 것을 간섭하지 않는 **정신(mind)**이라는 개념을 낳았던 추상 개념이 거대한 성공을 거두었다. 그러자 철학은 그러한 추상 개념이 사실에 대한 가장

---

5   Basit Bilal Koshul, *The Postmodern Significance of Max Weber's Legacy*, New York: Palgrave, 2005, front flap.

6   1절은 특별히 문창옥의 검증을 받았다. 2025년 6월 6일, 13시 53분.

7   나는 화이트헤드의 시각에서 근대 세계관의 탄생과정을 상세히 밝힌 바 있다. 이현휘, 「화이트헤드와 근대 세계관의 철학적 성찰」, 『화이트헤드연구』 제21집, 2010, pp.123-165.

구체적 해석을 성취한 것으로 인정하지 않을 수 없었다. 그러나 바로 그랬기 때문에 근대 철학은 파멸의 길을 걷고 말았다. 철학은 세 개의 극단적 관점 사이에서 복잡하게 방황했다. 물질과 정신을 동등한 것으로 간주하는 이원론자와 정신을 물질 속에 두거나 물질을 정신 속에 두는 두 종류의 일원론자가 등장했다. 그러나 이러한 추상 개념의 조작만으로는 17세기 과학적 도식이 야기한 **추상과 실재를 뒤바꿔서 이해하는 오류(misplaced concreteness)**가 철학에 부과한 내적 혼란을 결코 극복할 수 없었다.8

근대 세계관의 대분열(Great Divide)9

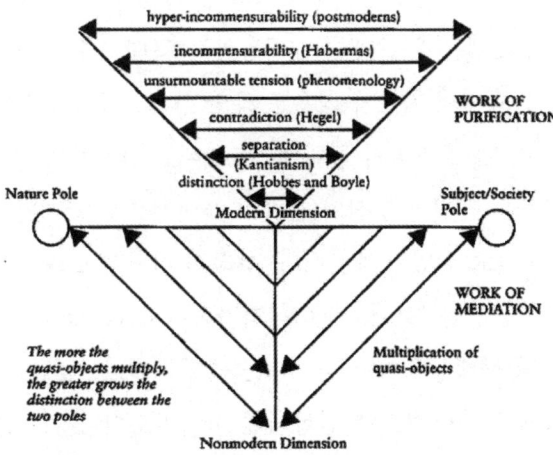

Figure 3.3 The modern paradox

---

8 Alfred N. Whitehead, *Science and the Modern World*, New York: The Macmillan Co., 1950, pp.81-82.

9 Bruno Latour, *We Have Never Been Modern,* trans. by Catherine Porter, Cambridge, Mass.: Harvard University Press, 1993, pp.55-59.

근대 세계관의 요체는 '물질'과 '정신'이 완전히 분리되었다는 것이다. 바로 이런 분리로부터 사실과 가치의 분리, 객체와 주체의 분리, 자연과 사회의 분리, 과학과 종교의 분리, 자연과학(Naturwissesnschaft)과 정신과학(Geisteswissenschaft)의 분리, 자연과학과 인문학의 분리 등과 같은 근대 세계관 특유의 철학적 전제가 파생되었다.10 브루노 라투르는 근대 세계관을 관철하는 물질과 정신의 분리를 '대분열'(Great Divide)이란 용어로 표현했다. 대분열을 철학적 전제로 수용한 근대 인문사회과학은 시간이 갈수록 대분열의 간극이 더욱 확대되는 패턴을 보였다. 라투르는 그처럼 확대되는 패턴을 '근대의 패러독스'(The modern paradox)라고 지칭했다. 앞에서 화이트헤드는 대분열에 입각해서 구성된 근대 철학은 파멸의 길을 걸었다고 평가했는데, 근대의 패러독스는 근대 인문사회과학이 시간이 갈수록 파멸의 정도가 더욱 심화되었다는 사실을 선명하게 보여준다. 그리고 그 파멸의 극한에 '포스트모더니즘'이 존재하는데, 그것의 실상은 물질과 정신의 간극이 극단적으로 확대된 것(hyper-incommensurability)이었기 때문이다. 따라서 이자벨 스땅제는 포스트모더니즘의 실상을 '하이퍼모더니티'(hyper-modernity)라고 평가했다.11 요컨대 근대성을 뛰어넘었다는 의미의 포스트모더니즘은 근대성의 병폐를 극단적으로 심화시킨 하이퍼모더니티를 은폐한 기

---

10 이현휘, 「"그들은 현실에서 도피하는 연구로 그처럼 최고의 사이비 명성을 획득했으니!"-한국 인문사회과학의 현실도피와 국제정치적 파국」, 이언 샤피로, 이현휘·정성원 옮김, 『현실에서 도피하는 인문사회과학』, 인간사랑, 2018, pp.432-434.

11 Isabelle Stengers, "Experimenting with Refrains: Subjectivity and the Challenge of Escaping Modern Dualism," *Subjectivity*, Vol. 22, 2008, p.41.

만적 표현이었던 것이다.12

물질의 지평에서 성립한 자연과학은 '설명'(explanation)을 추구하고, 정신의 지평에서 성립한 정신과학은 '이해'(understanding)를 추구한다.13 빌헬름 딜타이는 "우리는 자연을 설명하지만, 정신생활은 이해한다"(We explain nature, but we understand [verstehen] mental life)라고 천명했다.14 이처럼 상이한 이론을 추구한 두 과학은 19세기 후반 이른바 '방법론 논쟁'(Methodenstreit, the battle of methods)을 전개했다.15 그러나 근대 세계관 내부에서 전개된 일련의 방법론 논쟁은 화이트헤드의 용어로 **'임시방편** 가설의 잡탕'(a medley of ad hoc hypotheses)만을 양산할 수밖에 없었으며,16 따라서 승패를 결정할

---

12 나는 화이트헤드의 철학에 입각해서 포스트모던 국제정치이론의 실상이 하이퍼모던 국제정치이론이란 사실을 상세히 밝힌 바 있다. 이현휘, 「주관주의적 원리와 미국적 국제정치학의 파국: 구성주의와 포스트모더니즘의 경우」, 『화이트헤드연구』 28집, 2014, pp.35-48; 이현휘, "우크라이나전쟁, 페이크 뉴스, 그리고 포스트모던 국제정치이론", 〈Whiteheadian School〉, https://blog.naver.com/whiteheadian_school/ 222898755220

13 Georg Henrik von Wright, *Explanation and Understanding*, Ithaca: Cornell University Press, 1971, pp.1-7.

14 John Patrick Diggins, *Max Weber: Politics and the Spirit of Tragedy*, New York: Basic Books, 1996, p.115.

15 Von Wright, *Explanation and Understanding*, pp.6-7; Diggins, *Max Weber*, pp.113-114; Basit Bilal Koshul, *Max Weber and Charles Peirce: At the Crossroads of Science, Philosophy, and Culture*, Lanham: Lexington Books, 2014, pp.19-23.

16 칼 멩거와 구스타프 슈몰러 간에 전개된 방법론 논쟁은 아직도 충분히 해명되지 못했다. 현재까지 방법론 논쟁의 요체를 둘러싼 논쟁이 계속되기 때문이다. 예컨대 논쟁의 요체를 방법론의 갈등으로 파악하는 방법 중심 설명(Method-Based Accounts), 논쟁 자체가 별 의미가 없다는 회의적 설명(Skeptical Accounts), 멩거와 슈몰러의 상이한 정치적 입장에 주목하는 정치적 설명(Political Accounts) 등이 각축한다. Jens Van't Klooster, "Marginalism and Scope in the

수도 없었다.17 근대 세계관 그 자체가 완전히 파산했다는 사실을 몰각한 상태에서 논쟁을 전개했기 때문이다. 화이트헤드는 이렇게 말한다. "하나의 학문이 **임시방편** 가설의 잡탕으로 전락하지 않으려면 반드시 철학적 성찰을 수행해서 그 학문의 기초를 철저히 비판해야 한다."18 여기에서 학문의 기초란 학자들 다수가 무의식적으로 수용하는 '근본전제'(fundamental assumptions)를 의미한다. "어떤 시대의 철학을 비판하고자 할 때 그 철학의 주창자들이 명백하게 옹호할 필요가 있다고 느끼는 그들의 지적 입장에만 주의를 집중해서는 안 된다. 그 시대에 통용되는 온갖 다양한 학설의 옹호자들 모두가 무의식적으로 가정하는 몇 가지 근본전제가 있는 법이다. 그러한 전제들은 지극히 명백한 것처럼 보이고, 또 지금까지 그것과 다른 전제 위에서 생각해본 적이 없기 때문에 그들은 자신이 무엇을 전제하는지조차 모르는 경우가 많다. 그런 전제 위에서 몇 가지 유형의 철학체계가 성립되고, 다시 그런 체계들이 한데 모여서 그

Methodenstreit," *Journal of the History of Economic Thought*, Vol. 44, No. 1, 2022, pp.105-111.

17 현재 세계 학계에서는 자연과학적 방법을 취한 칼 멩거가 역사학적 방법을 취한 구스타브 슈몰러에게 승리했다는 평가가 우세하다. 김덕영, 『논쟁의 역사를 통해 본 사회학』, 한울, 2003, p.82; Wilhelm Hennis, "The Pitiless 'Sobriety of Judgement': Max Weber between Carl Menger and Gustav von Schmoller - the Academic Politics of Value Freedom," *History of the Human Sciences*, Vol. 4, No. 1, 1991, p.27. 그러나 슈몰러를 옹호하는 평가도 있다. 최호근, 「막스 베버(Max Weber)와 구스타프 폰 슈몰러(Gustav von Schmoller)-국민경제학의 신역사학파에 대한 베버의 비판과 수용」, 『사총』 51집, 2000, pp.63-83. 하지만 이런 평가들은 모두 방법론 논쟁이 이미 파산한 근대 세계관 내부에서 전개되었다는 사실을 몰각하고 있다.

18 Whitehead, *Science and the Modern World*, p.25.

시대의 철학을 형성한다."19

화이트헤드는 20세기 초엽의 과학혁명의 성과를 철학적으로 수용하면서 근대 세계관을 근원적으로 대체한 탈근대 세계관을 제시했다. 화이트헤드가 『과정과 실재』에서20 종합적으로 제시한 탈근대 세계관의 요체는 한마디로 근대 세계관의 '대분열'을 혁파하는 것이었다. '대분열'은 자연을 제1성질과 제2성질로 준별하는(a theory of primary and secondary qualities) '자연 이분의 이론'(theories of the bifurcation of nature)을 철학적으로 일반화시킨 것이었다.21 이자벨 스땅제는 '자연 이분의 이론'을 혁파하는 것이 화이트헤드의 철학 전체를 일관하는 강력한 문제의식이라고 평가했다.22 브루노 라투르 역시 스땅제가 이해하는 화이트헤드의 철학은 한마디로 자연 이분의 오류를 해소할 수 있는 새로운 세계관을 제시하는 것이었다고 평가했다.23

근대 세계관의 '대분열'을 혁파한 탈근대 세계관을 어떻게 구성할 것인가? 화이트헤드의 기본적 구상은 '작용인'(efficient causes)과 '목적인'(final causes)을 결합하는 것이었다. 화이트헤드는 자신의 구상을 이렇게 표현했다. "아리스토텔레스의 철학은 중세 기독교 시대

---

19 Ibid., p.71.
20 Alfred N. Whitehead, *Process and Reality: An Essay in Cosmology*, New York: The Free Press, 1978.
21 이현휘, 「화이트헤드와 근대 세계관의 철학적 성찰」, pp.133-158.
22 Isabelle Stengers, "A Constructivist Reading of *Process and Reality*", *Theory, Culture & Society*, Vol. 25, No. 4, 2008, p.98.
23 Bruno Latour, "What is Given in Experience", *Boundary 2*, Vol. 32, No. 1, 2005, p.227.

를 거치는 동안 '목적인'의 개념이 무모하게 강조되는 방향으로 인도되었고, 근대 과학의 시대에선 그에 대한 반동으로 '작용인'의 개념이 지나치게 강조되는 방향으로 인도되었다. 건전한 형이상학이 해결해야 할 하나의 과제는 목적인과 작용인을 그들 상호 간의 적절한 관계 속에서 해명하는 일이다."24 실제로 화이트헤드가 구성한 탈근대 세계관의 요체는 '이행'(transition)과 '합생'(concrescence)이 긴밀하게 연결되어 창조적으로 전진하는(creative advance) 일련의 과정(process)이라고 할 수 있다. 그런데 이행은 작용인이 추동하는 것이었고, 합생은 목적인이 추동하는 것이었다.25 화이트헤드에 따르면, "작용인은 현실적 존재에서 현실적 존재로의 이행을 표현하며, 목적인은 현실적 존재가 그 자신이 되어가는 내적 과정을 표현한다"(efficient causation express the transition from actual entity to actual entity; and the final causation express the internal process whereby the actual entity becomes itself).26 문창옥은 화이트헤드의 구상을 상세히 풀어준다.

> 새로움(novelty)의 출현은 여건 속에 실현되어 있지 않던 것의 실현이다. 그것은 여건으로부터의 일탈을 함의한다. 그것은 현실적 계기(actual occasions)의 자기원인성의 징표이다. 화이트헤드는 이런 자기원인성을

---

24 Whitehead, *Process and Reality*, p.84.
25 자세한 내용은, Randall C. Morris, *Process Philosophy and Political Ideology*, Albany: State University of New York Press, 1991, pp.25-34.
26 Whitehead, *Process and Reality*, p.150. 화이트헤드의 철학에서 근대 세계관의 '대분열' 내지 '자연 이분의 이론'은 '파악이론'(the theory of prehension)을 통해서 정교하게 극복된다. 자세한 내용은 이현휘, 「화이트헤드, 스땅제, 그리고 코스모폴리틱스: 자연과학과 인문학의 미래 지향적 만남의 길」, 『화이트헤드연구』 29집, 2014, pp.118-119, fn.51.

합생의 내적인 이상(ideal), 즉 **주체적 지향(subjective aim)**에 의해 설명한다. 따라서 주체적 지향은 시간적인 현실 세계에서 새로움을 끌어들이는 적극적인 작인(作因)으로 상정되고 있는 것이다. 그리고 이런 의미에서 주체적 지향은 과정철학이 새로운 존재의 출현을 설명하기 위한 개념적 장치로 마련하고 있는 것이라 할 수 있다. ... 이것은 과정철학의 우주론이 근대 이후 기계론적 세계관이 등장하면서 자취를 감추었던 목적론적 세계관을 부활(시킨 것이다.) ... 화이트헤드는 자연의 과정이 머금고 있는 것으로 보이는 일탈과 순응, 자유와 필연의 자리를 현실적 계기의 창출 과정에다 마련한다. 그가 제시하고 있는 과정의 두 유형, 즉 **합생**과 **이행**이 그 자리이다. ... 전자의 과정은 자기원인의 목적론적 과정이요, 후자는 타자원인의 인과적 과정이다. "합생은 그것의 주체적 지향에 해당하는 목적인을 향해 나아가고, 이행은 불멸의 과거에 해당하는 작용인의 매개체다."(Concrescence moves towards its final cause, which is its subjective aim; transition is the vehicle of the efficient cause, which is the immortal past[27])[28]

한편, 사회과학에서는 작용인으로 규명한 원인을 '설명'(explanation)이라 부르고, 목적인으로 규명한 원인을 '이해'(understanding)라고 부른다.[29] 이런 방식으로 표현하면, 작용인과 목적인을 결합한 화이트헤드의 인과관계는 '설명적 이해'(explanatory understanding)를 추구한다고 할 수 있다. 그런데 놀랍게도 막스 베

27　Whitehead, *Process and Reality*, p. 210.
28　문창옥, 『화이트헤드 과정철학의 이해』, 통나무, 1999, pp.147-149.
29　Von Wright, *Explanation and Understanding*, pp.4-6.

버의 사회학에서 추구하는 인과관계 또한 '설명적 이해'(Erklärendes Verstehen)를 추구한다. 하지만 베버의 사회학이 '설명'을 추구하는 자연과학과 '이해'를 추구하는 정신과학 간의 '방법론 논쟁'을 창의적으로 종합하면서 탄생했다는 사실을 감안할 경우,30 '설명적 이해'를 추구한 것은 지극히 당연한 일이었다. 따라서 **베버의 사회학은 화이트헤드의 철학이 탄탄하게 지지하는 '탈근대 사회과학'의 지평을 선구적으로 열어낸 지적 성취라고 평가할 수 있다.** 베버는 '설명적 이해'를 다음과 같이 소개한다.

이해는 두 가지 뜻을 가질 수 있다. ① 어떤 행위(여기에는 진술도 포함된다)가 지향하는 의미(gemeinten Sinnes, intended meaning)의 **즉각적 (aktuelle, direct and immediate)** 이해. 예를 들면 우리는 2×2=4라는 문장을 듣거나 읽으면 그것을 즉각적으로 '이해'하며(사고의 합리적인 즉각적 이해), 또는 얼굴표정, 감탄사, 비합리적인 몸고작 등에서 나타나는 분노의 폭발 역시 즉각적으로 '이해'한다(감정의 비합리적인 즉각적 이해). 또는 나무꾼, 문을 닫기 위해 문고리를 잡는 사람, 총으로 동물을 겨냥하는 사람 등의 행동도 우리는 즉각적으로 '이해'한다(행위의 합리적 즉각적 이해). 그러나 이해에는 또 다른 유형이 있는바, 그것은 설명적 이해이다.

② **설명적** 이해란 우리가 하나의 행동을 **동기의 관점에서 (motivationsmäßig, in terms of a motivation)** '이해'하는 것이다. 앞서

---

30 Basit Bilal Koshul, "Max Weber, Charles Peirce, and the Integration of the *Natur* and *Geisteswissenschften*", Ph.D. dissertation, University of Virginia, 2010. 이 박사학위논문은 수정보완해서 다음과 같은 책으로 출간되었다. Basit Bilal Koshul, *Max Weber and Charles Peirce: At the Crossroads of Science, Philosophy, and Culture*, Lanham: Lexington Books, 2014.

든 예들을 살펴보자. 2×2=4라는 문장을 말하거나 쓴 사람이 상업적 계산, 학문적 예시, 기술적 계산 또는 다른 어떤 행위를 하고 있는 것을 보면, 우리는 그가 바로 지금 그리고 이런 맥락에서 어떤 의도로 상기한 계산을 **수행하고 있는지를** 그 동기의 차원에서 이해하게 되는 것이다. 다시 말해 2×2=4라는 문장은, 우리가 이해할 수 있는 **의미**를 가진 행동들(상업적 계산, 학문적 예시 등) 중 한 특정맥락에 '속하게 되는바', 이로써 이 문장은 우리에게 이해 가능한 의미**맥락**을 얻게 되는 것이다(합리적 동기 이해). 마찬가지로 우리는 나무 패기나 총 조준을 즉각적으로 이해할 뿐만 아니라, 나무를 패는 자가 보수를 받고 일하는 것인지 아니면 자신의 필요에 따라 또는 기분전환을 위해(합리적 동기), 아니면 '자신의 흥분상태를 진정시키기 위해' 나무를 패는지(비합리적 동기)를 알게 될 경우 그의 행위를 동기의 차원에서도 이해하게 되는 것이다. 또는 총을 쏘는 자가 명령에 따른 사형집행을 위해 또는 적의 퇴치를 위해 총을 쏘는지(합리적 동기) 아니면 복수를 위해(감정적, 따라서 이런 의미에서는 비합리적 동기) 그렇게 하는지를 알면 우리는 그의 행위를 동기의 차원에서 이해하는 것이다. 끝으로, 분노가 질투, 상처받은 허영심, 훼손된 명예 등에 근거하고 있다는 점을 알게 되면 우리는 이 분노를 동기의 차원에서 이해하게 되는 것이다(감정에 근거한, 따라서 비합리적 동기의 차원).

상기한 모든 것은 이해 가능한 **의미맥락(Sinzusammenhang, the context of meaning)**으로서, 이런 맥락의 이해를 우리는 행위의 실질적 과정의 **설명**이라고 간주한다. 다시 말해, 행위의 의미를 다루는 과학에 있어서 '설명'이란, 즉각적으로 이해 가능한 행위가—그 주관적으로 의도된 의미로 볼 때—속해 있는 의미**맥락**을 포착하는 것을 뜻한다. 이 모든 경우에서, 그리고 감정적인 현상에서도, 우리는 사건의 주관적 의미를, 아울러 의미맥락의 주관적 의미까지도, '지향하는' 의미('gemeinten' Sinn, 'intended' meaning)로 부르고자 한다.31

베버는 '설명적 이해'를 '동기의 관점에서' 이해하는 것이라고 했는데, 이때 동기란 인간 내면의 심리적 동기가 아니라, 인간 외면의 '문화적 동기'를 의미한다는 점에 유의할 필요가 있다. 동기란 용어는 우리에게 보통 심리적 동기를 의미한다. 그래서 국내외 수많은 베버 연구자들은 베버가 말하는 동기를 심리적 동기로 이해하는 경우가 많은데, 이는 베버의 사회학을 심각하게 곡해하는 오류라고 할 수 있다. 무엇보다도 베버 자신이 동기의 심리적 해석을 강력하게 비판했다.32 피터 A. 문취 역시 많은 학자들이 베버가 제시한 '동기의 관점에서 진행되는 이해'(설명적 이해)를 마치 심리적 동기에 귀속시켜 이해하는 것으로 잘못 이해했으며, 그로 인해 "베버의 사회적 행위 개념을 심리학적으로 철저히 왜곡하는"(a definite psychological twist to Weber's concept of social action) 오류를 범했다고 비판했다. 그러면서 베버가 말하는 동기란 심리적 동기가 아니라 문화적 동기를 지칭하는 '외면적 동기'(external motivation)를 뜻하는 것이라고 강조했다.33 이종수 또한 베버의 동기 개념을 심리학적으로

---

31 막스 베버, 전성우 옮김, 「사회학의 기초개념」, 『막스 베버 사회과학방법론 선집』, 나남, 2011, pp.212-213. 번역 일부 수정.

32 Max Weber, "The Theory of Marginal Utility and the 'Fundamental Law of Psychophysics'" in Hans Henrik Bruun and Sam Whimster, eds., *Max Weber: Collected Methodological Writings*, trans. by Hans Henrik Bruun, London: Routledge, 2012, pp.242-251.

33 Peter A. Munch, "'Sense' and 'Intention' in Max Weber's Theory of Social Action," *Social Inquiry*, Vol. 45, No. 4, 1975, pp.59-65.

왜곡하는 지적 풍토를 비판했다. "한 사람의 사회학자로서, 베버는 특정 개인의 동기(이것은 하나의 심리학적 현상이다)에는 관심을 갖지 않고 특정 문화(이것은 하나의 문화적 현상이다) 속의 특정 행위 유형과 일반적으로 연관된 '의미'(meaning)와 '동기'(motivation)에 관심을 가진다. … 이로써 베버의 이해사회학은 이해심리학과 구별되는데, 왜냐하면 전자의 주된 초점은 대표적 사유와 정서의 습관에 따른(nach den durch schnittlichen Denk-und-Gefühisgewohnheiten) 행위의 의미(Sinn)에 있기 때문이다."[34]

베버의 『프로테스탄트 윤리와 자본주의 정신』은 '설명적 이해'를 전형적으로 구현한 작품이었다.

베버는 18세기 유럽 북부와 미국에서 특히 자본주의가 발전한 사실에 주목했다. 그런데 그 지역의 경제적 행위는 대단히 독특한 패턴을 보였다. 인류 역사에서 경제적 행위는 곧 경제적 이익을 추구하는 행위였다. 그러나 베버가 관찰한 18세기 유럽 북부와 미국의 경제적 행위는 경제적 이익을 적극 추구하는 행위가 아니라 일종의 금욕적 윤리를 실천하는 행위였기 때문이다. 그런 행위에서 추구하는 의미는 직접적 관찰을 통해서 즉각적으로 이해할 수 있는 것이 아니었다. 따라서 베버는 '설명적 이해'를 시도했다. 베버는 18세기 유럽 북부와 미국이 개신교를 믿는 지역이라는 사실에 주목했다. 그래서 그 지역의 자본주의 발전과 개신교 사이에 어떤 연관이 있을지도 모른다는 착상을 하게 되었다. 베버는 그 착상에 따라 17세기 영국의 웨스트민스터 신앙고백서로 거슬러 올라갔다. 그리고 그곳의 구원

---

34 이종수, 「베버 사회학적 전통의 회복」, 『전환기 사회학의 좌표』, 대영사, 1988, p.100.

예정설을 바탕으로 구성된 '세속 내 금욕주의'(inner-worldly asceticism)를 하나의 '의미맥락'으로 포착했다. 세속 내 금욕주의란 지상에서 인간의 욕망을 철저히 억제하고 오직 신의 영광을 드높이기 위한 삶을 사는 것을 의미한다. 그런 삶을 평생에 걸쳐 일관되게 관철시키는 경우에 한해서만 신으로부터 선택받았다는 구원의 확실성을 확보할 수 있다고 판단했기 때문이다. 세속 내 금욕주의를 경제 분야에서 실천함으로써 창출된 경제적 이익은 인간의 소유가 아니라 신의 영광을 드높이는 경제적 성과로 간주되었다. 따라서 세속 내 금욕주의에서 추구하는 경제적 성과에는 한계가 있을 수 없었다. 경제적 성과를 무한히 추구함으로써 신의 영광을 끝없이 드높여야만 했기 때문이다. 이렇게 등장한 세속 내 금욕주의는 세월이 흐르면서 '세속화' 과정을 겪는다. 그 과정에서 구원의 확실성 여부는 더 이상 문제 삼지 않게 되고 오직 금욕적 경제행위만을 실천함으로써 경제적 이익을 추구하는 에토스로 정착했다. 이처럼 세속화된 에토스가 바로 베버가 관찰했던 18세기 유럽 북부와 미국의 경제적 행위였다. 다시 말해서 베버는 18세기 유럽 북부와 미국에서 관철된 독특한 경제적 행위를 17세기 영국에서 출현한 세속 내 금욕주의라는 '의미맥락'과 연계시켜 해석하는 하나의 '설명적 이해'를 시도했던 것이다.[35]

베버는 1904년 여름 미국을 방문해서 다양한 지역을 두루 관찰했다. 베버가 주목한 것 중 하나는 다양한 자발적 결사체들이 역동적으로 활동하는 시민사회의 모습이었다. 베버는 자발적 결사체들이 17세기 퓨리턴 종파에서 파생되었다고 판단했다. "먼저 우리에

---

35 이현휘, 『한국 현대사에서 반복된 민간인 대량학살을 막스 베버의 종교사회학적 시각에서 분석함』, 한다디자인, 2021, pp.46-48.

게 관심이 있는 것은 투표에 의해 구성원을 충원하는 세속적 클럽과 단체의 근대적 위상이 전반적으로 '세속화' 과정의 산물이었다는 것이다. 그러한 위상은 자발적 결사체의 원형, 즉 프로테스탄트 종파의 대단히 배타적 성격으로부터 파생된 것이었다. 다시 말해서 미국의 자발적 결사체는 양키의 진정한 고향, 즉 북대서양 연안 주들에 산재했던 17세기 프로테스탄트 종파들로부터 파생된 것이었다."[36] 이처럼 베버가 20세기 초엽의 세속화된 시민단체의 기원을 17세기 프로테스탄트 종파에서 파악한 것 역시 '설명적 이해'라고 할 수 있다. 또한 스티븐 캘버그는 베버가 통찰한 미국 시민사회 유산이 20세기까지 거의 그대로 관철되었다는 사실을 『미국 민주주의 정신을 찾아서』에서 상세하게 밝혔다.

'설명적 이해'는 100년, 200년, 300년 등과 같은 장기간의 세월을 거슬러 올라가서 '의미맥락'을 추적하는데, 그것의 타당성을 보장하는 객관적 근거는 무엇인가? 그것은 그처럼 장기간에 걸쳐 사회적 행위가 유사하게 반복된다는 데 있다. 베버는 사회적 행위가 반복되는 까닭을 다음과 같이 밝혔다.

> 사회적 행위에서 실질적 규칙성(actual regularities)을 발견할 수 있다. 어떤 행위자나 여러 행위자, 또는 그 양자의 행위가 규칙적으로 반복되는 까닭은 그들 각자가 **지향하는 의미(intended meaning)**가 유사하기 때문이다. 사회학은 그러한 행위 양식의 **유형**을 연구한다. 따라서 사회학은 역

---

[36] Max Weber, "The Protestant Sects and the Spirit of Capitalism" in *From Max Weber: Essays in Sociology*, trans. and ed. by H. H. Gerth and C. Wright Mills, New York: Oxford University Press, 1946, p.311.

사학과 다르다. 역사학 그 자체는 역사에서 결정적으로 중요한 개별 사건의 원인을 추적하는(causal imputation) 연구를 하기 때문이다.37

베버는 사회적 행위의 규칙성을 '관행'(Brauch, practice)과 '관습'(Sitte, custom)으로 구분해서 상론한다.

어떤 사회적 행위가 **규칙적으로** 발생할 실질적인 개연성이 아래와 같은 사실, 즉 한 인간집단 내에서 사람들이 그 행위를 실제로 수행하고 있다는 **단지** 그 사실에만 근거할 경우, 그리고 그런 경우에 한하여, 우리는 이 규칙성을 **관행**으로 부르고자 한다. 그런데 이 실제적 수행이 오랫동안의 습관에 기반할 경우 우리는 관행을 **관습**으로 부르고자 한다. ... 관습은 '인습' 및 '법'과는 달리, 외적으로 보장되지 **않은** 규칙을 뜻한다. 행위자는 자발적으로—그저 별다른 '생각 없이'든, '편리'해서든, 아니면 다른 어떤 이유에서든 간에—이 규칙을 사실상 준수하며, 그는 자신의 주변집단에 속하는 다른 사람들도 이 규칙을, 자기와 비슷한 동기에서, 아마도 준수할 것이라고 기대할 수 있다. 따라서 이런 의미에서의 '관습'은 규범적-법적으로 '타당한 어떤 것'은 아니다. 어느 누구도 관습에 동참하라고 요구받지는 않는다. 물론 관습과 타당한 **인습** 및 **법** 사이의 경계선은 전적으로 유동적이다. 어디서나, 사실상 전승된 것이 타당한 것의 아버지였다.38

화이트헤드는 관습을 '루틴'(routine)으로 별칭한다. 아울러 루틴

---

37 Max Weber, *Economy and Society: A New Translation*, ed. and trans. by Keith Tribe, Cambridge, Mass.: Harvard University Press, 2019, p.106.
38 베버, 「사회학 기초개념」, pp.246-247. 번역 일부 수정.

에 몽매한 인문사회과학은 현실 앞에서 모두 파산했다고 비판했다.

루틴은 모든 사회체계의 신과 같은 것이다(Routine is the god of every social system). ... 사회생활이 루틴에 근거하고 있다는 점을 이해하는 데서 곧 지혜가 시작된다. 사회의 구석구석까지 루틴이 스며 있지 않으면 문명은 소멸하고 만다. 예리한 지성의 소산인 수많은 사회학적 학설들이 이렇게 근본적인 사회학적 진리를 망각함으로써 와해의 길을 걷고 있다.39

한국 학계에서 루틴을 선구적으로, 그리고 거의 유일하게 통찰한 학자는 권용립이었다. 그는 미국 대외정책을 지배하는 루틴을 다음과 같이 통찰했다.

사실 미국 외교의 '현상'은 누구나 다 알고 있지만 이런 현상을 만들고 있는 미국 외교의 바탕 전통과 그 의미는 알려져 있지 않다. ... 북·미 대결이 해소되지 않는 까닭은 명백하다. 그중 미국 쪽 원인으로 흔히 거론되는 것이 부시 대통령의 종교적 근본주의, 군사적 일방주의, '9·11' 이후 네오콘의 대북 강경책 등이다. 그러나 이것은 시선을 '현재의 미국'에 고정시켜 내린 진단이다. 이런 식으로 보면 미국 대북정책의 현상은 이해할 수 있지만 그 현상을 만들어낸 미국 외교의 속성을 파악하기는 어렵다. 우리는 21세기 미국의 적대적 대북정책이 200년이 넘은 미국 외교의 역사적 특징과 전통에서 나온다는 것을 먼저 알아야 한다.

다른 나라와 달리 미국은 미국 특유의 국가 정체성과 정치철학이 외교

---

39 Alfred N. Whitehead, *The Adventures of Ideas*, New York: The American Library, 1955, pp.96-97.

에 그대로 반영되는 나라다. 이라크를 침공하고, 쿠바의 관타나모 포로수용소를 초법적으로 운영하는 미국, 특히 부시 독트린처럼 도덕주의를 명분으로 내세워 주권국가에 대한 선제공격까지 감행하는 힘의 외교가 '9·11 테러'의 결과처럼 보이지만, 그것은 표면적인 인과관계일 뿐이다. 부시 독트린, 즉 선제공격론의 뿌리는 18세기 후반의 건국 초기부터 미국의 정치적 전통으로 자리 잡은 어떤 일관된 성향이다. 따라서 살펴봐야 할 것은 미국 외교의 역사적 성향이지 표피적인 현상이 아니다. 체니 부통령이나 럼스펠트 국방장관을 비롯한 미국의 네오콘 외교도 일시적인 강경외교가 아니라 미국 건국 이후 불변의 전통으로 내려온 특별한 세계관에서 비롯된 것이다.40

미국 학계에서 미국 대외정책을 지배하는 루틴을 모범적으로 통찰한 학자는 마이클 H. 헌트였다. 권용립은 그런 사실을 다음과 같이 평가했다.

현상의 뒤에 숨어 있는 근원을 찾아내서 추적하는 자세가 성찰의 시초입니다. 때와 장소에 따라 변하는 미국 외교의 일상은 누구나 서술할 수 있지만, 변화하는 가운데 '변하지 않는 무엇'을 추적하고 성찰하는 일은 아무나 할 수 없습니다. 미국의 역사학자 마이클 헌트가 쓴 이 책은 변화 속에서

---

40 권용립, 「북·미 대결은 끝날 수 있는가?」, 『황해문화』 52호, 2006, pp.199-201. 권용립은 미국 대외정책을 지배하는 루틴을 꾸준히 추적했다. 권용립, 『미국의 정치 문명』, 삼인, 2019; 권용립, 『미국 외교의 역사』, 삼인, 2010. 나는 권용립이 추적한 미국 대외정책의 루틴의 성격을 화이트헤드의 철학에 입각해서 해명한 바 있다. 이현휘, 「문명으로서의 미국 읽기」, 『당대비평』 21호, 2003, pp.424-434; 이현휘, "미국 정치문명의 자각적 상대화 & 문명으로서의 미국 읽기", https://blog.naver.com/whiteheadian_school/222865428671

변하지 않는 미국 외교의 바탕을 성찰한 책들 가운데 하나입니다.

어떤 분야든 좋은 책은 그 시선이 길고 또 깊은 법인데, 국제정치학과 역사학의 배경을 두루 갖춘 마이클 헌트의 이 책은 그런 의미에서 좋은 책입니다. 헌트는 건국 이후 미국 외교를 지배해온 세 가지 이데올로기, 즉 '미국은 항상 위대하다'는 국민적 자의식, '인종 간에는 위계적 서열이 있다'는 인종주의, '급진주의와 혁명은 위험하다'라는 반급진주의를 미국 역사에서 추출해낸 다음, 이들 이데올로기가 어떻게 생성되고 어떻게 미국을 움직여왔는지를 대중적 역사학의 서술 방식을 사용하면서 흥미롭게 서술하고 있습니다.[41]

요컨대 막스 베버의 사회학은 탈근대 사회과학의 지평을 선구적으로 열어낸 지적 성취였다. 그동안 세계 학계에서는 베버의 사회학을 주로 '근대철학'의 일종인 신칸트학파의 시각에서 해석했고, 지금도 그런 해석이 자연스럽게 유통되지만, 그건 모두 베버의 창의적, 천재적, 모험적 사유를 따라가지 못한 지적 후진성 내지 지적 정체성의 산물에 불과할 뿐이었다. 이제 베버의 탈근대 사회과학에 입각해서 12·3 계엄의 문제를 해명하고자 한다.

---

41 권용립·이현휘, 「옮긴이 서문」, 마이클 H. 헌트, 권용립·이현휘 옮김, 『이데올로기와 미국 외교』, 산지니, 2007, pp.6-7. 나는 권용립의 『미국의 정치 문명』과 마이클 헌트의 『이데올로기와 미국외교』에서 성취한 미국 대외정책에 대한 '설명적 이해'의 논리를 화이트헤드의 철학에 입각해서 해명한 바 있다. 이현휘, 「미국으로 가는 길을 연다: 친미와 반미 논쟁의 철학적 해체」, 『미국사연구』 25집, 2007, pp.1-30.

2. 한국 계엄을 '지향하는 의미'와 대량학살의 반복

12·3 계엄은 우연히 돌출한 사건이 결코 아니다. 한국사를 거시적으로 회고하면 계엄이 꾸준히 반복되었기 때문이다. "한국현대사는 정부 수립 이후 박정희 군사정부와 신군부 체제에 이르기까지 전 기간이 사실상 비상사태 혹은 계엄상태였다고 할 수 있다."42 오제연은 2016년 11월 촛불집회와 탄핵정국에서 박근혜 정부가 준비한 계엄을 계기로 한국사에서 꾸준히 반복된 '계엄의 추억'을 회상했다.

2016년 촛불집회 당시 계엄 논의가 생뚱맞고 낯설게 느껴졌지만, 사실 '계엄'은 한국 현대사에서 매우 익숙한 용어다. 구체적인 법령(계엄법)도 갖추어지지 않은 상태에서 1948년 10월 여순사건 때 처음 선포된 계엄은, 이후 1948년 제주도 초토화 작전, 1952년 부산정치파동, 1960년 4·19혁명, 1961년 5·16쿠데타, 1964년 6·3항쟁, 1972년 10월 유신, 1979년 부마항쟁과 10·26사건, 그리고 1980년 5·17쿠데타와 5·18광주항쟁 등 한국 현대사의 주요 고비마다 늘 그 모습을 드러냈다. 계엄령의 사촌뻘 되는 '위수령'까지 포함하면 군이 '외부의 침략'이 아닌 '내부의 저항'을 통제·탄압하기 위해 사회 전면에 나선 사례는 더 많아진다. 그런 의미에서 "한국 현대사는 곧 계엄의 역사"라는 평가가 과장이 아니다. 단지 1980년 이후 40년 가까이 계엄이 선포된 적이 없고, 1987년 6월항쟁 이후에는 관련 논의조차 사라져 우리가 그 존재와 역사를 잠시 망각했을 뿐이다.

---

42 김춘수, 「1946-1953년 계엄의 전개와 성격」, 박사학위논문, 성균관대학교 사학과, 2013, p.1.

권력과 군은 달랐다. 그들은 과거 자신의 주특기였던 계엄을 추억했고, 이를 다시 현실로 소환했다. ... 군, 특히 기무사에게 계엄은 더 익숙한 것이었다. ... 2017년 기무사가 작성한 계엄 관련 '대비계획 세부자료'를 보면 그들이 1979년과 1980년 계엄 문건들을 바탕으로 약 40년 뒤 유사한 계획을 수립했음을 알 수 있다. 기무사가 제시한 계엄 관련 각종 선포문, 포고문 양식은 대부분 1979-80년 당시의 것들이거나 거기서 연도와 날짜만 바꾼 것들이었다. 그뿐만 아니다. '대비계획 세부자료'에서 가장 문제가 되는 것은, 국회의 계엄 해제 권한을 무력화하기 위해 계엄 선포와 동시에 군이 진보 성향의 국회의원들을 대거 체포할 계획을 세웠다는 사실이다. 이는 계엄을 통해 행정권과 사법권을 장악한 군이 사실상 입법권까지 장악하려는 시도로서, 과거 전두환이 쿠데타 당시 활용했던 바로 그 방식이다. 또 기무사의 계획을 보면 계엄 선포 시 곧바로 군이 국가정보원을 장악하는 내용이 나오는데, 이 역시 과거 전두환이 5·17쿠데타 직전 중앙정보부장 서리가 되어 중앙정보부를 장악했던 역사를 떠올리게 한다. 한 마디로 기무사의 계엄 선포 계획은 그들이 갖고 이는 '계엄의 추억'에 근거한 것이었다.

역사의 힘은 이래서 무섭다. 마지막 계엄 이후 벌써 40년 가까이 흘렀지만 계엄은 권력과 군의 기억 속에 면면히 이어졌다. 그리고 기회가 엿보이자 다시 그 모습을 드러냈던 것이다. 반면 시민사회는 지난 30년간 민주화의 성과를 과신한 나머지 계엄을 제대로 기억하지 못했다. 계엄은 그저 옛날 얘기일 뿐이었다. 비단 계엄만 그런 것이 아니다. 이미 사라진 줄 알았던 한국 현대사의 부정적 유산들이, 그것을 추억하는 이들에 의해 부활한 사례는 얼마든지 찾아볼 수 있다. ... 역사는 누가 무엇을 어떻게 기억하느냐에 따라 반복될 수도 있고 청산될 수도 있다. 숱한 계엄이 민주주의와 인권의 파괴로 이어진 한국 현대사의 비극을 되풀이하지 않기 위해서는 권력과 군이 아니라 바로 시민사회가 더 많이, 더 치열하게 이 문제를 기억해야 한다. 또 이를 바탕으로 여러 가지 제도적 보완장치를 마련해야 한다. 부디 이번 계엄 논란이 일회성 적폐청산으로 끝나지 않고, 과거사 전반에 대한 시민사회의 성찰과 이에 근거한 대안의 모색 및 실천으로 이어졌으면 한다.43

그러나 오제연의 우려는 곧바로 현실이 되었다.

기무사의 계엄 준비 실상이 폭로된 2018년, 『역사비평』은 「계엄의 추억」이라는 제목의 '책머리에'(124호) 글을 통해, 시민사회가 계엄을 망각한 사이 정권과 군은 계엄을 계속 추억해왔으며 이에 근거해 계엄을 준비했음을 지적한 바 있다. 나아가 이미 사라진 줄 알았던 한국 현대사의 부정적 유산들이 그것을 추억하는 이들에 의해 부활한 사례가 얼마든지 있음을 함께 지적하였다. 불행히도 이러한 우려는 기우가 아니었다. 계엄이 추억으로 그치지 않고 2024년 끝내 부활한 것이다.44

한국사에서 계엄이 꾸준히 반복되었다는 사실은 한국 계엄을 지배하는 '루틴'이 한국사에서 관철되고 있음을 말해준다. 하지만 루틴에 몽매한 주류 인문사회과학은 한국 계엄을 개별적으로 서술했을 뿐이며, 따라서 계엄을 지배하는 루틴 앞에서 모두 파산할 수밖에 없었다.

---

43   오재연, 「책머리에: 계엄의 추억」, 『역사비평』 124호, 2018, pp.3-6.
44   오재연, 「책머리에: 계엄의 부활」, 『역사비평』 150호, 2025, p.3.

그러나 박승관은 한국사회를 지배하는 루틴이 조선 신유교를 배경으로 형성되었다는 사실을 정확하게 통찰했다. 베버는 '미국 민주주의 전통이 퓨리터니즘이라는 미국의 영원한 국보(Puritanism as an everlasting heirloom)로부터 전승되었다'45라고 통찰한 바 있다. 이는 미국의 지배적 종교가 루틴을 형성하는 데 결정적 역할을 했다는 사실을 말해준다. 그런데 한국은 지구상에서 신유교의 영향을 가장 많이 받은 나라다. 제임스 H. 그레이슨도 이렇게 평가했다. "사실 나는 한국만큼 유교적인 나라는 없다고 본다. 한국의 유학자들은 정치뿐만 아니라 사회·문화 등 모든 분야에서 유교를 실현하려고 했다. 나는 그러한 유교적 사고방식에 대한 집착이 오늘날 한국 사회의 위기와 변동에 큰 영향력을 미쳤고 한국인의 정체성을 상실하게 했다고 생각한다."46 따라서 박승관이 조선 신유교를 배경으로 한국사회의 루틴이 형성되었다는 사실을 통찰한 것은 타당하다고 평가할 수 있다. 그런데 박승관이 통찰한 루틴에는 정통과 이단을 준별하는 조선 신유교의 벽이단(闢異端) 사상이 각인되어 있다.47 바로 이 벽이단 사상이 한국사에서 반복된 계엄의 궁극적 원천이었다.48 따라서 박승관은 12·3 계엄에 대한 하나의 '설명적 이

---

45 Max Weber, "Capitalism and Rural Society in Germany" in *From Max Weber*, trans. and ed. by Gerth and Mills, p.369.

46 제임스 H. 그레이슨, "유교가 한국인 정체성 상실 불렀다", 『문화일보』, 2021.04.20.

47 황의동, 「정통과 이단, 그 역사의 본질: 율곡을 중심으로」, 『율곡사상연구』 21집, 2010, pp.5-42; 금장태, 「이조유학에 있어서 벽이단의 이념과 전통」, 『국제대학 논문집』 2집, 1974, pp.339-359.

48 3절, "한국 계엄의 '의미맥락'으로서의 '사이비 보수주의'" 참조.

해'를 직관적으로 성취했다고 할 수 있다.

근대화를 통하여 한국 사회의 외피는 전면적으로 변화하였지만, 질적 측면에서 한국 사회는 여전히 오백 년 전 조선왕조 시대부터 우리 문화, 전통, 관습의 골수에 각인되어 온 패권(군주)제 DNA를 극복하지 못하고 있다. 한국인들은 오늘날 외견상으로는 양복을 입고, 하이컬러를 하고, 자동차를 타고, 교회에 다니면서, 구두를 신고, 높은 아파트에서 살지만, 내면적 의식구조와 삶의 방식 차원에서는 여전히 조선시대에서, 조선인으로서, 유교식으로, 조선식으로 살아가고 있다.

한국은 20세기 후반부터 눈부신 압축 성장을 실현하였다. 정치, 경제, 문화 영역에서 새로운 제도와 문명들이 끊임없이 도입·적용되는 '근대화'(modernization)를 달성하였다. 외양적으로는 그야말로 한국 사회의 모든 것이 변화하였다. 그러나 이러한 근대화 과정이 사회성원들과 사회체계가 가지고 있는 잠재역량의 실현을 극대화시킬 수 있는 방향으로의 사회체계의 질적 변화, 즉 '발전'(development)을 가져오지는 못하였다. 근대화와 발전은 전혀 다른 개념이다. 한국의 근대화는 서양에서 이루어진 '근대화'의 결과물만을 외부로부터 이식해 오는 것을 의미했을 뿐이다. 한국 사회를 지배하는 패권(군주)제 사회질서 자체와 (신)유학적 관습체제 그 안에서 관철되는 부문별 작동방식 자체를 질적으로 변화시키는 본격적 '발전,' 즉 과거 질서와의 근본적 단절, 그것의 본질적 혁파, 질적 혁신은 조선조 이래로 지금까지 한 번도 달성된 적이 없다.

한편, (신)유학적 세계관과 관습질서는 조선시대는 물론이고 작금의 한국 정치와 언론의 온갖 부조리를 암암리에, 보이지도 않는 심층에서, 누구에게도 인식되거나 발각되지 않는 방식으로, 강력하게 지지하고 부양하는 거시적 감옥 철창 같은 구조로 작용하고 있다. 우리 사회는 (신)유학적·중세적 세계관 안에 머물면서, 그것 안에 기생·안존하면서, 그것을 정당화하는 나태한 방식을 과감하게 정리·퇴출시켜야 한다. 한국 사회와 정치에서 유가적 전통주의는 정통으로부터의 이탈을 불용인하는 근본주의적 논리와 기성 질서의 유지를 강화하는 보수적 의식구조를 끈질기게 작동·활성화시키면서 창의와 혁신을 가로막고 있다. 유교적 관습질서는 끊임없이 타자를 부정하면서, 이러한 타자 부정의 반작용으로서만 자신의 정체성을 정의하는 분열적 정치상을 양산하고 있다. 자신만을 '선'으로 정당화하고, 상대방을 '악'으로 구분하여 세상을 선악구도로 몰아가고 있다. 한국 정치의 보수와 진보세력은 공통적으로 이러한 양분법적 정치논리와 행동패턴을 차용하면서 서로 상대방을 적폐세력, 또는 종북세력이라고 부르면서 공생하면서 부패해 나가고 있다.49

박승관의 통찰을 구체적으로 풀어보기로 한다. 이 절에서는 한국 계엄을 '지향하는 의미'가 유사하게 반복되었다는 사실을 확인하고, 절을 바꿔 '의미맥락'을 추적함으로써 12·3 계엄에 대한 하나의 '설명적 이해'를 성취하고자 한다.

윤석열이 계엄을 '지향하는 의미'(intended meaning)는 2024년 12월 3일 발표한 '비상계엄 선포 담화'에 잘 나타나 있다.

존경하는 국민 여러분, 저는 대통령으로서 피를 토하는 심정으로 국민 여러분께 호소 드립니다. 지금까지 국회는 우리 정부 출범 이후 22건의 정부

---

49 박승관, 「패권(군주)제적 사회질서와 정파언론-그 현실과 기원」, 『언론과 사회』 25권 4호, 2017, pp.40-41.

관료 탄핵 소추를 발의하였으며, 지난 6월 22대 국회 출범 이후에도 10명째 탄핵을 추진 중에 있습니다. 이것은 세계 어느 나라에도 유례가 없을 뿐 아니라 우리나라 건국 이후에 전혀 유례가 없던 상황입니다. 판사를 겁박하고 다수의 검사를 탄핵하는 등 사법 업무를 마비시키고, 행안부 장관 탄핵, 방통위원장 탄핵, 감사원장 탄핵, 국방 장관 탄핵 시도 등으로 행정부마저 마비시키고 있습니다. ... 국정은 마비되고 국민들의 한숨은 늘어나고 있습니다. 이는 자유대한민국의 헌정질서를 짓밟고, 헌법과 법에 의해 세워진 정당한 국가기관을 교란시키는 것으로서, 내란을 획책하는 명백한 반국가 행위입니다. 국민의 삶은 안중에도 없고 오로지 탄핵과 특검, 야당 대표의 방탄으로 국정이 마비 상태에 있습니다. 지금 우리 국회는 범죄자 집단의 소굴이 되었고, 입법 독재를 통해 국가의 사법·행정 시스템을 마비시키고, 자유민주주의 체제의 전복을 기도하고 있습니다. 자유민주주의의 기반이 되어야 할 국회가 자유민주주의 체제를 붕괴시키는 괴물이 된 것입니다. 지금 대한민국은 당장 무너져도 이상하지 않을 정도의 풍전등화의 운명에 처해 있습니다. ... 저는 북한 공산 세력의 위협으로부터 자유 대한민국을 수호하고 우리 국민의 자유와 행복을 약탈하고 있는 파렴치한 종북 반국가 세력들을 일거에 척결하고 자유 헌정질서를 지키기 위해 비상계엄을 선포합니다. 저는 이 비상계엄을 통해 망국의 나락으로 떨어지고 있는 자유 대한민국을 재건하고 지켜낼 것입니다. 이를 위해 저는 지금까지 패악질을 일삼은 망국의 원흉 반국가 세력을 반드시 척결하겠습니다. 이는 체제 전복을 노리는 반국가 세력의 준동으로부터 국민의 자유와 안전, 그리고 국가 지속 가능성을 보장하며, 미래 세대에게 제대로 된 나라를 물려주기 위한 불가피한 조치입니다. ... 이와 같은 조치는 자유대한민국의 영속성을 위해 부득이한 것이며, 대한민국이 국제사회에서 책임과 기여를 다한다는 대외 정책 기조에는 아무런 변함이 없습니다. ... 저는 오로지 국민 여러분만 믿고 신명을 바쳐 자유 대한민국을 지켜낼 것입니다. 저를 믿어주십시오.50

사실 윤석열은 대통령 취임 후 각종 행사에서 '비상계엄 선포 담화'와 유사한 발언을 수없이 발표했다. 예컨대 2024년 8월 19일 국무회의에서 이렇게 말했다. "우리 사회 내부에는 자유민주주의 체제를 위협하는 반국가 세력들이 곳곳에서 암약하고 있다. … 북한은 개전 초기부터 이들을 동원해 폭력과 여론몰이, 선전·선동으로 국민적 혼란을 가중하고 국민 분열을 꾀할 것이다. … 이러한 분열을 차단하고 전 국민의 항전 의지를 높일 수 있는 방안을 적극 강구해야 한다."51 또한 윤석열은 2024년 9월 10일 민주평통 해외지역회의에서도 유사한 주장을 반복했다. "우리 사회 일각에서는 반대한민국 세력이 존재하고 있다. … 이러한 세력에 맞서 우리가 똘똘 뭉쳐야 되고, 하나 된 자유의 힘으로 나라의 미래를 지켜내야 한다. … 우리의 자유주의 체제를 무너뜨릴 자유는 없다."52 2024년 8월 15일 광복절 축사에서도 유사한 발언을 했다. "사이비 지식인과 선동가들은 우리가 진정으로 지향해야 할 가치와 비전을 전혀 제시하지 못하고 있습니다. 제시할 수가 없습니다. 국민을 현혹하여 자유 사회의 가치와 질서를 부수는 것이 그들의 전략이고, 진짜 목표

---

50 "[전문] 尹대통령 비상계엄 선포 담화", 『연합뉴스』, 2024.12.03.
51 김영신, "尹 '반국가세력 사회 곳곳 암약 … 국민 항전의지 높일 방안 강구', 『연합뉴스』, 2024.08.19.
52 박순봉, "윤대통령 '반대한민국 세력 존재…자유의 힘으로 나라 미래 지켜야', 『경향신문』, 2024.09.10.

를 밝히면 거짓 선동이 먹혀들지 않기 때문입니다. 선동과 날조로 국민을 편 갈라, 그 틈에서 이익을 누리는 데만 집착할 따름입니다. 이들이 바로, 우리의 앞날을 가로막는 반자유 세력, 반통일 세력입니다."53

윤석열은 반국가세력이라고 판단한 500여 명을 수거해서 학살할 계획도 세웠다. 계엄이 성공했다면 대량학살이 일어날 수밖에 없었다. "12·3 내란사태를 모의·실행한 혐의로 구속 기소된 노상원 전 정보사령관이 자신의 수첩에 '500여명 수집'하겠다며 구체적인 체포 계획을 세운 것으로 확인됐다. 노 전 사령관의 '수거' 대상에는 야권 인사뿐 아니라 '좌파 판사', '좌파 연예인' 등이 포함됐으며 구치소 등 '수집소'에 보내는 방안도 담겨 있었다. 또 '차기 대선에 대비(해) 모든 좌파세력을 붕괴'시키겠다는 내용도 담아, 윤석열 정권의 장기집권을 꾀했던 것으로 보인다."54 "'12·3 내란 당시 '노상원 수첩'에 '수거' 대상으로 적시된 야당 의원 등 피해자들이 헌법재판소에 '계엄을 못 막았으면 체포돼 살해됐을 가능성이 높다'며 윤석열 대통령 탄핵 인용을 촉구하는 탄원서를 헌법재판소에 제출했다."55

전두환이 계엄을 '지향하는 의미' 역시 윤석열의 그것과 판박이처럼 유사하다. 전두환이 최규하에게 결재를 강요한 '5·17 내란계획서'에는 다음과 같은 목표가 제시되었다. "북괴의 대남적화 야욕으

---

53 "윤석열 대통령 제79회 광복절 경축사 [전문]", 『세계일보』, 2024.08.15.
54 배지현, "'살해 암시' 노상원 수첩에 문재인·유시민 등 500명…'확인사살'", 『한겨레』, 2025.02.13.
55 엄지원, "'수거대상'들 "계엄 못 막았으면 살해됐을 것…윤석열 파면해야", 『한겨레』, 2025.05.25.

로부터 국가를 보위하고, 나아가서 정의 구현과 질서 유지, 풍요롭고 자유로운 복지사회 건설 등의 국가 정책 수행 상에 장애요인으로 현출(顯出)되고 있는, '국기를 문란하는 위해분자', '누적된 권력형 부정부패', '사회 불안을 조성하는 강력 사범' 등을 과감히 색출 제거함으로써 국가기반을 공고히 하는 대역사(大役事)에 일익을 담당, 기여코져 함."56

12·3 계엄 포고령도 5·17 계엄 포고령과 거의 유사했다. "윤석열 대통령의 '12·3 비상계엄' 선포 이후 계엄사령부가 발표한 포고령이 44년 전두환 등 신군부가 비상계엄 전국 확대 직후 발표한 포고령과 거의 같은 것으로 확인됐다. … 두 계엄 포고령은 '정치활동 금지', '언론·출판 통제', '파업 및 태업 금지', '국민일상 보장' 등의 내용이 일치한다. 1980년의 '유언비어 날조 및 유포금지'는 '가짜뉴스·여론조작·허위선동을 금한다'로 바뀌었다. '위반자는 처단한다'는 섬뜩한 문구도 모두 들어 있다. 두 계엄 포고령의 차이는 '대학휴교령·외국인 자유보장(1980년)', '의료인의 48시간 복귀(2024년)' 정도만이 다르다. 1980년 당시 계엄군은 이 포고령을 바탕으로 광주 시민들을 유혈진압하고 학살했다. 계엄군과 경찰은 또 '계엄 포고령 위반'으로 수천 명의 광주 시민들을 체포해 연행·구금해 처벌하기도 했다."57

미 국무부 비밀문건에 따르면 전두환은 5·18 북한군 개입설을

---

56 고경태, "전두환이 들이밀자 최규하가 서명한 '5·17 내란계획서' 나왔다", 『한겨레』, 2024.12.16.

57 강현석, "5·18 유혈진압과 쌍둥이 '계엄 포고령'…윤석열은 전두환을 따라 했다", 『경향신문』, 2024.12.05.

처음 주장했다. "기록에 따르면 1980년 6월 4일 국가보위비상대책위원장이 된 전두환씨는 주한 미 상공회의소 기업인들과의 만찬장에서 5·18에 대한 질문을 받자 이렇게 답합니다. '전두환/ 당시 국가보위비상대책위원장: 22명의 신원 미상 시신이 발견됐는데 모두 북한의 침투요원으로 보고 있다. 5·18의 책임은 김대중에게 있으며 그를 기소해서 이걸 입증하겠다.'"58

그러나 CIA 기밀문건에 따르면 당시 북한군 개입은 없었다. "5·18기념재단은 20일 CIA가 홈페이지에 올린 기밀 해제 문건 중 5·18 당시 북한군의 동향이 담긴 비밀문건 2개를 찾아내 공개했다. 해당 문건은 1980년 5·18을 전후로 미국 국가안전보장회의(NSC)와 국가정보위원회(NIC)가 생산한 문서들이다. 이 중 80년 6월 5일에 작성된 NIC의 '일급비밀'(Top Secret)문건은 북한이 5·18에 개입하지 않았음을 확신하고 있다. 당시 계엄군이 전남도청을 무력 진압(5월 27일)한 이후 90일간 발생할 수 있는 위기(경고) 상황을 전망·분석한 이 자료는 '지난 한 달 동안 반복된 북한 입장은 남한의 사태에 결코 개입하지 않을 것이라는 것이며, 눈에 띄는 어떤 군사적 움직임도 이를 이유로 자신의 행동을 합리화하려는 전두환을 돕는 행위라는 것을 직시하고 있다'는 내용이 담겨 있다. NIC는 또 이 문건에서 '1976년 판문점 도끼 만행사건 당시 미국이 보여준 공군과 해군의 힘에 북한이 겁을 먹었고, 이는 1980년 사태에도 영향을 미쳤을 것'이라며 5·18 당시 북한의 특별한 동향이 없었다는 점을 분명히 했다. 또 80년 5월 9일 NSC가 '남한 정세 불안과 전

---

58 정윤식, "'북한군 투입설 퍼트린 건 전두환이었다'…38년간 숨겨진 5·18 마지막 비밀 '끝까지 판다'", SBS News, 2018.05.23.

두환에 의한 (정권)인수 전망'을 긴급 메모로 작성한 비밀 문건에도 '북한은 한국의 정치 불안 상황을 빌미로 어떤 군사행동도 취하는 기미가 없다'고 기록돼 있다."⁵⁹

5·17 계엄 이후 수백 명이 희생되었다. "계엄 철폐, 진상규명과 책임자 처리를 요구하던 국민들이 5.17 계엄 이후 체포 2699명, 학사 징계 1880명, 해직 422명(공무원 제외) 등의 피해를 입게 되었다. 5·18 당시 사망자 166명, 행방불명자 73명, 상이 후 사망자 113명, 부상자 2500여 명 등의 피해자 외에도 분신 8명, 수백 명의 구속, 수감자가 진상규명과 책임자 처벌을 요구하는 과정에서 계속 발생했다는 사실을 꼭 기억해야 한다."⁶⁰

1961년 5·16 쿠데타로 권력을 장악한 박정희는 혁명 공약 제1호에서 '반공'을 국시로 못 박았다. "반공을 국시의 제일의로 삼고 지금까지 형식적이고 구호에만 그친 반공태세를 재정비 강화한다."⁶¹ 이에 따라 좌익사범 혐의로 2천여 명을 체포했다. 또한 7월 3일에는 「반공법」을 제정 공포했다. "반공법 제정 이전에도 이미 국가보안법이 존재했고 1958년에는 이른바 '보안법 파동'을 겪으면서 한층 강화된 조항들이 삽입된 상황이었으므로 또 다른 법률의 필요성은 그다지 크지 않았다. 즉 반공법 제정과 공포는 군사정변 세력의 이른바 혁명공약 제1호를 강조하기 위한 정치적 의도가 크게 작

---

59 안경호, "미국 CIA 비밀문건 공개 '5·18때 북한 개입 없었다'", 『한국일보』, 2017.01.20.

60 송선태, "5·17 내란과 12·3 비상계엄은 똑 닮았다", 『오마이뉴스』, 2024.12.13.

61 "5·16 군사 정변시 내세운 혁명 공약", 〈국사편찬위원회 우리역사넷 사료로 본 한국사〉, https:// contents.history.go.kr/front/hm/view.do?levelId=hm_150_0010

용한 것이다."⁶² 이처럼 공식적으로 확립된 박정희의 반공주의 신념은 박정희가 계엄이나 긴급조치를 '지향하는 의미'에 거의 그대로 관철되었다. 그런데 그것 역시 윤석열과 전두환이 계엄을 '지향하는 의미'와 크게 다를 바가 없었다.

박정희는 1964년 6·3 한일회담 반대시위를 진압할 목적으로 비상계엄을 선포했다.⁶³ 박정희는 「비상계엄령 선포에 즈음한 담화문」에서 비상계엄을 선포한 까닭을 밝혔다.

> 오늘 20:00시를 기하여 정부는 수도 서울에 비상계엄을 선포하게 되었습니다. ... 확실히 근간 국정전반에 걸쳐 일부학생들의 도에 넘치는 현실참여는 이 나라 민주주의의 앞날에 새로운 암영을 던져주고 있으며 특히 최근에 나타난 학생들의 반정부적 파괴행동은 어느 모로 보더라도 불순하고 무모한 일이라 아니할 수는 없는 것입니다. ... 그것은 동기여하를 불문하고 학생들이 심지어는 해괴망측한 방법과 극렬한 언동, 그리고 끝내는 공공시설의 파괴로써 민의에 의해 선출된 정부를 부정 도괴(倒壞)시키려는 불순한 경향이 노골적으로 나타났기 때문입니다. ... 이 기회에 일부 불순한 학생들의 오만과 불손의 파괴적 행동으로 말미암아 앞으로 한없이 조성될 만성적 정치 불안을 우려하여 그 고질을 도려내어 차제에 데모 만능의 풍조를 발본색원할 방침인 것을 분명히 해두는 바입니다. ... 계엄기간 중 난동, 파괴, 불온한 선동, 유언비어 조작을 비롯한 범법행위와 혼란을

---

62 "반공법," 〈한국민족문화대백과사전〉, https://encykorea.aks.ac.kr/Article/E0073406

63 박정희가 비상계엄을 선포한 배경에 관해서는, "해설: 6·3 한일회담 반대시위에 대한 박정희 정부의 비상계엄 선포", 〈국사편찬위원회 우리역사넷 사료로 본 한국사〉, https://contents.history.go. kr/front/hm/view.do?levelId=hm_150_0050

틈탄 일절의 공산세력은 단호히 엄단될 것이지만 시민생활에 대해서는 추호의 위축도 주지 않을 것이며 모든 자유는 최대한으로 보장받을 것입니다.64

박정희는 중앙정보부를 활용해서 이른바 '인혁당 사건'을 조작했다. 반공주의 신념에 매몰된 박정희는 공안정국을 조성해서 한일회담 반대시위를 진압하고자 했던 것이다. "1964년 8월 14일 김형욱 중앙정보부장은 기자회견을 소집 '북괴의 지령을 받고 대규모적인 지하조직으로 국가를 변란하려던 인민혁명당 사건을 적발, 일당 57명 중 41명을 구속하고 나머지 18명은 전국에 수배 중에 있다'고 발표했다. 중앙정보부 발표에 의하면, 인민혁명당은 1962년 1월 '북한으로부터 특수 사명을 띠고 남하한 간첩 김영춘, 민주민족청년동맹 경북도 간사장이던 도예종 등이 발기인회의를 갖고, 외국군 철수와 남북 서신·문화·경제교류를 통한 평화통일을 골자로 한 노동당 강령 규약을 토대로 발족'했고, 3·24 학생시위가 일어나자 불꽃회 간부 등을 포섭, 배후조종하여 현 정권 타도와 국가 변란을 음모했다는 것이다. 중앙정보부는 47명을 송치하였다."65

그러나 인혁당 사건은 철저히 조작된 것이었다. 사건을 수사한 서울지검 공안부 이용훈, 김병리, 장원찬, 최대현 검사들은 증거 불충분으로 도저히 기소할 수 없다며 기소를 거부했다. "검사들은 피

---

64 "비상계엄령 선포에 즈음한 담화문", 〈행정안전부 대통령기록관〉, https://www.pa.go.kr/research/ contents/speech/index.jsp?spMode=view&artid=1305386&catid=c_pa02062

65 "제1차 인혁당(인민혁명당)사건", 〈민주화운동기념사업회〉, https://archives.kdemo.or.kr/collectio ns/view/10000009

의자들이 정치혁신계 정당을 창당하기 위하여 인민혁명당이라는 지하서클을 조직하고 있었던 사실은 있으나, 이것을 반국가단체로 보기 어렵고, 그들이 북한공산집단의 지령을 받았다는 점을 인정할 자료가 없다는 이유로 불기소처분이 옳다고 결론을 내렸다."66 이후 우여곡절을 거쳐 겨우 기소가 이뤄졌다. "기소된 피고인들에 대한 1심 선고공판은 1965년 1월 20일 열렸다. 도예종은 징역 3년, 양춘우는 징역 2년, 나머지는 무죄였다. 그런데 항소심에서는 달랐다. 그해 6월 29일 선고된 2심 판결은 도예종 징역 3년, 박현채 등 6명에게 각 징역 1년, 이재문 등 6명에게 각 징역 1년에 집행유예 3년이었다. 전원 유죄로 뒤집힌 판결이었다. 같은 해 9월 21일 대법원은 항소심 판결을 그대로 확정했다."67

  1972년 10월 17일, 박정희는 한국 전역에 비상계엄을 선포해서 헌법을 정지시켰다. 이어서 헌법개정안을 국민투표에 회부해 통과시켰다. 12월 27일, 박정희의 영구집권을 보장하는 유신헌법이 탄생한 것이다. 그러자 반유신체제 시위가 전국적으로 확산되었다. 1974년 1월 8일, 박정희는 긴급조치 1호와 2호를 공포하여 시위를 진압하고자 했다. 그러나 시위는 진압되지 않고 계속되었다. 4월 3일, 박정희는 긴급조치 4호를 선포해서 이른바 '민청학련 사건'과 그 배후로 지목된 '인민혁명당 재건위사건'(2차 인혁당 사건)과 관련된 일체의 행위를 처벌하고자 했다. 박정희가 긴급조치 4호를 '지향하는 의미'는 긴급조치 4호 각 항들, 박정희의 긴급조치 관련 담화 등에서 구체적으로 확인해볼 수 있다. 그런데 이 역시 윤석열과 전

---

66 한승헌, 『재판으로 본 한국현대사』, 창비, 2016, p.292.
67 같은 책, p.275.

두환이 계엄을 '지향하는 의미'와 구조적으로 동일하다.

긴급조치 4호는 다음과 같은 항으로 구성되었다.68

1. 전국민주청년학생연맹과 이에 관련되는 제 단체(이하 '단체'라 한다)를 조직하거나 또는 이에 가입하거나, 그 구성원과 회합, 또는 통신 기타 방법으로 연락하거나, 그 구성원의 잠복, 회합·연락 그 밖의 활동을 위하여 장소·물건·금품 기타의 편의를 제공하거나, 기타 방법으로 단체나 구성원의 활동에 직접 또는 간접으로 관여하는 일체의 행동을 금한다.
2. 단체나 그 구성원의 활동에 관한 문서, 도화·음반 기타 표현물을 출판·제작·소지·배포·전시 또는 판매하는 일체의 행위를 금한다.
3. 위에서 금한 행위를 권유, 선동 또는 선전하는 일체의 행위를 금한다.
4. 이 조치 선포전에 제1항 내지 제3항에서 금한 행위를 한 자는 1974년 4월 8일까지 그 행위내용의 전부를 수사·정보기관에 출석하여 숨김없이 고지하여야 한다. 위 기간 내에 출석·고지한 행위에 대하여는 처벌하지 아니한다.
5. 학생의 부당한 이유 없는 출석·수업 또는 시험의 거부, 학교 관계자 지도·감독하의 정당적 수업·연구 활동을 제외한 학교 내외의 집회·시위·성토·농성 기타 일체의 개별적·집단적 행위를 금한다. 단, 의례적·비정치적 활동은 예외로 한다.
6. 이 조치에서 금한 행위를 권유, 선동 또는 선전하거나 방송·보도·출판

---

68 "대통령 긴급조치 제4호"(1974.04.03, 밑줄은 역자 추가), 〈행정안전부 국가기록원〉, https://www.archives. go.kr/next/newsearch/listSubjectDescription.do?id=001481&pageFlag=&sitePage

기타 방법으로 타인에게 알리는 일체의 행위를 금한다.

7. 문교부 장관은 대통령 긴급조치에 위반한 학생에 대한 퇴학 또는 정학의 처분이나 학생의 조직, 결사 기타 학생단체의 해산 또는 이 조치 위반자가 소속된 학교의 폐교처분을 할 수 있다. 학교의 폐교에 따르는 제반 조치는 따로 문교부 장관이 정한다.

8. 제1항 내지 제6항에 위반한 자, 제7항에 의한 문교부 장관의 처분에 위반한 자 및 이 조치를 비방한 자는 사형, 무기 또는 5년 이하의 유기징역에 처한다. 유기징역에 처하는 경우는 15년 이하의 자격 정지를 병과할 수 있다. 제1항 내지 제3항, 제5항, 제6항 위반의 경우에는 미수에 그치거나 예비, 음모한 자도 처벌한다.

9. 이 조치에 위반한 자는 법관의 영장 없이 체포, 구속, 압수수색하며 비상군법회의에서 심판 처단한다.

10. 비상군법회의 검찰관은 대통령 긴급조치 위반자에 대하여 소추를 하지 아니할 때에도 입수한 서류 또는 물품의 국고귀속을 명할 수 있다.

11. 군지역사령관은 서울특별시장, 부산시장 또는 도지사로부터 치안질서 유지를 위한 병력출동의 요청을 받은 때에는 이에 응하여 지원하여야 한다.

박정희는「긴급조치 제4호 선포에 즈음한 특별 담화」에서 아래와 같이 얘기했다.

나는 작금 우리 사회의 일각에서 공산주의자들이 상투적으로 전개하는 적화 통일을 위한 이른바 통일 전선의 초기 단계적 불법 활동 양상이 대두되고 있음에 감하여, 이 같은 불순한 요인을 발본색원함으로써 국가의 안전

보장을 공고히 다지고자 오늘 헌법절차에 따라 긴급조치를 선포하게 되었음을 국민 여러분에게 알려드리면서 협조를 당부하고자 합니다. … 북한 공산주의자들은 우리에게 부단한 군사적 도발과 간접 침략의 위협을 가해 오고 있으며, 또한 이처럼 불리한 여건 하에서 우리는 선진 제국들과 더불어 발전을 위한 치열한 경쟁을 해야만 하는 지극히 어려운 처지에 놓여 있다 하겠습니다. 이것은 우리가 결코 외면할 수 없는 도전이며, 우리는 이 시련을 반드시 극복해야만 하는 것입니다. 그래야만 발전의 경쟁에서 낙오되지 않으며, 번영과 통일을 지향하는 영광된 새 역사도 창조해 나갈 수 있는 것입니다. 그러면, 새 역사 창조의 원동력은 무엇이겠읍니까. 그것은 두말 할 나위도 없이 국력입니다. 이 국력은 또한 국민의 총화 속에서만 가속적으로 배양될 수 있는 것입니다. … 그러나, 작금에 이르러 우리 사회 일각에서는 이 같은 중차대한 시점에 처해서도 국민 총화를 저해하고 국론을 분열시킴으로써 국력 배양을 훼방하려는 책동이 아직도 자취를 감추지 않고 있어 왔습니다. 정부당국은 이러한 책동이, 최근 가일층 격화되고 노골화되고 있는 북한 공산집단의 우리에 대한 공개적인 모략과 중상 비방에도 불구하고 계속 추진되어왔었다는 사실에 예의 주목하고, 이를 국가 안전보장이라는 차원에서 다각적으로 비밀리에 조사해 왔던 것입니다. 그 결과 이른바 전국민주청년학생총연맹이라는 불법 단체가 반국가적 불순 세력의 배후 조종 하에 그들과 결탁하여 공산주의자들이 이른바 그들의 '인민혁명'을 수행하기 위한 상투적 방편으로 의례히 조직하는 소위 통일전선의 초기 단계적 지하조직을 우리 사회 일각에 형성하고, 반국가적 불순 활동을 전개하기 시작했다는 확증을 포착하기에 이르렀읍니다. 이들은 그동안 우리 사회 같은 공개 사회가 지니는 특성을 역이용하여, 표면상으로는 합법성을 가장, 그들의 정체를 위장하고, 우리 사회의 각계각층에

침투하려 획책하였읍니다. 그리하여, 특히 최근에 이르러서는 소위 전국
민주청년학생총연맹이라는 지하조직을 결성하여 공산주의자들이 말하는
이른바 '인민혁명'의 수행을 기도하였던 것입니다. 따라서, 나는 국가의 안
전보장을 책임지고 있는 대통령으로서는 이 같은 불순활동이 비록 초기단
계에 있다 하더라도, 이를 신속하고 강력하게 대처하지 않으면 안 된다고
판단하고, 오늘 헌법 제53조에 의하여 대통령에게 부여되고 있는 긴급조
치권을 불가피하게 발동하게 된 것입니다.[69]

박정희는 7월 4일 오후 청와대에서 열린 정부·여당 연석회의에
서 긴급조치 4호를 선포한 까닭을 구체적으로 밝혔다.

"(박정희는) 혹 어떤 사람은 이번 긴급조치 4호가 일반적인 학원사태에 대
처하기 위한 편법인 것처럼 오해할지도 모르나 과거 8·15 해방 이후 우리
국내에 있었던 공산주의자들의 소위 통일전선전략을 보아온 사람이라면
이것이 아무 근거 없는 오해요, 착각이라는 것을 스스로 알게 될 것"이라
고 말했다. … 박대통령은 "해방 후 우리가 국내외에서 보아 온 사례를 종
합해 본다면 공산주의자들이 흔히 사용해오는 통일전선전략은, 첫째 학생
운동 등 합법적인 방법을 가장해서 자유다 또는 민주다 하는 공산주의와
는 아무 관계없거나 배치되는 주장을 위장표방하고, 둘째 계층 간의 대립
을 악화시키고 반정부세력을 규합, 정권을 타도한 다음, 셋째 단계에선 전
략적으로 즉시 공산주의 정권으로 대체시키지 않고 그동안 지하에 잠입해

---

[69] "긴급조치 제4호에 즈음한 특별 담화"(1974.04.03), 〈행정안전부 대통령 기록관〉,
https://www.pa.go.kr/research/contents/speech/index.jsp?spMode=view&
artid=1306433&catid=c_pa02062

온 공산주의 세력을 양성화시켜 그들의 활동을 합법화시키고, 넷째 단계로 이들 양성화된 세력과 협동, 공산정권을 세우는 등 4단계로 되어 있다"고 말하면서 "지금까지 나는 개인적으로나 또는 비공식적인 기회에 여러 교직자들과 학원사회 지도자들로부터 우리 학원사회에 공산주의적 요소가 오래전부터 침투해오고 있다는 얘기를 들었다"고 덧붙였다.70

그러나 긴급조치 4호가 만들어낸 '민청학련 사건'과 '인혁당 재건위 사건'은 유신정권 최대의 용공조작 사건이었다. 여정남의 변호를 맡았던 한승헌은 여정남(1944년생)과 유인태(1948년생)를 사례로 용공조작의 실상을 적나라하게 보여준다.

여정남의 항소이유서에 의하면, 그가 당한 수모는 인혁당(재건위) 사건의 피고인들이 겪은 불법과 야만의 축소판이었다. "긴급조치하인데 법이 무슨 필요냐? 정보부에서는 불가능이 없다. 어느 정도는 시인해야지, 안 그러면 재판 도중이라도 끌어내다 박살낸다"는 협박을 여러 번 당했다고 한다. 고문으로 정신상태가 혼미해진 가운데 부르는 대로 받아써야 했던 정황을 폭로하기도 했다. 시기의 선후가 맞지 않는 말을 부르는 대로 받아쓰라기에, 조작을 해도 좀 똑똑히 하라고 했더니, 수사관이 '네 말이 맞다, 피의사실과 다르게 불렀군, 내가 잘못 불렀다'라며 틀린 것을 자인(?)하더라는 희극의 한 장면도 있었다. ... 또한 대구의 여정남이 서울에 올라와 이철, 유인태를 사주했다고 하는 시나리오도 유인태의 다음과 같은 진술에 의하

---

70 『조선일보』(1974.04.05), 1면; "박정희 대통령, 민청학련 사건과 긴급조치 4호에 대해 언급"에서 재인용, 〈민주화운동기념사업회〉, https://archives.kdemo.or.kr/workoutlog/workoutlog/view/FRR_1974_04_04_n001

여 그 허구성이 변명의 여지를 잃고 말았다. 즉 중정 수사관들은 인혁당의 배후조종과 관련하여, "처음 수사관들이 여정남에게 내가 모든 것을 지령했다고 쓰라고 하기에 '이분은 선배인데 어떻게 내가 지시를 합니까?' 했더니, '인마, 선배 좋아하지 마. 너희 서울대 애들은 지방대 애들을 우습게 알잖아?' 하며 막무가내로 (그렇게 쓰라고) 요구했던 것이다. 그러더니 얼마 지나면서 거꾸로 내가 여정남으로부터 모든 것을 지시, 지령받았다고 쓰라고 윽박질렀다. … '그 사람이 나이는 많지만, 서울의 학생운동 사정에 어두운데 무슨 지시를 받는단 말입니까?'라고 했더니 '이 새끼야, 잔말 말아. 그래도 선배잖아.' 이렇게 해서 소위 인혁당의 관계가 생긴 것이다. 여정남이 이철, 유인태에게 화염병 제조나 각목 사용을 지시했다든가, 민족지도부 구성을 논의했다는 것도 사실무근이었다. 그러나 다른 피고인이 시인했으니 너도 시인해야 한다느니, 그렇게 부인하면 정보부로 다시 보내겠다는 협박에 못 이겨 검찰관이 불러주는 대로 쓸 수밖에 없었다고 여정남은 실토했다. 인혁당 재건위가 민청학련의 배후세력이라는 '가설'은 이렇게 해서 완성되었던 것이다.71

한승헌은 민청학련 사건 판결을 이렇게 분석·평가했다. "판결문에 적힌 범죄사실은 공소장을 그대로 베낀 것이고, 선고형량도 거의 구형 그대로여서 나는 '정찰제 판결'이라고 공박했다. 그런데 이 말이 훗날 언론 등에서 자주 인용됨으로써 나는 자연스레 이 용어의 '저작(권)자'가 되었다. 사형 7명, 무기징역 7명, 나머지 18명의 징역 형기를 피고인 32명의 형기가 모두 240년에 달한다는 통계(?)

---

71 한승헌, 『재판으로 본 한국현대사』, pp.280-281.

도 있다. 긴급조치 1호와 4호로 재판받은 사람 중 (사형과 무기를 면한) 유기징역을 선고받은 203명의 형기를 합하면 2000년도 넘는다는 셈이 나온다고도 했다."72

한승헌은 인혁당 재건위 사건 판결과정을 자세히 소개했다. "비상보통군법회의는 그해(1974) 7월 21일 인혁당 재건위 사건에 대한 1심 판결을 선고했다. 서도원, 도예종, 하재완, 송상진, 이수병, 우홍선, 김용원은 사형(여정남은 이 사건이 아닌 민청학련 사건에서 사형 선고를 받았다), 김종대 등 8명은 무기징역, 이창복 등 6명은 징역 20년이었다. 검찰관의 구형량과 똑같은 '정찰제' 판결이었다. … 두 사건(민청학련 사건, 인혁당 사건)을 병합한 항소심은 피고인의 진술과 변호인의 반대신문, 증거신청이나 이의신청도 봉쇄, 묵살한 채 일사천리의 속도전으로 시종했다. 판결도 김종대, 전재권 두 피고인이 무기에서 20년 징역으로 감형된 것 외에는 모두 1심 그대로였다. … 1975년 4월 8일 오전, 대법원 전원합의체(재판장 민복기)는 인혁당 사건 및 민청학련 사건 피고인 38명 중 2명을 제외한 36명에 대한 상고기각 판결을 선고함으로써 서도원, 도예종, 하재완, 이수병, 김용원, 우홍선, 송상진, 여정남 등 8인에 대한 사형 판결을 확정했던 것이다. 선고에 단 10분도 채 안 걸렸다. … 놀랍게도 대법원에서 사형이 확정된 바로 다음 날인 1975년 4월 9일 새벽 여덟 명의 사형수들에 대한 교수형이 서울구치소에서 전격 집행되었다. 언론보도에는 그 시각이 판결 선고 후 18시간 만인 새벽 5시였다고 했다."73

---

72 같은 책, p.251.
73 같은 책, pp.279, 282, 284-285.

이승만은 1948년 10월 25일 비상계엄을 선포했다. "당시 여수 순천에서 제주도 출동을 위해 주둔 중이었던 국방경비대 14연대에서 명령을 거부하고 도시를 점거하는 사태가 벌어졌다. 이승만은 여수 순천 일대에 비상계엄을 선포하고 진압군을 보냈다."[74] 이승만이 계엄을 '지향하는 의미'는 11월 3일 국방부가 전국에 배포한 '전국동포에 고함'이라는 제목의 벽보, 11월 4일 이승만이 발표한 계엄 관련 담화 등에서 명시적으로 확인해볼 수 있다. 먼저 벽보를 보자.

금반 전남폭동은 민족적 양심을 몰각한 공산도당의 조직과 명령을 통하여 세계적 지지와 대한민족이 지상명령으로 수립된 대한민국 정부를 파괴함으로써 소련 제국주의의 태평양 진출정책을 대행하려는 공산당 괴뢰정권의 음모이다. 그들이 소위 무산대중의 계급혁명을 부르짖는 것은 전 인류가 요망하는 자유와 평화를 파괴함으로써 조국을 독재자의 철쇄에 예속케 하고 3천만 자유민족을 소련의 지배하에 떨어뜨리려는 상투적인 모략인 것이다. …놈들이 조출(造出)한 죄악상을 보라. 그들은 여수·순천·보성 등 일대에서 3·4천명의 동포를 학살하였다. 그 살인방법의 잔인무도함을 보라. 천진난만한 아해도 무고선량한 가정주부도 학살하였다! 소살하였다! 난살(亂殺)하였다. … 우리는 충심으로 애국동포 여러분께 요망한다. 여하한 감언과 선동에도 속지 마라. 여하한 사태에도 망동하지 마라. 오직 정부와 국군을 신뢰하고 지방치안 당국의 지시를 준수하라. 그리고 협심 협조하여 선동자의 정체를 폭로하고 그들을 고발하라. 이들 공산주의 열광자를 철저히 근절시켜야만 여러분이 희망하는 행복한 번영이 올 것이요, 만

---

74 김지방, "43년만의 비상계엄 … 여순 사건 이후 17번째", 『국민일보』, 2024.12.03.

일 그렇지 않으면 암흑과 전제와 재화와 불행이 있을 뿐이다. 또한 이것은 자기의 신명을 자멸할 뿐만 아니라 국가민족에게 해독을 주는 것이다.75

이승만은 계엄 관련 담화에서 남녀아동까지 철저히 조사해서 불순한 공산주의자를 완전히 제거해야 한다고 강조했다.

외국 공산분자의 잔인무도한 행위를 기왕부터 많이 들었지만 우리 한족(韓族)으로는 이런 비행이 절대 없으리라는 것을 믿고 내외국에 대하여 선언하여 오던 것인데, 이번 순천 여수 등지에 동족상잔한 진상을 들으면 우리 한족으로는 과연 통곡할 일이다. 그중 제일 놀랍고 참혹한 것은 어린아이들이 앞잡이가 되어 총과 다른 군기(軍器)를 가지고 살인충돌하는 것인데 여학생들이 심악(甚惡)하게 한 것과 살해 파괴를 위주(爲主)하고 사생을 모르듯 덤비는 상태는 완전히 인간의 형태를 벗어난 행동이더라고 외국신문기자들도 이를 격분하기에 이르니 이러한 통탄할 일이 어디 다시 있으리요. 불충불순분자들이 매국매족해서 정부를 패망케 하려는 것은 타국에도 없지 아니 하려니와 우리의 순진한 자녀들이 이와 같이 된다는 것은 부모 교사들에게 그 죄 있는 것이니 이것을 방임하고는 우리가 제일 얼굴을 들고 세상에 설 수 없을 것이다. 정부에서는 각부 당국에서 신칙(申飭)해서 우선 각 학교의 각 정부기관에 모든 지도자 이하로 남녀아동까지라도 일일이 조사해서 불순분자는 다 제거하고 조직을 엄밀히 해서 반역적 사상이 만연되지 못하게 하되, 앞으로 어떠한 법령이 혹 발포되더라도 전

---

75 국방부, 「전국동포에게 고함」, 1948.11.03; "국방부, '전국동포에게 고함'이라는 벽보를 전국에 배포"에서 재인용, 〈자료대한민국사 제9권〉, https://db.history.go.kr/contemp/level.do?levelId=dh_009_1948_11_03_0010

민중이 절대복종해서 이런 비행이 다시는 없도록 방위해야 될 것이다. 만일 이에 우리가 등한히 하다가는 자상잔멸(自傷殘滅)로 사망의 화를 피할 자가 몇이 아니 될 위험성을 막기 어려울 것이다.76

그러나 여순사건은 소련과 북한의 사주를 받아서 발생한 사건이 결코 아니었다. 서중석은 이 문제를 상세히 밝혔다.

-4·3과 여순사건은 어떠한가?

4·3사건, 여순사건에 대해서도 얼마나 많은 연구가 이루어졌나. … 그러나 남로당 중앙당의 지시라고 할 만한 자료를 어디서도, 어떤 귀신도 찾아내지 못했다. 이건 없는 것이 확실하다.

물론 북한이나 소련의 지시도 없었다. 그런데 그전 역사 교과서에 그런 지시를 받은 것처럼 기술돼 있었다. 바로 이것 때문에, 제주 4·3에 대해 새로운 연구가 이뤄질 때 이 부분을 밝히는 데 굉장히 초점을 둘 수밖에 없었다. 그 과정에서 도대체 이것을 이야기한 사람이 누구냐, 어디다 근거를 두고 이런 이야기를 했느냐가 관심을 모았다. 그러면서 박갑동으로 넘어간 거다.

-해방 공간에서 남로당 지하 총책을 지냈다고 하는 박갑동은 1973년 중

---

76 "이승만 대통령, 여순사건 가담자의 철저한 색출을 지시하는 담화를 발표", 『수산경제신문』, 1948.11.05; "李承晩 대통령, 여순사건 가담자의 철저한 색출을 지시하는 담화를 발표"에서 재인용, 〈자료대한민국사 제9권〉, https://db.history.go.kr/contemp/level.do?levelId=dh_009_1948_11_04_0100 "불순배(不純輩)를 철저히 제거 반역사상 방지법령 준비", 『대통령 이승만박사』, 공보처, 1953; "불순배(不純輩)를 철저히 제거 반역사상방지법령 준비"에서 재인용, 〈행정안전부 대통령기록관〉, https://www.pa.go.kr/research/contents/speech/index.jsp?spMode=view&catid=c_pa020 62&artid=1310457

앙일보 연재를 통해 '4·3사건은 남로당 중앙당의 폭동 지령에 의한 것'이라고 주장했다.

박갑동 자신은 남로당 중요 간부라고 말하지만, 실제로는 하급간부다. 남로당의 어떤 간부 명단을 봐도 안 나오는 사람이다. 이 사람은 중앙정보부에 포섭돼 있었다. 그러면서 해방 초기 조선공산당과 남로당에 대해서 많은 글을 신문에 쓰고 책도 내고 그랬다.

그래서 6월항쟁 이후 4·3사건의 진실을 파헤치던 이들이 도쿄에 있던 박갑동한테 중앙당 지령설에 대해 알아봤다. 그런데 박갑동이 '나도 근거는 모른다'는 식으로 나왔다. 모처에서 나온 것이라는 식으로 주장했다. 그야말로 어이없는 주장이 되고 말았다.

-박갑동의 주장은, 4·3사건을 "북의 지령으로 일으킨 무장 폭동 내지 반란"으로 규정한 남재준 국정원장의 발언을 떠오르게 만든다. 지령을 내렸다는 주체를 남로당 중앙당이 아니라 북한으로 규정한 점을 제외하면, 박갑동의 주장과 닮은꼴이다. 다른 것을 하나 짚었으면 한다. 당시 무장 수준은 어느 정도였나.

미국 국무부 관리를 오랫동안 지낸 존 메릴이 많은 자료를 활용해 구체적으로 밝혔고 제주도 현지에서도 많은 증언을 토대로 밝힌 것처럼, 당시 무장 부대라는 건 기껏해야 500명밖에 안 되는 것이었다. 그것도 대개 죽창으로 무장했다. 제일 좋은 무기라는 게 낡은 일본 99식 총이라는 건데, 그걸 가진 사람은 몇 명 안됐던 것으로 자료에 나온다. 이런 걸 가지고 무장 폭동을 조직적으로 하려고 했다고 크게 강조하는 건 문제가 있다. 4·3에 대해선 오히려 다른 걸 물어야 한다. ...

-이 시기 남로당에 대해서도 생각해 볼 지점이 있다.

4·3사건, 여순사건의 발생은 누가 보다라도 남로당과 관련이 있다. 그런데 중앙당의 지령에 따라 조직적으로 움직인 것이 아니라 현지에 있는 남로당이 일으킨 것이다. 예컨대 4·3도, 지금까지 나온 모든 자료를 살펴봐도 현지 남로당에서 일으킨 것이다. 상부인 전남도당에서도 이걸 몰랐다. 더군다나 중앙당은 전혀 몰랐다. 여순사건은 누구나 지창수 상가가 일으킨 것이라고 하지 않나. 실제로 그랬다. '여수군당이 알았을 가능성은 있다'는 게 최근 증언 등을 통해 조심스럽게 나오고 있지만, 적어도 '전남도당이 알았다'는 건 어떤 자료에도 안 나온다.

이런 사실들은 남로당이 문제가 많았다는 것을 단적으로 얘기해 주는 것이 아니냐. 뭐냐 하면 4·3사건이건 여순사건이건 사실 남로당에 파멸을 가져올 수 있는 사태였다. 그런데 중앙당의 어떤 지시도 받지 않고 지방 하부에서 자기들끼리 상의해서 일으켜버렸다. 그런 점에서도 남로당이 심각히 문제가 있는 당 아니었느냐, 바로 이런 점을 중요하게 지적할 필요가 있다.77

여순사건은 약 10,000여 명의 희생자를 낳았다. "희생자 대부분은 10대에서 30대에 이르는 소년과 청장년층이었다. 여수 지역에서는 이 연령층이 전체 희생자의 96%를 점하며, 순천 외곽지역의 경우에는 84%에 이른다. 민간인 희생자의 대다수는 봉기군 협조 혐의를 받았던 젊은 층이었다. 여수지역사회연구소의 조사에 따르면, 여순사건으로 인한 피해자 규모는 여수 지역 5,000명, 순천 지

77　서중석·김덕련, 『서중석의 현대사 이야기 1』, 오월의봄, 2015, pp.164-167, 169-170.

역 2,200명, 보성 지역 400명, 고흥 지역 200명, 광양 지역 1,300명, 구례 지역 800명, 곡성 지역 100여 명으로 총 10,000여 명에 이르고 있다. 이를 가해 주체별로 나누어 보면, 국군과 경찰에 의한 학살이 9,500여 명이었고 지방좌익과 빨치산에 의한 학살이 500여 명이었다. 이를 비율로 보면 피해자의 95%가 국군과 경찰에 의해 학살되었다."[78]

조선 후기에도 '계엄'이란 용어는 사용하지 않았지만 사실상 계엄이 반복적으로 발효되었고 할 수 있다. 약 100여 년에 걸쳐 수많은 천주교 신자를 학살한 천주교 박해가 그것이다. "조선에 천주교 신앙공동체가 자생적으로 생겼으나 조정에서는 여러 차례에 걸쳐 천주교를 금하고 박해하였다. 이러한 박해는 100여 년에 걸쳐 수차례에 걸쳐 일어났고 그 박해의 도화선은 각 사건마다 다르지만, 천주교를 말살하려는 데 목적이 있었다. 박해의 원인은 근본적으로 천주교인들의 조선의 전통적인 예절인 조상제사를 거부했다는 점과, 정치적인 파벌, 혹은 서양세력의 진출에 대한 거부감 등을 들 수 있다."[79]

1. 을사추조적발사건(정조 9년, 1785)-이벽의 가택감금, 김범우의 유배생활과 그 여파로 사망
2. 신해박해(정조 15년, 1791)-윤지충, 권상연의 순교
3. 신유박해(순교 1년, 1801)-주문모 신부, 정약종 등 초대 교회지도자

---

78 김득중, 『'빨갱이'의 탄생: 여순사건과 반공국가의 형성』, 선인, 2009, p.353.
79 "한국 천주교에 대한 박해와 그 원인", 〈수원성지 북수동성당〉, http://suwons.net/f-5-26.htm

순교

4. 을해박해(순조 1년, 1815)-경상도 교우 100여명 체포, 그중 30여 명 순교
5. 정해박해(순조 1년, 1827)-전라도 교우 240여 명을 포함하여 경상도, 충청도, 서울, 등지에서 500여 명 체포당함. 그중 15명이 옥사 혹은 순교
6. 기해박해(헌종 5년, 1839)-전국적 박해, 정하상 등, 불란서 성직자 3명을 합하여 100여 명 순교
7. 병오박해(헌종 12년, 1846)-김대건 신부 등 10여 명 순교
8. 병인박해(고종 3년, 1866)-대원군에 의해 8,000~2만여 명 순교
9. 제주도 교난(고종 3년, 1901)-일반민중에 의한 천주교도 학살

조선 후기 천주교 박해를 '지향하는 의미'는 '척사윤음'(斥邪綸音)에서 명시적으로 확인해볼 수 있다. 척사윤음이란 "조선시대에 천주교를 사학(邪學)으로 단정, 그를 배척하기 위해 임금이 내리던 윤음 즉 임금의 유시(諭示)이다."80 즉 "조선 후기 천주교의 확산 국면에서 유교 성리학을 국시(國是)로 여겼던 조선정부가 천주교를 '사학(邪學)-사교(邪敎)'로 규정하고 천주교의 부당성과 죄상을 드러내는 한편 이러한 천주교의 폐해를 백성들에게 적극적으로 알리려는 목적에서 작성된 글이라고 할 수 있다. 18세기 후반부터 조선 사회에 본격적으로 천주교가 확산되어가자, 교세 확장에 위기의식을 느낀 조선 정부는 국가 체제의 안정을 위협하고 사회적 기강을 흔드

---

80 "척사윤음", 〈가톨릭대사전〉, https://maria.catholic.or.kr/dictionary/term/term_view.asp? ctxtIdNum=3390

는 주요 원인으로 천주교를 지목하였다. 이에 천주교는 조선 사회의 질서를 부정하고 외부의 적과 내통하여 국가를 전복시키려는 사학-사교로 규정되어 전면적으로 탄압을 당하게 되었다. … 이 같은 조선 정부의 천주교에 대한 배타적 입장은 18세기부터 이어져온 안정복의 『천학문답』(天學問答), 신후담의 『서학변』(西學辨), 이헌경의 『천학문답』(天學問答), 홍정하의 『증의요지』(證疑要旨) 등으로 대표되는 위정척사론에 근거하여 관련 논의를 심화시키고 정밀화한 것이다."[81] 척사윤음은 '신유척사윤음'(1801), '기해척사윤음'(1839), '병인척사윤음'(1866), '신사척사윤음'(1881) 등 총 4회에 걸쳐 반포되었다. 척사윤음의 주요내용을 개관해보자.

위대하신 우리 선왕(정조)께서는 24년 동안 빛나게 다스리시면서 한결같이 바른 학문(正學)에 마음을 두셨다. 선비를 존숭하고 도를 소중히 여겨 『주자전서』를 표창하셨으며, 중화를 높이고 이적을 물리쳐 노나라 『춘추』의 대통을 환하게 게양하셨다. 온 나라가 효(孝)를 일으킨 것은 몸소 실천하여 마음으로 체득한 나머지를 미루어 준 것이고, 사해가 인(仁)으로 돌아간 것은 교화를 거쳐 정신을 갖게 한 묘훈(妙訓)이 있었기 때문이다. 그런데 어찌 극변 서방세계의 음침하고 요사스런 기운이 소중화(小中華)인 예의(禮義)의 나라에 느닷없이 불쑥 들어오리라고 생각하였겠는가? 저들은 감히 청명한 시대를 더럽히고자 하였으니, 섬기는 것은 뱀과 신과 소의 귀신이었다. 거의 반세기 동안 백성들을 속이고 미혹시켰으니, 그들의 말은 지옥과 천당에 대한 것이다. 신부와 교주를 일컬어 높이 받들기를 제

---

81 「척사윤음 해제」, 김규형·조지형 옮김, 『척사윤음』, 인천가톨릭대학교출판부, 2018, pp.11-12.

조상의 신주(神主)보다 지나치게 하였으며, 십계명과 칠극(七克)의 조목
은 허망함이 참부(讖符)와 유사하다. 살기를 즐거워하고 죽기를 싫어하는
것은 사람의 심정인데도 형벌(刀鋸) 보기를 깔고 자는 요와 같이 여겼으
며, 조상의 지나간 일을 생각하여 근본을 잊지 않는 것은 천륜의 이치인데
도 증상(烝嘗, 가을철과 겨울철에 조상에 지내는 제사)을 쓸데없는 것으로 여
겼으니, 거만한 듯한 귀신은 굶주리지 않고 음란한 말 또한 추악하였다. …
이에 본년 3월에 의금부에서 국청을 개설하여 안핵(按覈)하도록 명하였
는데, 윤지충·권상연·최인길·지황·윤은일 등은 전에 이미 처형되었고, 이
인의 처와 며느리는 사사하였으며, 이기환·권철신은 장폐(杖斃)되었고, 주
문모는 군문효수(軍門梟首)하여 사람들에게 보였다. 이승훈·정약종·최창
현·홍낙민·김건순·김백순·최공필·이존창·강완숙 및 이 외에 사당(邪黨)인
홍교만·김종교·이희영·홍필주·김범우 등과 사녀(邪女)인 강경복·정복혜·윤
운혜·한신애 등 모든 협력하여 빠져든 여러 역적들을 앞뒤로 정법(正法)하
였다. 지난 8월에 황사영이 붙잡히게 되자 유항검·윤지헌·황심·옥천희 등
과 더불어 전형(典刑)을 밝게 바루었으며, 여러 도(道)에서 속이고 미혹시
킨 자들은 본래 자방으로 내려 보내어 정형(正刑)하였다.82

아, 복희·신농·요·순으로부터 하늘을 이어받아 법도를 세웠으니, 공경하
고 두려워하며 조심히 받들고 돈독하게 차례지어 삼가서 편 것은 오직 이
것뿐이었다. 또한 우리 부자(夫子, 공자)께서 요·순을 계승하고 문왕·무왕
을 본받은 이후로 인심을 맑게 인도한 것도 오직 이것뿐이었다. 털끝만한
차이가 있어도 오히려 이단(異端)이라고 말하거늘, 하물며 음려(陰沴, 음양
의 기운이 조화를 잃어 음기가 치성한 나머지 절서[節序]가 어긋나는 등 재해가

---

82 「신유척사윤음」, 같은 책, pp.29-30, 39-40.

발생하는 것)하고 허탄하여 정도에서 벗어난 기괴한 외도(外道)임에랴! 나라에는 상형(常刑)이 있으므로, 반드시 간악한 자들을 죽이고 용서함이 없어야 하니, 이것이 이른바 처벌하여 처벌을 그치게 하는 방법인 것이다.83

자기 부모의 사랑에 대해서는 어린아이들도 잘 알고 있는데, 살아 있을 때는 봉양하지 않고 죽은 다음에는 제사도 지내지 않으니, 이는 까마귀나 승냥이·수달만도 못한 인간이다. 남녀간의 구별은 부부 간을 이루는 단초인데, 한 욕조에서 같이 목욕하거나 한 방에서 같이 잔다면 이는 개·돼지나 짐승과 다름없는 것이니, 이 또한 무슨 마음으로 그러는 것인가? 『서경』(書經)에 이르기를, '착하지 않고 법도를 따르지 않는 사람과 타락하여 공손하지 못한 자들을 코 베고 죽일 것이다'라고 하였으니, 간악한 자들을 나라의 법에서 더는 용납할 수 없다. ... 맹자가 말하기를, '양주와 묵적의 도가 종식되지 않는다면, 공자의 도가 밝혀질 수 없다'라고 하였으며, 또 말하기를, '나는 이것을 두렵게 여겨 옛 성인들의 도를 보위하며, 양주·묵적을 막고 부정한 말을 추방하는 것이다'라고 하였다. 이것으로 미루어보건대, 사교(邪敎)가 제멋대로 행해지고 있는 것은 실로 올바른 학문이 밝혀지지 못한 것에 원인이 있다. 야소(耶蘇)로 인한 재앙은 양주·묵적보다도 더 심하니, 성인의 도가 또한 거의 다 소멸되게 될 것이다. 그러니 어찌 크게 두려워하지 않을 수 있겠는가! ... 사람들은 정자(程子)·주자(朱子)의 책을 외고, 선비들은 공자·맹자의 교훈에 심복하며, 간사한 무리들과 편당을 짓는 무리들이 의탁할 것이 없게 하고, 요사스런 말과 난폭한 행동이 일어날 수 없게 한다면, 우리 유가의 도는 밝아지기를 기약하지 않아도 저절로 밝아질 것이며, 이단의 학문은 배척하기를 기약하지 않아도 저절로 배척될 것

---

83 「기해척사윤음」, 같은 책, p.68.

이다.84

    천지 사이에 처음 보는 일종의 사교(邪敎)가 태서(泰西)로부터 들어와 세상을 미혹시키고 사람들을 속여 백성들이 더러 물든 지가 이제 10년쯤 되었다. 이전 정조대왕 시절의 융성할 때 그 기미를 예방하고 조짐을 막아서 실로 이미 뿌리를 없애고 덩굴 풀을 제거하였는데, 뜻밖에도 종자에서 또 종자가 생겨나고 소멸하였다가는 이내 성해졌다. 중간에 크게 징계한 것이 또 한두 번이 아니었으나 형상을 감추고 그림자를 숨기므로 보이지 않는 근심이 항상 있었다. 이에 백성들의 추향(趨向)이 점점 어그러지고 백성들의 풍속이 점점 물들게 된 것이 이것으로부터 말미암지 않은 바가 없었다. 아, 저들의 가르침이 스스로 하늘을 공경한다고 하지만 그 귀결은 신(神)을 업신여기는 것이며, 스스로 선을 권면한다고 하지만 결국은 악을 전파하는 것이다. 이는 진실로 금수만도 못하고 독사와 같은 것이니, 진실로 사람의 성품을 가진 자라면 누가 그것이 짐독(鴆毒)과 같아 가까이 할 수 없고 쏘는 물여우와 같이 근접할 수 없다는 것을 모르겠는가! … 이러한 문제를 반복하여 생각해볼 때 오늘날 그릇됨을 종식시키고 도적을 그치게 하여 우리 백성들을 안정시킬 방도는 진실로 사악한 무리들을 완전히 없애버리는 데 달려 있다. 그러나 완전히 청산해버리는 방도 같은 것은 옛날에도 부족하지 않았으니 지금 어떻게 그보다 더할 수 있겠는가! 아마도 또한 근본으로 돌아가야 할 뿐이다. … 맹자가 양주와 묵적을 배척하고 말하기를 "올바른 도를 회복할 뿐이니, 올바른 도가 바루어지면 서민이 흥기하고, 서민이 흥기하면 사특함이 없어질 것이다"라고 하였다. 의미가 있도다. 이 말이어! … 이 이후로 만약 다시 사교에 깊이 물들어서 자기 습성을 고

---

84 「병인척사윤음」, 같은 책, pp.112-113, 115-116.

치지 않고 어리석은 사람들 속이고 유인하여 깨끗한 짓을 더럽히는 자가 있다면 가족과 종족을 멸살시키는 처벌이 또한 부득이 있을 것이다.[85]

지금까지 개관한 한국 계엄을 '지향하는 의미'와 천주교 박해를 '지향하는 의미'는 유사하게 반복되는 패턴을 보인다. 자유주의와 공산주의, 유교와 천주교를 각각 준별하고, 공산주의와 천주교를 '이단'으로 단정하고, 오직 이단을 철저히 박멸해야만 자유주의의 나라 한국과 유교의 나라 조선의 '구원'이 가능하다고 확신했으며, 그런 신념으로부터 어김없이 대량학살이 파생되었다. 그러면 그런 신념은 도대체 어디에서 어떻게 유래한 것인가?

3. 한국 계엄의 '의미맥락'으로서의 '사이비 보수주의'

스티븐 데니는 12·3 계엄이 발생한 까닭을 한국의 '극우' 전통에서 찾았다. 그는 그것의 특성을 4가지로 정리해서 2024년 12월 5일, ⟨Sino-NK⟩에 발표했다.

첫째, 계엄 선포는 한국의 보수정치가 남긴 권위주의적 유산을 여실히 보여준다. 국힘당은 그 전신 정당들과 마찬가지로 박정희와 전두환 같은 인물들이 이끄는 한국의 군부 주도 권위주의 정권에 그 뿌리를 두고 있다. 이러한 정권은 강력한 행정 권력을 우선시했으며, 질서 유지를 위해 시민의

---

85 「신서척사윤음」, 같은 책, pp.129-135.

자유를 억압하는 경우가 많았다. 이후 한국은 공고한 민주주의 국가로 전환했지만, 이러한 유산은 여전히 지속되었으며, 위기 상황에서 행정부의 과도한 개입이 요구되는 경우도 있었다.

둘째, 윤석열이 계엄을 정당화한 '친북 세력'과의 싸움은 역사적으로 한국 우익을 규정해온 반공 이데올로기에 근거한다. 반공주의는 종종 반대 의견을 억제하고 인지된 위협에 대처하기 위한 특단의 조치를 촉구하는 구호로 작용해 왔다. 이러한 역동성은 국가보안법에 대한 대중의 강력한 지지, 특히 보수주의자와 보수주의 정치인들의 강력한 지지로 잘 나타나는데, 반공산주의 정서와 안보에 대한 우려는 민주주의 원칙과의 갈등에도 불구하고 시민의 자유에 대한 제한을 계속해서 정당화하고 있다. 계엄 선포는 정치적 반대 세력을 북한과 동조하는 안보 위협 세력으로 규정해 버리는 한국 보수정치의 고질적인 특징을 잘 보여준다.

셋째, 또한 계엄령은 정치적 반대 세력을 '반국가 세력'으로 규정하면서 외부 위협과 결부시키는 포퓰리즘적 수사법을 사용한다. 이처럼 양극화된 언어는 다른 우파 운동에서 흔히 볼 수 있는 전략을 반영하여 '충성스런' 시민과 국가의 적으로 여겨지는 사람들 사이에 이분법을 만들어낸다.

끝으로, 국힘당은 주로 민주주의의 틀 안에서 활동하지만, 계엄 선포는 주류 우파의 범주에서 현저하게 벗어나 극우 또는 권위주의적 포퓰리즘 정권과 관련된 전술로 기울어짐을 보여준다. 이러한 정권들은 국가 안보를 수호한다는 명분 아래 민주주의의 후퇴를 정당화하는 경우가 많았다. 윤석열의 신속한 계엄 해제와 한국 국민의 광범위한 반발은 그러한 극우적 행동과 한국의 기존 민주주의 제도 간의 긴장을 분명하게 보여준다.

요컨대 12·3 계엄은 진공 속에서 돌출한 것이 아니라, 한국 보수정

치의 역사적, 이데올로기적, 군사주의적 유산에서 파생되었다는 것이다.86

그러면 12·3계엄을 탄생시킨 한국 보수정치의 유산은 어디에서 어떻게 형성된 것이었는가? 이 문제를 이론적으로 이해하려면 우선 리처드 홉스테터의 보수주의 연구를 참고할 필요가 있다. 윤석열의 보수정치는 홉스테터가 제시한 '사이비 보수주의'(pseudoconservatism)에 정확히 귀속되기 때문이다. 홉스테터는 사이비 보수주의라는 용어를 테오도르 W. 아도르노(Theodor W. Adorno)로부터 빌려왔다. 아도르노는 사이비 보수주의의 특성을 이렇게 꼽았다. "사이비 보수주의자는 미국의 전통적 가치와 제도를 옹호하고, 다소간 망상 속에서 만들어낸 위험(fictitious dangers)으로부터 그것을 방어한다는 미명하에, 그 위험을 의식적으로나 무의식적으로 완전히 제거하고자 하는 사람이다."87 홉스테터는 미국 극우정치가 표방하는 보수주의는 고전적 보수주의와 극명하게 다르다는 사실을 예리하게 간파했다. 그래서 전자를 사이비 보수주의로, 후자를 진정한 보수주의(genuine or true conservatism)로 각각 명명했다. 홉스테터는 사이비 보수주의와 진정한 보수주의의 차이를 이렇게 밝혔다. "사이비 보수주의는 고전적 의미의 진정한 보수주의의 요체

86　Steven Denney, "Understanding South Korean Conservatism and Yoon's Martial Law Declaration", *Sino-NK*, December 5, 2024.

87　T. W. Adorno, "Politics and Economics in the Interview Material" in T. W. Adorno at al., *The Authoritarian Personality*, New York: John Wiley & Sons, Inc.: 1964, p.676; Richard Hofstadter, "The Pseudo-Conservative Revolt - 1954" in Richard Hofstadter, *The Paranoid Style in American Politics and Other Essays*, Cambridge, Mass.: Harvard University Press, 1996, p.44.

를 이루는 온건함과 타협정신을 전혀 공유하지 못하며, 아이젠하워 행정부를 지배하는 실용주의적 보수주의에도 전혀 만족하지 않는다."88 따라서 홉스테터는 사이비 보수주의가 민주주의를 파괴하는 성격을 지녔다고 평가했다. "우익은 어떤 타협도 결코 용납하지 않고, 임시변통(half measure)을 결코 수용하지 않으며, 어떤 패배도 결코 이해하지 못한다. 이런 점에서 우익은 대체로 타협을 중시하는 정상적인 민주정치의 틀로부터 심리적으로 완전히 벗어나 있다. 따라서 우리 시대 우익의 사고방식에서 가장 근본적인 특징 중 하나는 암묵적인 유토피아주의다. 나는 사이비 보수주의 정신과 진정한 보수주의 정신 간의 근본적 차이를 이보다 더 경제적인 방식으로 표현할 수 있는 방법은 생각할 수 없을 것 같다."89 요컨대 사이비 보수주의에서는 이른바 '차선의 예술로서의 정치'(politics is the art of the second best) 그 자체가 전면 실종되며, 오직 악의 세력을 완전히 박멸할 수 있는 무력만을 신뢰한다. 홉스테터는 사이비 보수주의 정신을 전형적으로 구현한 배리 골드워터를 사례로 그런 사실을 다음과 같이 설명한다. "배리 골드워터가 표명한 견해는 이른바 냉전시대의 '강경노선'(hard line)을 훨씬 뛰어넘는 것이었다. 이론상으로

---

88 Richard Hofstadter, "Dissent and Nonconformity in the Twentieth Century" (lecture transcript, Barnard College, March 25, 1954), p.12. Box 35: Miscellaneous Notes and Drafts. Richard Hofstadter Papers, Rare Book and Manuscript Library, Columbia University, https://www.columbia.edu/cu/libraries/inside/projects/ findingaids/scans/pdfs/ 001_24_HOB-HOW_07.pdf; Hofstadter, "The Pseudo-Conservative Revolt - 1954", pp.43-44.

89 Richard Hofstadter, "Pseudo-Conservatism Revisited: A Postscript - 1962" in Daniel Bell, ed., *The Radical Right: The New American Right, Expanded and Updated*, New York: Doubleday & co., 1963, p.86.

는 항시 논쟁의 여지가 있었고, 실제로도 어느 정도 성공을 거둔 강경노선은 냉전의 절박함을 피할 수 없는 도전으로 간주했고, 협상의 한계에 대한 회의적 시각을 조장했으며, 오직 풍부하게 보유한 무력만을 신뢰했다. 반면 사이비 보수주의 노선은 제안된 정책에서 십자군 정신과 위험 지향 정신을 적극 추구했을 뿐만 아니라, 협상과 타협을 더욱 강조하는 사람들을 반역적 음모에 가담하거나(버치 소사이어티의 견해), 도덕적, 지적 역량에서 거의 범죄에 가까운 실패를 저지른 사람으로 간주했다는(배리 골드워터의 견해) 점에서도 강경노선과 분명하게 구별될 수 있다."90

'진정한 보수주의'의 요체를 일별하면 사이비 보수주의의 의미를 더욱 선명하게 이해할 수 있다.

서양에서 보수주의를 대표하는 사상가로는 보통 에드먼드 버크를 꼽는다. 버크는 보수주의의 요체를 '분별력'(prudence)으로 꼽았다. "분별력은 정치적 덕성과 도덕적 덕성에서 최고의 순위를 차지할 뿐만 아니라 모든 덕성을 지휘하고, 조정하고, 평가하는 기준이 된다."91 버크가 분별력을 보수주의의 핵심으로 파악한 까닭은 눈에 보이지 않는 '관습'(prejudice)이 사회를 결속시키는 힘(binding social force or magnetic force)이라는 사실을 통찰했기 때문이었다.92 화이트헤드는 버크가 통찰한 관습의 요체를

---

90 Richard Hofstadter, "Goldwater and Pseudo-Conservative Politics" in Hofstadter, *The Paranoid Style in American Politics and Other Essays*, p.125.

91 Edmund Burke, "An Appeal from the New to the Old Wigs" in Edmund Burke, *Further Reflections on the Revolution in France*, ed., by Daniel F. Ritchie, Indianapolis: Liberty Fund, 1992, p.91.

92 Alfred N. Whitehead, *Symbolism: Its Meaning and Effect*, New York:

이렇게 설명했다. "나의 핵심적 주장은 습관과 관습에서 무리를 이루는 본능적 행동과 본능적 감정이라는 맹목적 힘이 사회시스템을 결속시킨다는 사실이다."93 버크는 관습의 본능적, 감정적, 맹목적 힘을 과격하게 거스르는 모든 급진적 개혁을 혐오했다. 그곳에선 폭력이 불가피하기 때문이다. 따라서 버크는 관습의 동물적 힘을 분별하면서 온건한 개혁을 추진하는 보수주의가 정치의 요체라고 주장했다. 권용립은 버크의 보수주의를 이렇게 집약했다. "버크는 프랑스대혁명의 과격한 급진성이 빚어낸 파국이 인간 이성에 대한 극단적 맹신과 이성의 남용에서 비롯된 것이라고 보았다. 그는 이 세상은 뛰어난 몇몇 천재의 이성으로 지탱되는 것도 아니라 보통 인간이 긴 세월에 걸쳐 만들어 놓은 전통과 관습의 힘으로 유지된다고 생각했다. … 그는 세상이 서서히 변해야 한다고 믿었기 때문에 모든 사회는 개량과 보수의 능력을 함께 갖추어야 한다고 보았다. … 이렇게 볼 때 보수와 개혁을 함께 도모하는 것이 정치이며 …."94

홉스테터는 사이비 보수주의를 지배하는 정신을 '파라노이아'(paranoia)라는 개념으로 포착했다. 벤자민 서비 역시 이렇게 말한다. "홉스테터는 사이비 보수주의 정치 스타일(훗날 그는 이를 '파라노이드 스타일'로 지칭했다)이 '일시적인 분위기가 아니라 미국 역사의 장기적 흐름 중 하나가 될 것으로' 통찰했다."95 나는 홉스테터가 연구

    Capricorn Books, 1959, pp.71-72.
93 Ibid., pp.68-69.
94 권용립, 『보수』, 소화, 2015, pp.47-49; 이현휘, 『서독 동방정책의 '순항'과 한국 햇볕정책의 '난파'』, 한다디자인, 2024, pp.202-203.
95 Benjamin Serby, "The Paranoid Style and the Extreme Right" in *Richard Hofstadter at 100*, https://richardhofstadter100.omeka.net/exhibits/show/

한 파라노이아의 기원과 특성, 그리고 그것이 한국 현대사에서 반복된 민간인 대량학살과 간첩조작사건 등에서 관철되는 양상을 자세히 추적한 바 있다.96 따라서 이곳에선 나의 기존 연구를 바탕으로 파라노이아 문제의 핵심을 간결하게 서술하는 방식을 취하고자 한다.

홉스테터는 '종교적 근본주의'(religious fundamentalism)로부터 파라노이아가 파생된다고 파악했다.97 홉스테터를 연구한 윌리엄 B. 힉슨 2세 역시 이렇게 말한다. "홉스테터의 『미국정치의 파라노이드 스타일』(The Paranoid Style in American Politics and Other Essays) 전반부에 핵심적 주장이 있다면, 그것은 다음과 같이 요약할 수 있을 것이다. 즉, 극우세력의 '파라노이드 스타일'은 그들의 근본주의적 세계관에서 파생되며, 근본주의가 '파라노이드 스타일'과 친화성을 갖는 까닭은 근본주의 그 자체의 신념체계, 특히 그것의 종말론적(apocalyptic) 요소와 이원론적(dualistic) 요소에서 비롯된 것이다."98

종교적 근본주의는 다양한 요소로 구성되었지만,99 가장 두르

---

hofstadter-at-100/devitalized- center/paranoid-style-extreme-right

96 이현휘, 『한국 현대사에서 반복된 민간인 대량학살을 막스 베버의 종교사회학적 시각에서 분석함』, 한다디자인, 2021; 이현휘, 「한국판 매카시즘의 늪에서 『그래도 세상은 변한다』를 어떻게 읽을 것인가?」, 이대식, 『그래도 세상은 변한다: 간첩죄 19년 옥살이 이대식의 자서전』, 열린서원, 2025, pp.377-430.

97 Hofstadter, "Pseudo-Conservatism Revisited: A postscript-1962", p.86.

98 William B. Hixson, Jr., Chap. 7, "Hofstadter: The 'Radical Right,' Fundamentalism, and the Paranoid Style", *Searching for the American Right Wing: An Analysis of the Social Science Record, 1955-1987*, Princeton, New Jersey: Princeton University Press, 1992, p.100.

99 종교적 근본주의를 명쾌하게 설명한 사례로는, James D. G. Dunn, "The Roots of Christian Fundamentalism in American Protestantism," *British Academy*

러진 특징은 선과 악, 옳음과 그름, 우리와 그들을 준별하는 '도덕적 이원론'(moral dualism)을 꼽을 수 있다.100 "도덕적 이원론에서 악의 세력 뒤에는 사탄이나 악마 등이 존재하는 것으로 상정된다. 사탄이나 악마의 강력한 지지를 받는 악의 세력은 끊임없이 선의 세력 그 자체의 파괴를 획책한다. 따라서 선의 세력은 항시 악의 세력으로부터 실존적 위협을 느낀다." 데이빗 A. 팔머는 이렇게 설명한다. "(도덕적 이원론에 따르면) 세상은 우리와 그들, 선과 악 등으로 나뉘었을 뿐만 아니라, 악의 세력은 대단히 위험하기 때문에 매우 조심해야 한다. 설혹 신(God)이 선의 세력을 지지한다손 치더라도, 선의 세력은 선과 악이 싸움에서 항시 위협을 받는다. 악의 세력—예컨대 다른 나라, 다른 종교, 종교를 믿지 않는 사람들, 같은 종교의 다른 종파 등—뒤에는 사탄이나 악마가 존재하기 때문이다. 요컨대 사탄의 권력은 항시 진리를 위협한다."101

"종교적 근본주의의 도덕적 이원론으로부터 이른바 '파라노이아'가 파생된다. 사탄과 악마의 강력한 지지를 받는 악의 세력은 끊임없이 선의 세력 그 자체를 부정하고, 파괴하고, 전복시키려는 '음모'(conspiracy)를 획책한다. 바로 이런 위협으로부터 선의 세력이 느끼는 두려움, 불안, 공포 등이 파라노이아다. 편집증, 피해망상 등으로 번역되는 파라노이아는 본래 심리학, 임상의학 등에서 사용한

Review, Issue 22 (Summer 2013), pp.48-54.

100 David A. Palmer, "Religious Fundamentalism: The World is Complicated? Go Back to the Basics, and Burn the Rest!" *The New Mindscape* (April 19, 2021), https://medium.com/ the-new-mindscape/religious-fundamentalism-7b5b9a184623

101 ibid.

용어였다. 그러나 미국정치의 파라노이드 스타일(the paranoid style in American politics) 연구를 대표하는 리처드 홉스테터는 파라노이아를 지극히 정상적인 사람들에게서 발견되는 문화적 특성으로 파악했다."102

내가 파라노이드 스타일(the paranoid style)이란 용어를 사용할 때, 예술사학자들이 사용하는 바로크 스타일이나 매너리스트 스타일(the baroque or the mannerist style) 등과 유사한 의미를 함축한다. 그것은 무엇보다도 세상을 바라보는 방식이자 자신을 표현하는 방식이다. ... 웹스터 사전에서는 파라노이아를 임상의학적 시각에서 체계적인 피해망상과 과대망상 등을 특징으로 하는 만성적 정신장애로 정의한다. 내가 생각하는 파라노이드 스타일에서도 피해를 받는 느낌(the feeling of persecution)이 핵심적 자리를 차지한다. 또한 그것은 거대한 음모이론(grandiose theories of conspiracy)으로 체계화되어 있다. 그러나 정치권에서 파라노이아를 대변하는 자와 임상의학적 파라노이아 환자 사이에는 중요한 차이가 있다. 물론 그들은 모두 표현 방식이 지나치게 격정적이고, 지나치게 의심이 많고, 지나치게 공격적이고, 과대망상에 빠져 있고, 종말론적 경향성을 보이는 공통점이 있다. 그러나 임상의학적 파라노이아 환자는 자기가 살고 있다고 느끼는 적대적 세계 내지 음모가 가득한 세계가 **정확하게 자기 자신을 겨냥하고 있다고 여긴다**(against him). 반면, 정치권의 파라노이아 대변자는 적대적 세계 내지 음모가 가득한 세계가 국가 전체, 문화 전체, 삶의 양식 그 자체를 겨냥하고 있으며, 따라서 그것의 운명은 자기 자신뿐만

---

102 이현휘, 「한국판 매카시즘의 늪에서 『그래도 세상은 변한다』를 어떻게 읽을 것인가?」, pp.398-399.

아니라 수백만의 다른 사람들에게도 영향을 미친다고 확신한다. ... 그는 자신의 열정이 이기심이 전혀 없을 뿐만 아니라 애국심에서 우러났다고 확신하기 때문에 자신의 정의감과 도덕적 분노를 더욱 강화시킨다.103

"홉스테터가 파악한 파라노이드 스타일은 필연적으로 '종말론적 폭력'(apocalyptic violence)104을 파생시킨다. 악의 세력은 끊임없이 국가 전체, 문화 전체, 삶의 양식 그 자체를 전복시키려는 거대한 '음모'를 획책한다. 그래서 악의 세력은 '종말론적 타자'(apocalyptic other)105가 된다. 따라서 선의 세력은 국가, 문화, 삶의 양식 등을 수호하기 위해서 악의 세력과 전면적인 십자군 전쟁을 벌이는 것이 불가피하다고 판단한다."106

파라노이드 스타일에서 핵심적 이미지는 방대한 규모의 사악한 음모다. 그것은 우리의 삶의 양식을 전복하고 파괴하기 위해서 은밀하게 영향력을

---

103 같은 논문, p.400; Richard Hofstadter, "The Paranoid Style in American Politics" in Richard Hofstadter, *The Paranoid Style in American Politics and Other Essays*, Cambridge, Mass.: Harvard University Press, 1996, p.4.
104 Robert Jay Lifton, Chap. 2, "Apocalyptic Violence", *Superpower Syndrome: America's Apocalyptic Confrontation with the World*, New York: Thunder's Mouth Press, 2003; Catherine Wessinger, "Apocalypse and Violence" in John J. Collins, ed., *Apocalyptic Literature*, Oxford: Oxford University Press, 2014, pp.422-440.
105 Charles B. Strozier, "The Apocalyptic Other" in Charles B. Strozier et al, eds., *The Fundamentalist Mindset*, New York: Oxford University Press, 2010, pp.62-70.
106 이현휘, 「한국판 매카시즘의 늪에서 『그래도 세상은 변한다』를 어떻게 읽을 것인가?」, pp.404-405.

행사하는 거대한 체계다. ... 파라노이드 스타일을 옹호하는 자들은 음모와 계략이 단순히 역사의 여기저기서 암약한다고 생각하지 않는다. 그들은 '방대하거나 거대한' 음모가 수많은 역사적 사건을 **일으키는 힘으로**(the motive force in historical events) 작동한다고 판단한다. 바로 이것이 파라노이드 스타일의 가장 두드러진 특징이다. 그들은 거의 초월적 힘을 가진 악마의 세력이 촉발시킨 음모가 곧 역사라고 확신한다. 따라서 그것을 격퇴하기 위해 필요하다고 느껴지는 것은 정치적으로 주고받기와 같은 통상적 방법이 아니라, 전면적인 십자군 전쟁이다(an all-out crusade). 파라노이드 스타일을 대변하는 자는 이러한 음모의 운명을 종말론적 시각에서(in apocalyptic terms) 파악한다. 즉 그는 세계 전체, 정치질서 전체, 인간의 가치체계 전체의 탄생과 죽음을 비밀리에 거래한다. 요컨대 그는 항시 문명의 바리케이드를 수호한다고 자임한다. 그는 끊임없이 역사적 전환점에서 산다. 즉 지금 당장 음모에 조직적으로 저항하지 않는다면 앞으로는 결코 저항할 수 없다고 믿는다. ...

  파라노이드 스타일 대변자는 아직 깨어나지 않은 대중에게 음모가 완전히 드러나기 전에 그것을 선구적으로 감지할 수 있는 아방가르드의 멤버의 자격으로서 전투적 지도자(a militant leader)가 된다. 그는 사회적 갈등을 현실 정치인처럼 중재하고 타협해야 할 대상으로 보지 않는다. 그가 직면한 위기는 항시 절대적 선과 절대적 악 사이의 갈등이기 때문에 그에게 필요한 자질은 타협하려는 의지가 아니라 끝까지 싸우겠다는 의지다. 오직 완전한 승리만이 있을 수 있을 뿐이다. 적은 전적으로 사악하고 결코 회유할 수 없는 존재로 생각되기 때문에 철저하게 제거되어야만 한다.— 세상에서 완전히 제거하는 것이 여의치 않다면 적어도 파라노이드 스타일 대변자가 주목하는 전쟁터에서는 완전히 제거해야 한다. 이처럼 무조건적 승리를 요구하는 것은 대단히 어려운 비현실적 목표의 수립으로 이어진다. 그러나 이러한 목표는 실현 가능성이 거의 없다. 따라서 실패가 불가피한데, 이로 인해 파라노이드 스타일 대변자의 좌절이 끊임없이 고조된다. 부분적인 성공조차도 그가 처음 시작했을 때와 같은 무력감을 안겨주는데, 이는 그가 싸우는 적이 대단히 무서운 자질을 지녔다는 인식을 강화할 뿐이다.107

통상 사이비 보수주의자는 자신을 애국자로 자임하지만, 실제로는 '사이비 애국자'에 불과할 뿐이다. 예컨대 홉스테터가 사이비 보수주의를 대표하는 인물로 꼽은 배리 골드워터는 미국에서 위대한 애국자(a great patriot)로 평가받는다.108 그러나 "골드워터가 표방하는 광신적 애국주의(super-patriotism)의 본질은 '파라노이아'이며,109 따라서 그것은 '애국주의로 포장한 파라노이아'(patriot paranoia)110 내지 '파라노이아가 지배하는 애국주의'(paranoid patriotism)111에 불과할 뿐이기 때문이다."112

---

107 Hofstadter, "The Paranoid Style in American Politics," pp.29-31; 이현휘, 「한국판 매카시즘의 늪에서 『그래도 세상은 변한다』를 어떻게 읽을 것인가?」, pp.405-406.

108 "Goldwater Remembered As 'A Great Patriot'", *CNN*, 1998.05.29, https://edition.cnn.com/ALLPOLITICS/1998/05/29/goldwater.react/

109 Robert W. Sellen, "Patriotism and Paranoia? Right-Wing Extremism in America", *The Dalhousie Review*, Vol. 43, No. 3, 1963, pp.295-316.

110 Cf. Alexander Zaitchik, "'Patriot' Paranoia: A Look at the Top Ten Conspiracy Theories", *Intelligence Report*(2010 Fall).

111 Cf. Alexis C. Madrigal, "Paranoid Patriotism: The Radical Right and the South (1962)", *The Atlantic,* November 3, 2010.

112 이현휘, 『한국 현대사에서 반복된 민간인 대량학살을 막스 베버의 종교사회학적 시

홉스테터의 사이비 보수주의 이론을 참조할 때, 조선 신유교 또한 사이비 보수주의 성격을 지녔다는 사실을 선명하게 파악할 수 있다. 우선 조선 신유교는 대단히 근본주의적 성격을 지녔다.113

조선은 정부, 사회제도, 그리고 개인행동을 신유교적 규범에 일치시키기 위해 장기간 노력했다. 많은 조선 유학자들이 신유교를 고수했던 열정은 동아시아 다른 어느 곳에서도 찾아볼 수 없다. 송나라 시대 중국 신유교 개혁가들은 사회에 큰 영향을 미쳤지만, 국가를 장악하지는 못했다. 9세기 중반부터 외국인을 혐오하는 중국 유학자들에 의해 불교를 주기적으로 박해하기는 했었다. 그러나 중국은 정부와 사회 제도를 신유교적 신념에 따라 개혁하기 위해 조선처럼 장기간에 걸쳐 체계적으로 노력한 적이 없었다. 어떤 중국 정부도 조선만큼 정통 교리를 엄격하게 고수하도록 강요하지 않았다. ... 일본에서는 17세기 초 도쿠가와 막부 통치자들이 신유교를 장려하기 위해 노력했음에도 불구하고, 어떤 신앙 체계도 엄격한 정통 교리로 확립되지는 않았다. ... 조선 신유교는 여러 가지 측면에서 정통 이슬람교와 닮았다. 두 종교는 인간 삶의 거의 모든 측면을 규율하는 행동규범(a code of behavior)을 내포하기 때문이다. 두 종교는 경쟁적 신념과 이념적 다원주의를 결코 용납하지 않았으며, 도덕과 정치를 강력하게 결합시켰다. ... 조선의 이데올로기적 열정은 중세 기독교나 종교개혁을 주도

각에서 분석함』, pp.139-140.
113 정성원, 「성리학적 근본주의: 조선 위정척사운동의 연구」, 박사학위논문, 서강대학교 사회학과 대학원, 2000; Weon Yeol Chu, *The Confucian Roots of Fundamentalist Ethos in the Korean Presbyterian Church*, Lewiston: The Edwin Mellen Press, 2006.

한 개혁가들의 열정과도 비견될 수 있을 것이다.114

요컨대 조선은 '신유교 혁명'(the Neo-Confucian Revolution)을115 통해서 한국인의 문화적 형질을 질적으로 변형시켰다. 그래서 "신유교는 한국인들이 열렬히 받아들인 마지막 외국 이념이 아니었다. 훗날 일부 한국인들은 기독교와 마르크스주의에 대해서도 같은 열정을 보였기 때문이다. 그러나 독단적으로 고수하는 이념에 따라 사회를 철저히 재편하려는 엄청난 노력은 오직 북한체제에서만 가능했다."116

조선 신유교의 근본주의의 요체로는 정통과 이단을 준별하는 벽이단(闢異端) 사상,117 즉 도덕적 이원론(moral dualism)을 꼽을 수 있다. "조선유교가 지니는 두드러진 특징은 정통과 이단을 엄격히 구별하는 도통(道統) 또는 학통(學統)을 '일이관지'(一以貫之)한 점이라 할 것이다."118 따라서 조선의 벽이단 사상은 일체의 새로운 사상을 철저히 배척했다. 불교, 양명학, 북학, 서학 등이 조선 땅에 들어설 여지를 전혀 허용하지 않은 것이다. "동아시아 유교 문화권 속에

---

114 Michael J. Seth, *A History of Korea: From Antiquity to the Present*, New York: Rowman & Littlefield Publishers, 2011, pp.154-155.

115 Ibid., p.127.

116 Ibid., p.155.

117 정재식, 「유교 문화 전통의 보수 이론: 이항로의 척사위정 사상을 중심으로」, 『종교와 사회변동』, 연세대학교출판부, 1982, pp.172-219; 황의동, 「정통과 이단, 그 역사의 본질: 율곡을 중심으로」, 『율곡사상연구』 21집, 2010, pp.5-42; 금장태, 「이조유학에 있어서 벽이단의 이념과 전통」, 『국제대학논문집』 2집, 1974, pp.339-359.

118 강재언, 『한국의 근대사상』, 한길사, 1985, p.45.

서 한국은 조선왕조 500년간 송학=주자학만은 유일한 '正學'으로 고수하고 그 敎義에 관한 한, '옛것을 풀이하고 창작하지 아니하며, 믿어서 옛것을 좋아하는 것'(述而不作 信而好古)을 철칙으로 해 온 나라라고 할 수 있다. … 한국의 유학은 주자학이 전래된 당초부터 공자·맹자·정자·주자의 도통을 '正學'(正統)으로서 이어받아, 기타의 모든 사상적 유파에 대하여서는 '邪學'(異端)이라고 하여 지극히 대결적이었다고 하는 것이다. … 고려 말, 조선 초에 있어서는 정도전, 권근 등이 도교, 불교와의 대결을 통하여 유교 입국의 이념적 기초를 구축하였다. 16세기에 들어서서는 양명학에 대한 이황의 가혹한 비판이 있었고, 그러한 反양명학적 입장은 영남학파에서든 기호학파에서든 조선유학계의 주조로서 그대로 답습되었다. 더욱이 17세기의 송시열에 이르러서는 孔孟學(洙泗學)에 대한 反주자학적 주석은 '斯文亂賊'이라고 하여 정치적 박해를 가하기까지에 이르렀던 것이다. 조선 유학의 경직성은 특히 이 송시열 이후에 나타났다. 주자학에 있어서의 이러한 교조적 경향에 대하여 실학파의 李瀷(호는 星湖, 1681~1763)은 '한字만 의문을 달아도 망녕되다고 하고, 상고하여 끊고 맞대어 검토하면 곧 죄라고 한다. 주자의 글에 대하여 이와 같으니 하물며 古經에 있어서랴. 조선인의 學은 미련하고 거침을 면하기 어렵다'라고 비판(했다)."[119]

벽이단의 강력한 근본주의 성격으로부터 '파라노이아'가 파생되었는데, 윌리엄 시어도어 드 배리는 그런 사실을 정확하게 간파했다.

---

119 강재언, 정창렬 옮김, 『한국의 개화사상』, 비봉출판사, 1981, pp.45-46.

도를 반드시 수호해야 한다는 주자의 특별한 사명감은 이른바 '위학'(偽
學)이 확산되는 현실에서 그 자신이 명예훼손의 감정과 핍박의 감정을
직접 체험했다는 사실에서 확인해 볼 수 있다. ... 주자는 특히 소동파
(1036~1101)를 증오했다. ... 주자가 볼 때 소동파가 인간의 삶, 문학, 불교,
도교 등에 취하는 경박한 '위학'의 태도는 분명히 타락한 것에 지나지 않
았기 때문이다. 이러한 이념 전쟁의 상황에서 생존투쟁을 전개하는 도학
파(the School of the Way)는 리처드 홉스테터가 미국의 정치현장에 적
용했던 용어를 빌려서 말해본다면 일종의 '파라노이드 스타일'(a kind of
'paranoid style')에 쉽게 빠져들었다. 우리 속담에 이런 말이 있다. "내가
파라노이아를 느끼는 것은 누군가가 나를 헤치려고 하기 때문이다"(Just
because I'm paranoid dosen't mean they aren't out to get me). 제임
스 류(James T. C. Liu) 교수와 다른 학자들이 지적했던 것처럼 도학파의
적대 세력은 '실제로' 해를 끼쳤고, 그런 생생한 핍박의 경험은 정주학파
후계자들에게 깊은 마음의 상처를 남겼다. 그래서 도가 위험에 처했다고
판단하는 그들의 파라노이드 스타일을 쉽게 강화했다.120

호이트 클리블랜드 틸먼 역시 '신유교적 파라노이아'를 정확하
게 통찰했다.121 개리 레드야드 또한 조선 후기 천주교 박해시기에

---

120 Wm. Theodore de Bary, *Neo-Confucian Orthodoxy and the Learning of the Mind-and-Heart*, New York: Columbia University Press, 1981, pp.15-16; 이현휘, 「한국판 매카시즘의 늪에서 『그래도 세상은 변한다』를 어떻게 읽을 것인가?」, p.401.

121 Hoyt Cleveland Tillman, *Confucian Discourse and Chu His's Ascendancy*, Honolulu: University of Hawaii Press, 1992, p.260; 이현휘, 「한국판 매카시즘

'반천주교 파라노이아'(anti-Catholic paranoia)가 풍미했다고 진단했다.122

신유교적 파라노이아에 침잠된 유학자들에게 벽이단에서 규정한 '이단'은 조선 그 자체의 존재기반을 위협하는 '종말론적 타자'(apocalyptic other)가 된다. 따라서 그것은 오직 '종말론적 폭력'(apocalyptic violence)을 동원해서 철저히 박멸해야만이 조선의 정치적 전복을 방지할 수 있고, 조선 유교문명의 번영이 보장될 수 있다고 확신한다. 맹자가 역설한 '문명화의 사명'(mission to civilize) 내지 '명백한 숙명'(manifest destiny)을 자임한 것이다.123 실제로 조선 후기 천주교는 '이단'으로 간주되었다.124 "辛酉敎難을 고비로 해서 反西敎的인 척사사상이 굳어짐에 따라 주자학에 의한 일원화가 사상계를 지배하게 되었고 서학을 수용할 수 있는 사상적인 관용성을 완전히 상실하게 되었다. 그 결과 '禮義之邦'=朝鮮에 대한 '禽獸之邦'=洋夷, 전자의 '正學'에 대한 후자의 '邪學'을 대결시켜서, 그러한

의 늪에서 『그래도 세상은 변한다』를 어떻게 읽을 것인가?」, p.402.
122 Gary Ledyard, "Hong Taeyoung and His *Peking Memoirs*," *Korean Studies*, Vol. 6, 1982, p.94; Gary Ledyard, "Cartography in Korea" in Brian Harley and David Woodward, eds., *History of Cartography*, Vol. 2, Part 2, Chicago: University of Chicago Press, 1994, p.314.
123 Nicola Di Cosmo, *Ancient China and Its Enemy: The Rise of Nordic Power in East Asian History*, Cambridge: Cambridge University Press, 2002, pp.105, 299.
124 Chai Sik Chung, "Christianity as a Heterodoxy: An Aspect of General Cultural Orientation in Traditional Korea" in Jo, Yung-Hwan, ed., *Korea's Responses to the West*, Kalamazoo, Mich.: Korea Research Center and Publications, 1971, pp.57-86; 정재식, 「이단으로서의 기독교」, 『한국유교와 서구문명의 충돌: 이항로의 척사위정 이데올로기』, 연세대학교출판부, 2005, pp.64-79.

'禽獸'='邪學'의 나라와 화친을 주장하는 것은 곧 나라를 팔아먹는 것이라는 '主和賣國'의 흑백논리가 판을 치게 된 것이다."125 따라서 종말론적 폭력을 동원해서 천주교를 철저히 박멸해야만 조선을 '구원'할 수 있다고 확신했다.

병인박해가 일어난 초기 상황에 대한 『승정원일기』의 기록은 다소 간단한 편이다. ... 다만 남종삼을 체포하기 직전 조정의 대신들이 올린 다음의 상소에서 그들이 왜 천주교 박해를 결정하게 되었는지에 대한 부분이 일부 나와 있다.

"영중추부사 정원용, 영돈영부사 김좌근, 영의정 조두순, 판돈영부사 이경재, 좌의정 김병학이 올린 연명차자의 대략에, '떳떳한 윤리를 밝혀서 사람의 기강을 세우고 정학(正學)을 숭상하여 풍속과 교화를 바로잡은 것은 바로 나라가 생긴 이래 변함없는 원칙이었습니다. 생각하건대 우리나라는 온갖 학문과 문물제도가 찬란하게 갖추어져 집집마다 옛 성인(聖人)들의 품행을 따르고 집집마다 정자(程子)와 주자(朱子)의 책들을 외우고 있습니다. 하늘이 잘 돌봐주는 것과 사람들의 마음의 추향(趨向)도 역시 이에 달려 있는데, 지금 일종의 불령(不逞)한 무리들이 간사스럽게 은밀히 드나들면서 요망스러운 말을 꾸며내어 퍼뜨리고 있습니다. 고개를 쳐들고 제멋대로 행동하면서 마치 그것을 다반사로 예사롭게 여긴 자는 바로 남종삼입니다. ... 사람들은 통분하게 여겨 서로 이끌고 와서 연명(聯名)으로 상소를 올리고 있으니 대비의 뜻을 받들어 포청에 갇혀 있는 여러 놈들과

---

125 강재언, 『조선의 서학사』, 민음사, 1990, p.195.

함께 빨리 왕부(王府)로 하여금 남종삼을 잡아다가 추국청(推鞫廳)을 설치하고 실정을 캐내어 시원스레 전형(典刑)을 바로 잡아 난(亂)의 싹을 끊고 인심을 깨끗하게 해야 할 것입니다.'"

남종삼의 체포를 건의한 대신들의 천주교에 대한 인식이 그대로 드러나 있다고 할 수 있다. 성리학을 정통으로 여기는 당시 집권층들에게 있어서 천주교에서 말하는 것은 요설(妖舌)에 불과할 뿐이었다. 이러한 인식은 대왕대비 조씨가 발표한 전교(傳敎)의 일부에서도 그대로 나타나 있다.

"대왕대비가 전교하기를, '요즘의 서양인 사건은 참으로 일대 변고이다. 몇만 리 밖에 있는 흉악한 종자와 추악한 무리가 팔을 내휘두르며 출입하고 사술(邪術)을 제멋대로 행하였으니 그를 끌어들인 사람이 있었을 것이고 그가 붙어 살게 한 곳이 있었을 것이다. 이로부터 나라에 원망을 품고 있으며 제 뜻을 잃은 무리들과 반란 음모를 꾸미기 좋아하는 무리들이 서로 굳게 엉겨서 음흉한 모의를 꾸며가지고 우리 백성들의 떳떳한 윤리를 파괴하고 우리나라의 풍습과 교화를 어지럽혔으니 천도(天道)로 용납할 바가 아니며 왕법으로도 용서하기 어려운 일이다.'"

여기에 나온 천주교에 대한 부정적 인식은 앞에서 언급한 대신들의 상소와 크게 다를 바 없다. 즉 당시 집권층들은 사상적으로 볼 때 천주교 박해 결정을 내릴 수밖에 없었다고 볼 수 있다.126

---

126 김규성, 「흥선대원군이 천주교 박해를 결정한 원인에 대한 연구」, 『부산교회사보』 68집, 2010, pp.15-16.

이승만의 '반공주의 파라노이아' 역시 뿌리는 신유교적 파라노이아였다.127 이승만은 북한을 '종말론적 타자'로 간주해서 일체의 정치적 협상을 거부했다. 한국에서 북한과 정치적 협상과 평화적 공존을 추구하는 세력은 모두 '일탈적 내부자'(deviant insider)로 간주했으며, 그들은 결국 북한과 한통속이 될 수밖에 없다고 단정했다.128 따라서 이승만은 '종말론적 폭력'을 동원해서 그들을 무자비하게 학살했다. 4·3사건, 여순사건 등이 반복된 까닭이 여기에 있었다. 반공주의 파라노이아에 매몰된 박정희, 전두환, 윤석열이 계엄을 남발하면서 수많은 사람들을 학살하거나 학살을 예비했던 것도 같은 이유 때문이었다.129

그런데도 이승만, 박정희, 전두환, 윤석열 등이 강변하는 '사이비 보수주의'는 애국주의로 자임한다. 하지만 그들이 자임하는 광신적 애국주의의 본질 역시 '파라노이아'이며, 따라서 그것은 '애국주의로 포장한 파라노이아'(patriot paranoia) 내지 '파라노이아가 지배하는 애국주의'(paranoid patriotism), 요컨대 '사이비 애국주의'(pseudo-

---

127 자세한 내용은, 이현휘, 『한국 현대사에서 반복된 민간인 대량학살을 막스 베버의 종교사회학적 시각에서 분석함』, pp.194-197; 이현휘, 「한국판 매카시즘의 늪에서 『그래도 세상은 변한다』를 어떻게 읽을 것인가?」, pp.407-414.

128 이현휘, 「한국판 매카시즘의 늪에서 『그래도 세상은 변한다』를 어떻게 읽을 것인가?」, p.416.

129 자세한 내용은, 이현휘, 제4장 「한국의 (신)유교적 파라노이아와 '전통주의'」 & 제5장 「한미 반공주의 파라노이아와 민간인 대량학살」, 『한국 현대사에서 반복된 민간인 대량학살을 막스 베버의 종교사회학적 시각에서 분석함』, 2021; 이현휘, "윤석열과 반공주의 파라노이아, 그리고 대미 교조적 사대주의", https://blog.naver.com/whiteheadian_school/223567075074; 김동춘, 『반공자유주의: 우리를 병들게 하는 낙인』, 필요한책, 2021.

patriotism)에 불과할 뿐이다.130

4. 한국 민주주의 공고화 문제와 인문사회과학의 과제

일찍이 알렉산더 드 토크빌은 민주주의 제도가 안정적으로 자리를 잡으려면 민주주의적 '관습'의 지지를 받아야만 한다고 역설했다. "국가의 관습에 뿌리를 두지 못한 법률은 항시 불완전하다. 관습만이 국민의 삶에서 지속적으로 저항하는 힘을 갖고 있기 때문이다. … 오직 미국 국민만이 민주주의 제도를 안정적으로 운영할 수 있었던 까닭은 미국인의 관습이 그 제도를 지지하기 때문이다. … 내가 미국을 관찰하면서 가장 주목한 것은 관습이라고 할 수 있으며, 따라서 그것은 나의 모든 연구의 종착점이다. 나는 바로 그 점을 가장 중요하게 생각했기 때문에 만일 내가 실제적 경험, 습관, 의견, 요컨대 미국인의 관습이 그들의 민주주의 제도를 운영하는데 행사하는 중요한 영향력을 여태껏 독자가 느낄 수 없도록 서술했다면 내 연구의 주요한 목적을 달성하지 못한 것이다."131 막스 베버 역시 미국에서 자본주의 제도가 자리 잡기 이전에 자본주의 정신(the capitalist spirit)이 먼저 존재했다는 사실을 강조했다. "즉 벤저민 프랭클린의 출생지(매사추세츠)에서는 의심의 여지없이 '자본주

---

130 이 책의 308쪽을 참조하라.
131 Alexis de Tocqueville, *Democracy in America*, Vol.1, New York: Vintage Books, 1990, pp.284, 322-323.

의 정신'이 …'자본주의 발전' **이전에** 존재했으며 …."132

　토크빌과 베버의 진단을 염두에 둘 때, 한국 민주주의의 번듯한 외양에도 불구하고, 12·3 계엄이 발생한 까닭은 한국 민주주의 제도를 지지하는 관습의 '반민주주의적' 성격 때문이었다. 구체적으로 그것은 '신유교적 사이비 보수주의'가 녹아 있는 관습을 의미한다. 그 관습은 조선왕조 창업 이후 600년이 훨씬 넘는 세월 동안 꾸준히 퇴적된 것이었다. 그래서 강고한 절벽으로 우리 앞에서 끝없이 버티고 있다. 하지만 이미 파산한 근대 세계관에 터를 둔 주류 인문사회과학은 완전히 파산했으며, 따라서 그 오랜 세월 퇴적된 반민주주의적 관습을 비판적으로 성찰한 적이 없고, 성찰할 능력도 없다.

　이 해제에서는 막스 베버의 사회학이 '탈근대 사회과학'의 지평을 선구적으로 열었다는 사실을 철학적으로 확인하고, 그런 베버의 사회학에 입각해서 한국의 반민주주의적 관습의 실상을 추적해보고자 했다. 나는 이런 방식의 연구가 계속 전개될 필요가 있다고 본다. 그래서 우리 국민 모두가 문제의 실상을 정확하게 이해할 수 있도록 도와주어야 한다. 오직 그 과제를 선결시키는 경우에 한해서만 한국의 반민주주의적 관습을 민주주의적 관습으로 서서히 수정해 나가는 것이 가능할 것이기 때문이다.

　하지만 한국 인문사회과학자는 이 과제를 끝없이 방기했다. 그래서 한국 민주주의의 퇴행은 끝없이 지속될 수밖에 없었다. 바로 이 문제를 치열하게 통찰한 서울대 언론정보학과 박승관 교수의 한국

---

132 막스 베버, 김덕영 옮김, 『프로테스탄트 윤리와 자본주의 정신』, 길, 2010, p.79.

인문사회과학 비판은 한국의 반민주주의적 관습이 수백 년에 걸쳐 고스란히 관철될 수밖에 없었던 까닭을 '아프게' 말해준다.

서울대학교에 의하여 주도되고 있는 현대 한국의 국사학, 철학, 인문학, 사회과학은 조선왕조 시대의 미화와 정당화를 자기 학문의 존립근거와 지적 과제로 삼고 있는 듯하다. 이른바 민족사관을 앞세워 조선시대에 대한 일말의 비판적 검토마저 식민사관이나, 서구중심 사관이라고 비난·배척·불용하고 있다. 마치 과거의 유가관료들이 천도에 대한 해석권을 독점했던 것처럼, 현대의 인문학자들은 역사에 대한 해석권의 독점을 도모하고 있다. 이들에 의하면, 조선조에도 서양식 르네상스가 있었고, 개혁군주가 있었으며, 자본주의와 근대의 맹아가 싹트고 있었으며, 근대적 여론과 공론장이 활성화되어 있었으며, 최고 수준의 언론이 존재하였다고 한다. 이들의 학문적 관점과 주장을 수용하면, 아마도 조선왕조는 세계 어느 왕조에도 뒤지지 않는, 최고 수준, 제1급의 왕조였으며, 조선은 아주 잘 운영되고 있는 위대한 국가였는데, 난데없이 외세가 개입하여 우발적으로 망한 나라였다고만 해석될 수 있을 따름이다. ...

서울대학교가 주도하고 있는 현대 한국의 인문학과 사회과학의 이와 같은 맹목적 조선왕조 미화 작업은 그것들이 조선조 시대 왕실과 체제를 적극적으로 미화·정당화하던 '관학' 체제의 연장선상에 놓여 있기 때문이 아닌가 생각한다. 한국의 최고 지성계를 상징하는 대학의 순수 인문학, 사회과학계마저도 전래의 (신)유학적 관습체제에 철저히 세뇌되어 있는 것으로 짐작된다. 집현전, 성균관, 규장각 중심의 조선조 유가학문이 철저하게 체제 옹호에 봉사했던 '관학적' 관습질서를 오늘날에는 서울대학교라는 국립대학의 주도하에 이어가면서 과거 역사와 전통을 이어가고 있는 것으로 파악된다. ...

지성의 진정한 힘은 비판의 대상을 항상 외향화하여 남만을 탓하는 데 있지 아니하고, 그 반대로 자기 스스로 자신과 자기 역사를 비판적으로 해석할 수 있는 절제력과 자주성에서 나온다. 참된 지성의 빛은 자기 정당화와 자기 편향에 대한 주체적·자발적 검열 능력에서 발현한다. 자기비판과 자기성찰의 불용과 맹목적 자기 미화는 반지성, 몰지성, 반학문, 반근대적 허세이거나 열등의식의 발로에 다름 아니다. 식민사관과 서구중심 사관의 폐해도 경계해야 하겠지만, 민족사관의 맹목적 추종 역시 벗어 던져야 한다. 전자에 못지않게 후자 역시 한국 자체의 문제를 인식, 진단, 분석, 비판, 극복하지 못하도록 방해하고 있다는 것을 간파하여야 한다.133

---

133 박승관, 「패권(군주)제 사회와 정파언론-그 현실과 기원」, pp.42-44.

해제 2

프로테스탄트 종파와 미국의 민주적 토론정신[1]

이현휘

　정치 경험이 전혀 없는 안철수 전 서울대 융합대학원 교수가 2012년 9월 19일 서울 충정로 구세군 아트홀에서 대선 출마 선언을 했다. 12월 19일 대선을 불과 3개월 앞둔 시점이었다. 대선 출마 선언 후 5일이 지난 23일 현재 무소속의 안철수는 한국 양대 정당의 대권 후보들을 모두 제치고 지지율 선두를 달리고 있다.[2] 이후 안철수의 대권 프로젝트는 결국 실패했지만, 그렇다고 안철수가 한국 정치에 제기한 문제까지 해소된 것은 아니다. 어떻게 이런 일이 가능할 수 있는가? 1945년 해방 이후 미국으로부터 민주주의가 도입된 이후 반세기 이상의 세월이 흘렀고, 1987년 민주화 이후부터 계산해도 20년 이상의 짧지 않은 시간이 흘렀다. 그런데도 한국 정

1　다음 책에 수록된 논문을 약간 수정해서 이곳에 다시 수록한다. (사)한국정치평론학회 편, 『한국 민주주의와 언론자유 그리고 그 위기』, 인간사랑, 2013, pp.363-405. 논문을 읽고서 유익한 논평을 해주신 서울대학교 언론정보학과 박승관 교수님에게 감사의 말씀을 드린다.

2　"지지율, 안철수>박근혜>문재인 … 야권, 누구로 단일화해도 이겨", 『중앙선데이』, 2012.09.23.

치의 존재이유를 총체적으로 부정하는 위와 같은 사건이 한국 정치의 변방이 아닌 심장부에서 공공연하게 발생한 까닭은 무엇인가?

이 글의 목적은 미국 민주주의를 다시 읽으면서 한국 민주주의에 숨겨진 문제점을 선명하게 이해할 수 있는 안목을 마련해보려는 것이다. 특히 한국 정치에서 현저하게 취약한 모습을 보이는 민주적 토론이 미국에서는 어떤 조건에서 운영되는지를 집중적으로 고찰할 것이다. 먼저 프로테스탄트 종파를 배경으로 형성된 미국 민주주의의 토양을 검토하고, 그런 토양에 뿌리를 둔 미국의 민주적 토론의 실상을 살핀다. 이어서 민주적 토론이 미국에서 안정적으로 운영되는 까닭을 밝히고, 그것이 한국 민주주의의 문제점 해결에 던지는 시사점을 탐색한다.

I. 제도와 관습

안철수가 대선에 출마한 까닭은 안철수의 출마 선언에서 어느 정도 유추해볼 수 있다. 안철수는 출마를 결심하기 전 많은 사람들을 만나 의견을 경청했다고 했다. 그런데 그가 만난 사람들은 한결같이 "정치가 이래서는 안 된다", "문제를 풀어야 할 정치가 문제를 만들고 있다", "국민들의 삶을 분열시키고, 국민을 무시하고, 서로 싸우기만 하는 정치에 실망하고 절망했다"고 말했다 한다. 그러면서 출마 여부를 놓고 고민하는 안철수에게 "이제 좀 정치를 다르게 해보자", "새롭게 출발해보자"라고 말하면서 출마를 권유했다고 했다. 안철수 역시 그가 만난 국민들과 생각이 다르지 않았다. 그는 출마 선언 직후 기자들의 질문에 답하는 과정에서 다음과 같이 말했다. "…지금 현재 사회문제의 모든 해법은 국회가 가지고 있다. 헌법도 보면 국민이 나오고 국회가 나오고 다음이 대통령이다. 중요한 순서대로 국민의 민의를 받들어 제대로 문제를 해결하는 것은 국회고 대통령은 실행할 따름이다. 그렇게 문제 해결의 키를 쥐고 있는 국회가 지금처럼 가다가는 절대로 못 한다." "…민주주의 체제에서 정당정치의 중요성은 책에서도 언급했듯이 정말 중요하다. 문제는 국민기대에 부응을 못한다는 게 문제다." 결국 안철수는 한국 정치개혁을 열망하는 국민의 기대에 부응하기 위해 출마를 결심했다고 말했다. "…여러분이 제게는 스승입니다. 그분들이 저를 한 걸음 더 나아가게 했습니다." "…저는 이제 이번 18대 대통령 선거에 출마함으로써 그 열망을 실천해내는 사람이 되려 합니다. 저에게 주어진 시대의 숙제를 감당하려고 합니다."[3]

안철수의 출마 선언은 한국 정치의 독특한 성격이 강제한 것으로 이해할 수 있다. 정치학 교과서에서 정치란 보통 가치의 권위적 배분(an authoritative allocation of values)으로 소개된다. 이 개념을 제시한 데이빗 이스튼은 정치 공동체 구성원이 한정된 가치를 놓고서 전개하는 갈등은 저절로 해결되지 않는다고 봤다. 따라서 정치의 권위를 빌려 가치를 인위적으로 배분하면서 사회의 특정 그룹에 국한된 사적 이익이 아니라, 사회 구성원 전체를 아우르는 공적 이익을 창출할 필요가 있다고 역설했다. 하지만 한국 정치는 그 자체에 허

---

3 "안철수 대선 출마 선언문 전문", http://www.facebook.com/ahnspeaker; 이창희, "[질의응답 전문]대선출마 선언한 안철수, '정치권 변화·혁신 필요'", 『뉴스웨이』, 2012.09.19.

용된 권위를 사회의 공익이 아니라 특정 그룹의 사익을 배타적으로 증진시키는 수단으로 주로 활용했다. 다시 말해서 가치의 권위적 배분이라는 정치의 교과서적 책임을 방기하고, 가치의 권위적 파탄(an authoritative bankruptcy of values)을 습관적으로 반복하는 '자기배반'의 길을 장기간 걸었다. 가치의 권위적 배분을 열망하는 국민 다수가 한국 정치를 외면하고, 사회의 공적 가치에 헌신하는 삶을 살았다고 판단하는 안철수에 주목하는 배경이 여기에 있었다.[4]

그러면 한국 정치가 민주주의의 외형을 갖추고 있으면서도 가치의 권위적 파탄을 습관적으로 반복하는 까닭은 무엇인가? 또한 한국 정치가 가치의 권위적 배분이라는 정치의 원론적 책무를 충실하게 수행할 수 있으려면 무엇을 어떻게 개선해야만 하는가? 이 문제에 답하려면 한국에 민주주의를 '수출한' 미국을 다시 성찰할 필요가 있다. 주지하듯 토크빌은 1830년 7월 혁명 이후에도 프랑스 민주주의가 제대로 뿌리를 내리지 못하자 미국 민주주의의 원천을 성찰하기 위해 약 9개월간의 미국 여행을 떠났다. 미국 민주주의는 프랑스가 직면한 문제를 이미 60여 년 이전에 해결했다고 판단했기 때문이다. 베버 역시 1904년 약 13주에 걸쳐 미국 전역을 둘러보면서 독일 민주주의와 자본주의의 지체 요인을 선명하게 파악할 수 있었다.

토크빌과 베버가 미국을 관찰하면서 얻은 결론은 민주주의나 자본주의의 제도보다 그 제도를 근저에서 떠받치는 관습(custom), 습속(mores), 에토스(ethos), 정신(spirit) 등이 훨씬 더 중요하다는 것이

---

4 자세한 내용은, 이현휘, 「한국정치와 가치의 권위적 파탄」, 『정치와 평론』 제9집, 2011, pp.189-196.

었다.5 예컨대 토크빌은 "국가의 관습에 뿌리를 두지 못한 법률은 항시 불완전하다. 관습만이 국민의 삶에서 지속적으로 저항하는 힘을 갖고 있기 때문이다"라고 말했다.6 그러면서 "오직 미국 국민만이 민주주의 제도를 안정적으로 운영할 수 있었던 까닭은 미국인의 관습이 그 제도를 지지하기 때문이다"라고 분석했다.7 따라서 자신의 연구의 궁극적 관심은 '관습'이며, 만일 독자가 그것의 중요성을 간파하지 못한다면 자신의 연구는 실패한 것이라고 역설했다. "내가 미국을 관찰하면서 가장 주목한 것은 관습이라고 할 수 있으며, 따라서 그것은 나의 모든 연구의 종착점이다. 나는 바로 그 점을 가장 중요하게 생각했기 때문에 만일 내가 실제적 경험, 습관, 의견, 요컨대 미국인의 관습이 그들의 민주주의 제도를 운영하는 데 행사하는 중요한 영향력을 여태껏 독자가 느낄 수 없도록 서술했다면 내 연구의 주요한 목적을 달성하지 못한 것이다."8 베버 역시 미국에서 자본주의 제도가 자리 잡기 이전에 자본주의 정신(the capitalist spirit)이 먼저 존재했다는 사실을 강조했다. "즉 벤저민 프랭클린의 출생지(매사추세츠)에서는 의심의 여지없이 '자본주의 정신'이 … '자본주의 발전' **이전에** 존재했으며…."9

5　화이트헤드는 관습의 구조를 합리적으로 해명한 바 있다. 자세한 내용은, 이현휘, 「미국 혁명의 종교적 기원 (I): 화이트헤드와 탈근대 역사학의 새로운 지평」, 『화이트헤드연구』 제11집, 2005, pp.9-40.

6　Alexis de Tocqueville, *Democracy in America*, Vol. I., New York: Vintage Books, 1990, p.284.

7　Ibid., p.322.

8　Ibid., pp.322-323.

9　막스 베버, 김덕영 옮김, 『프로테스탄티즘의 윤리와 자본주의 정신』, 길, 2010, p.79.

한편, 관습에 내장된 강력한 관성은 그것에 뿌리를 둔 제도의 안정적 운영을 가능케 하는 긍정적 측면도 있지만, 변화된 환경에서 새로운 제도를 도입하고자 할 때 강력하게 저항하는 부정적 측면도 있다. 일찍이 베버는 비서구 사회에서 서구의 자본주의 제도를 도입하고자 할 때 비서구 사회의 고유한 관습 내지 전통의 강력한 반발이 있을 것으로 예측한 바 있다. "현재 이러한 (비서구) 사람들은 모두 자본주의를 서구에서 생산한 가장 중요한 '상품'으로 간주해서 수입하고자 한다. 그런데 수입을 방해하는 요인은 비서구 사람들의 능력이나 의지의 부족이 아니라, 서구 사회에서 존재하는 중세의 유산처럼 비서구 사회 내부의 완고한 전통에서 유래할 것이다."10

토크빌과 베버의 진단을 참고할 때 한국 정치가 가치의 권위적 파탄을 습관적으로 반복하는 까닭은 두 가지 차원에서 유추해볼 수 있다. 첫째, 한국 정치는 미국으로부터 민주주의의 제도만을 수입했을 뿐, 미국에서 그것의 근저를 지지하는 관습은 수입하지 못했다. 둘째, 미국으로부터 수입한 민주주의 제도는 한국사회의 고유한 관습의 강력한 저항으로 뿌리를 내리지 못한 채 계속 겉돈다. 이런 관점을 수용할 경우 예컨대 민주화 20년의 열망을 좌절로 전락시킨 궁극적 까닭은 김대중과 노무현 정부의 '무능'이 아니라 한국 사회의 강고한 관습에서 찾아야만 했다.11 김대중과 노무현 정부

---

10 Max Weber, *Economy and Society: An Outline of Interpretive Sociology*, eds. by Guenther Roth and Claus Wittich, New York: Bedminster Press, 1968, p.630.

11 민주화 20년의 열망을 좌절로 전락시킨 '주범'을 김대중과 노무현 정부에 전가시킨 사례로는, 경향신문 특별취재팀, 『민주화 20년의 열망과 절망: 진보·개혁의 위기를

의 통치기간을 '잃어버린 10년'으로 매도하면서 출범한 이명박 정부가 종국에는 안철수의 대선 출마를 초래한 궁극적 까닭 역시 그곳에서 찾아야만 한다. 따라서 한국 정치가 가치의 권위적 배분을 성실하게 실천하는 길로 들어서기 위해서는 먼저 미국 민주주의 제도의 안정적 운영을 가능케 하는 미국의 독특한 관습의 실상을 정확하게 파악할 필요가 있다. 아울러 우리에게 지극히 친숙한 관습의 모습을 가시적 형태로 드러낸 다음, 그것을 미국의 관습과 비교하면서 한국 민주주의의 공고화를 강력하게 방해하는 요소를 철저히 가려낼 필요가 있다. 그랬을 때 한국 민주주의의 공고화를 가능케 하는 관습의 개혁 방안을 모색하는 게 가능할 것이기 때문이다. 하지만 이 글에서는 주로 미국 민주주의의 관습을 추적하고, 그것이 한국사회의 관습의 개혁에 던지는 함의를 간략하게 검토하는 제한된 목적을 추구하고자 한다.12

II. 프로테스탄트 종파와 미국 민주주의의 관습

토크빌의 주장처럼 미국 민주주의를 제대로 이해하기 위해서는 가장 우선적으로 미국사회의 독특한 관습을 정확하게 이해해야 한다. 그러면 그런 관습은 미국에서 어떻게 형성된 것일까? 다양한 측

말하다』, 후마니타스, 2007.
12 한국 정치의 관습에 관해서는, 이현휘, 「정당 대변인의 '말'과 한국 정치의 관습」, (사)한국정치평론학회 편, 『미디어와 공론정치: 정치평론이란 무엇인가?』, 인간사랑, 2011, pp.173-213.

면에서 분석이 가능하겠지만, 미국 민주주의를 지배하는 관습의 특성을 선명하게 파악하기 위해서는 특히 종교적 관점에 착안할 필요가 있다. 토크빌은 "미국만큼 기독교가 인간의 영혼에 커다란 영향력을 행사하는 곳은 세상에서 존재하지 않는다"고 주장했고,13 페리 밀러 역시 "퓨리터니즘을 어느 정도 이해하지 않고서는 … 미국을 이해할 수 없다"고 단언한 바 있다.14 실제로 17세기 유럽에서 등장한 다양한 프로테스탄트 종파(Protestant sects)는 미국으로 건너와 수많은 자발적 결사체(voluntary associations)가 약동하는 시민사회를 만들어냈다. 그리고 그 시민사회의 토양에서 미국 민주주의의 관습이 육성되었다.15 따라서 미국 민주주의의 관습을 이해하기 위해서는 먼저 프로테스탄트 종파를 배경으로 형성된 시민사회의 독특한 성격을 자세히 살펴볼 필요가 있다.

프로테스탄트 종파를 배경으로 형성된 미국 시민사회의 특성을 연구한 학자는 베버가 거의 유일하다고 할 수 있다.16 따라서 이 절에서는 베버의 논의를 중심으로 미국 시민사회의 특성을 파악해보기로 한다. 1904년 미국을 처음 방문한 베버는 유럽에서는 확인할 수 없었던 미국 시민사회의 독특한 성격에 주목하면서 몇 가지

13 Tocqueville, *Democracy in America*, Vol. I., 303.
14 Perry Miller, ed., *The American Puritans: Their Prose and Poetry*, New York: Anchor, 1956, ix.
15 Max Weber, "Voluntary Associational Life (Vereinswesen)," *Max Weber Studies 2:2*, 2002, pp.199-209; Sung Ho Kim, "Max Weber and Civil Society: An Introduction to Max Weber on Voluntary Associational Life (Vereinswesen)", *Max Weber Studies 2:2*, 2002, pp.186-198.
16 Stephen Kalberg, "Max Weber's Analysis of Unique American Civic Sphere", *Journal of Classical Sociology 9:1*, 2009, p.121.

일화를 소개했다. 먼저 기차 여행 중 우연히 만난 사람과 나눈 대화 경험을 다음과 같이 소개했다.

> 나는 (당시) 인디언 영토를 통과해 긴 기차 여행을 하는 과정에서 우연히 출장 다니며 '장의업자의 철물'(Undertaker's hardware, 철로 된 묘비명)을 판매하는 순회 세일즈맨과 같은 차실(車室)에 앉아 가게 되었는데, 그때 (일시적으로나마) 여전히 눈에 띌 만큼 강력한 교회주의를 감지할 수 있었다. 그 세일즈맨이 다음과 같이 말했기 때문이다. "신사 양반, 저로서는 누구든 자기 좋을 대로 믿을 수도 있고 믿지 않을 수도 있다고 봅니다. 그러나 아무 교회에도 소속되지 않은 농민이나 상인을 본다면, 저는 그에게 단돈 50센트도 외상으로 줄 수가 없답니다.—**그가 아무런 신앙도 없다면, 그에게 무슨 동기가 있어 외상을 갚겠습니까?**"[17]

두 번째로 소개한 일화는 오하이오 강변의 대도시에 정착한 독일 태생의 이비인후과 전문의가 자신의 첫 환자한테서 들은 얘기다.

> 환자는 의사가 시키는 대로 코 반사경으로 검사를 받기 위해 소파에 누웠다. 그런데 다시 한 번 일어나 앉더니 품위 있게 힘주어 말했다. "선생님, 저는 무슨무슨 스트리트(street)에 있는 무슨무슨 침례교의 구성원입니다." 이러한 사실이 콧병과 그 치료에 도대체 무슨 의미를 가질 수 있는가 어리둥절한 나머지, 그(의사)는 아는 사이인 미국 동료에게 은밀히 물어보

---

17 막스 베버, 김덕영 옮김, 「프로테스탄티즘의 종파들과 자본주의 정신」, 『프로테스탄티즘의 윤리와 자본주의 정신』, 길, 2010, p.425. 논문을 번역한 김덕영은 'sect'를 분파로 번역했는데, 이 논문에서는 '종파'로 수정해서 인용하기로 한다. 후자가 종교적 성격까지 아우르는 적절한 번역어라 판단되기 때문이다.

앉다. 그러자 그는 빙긋이 웃으면서 그것은 단지 다음을 뜻할 뿐이라고 말해주었다. "**치료비** 걱정일랑 하지 마십시오."18

도대체 교회 멤버십과 치료비는 어떤 관계가 있는 것일까? 세 번째 일화를 보면 쉽게 파악할 수 있다.

10월 초 어느 쾌적하고 청명한 일요일 오후에 나는 몇몇 친척들과 ... 침례교인들의 침례식에 참석했다. ... 내 옆에 서 있던 한 친척은 ... 젊은 사람들 가운데 한 명이 물속으로 잠기는 것에 주목했다. 그리고 내게 이렇게 말했다. "저 사람 좀 보세요.—제가 그렇게 말했죠!"—나는 (의식이 끝난 후) 그 친척에게 이렇게 물었다. "어떻게 그 사람이 침례를 받을 것을 예견할 수 있었나요?" 그러자 그는 이렇게 대답했다. "그가 M시에서 은행을 개업하려고 하니까요."—나는 재차 물었다. "그렇다면 이 지역에 그가 먹고살 수 있을 만큼 침례교인들이 많은가요?"—"천만에요. 그렇지만 이제 침례를 받았기 때문에 그는 인근 지역 전체에서 고객을 확보할 수 있고 모든 사람과의 경쟁에서 이길 수 있답니다." 이에 '어째서' 그리고 '어떻게'라는 질문을 던지자 다음과 같은 사실이 드러났다. 즉, 아직도 엄격히 종교적 전통을 고수하는 곳에서 침례교 회중(congregation)의 일원으로 받아들여지려면 반드시 아주 면밀한 '시험'을 거쳐야 하며 또한 '품행'에 대한 몹시 까다로운 조사를 받아야 하는데, 이 조사는 유년 시절까지 소급된다('풍기문란 행위'? 술집 출입? 춤? 연극? 카드놀이? 채무 지급 지연? 그 밖의 천박한 품행?). 그렇지만 회중에게 받아들여진다는 것은 신사의 윤리적 자질, 특히

---

18 같은 논문, p.426.

사업 세계에서 요구되는 윤리적 자질의 절대적인 보증으로 간주되기 때문에, 당사자는 아무런 경쟁도 없이 주변 지역 전체의 예금과 무제한적인 신용을 확보할 수 있다. 그는 '만들어진 사람'(a 'made man')인 것이다. 나는 계속된 관찰을 통해 이러한 아니면 이와 매우 유사한 현상이 아주 다양한 지역에서 되풀이되고 있음을 확인할 수 있었다. 감리교나 침례교 또는 다른 **종파**(혹은 종파의 성격을 띠는 집회, sectlike conventicles)에 속하는 사람들이(일반적으로 **오직** 그들만이) 사업에 성공할 수 있었다. 종파의 어떤 구성원이 다른 곳으로 이사를 가거나 또는 여행하는 세일즈맨인 경우, 그는 자신이 속한 회중의 증명서(certificate)를 지니고 갔으며, 또한 그럼으로써 종파 동료들과 접촉할 수 있었을 뿐만 아니라, 특히 어디서나 신용을 얻을 수 있었다. ... 그가 사업 세계에서 성공할 수 있는 기회에 궁극적으로 결정적인 것은 ... **오직** 다음과 같은 사실, 즉 그의 '품행'을 보면 **윤리적 자질을 갖추었다는 것**에 의심의 여지가 없는 사람만이 상당히 명망 있는 종파의 구성원으로 받아들여진다는 사실이 오히려 결정적이었다. 다시 말해 종파의 구성원이 된다는 것은—사람들이 '태어나면서 그 안에 속하며' 의로운 자들과 의롭지 못한 자들 모두 위에 은총의 빛이 비추도록 하는 '교회'의 구성원이 되는 것과 대조적으로—**개인**이 윤리적 자질, 특히 사업 세계에서 요구되는 윤리적 자질의 증명서를 획득했음을 의미한 사실이 결정적이었다.19

종파는 전적으로 종교 및 윤리의 기준을 엄격하게 충족한 사람들만으로 구성된 자발적 결사체이다. 반면 교회는 은총의 빛으로 의

---

19 같은 논문, pp.426-428.

로운 자들과 의롭지 못한 자들을 모두 포용하기 때문에 구성원 개개인의 자질을 크게 따지지 않는다. 따라서 종파는 교회와 달리 모두에게 개방된 보편적 멤버십을 거부하며, 구성원 모두의 자유로운 동의에 따라 종교적 자질을 갖춘 사람만을 엄선해서 수용하는 대단히 배타적이고 귀족적인 단체이다. 종파의 특정 구성원이 윤리적 과실로 추방된다는 것은 경제적으로 신용을 상실하고, 사회적으로는 매장된다는 것을 의미했다.[20]

프로테스탄트 종파의 배타적 멤버십 전통은 미국 시민사회에 거의 그대로 이식되었다. 우선 시민사회를 구성하는 다양한 단체들의 조직 원리가 자발적 결사체의 형식을 취했다는 점에서 그러하다. 그곳의 구성원 역시 윤리적 자질을 엄격하게 테스트한 후 투표를 통해 선발되었다. 따라서 베버는 시민사회의 자발적 결사체를 프로테스탄트 종파의 세속화된 형태로 파악했다. "먼저 우리에게 관심이 있는 것은 투표에 의해 그 구성원을 보충하는 세속적 클럽과 단체의 현대적 위치는 전반적으로 이들 자발적 결사체의 원형, 즉 **종파**가 이전에 가졌던 훨씬 더 배타적인 의미가 **세속화**된 과정의 산물이라는 사실이다."[21] 더욱 정확하게 말하자면 미국 문명의 요람인 뉴잉글랜드 지역에서 진행된 세속화 과정의 산물이었다. "식민지 시기 뉴잉글랜드의 중심지에서, 특히 매사추세츠에서 교회의 회중에 참여할 수 있는 완전한 성도의 자격은(full citizenship status in the

---

20 같은 논문, pp.428-429; Max Weber, "'Churches' and 'Sects' in North America: An Ecclesiastical Socio-Political Sketch", trans. by Colin Loader, *Sociological Theory 3:1*, 1985, p.9; Sung Ho Kim, *Max Weber's Politics of Civil Society*, Cambridge: Cambridge University Press, 2004, pp.75-84.

21 베버, 「프로테스탄티즘의 종파들과 자본주의 정신」, p.437.

church congregation) 주에서 완전한 시민권을 획득하기 위한 전제조건(the precondition for full citizenship in the state)이었기 때문이다."22

프로테스탄트 종파를 배경으로 탄생한 미국 시민사회의 자발적 결사체들의 배타적 멤버들이 바로 시민적 중간 계층의 원형이었다. 그리고 그들이 견지한 엄격한 금욕주의적 윤리가 정치 영역에서 실천될 때 미국 특유의 민주주의를 탄생시킬 수 있었고,23 경제 영역에서 실천될 때 자본주의를 탄생시킬 수 있었다.24 따라서 미국 민주주의나 자본주의의 성격을 제대로 이해하기 위해서는 먼저 프로테스탄트 종파를 배경으로 탄생한 자발적 결사체의 구조와 성격을 자세히 살펴볼 필요가 있다.

첫째, 프로테스탄트 종파와 자발적 결사체의 멤버는 혈연, 학연, 지연 등과 같은 인간 사회의 강고한 사적 유대로부터 해방된 존재였다.25 종파와 결사체의 멤버십은 인간의 출신 성분, 상속 재산, 공직 및 졸업 증서 등과 같은 세속적 가치가 아니라26 오직 초월적 신에 헌신하는 종교적 윤리의 철저한 준수 여부에 따라 결정되었기

---

22 같은 논문, pp.437-438; Max Weber, "The Protestant Sects and the Spirit of Capitalism" in *From Max Weber: Essays in Sociology*, trans. and ed. by H. H. Gerth and C. Wright Mills, New York: Oxford University Press, 1946, pp.311-312.

23 베버, 「프로테스탄티즘의 종파들과 자본주의 정신」, pp.436-437.

24 같은 논문, p.432, 434.

25 Randall Collins, *Weberian Sociological Theory*, Cambridge: Cambridge University Press, 1986, p.267; Stephen Kalberg, "Cultural Foundations of Modern Citizenship" in Bryan S. Turner, ed., *Citizenship and Social Theory*, London: Sage Publications, 1993, p.101; Kalberg, "Max Weber's Analysis of Unique American Civic Sphere", p.120.

26 베버, 「프로테스탄티즘의 종파들과 자본주의 정신」, p.436.

때문이다. 바로 여기에서 인간의 다양한 사적 유대를 떨쳐내고 신 앞에서 단독자로 자립하는 종교적 개인주의(religious individualism)가 성립할 수 있었다.27 베버가 지적한 것처럼 그는 새롭게 '만들어진 사람'(a 'made man')28이었다. 그리고 종교적 개인주의의 세속화된 표현이 미국의 자유주의라고 할 수 있다.29 따라서 미국에서 표방하는 자유는 인류 보편의 자유가 아니라, 프로테스탄트 종파와 자발적 결사체의 배타적 멤버십에 '한정된' 자유라는 점에 유의할 필요가 있다. 자유의 나라 미국에서 노예문제와 인종문제 등이 장기간 병존했던 까닭이 여기에 있었다.

둘째, 미국 민주주의는 모래더미(sandpile)로 전락하지 않는다.30 얼핏 생각하면 사적 유대로부터 해방된 개인은 모래알처럼 이합집산을 거듭할 것처럼 보인다. 하지만 프로테스탄트 종파의 멤버들은 성약(covenant)을 통해 신 앞에서 평등한 질서를 유지한다. 시민사회의 자발적 결사체의 멤버들 역시 사적 유대(a personal relationship)가 아니라 그들 다수의 동의로 제정한 비인격적 조직원리(an impersonal

---

27 같은 논문, p.451; Kalberg, "Cultural Foundations of Modern Citizenship", pp.104-107.
28 Weber,"The Protestant Sects and the Spirit of Capitalism," p.305.
29 이현휘, 「미국 혁명의 종교적 기원(II): 자유주의, 공화주의, 그리고 캘빈주의」, 『화이트헤드연구』 제12집, 2006, pp.91-92.
30 베버, 「프로테스탄티즘의 종파들과 자본주의 정신」, p.436; Weber, "'Churches' and 'Sects' in North America", p.10; Max Weber, "Sect, Church and Democracy" in *Weber, Economy and Society*, p.1207; Stephen Kalberg, "Tocqueville and Weber on the Sociological Origins of Citizenship: The Political Culture of American Democracy" in *Max Weber, Democracy and Modernization*, ed. by Ralph Schroeder, London: Macmillan Press, 1998, p.97.

rule and binding principle)를 철저히 준수하는 가운데 평등한 질서를 유지한다.31 따라서 종파와 결사체의 질서는 페르디난트 퇴니스가 제시한 시민사회(Gesellschaft)의 성격을 지닌다.32

셋째, 프로테스탄트 종파와 자발적 결사체는 직접 민주주의(direct democracy)를 요구한다. 종파와 결사체의 멤버는 모두 신 앞에 평등한 존재로 자임한다. 따라서 그들은 신과 자신들 사이에 존재하는 일체의 세속적 권력을 부정한다. 종파와 결사체의 리더가 필요할 경우 멤버들 다수가 참여하는 선거를 통해 선출한다. 따라서 그렇게 선출된 리더는 중세 교황이나 유럽 절대군주처럼 하향식 권력을 행사하는 권위적 존재가 아니라, 멤버의 권리와 복리에 헌신하는 종복(servants)이 된다.33 미국이 유럽의 위계적 정치질서를 일관되게 비판하고, 자발적 참여(self-participation) 내지 자치(self-government)를 토대로 정치적 민주주의를 추구한 배경이 여기에 있었다.34

넷째, 미국 민주주의에서 개인의 자유와 공동체의 가치는 공존한다. 통상 서양 정치사상사에서 개인의 자유와 공동체 전체의 가치는 상호 배타적인 관계로 파악된다. 개인의 권리를 강조하는 자유주의자와 공동체의 덕성을 강조하는 공동체주의자 간의 논쟁이 대표적인 사례라고 할 수 있다. 그러나 미국 민주주의에서 양자 간의

---

31 Kalberg, "Cultural Foundations of Modern Citizenship", p.101.
32 Weber, "'Churches' and 'Sects' in North America", p.11.
33 Weber, "Sect, Church and Democracy", p.1208.
34 Tocqueville, *Democracy in America*, Vol. I., p.32, 35; Charles Borgeaud, *The Rise of Modern Democracy in Old and New England,* New York: Charles Scribner's Sons, 1894, pp.104-116.

긴장은 성립하지 않는다는 데 유의할 필요가 있다. 프로테스탄트 종파와 자발적 결사체의 멤버는 인간의 사적 유대로부터 해방된 존재이기 때문에 자신이 속한 사적 유대에 국한된 사적 이익을 추구하는 대신, 종파 및 결사체에서 요구하는 윤리적 자질을 엄격히 유지하는 가운데 종파 및 결사체에서 추구하는 종교적 가치 내지 공적 가치에 헌신할 수 있게 된다.35

다섯째, 프로테스탄트 종파 및 자발적 결사체를 배경으로 탄생한 미국 민주주의는 일종의 귀족적 민주주의(aristocratic democracy)라고 할 수 있다. 이는 종파 및 결사체의 배타적 멤버십을 고려하면 쉽게 이해할 수 있는 성격이다.36 다만 미국 민주주의를 귀족적 민주주의로 파악할 때 하나의 단서가 따른다. 우리가 사용하는 귀족이란 용어는 보통 '신분적으로 세습된 존재'를 의미한다. 하지만 미국에서 신분적 귀족은 성립할 수 없는 개념이다. 미국의 종파 및 결사체의 멤버십 자체가 신분적 귀족과 같은 세속적 특권을 해체하면서 성립했기 때문이다. 따라서 귀족적 민주주의라고 표현할 때 귀족의 의미는 신분적 특권보다는 특정의 윤리적 자질을 갖춘 소수 엘리트를 뜻하는 것으로 이해할 필요가 있다.37

미국은 연방헌법 제정 후 각 주의 비준을 얻는 과정에서 이른바 연방파와 반연방파 간의 치열한 비준논쟁을 치러야만 했다. 연방파

---

35 이현휘, 「미국 혁명의 종교적 기원(II)」, pp.82-84; Kim, *Max Weber's Politics of Civil Society*, pp.57-67.

36 C. H. Firth, "Preface" in Borgeaud, *The Rise of Modern Democracy in Old and New England*, ix; A. D. Lindsay, *The Modern Democratic State*, New York: A Galaxy Book, 1962, p.12.

37 Weber, "'Churches' and 'Sects' in North America", pp.12-13.

는 제헌의회에서 제정한 연방헌법만으로도 개인의 자유를 충분히 보장할 수 있다고 주장한 반면, 반연방파는 그것만으로는 부족하기 때문에 개인의 자유를 확고하게 보장할 수 있는 별도의 장치가 마련되어야 한다고 역설했다. 논쟁은 반연방파의 주장을 수용해서 개인의 자유를 헌법으로 보장하는 이른바 권리장전을 수정조항으로 추가하는 방식으로 종결되었다. 하지만 권리장전을 헌법에 명시했다고 해서 곧바로 100% 실천된 것은 아니었다. 여전히 노예제가 존속했고, 여성의 참정권 등이 제한되었기 때문이다. 권리장전이 현실에서 보편적으로 실천되는 데 20세기 중반까지 기다려야만 했다. 그런데 바로 그 즈음부터 미국사회의 정체성 위기 논쟁이 대두되기 시작했다.[38] 이런 현상은 여러 가지 측면에서 분석할 수 있지만, 미국 민주주의가 귀족적 민주주의에서 출발했다는 사실을 예증한다고도 볼 수 있을 것이다.

III. 프로테스탄트 종파와 민주적 토론정신

미국의 월스트리트저널(WSJ)은 '2010년 올해의 사진' 157장을 선정해서 인터넷 홈페이지에 게시한 바 있는데, 그중에는 한국 관련 사진 두 장이 포함되어 있었다. 한 장은 북한의 연평도 포격으로 검은 연기가 치솟는 연평도를 시민들이 배 위에서 바라보는 모습을

---

38 Diane Ravitch and Joseph P. Viteritti, "Introduction" in *Making Good Citizens: Education and Civil Society*, ed. by Ravitch and Viteritti, New Haven: Yale University Press, 2001, pp.1-14.

담은 사진이고, 다른 한 장은 한국 국회의원이 예산안 처리 문제를 놓고 격렬하게 몸싸움 하는 모습을 담은 사진이었다.39 사진을 확인하지 않더라도 한국 국회에서 몸싸움 하는 장면은 그리 어렵지 않게 상상할 수 있다. 그것은 우리가 일상적으로 접할 수 있는 모습이기 때문이다. 하지만 한국 국회에서 습관적으로 반복되는 몸싸움은 한국 민주주의의 실종을 가장 적나라하게 예증하는 사례라고 할 수 있다. 국회는 민주주의에서 가장 중요한 국민의 자치 정신(the spirit of self-government)을 대의제 형태로 구현한 기관이기 때문이다. 그런 국회에서 민주적 토론이 번번이 격렬한 몸싸움으로 전락한다는 사실은 민주적 토론의 안정적 운영을 가능케 하는 조건을 다시 검토해볼 필요성을 제기한다. 그러면 민주적 토론은 어떤 조건이 충족될 때 안정적 운영이 가능한 것일까?

많은 사람들이 민주적 토론은 자유로운 분위기에서 가능한 것으로 이해한다. 그래서 자유로운 대화와 토론을 제약하는 어떤 요인이 있다면 모두 제거되어야 할 대상으로 간주한다. 오직 대화와 토론의 완전한 자유만이 민주주의의 발전을 약속할 수 있다고 믿기 때문이다. 그래서 수많은 이론을 동원해서 자유로운 대화와 토론의 중요성을 끊임없이 강조한다. 예컨대 미하일 바흐찐의 다성악 이론 (theory of polyphony)을 동원해서40 다양한 목소리의 완전한 개방을

39　김동현, "연평도 포격, 여야 몸싸움 장면… WSJ '올해의 사진'", 『조선일보』, 2010.12.02.
40　M. 바흐찐, 김근식 옮김, 『도스또예프스끼 詩學: 도스또예프스끼 창작의 제문제』, 정음사, 1988. 주지하듯 바흐찐은 톨스토이의 작품을 지배하는 정신을 '독백주의'(monologism) 내지 '단성악'(monophony)으로, 도스또예프스끼의 작품을 지배하는 정신을 '다성악'(polyphony)으로 각각 평가한 다음, 후자의 시각에서 전자를 비

역설하는가 하면, 위르겐 하버마스의 공론장 개념을 동원해서[41] 인간의 자유로운 사적 대화를 강조하기도 한다. 그러나 이들의 얘기는 모두 현실과 동떨어진 문학적 픽션이나 추상의 지평에서 자신이 신봉하는 맹목적 신념을 무책임하게 반복한 사례에 지나지 않았다. 인류의 역사는 목소리의 완전한 개방이나 인간의 사적 대화의 활성화를 통해서 민주주의가 실현된 사례를 지금까지 보여준 적이 없기 때문이다.

판한다. 그러나 막스 베버에 따르면 톨스토이의 작품과 도스또예프스끼의 작품을 지배하는 정신은 다르지 않다. 양자 모두 러시아 특유의 '신비주의'(mysticism)가 지배하기 때문이다. 베버가 얘기하는 신비주의란 금욕주의(asceticism)와 정반대의 성격을 지닌 종교적 정신을 의미하는데, 전자의 경우 인류 보편의 형제애(universal brotherhood)를 추구하는 반면, 후자는 제2절에서 검토했듯이 배타적 멤버십을 강조한다. 전자를 실천하는 인간은 신의 뜻을 자신의 내면에서 품을 수 있는 그릇(God's vessel)이 되고자 하는 반면, 후자를 실천하는 인간은 신의 뜻을 지상에서 적극적으로 펼치는 도구(God's tool)가 되고자 한다. 전자는 행동보다 사변을, 후자는 사변보다 행동을 중시하는 차이가 있다. 특히 신비주의에서 만들어내는 정치윤리는 베버의 이념형으로 표현할 때 '신념윤리'(the ethic of conviction)가 되는데, 주지하듯 신념윤리는 정치윤리로서 '최악의' 윤리이다. 또한 베버에 따르면 서양 민주주의는 신비주가 아니라 '금욕주의'를 배경으로 탄생한 것이었다. 그렇다면 도스또예프스키의 다성악과 민주주의를 피상적으로 유비시키는 관점은 지양해야만 할 것이다. 베버의 논점을 좀 더 구체적으로 확인하려면, Kim, *Max Weber"s Politics of Civil Society*, pp.77-79; Edith Hanke, "Max Weber, Leo Tolstoy and the Mountain of Truth" in Sam Whimster, ed., *Max Weber and the Culture of Anarchy*, London: Macmillan Press, 1999, pp.144-161; Charles Turner, "Weber and Dostoyevsky on Church, Sect and Democracy" in Whimster, ed., *Max Weber and the Culture of Anarchy*, pp.162-175. 베버의 신비주의와 금욕주의를 각각 상술한 사례로는, Christopher Adair-Toteff, "Max Weber's Mysticism", *European Journal of Sociology 43:3*, 2002, pp.339-353; Christopher Adair-Toteff, "Max Weber's Notion of Asceticism", *Journal of Classical Sociology 10:2*, 2010, pp.109-122.

41 위르겐 하버마스, 한승완 옮김, 『공론장의 구조변동: 부르주아 사회의 한 범주에 관한 연구』, 나남출판, 2001.

자유로운 대화와 토론 그 자체가 민주주의를 약속하지 못한다는 사실은 헨리 M. 로버트의 회고를 잠시만 확인해도 쉽게 이해할 수 있다. 그는 미국에서 민주적 토론 규칙의 바이블로 평가되는 『로버트 의사진행규칙』을 처음 집필한 저자인데, 의사진행규칙에 관심을 갖게 된 계기를 이렇게 회고했다. 그는 군 장교로 근무하던 시절 어느 날 갑자기 회의 주재를 요청 받았는데, 그때 그는 회의 주재 방법을 전혀 모르고 있었다. 하지만 부탁을 거절하는 게 가장 좋지 않은 선택이라고 느껴 요청을 수락했다고 한다. "당시 나는 매우 당황했다. … 하지만 나는 신의 섭리에 따라 회의가 저절로 굴러갈 것으로 믿고서 회의에 뛰어들었다. 그러나 회의에 뛰어들자마자 회의법(parliamentary law)에 관한 … 어떤 것을 알기 전까지는 다른 회의에 절대로 참여하지 않겠다고 결심했다."[42] 로버트가 회의에 참여해서 확인한 것은 회의란 결코 저절로 굴러가지 않는다는 것이었다. 이런 사실은 바흐찐의 다성악 이론이나 하버마스의 공론장 개념 등에서 주장하는 자유로운 대화나 토론만으로는 민주주의가 자연스럽게 실현될 수 없다는 사실을 단적으로 말해준다. 그렇다면 민주적 토론의 진정한 모습은 어떻게 성립한 것일까?

민주적 토론은 한마디로 프로테스탄트 종파를 배경으로 탄생한 것이었다. 다시 말해서 제2절(프로테스탄트 종파와 미국 민주주의의 관습)에서 검토한 모든 항목을 충족한 토양에서 비로소 민주적 토론이 가능할 수 있었다. 따라서 민주적 토론은 대단히 엄격한 윤리적 자질과 규칙의 준수를 선결조건으로 요구하고 있었다. 이런 요건

---

42 Henry M. Robert III et al., "Introduction", *Robert's Rules of Order Newly Revised*, 11th ed., Boston: Da Capo Press, 2011, xl.

이 충족되지 못했을 때 민주적 토론은 쉽게 카오스로 전락해버리기 때문이다. 한국 민주주의에서 민주적 토론이 제대로 이뤄지지 않는 단적인 이유가 여기에 있었다. 또한 마이클 셧슨이 '대화가 민주주의의 영혼이 될 수 없는 이유'를 천명하면서 다음과 같이 역설한 이유도 여기에 있었다.

민주주의에 실질적으로 기여하는 대화는 참여자의 평등성이 확보될 때 가능한 것이 아니라, 그들이 대화의 규범을 준수하고 공공 정신을 함양하고 있을 때 비로소 가능할 수 있다. 그것은 대화 참여자의 자율성이 아니라 시민성이 확보될 때 비로소 가능할 수 있다. 그것은 언론과 미디어의 우선성과 우월성이 확보될 때 가능한 것이 아니라, 언론과 미디어가 대화의 규범, 공공 정신, 시민성 등을 철저히 준수할 때 비로소 가능할 수 있다. 따라서 나는 대화의 현장에 내장된 민주주의가 정치적 민주주의의 규범과 제도를 만들어내는 것이 아니라, 민주주의의 제도와 규범이 민주적 대화를 가능케 한다고 주장할 것이다.[43]

---

43 Michael Schudson, "Why Conversation is Not the Soul of Democracy", *Critical Studies in Mass Communication 14*, 1997, p.297. 셧슨의 논점을 프로테스탄트 종파의 맥락에서 해석한 것은 필자의 견해다. 한편, 김주환은 하버마스 시각에서 대화의 중요성을 옹호하면서 셧슨의 논점을 정면으로 비판했다. "셧슨은 '대화는 왜 민주주의의 핵심이 아닌가'라는 글에서 대화는 민주주의와 관계가 없고 '법칙지배적'이고 '문제해결적'인 민주적 대화만이 중요하다고 주장한다. 이 글은 하버마스의 의사소통행위와 공론장 이론, 그리고 기든스의 구조의 이중성 등의 개념에 의존하여 대화에 대한 셧슨의 도구적 관점을 … 비판한다."(김주환, 「민주주의에 있어서 대화의 중요성: 공론장에서의 의사소통행위로서의 정치적 대화」, 『언론과 사회』 13:1, 2005, p.75) 하지만 김주환은 셧슨이 하버마스 이론을 비판적으로 성찰한 후 위 논문을 작성했다는 사실을 간과했다. 셧슨은 하버마스 시각에서 미국 시민사회의 역사를 전반적으로 서술하는 연구 계획을 세웠다. 하지만 연구를 진행하는 과정에서 하버마스 이론이 역사를 설명하는데 한계가 있다는 사실을 뒤늦게 깨

미국의 민주적 토론의 역사를 성찰하면 셧슨의 견해가 타당하다는 사실을 쉽게 확인할 수 있다.

알렉산더 던롭 린드세이는 이른바 퍼트니 논쟁(the Putney Debates)에서 프로테스탄트 종파를 배경으로 성립한 민주적 토론의 원형을 찾아볼 수 있다고 주장한다.44 퍼트니 논쟁은 1647년 10월 28일부

달았다. 그러자 셧슨은 하버마스 이론을 포기하고 미국 시민사회의 역사를 서술하는 전략을 취했다. 자세한 내용은, Michael Schudson, "Good Citizens and Bad History: Today's Political Ideas in Historical Perspective", Paper presented at conference on "The Transformation of Civic Life." Middle Tennessee State University, Murfreesboro and Nashiville, Tennessee, November 12-13, 1999. 셧슨이 하버마스 이론을 포기하고 서술한 미국 시민사회의 역사는, Michael Schudson, *The Good Citizen: A History of American Civic Life*, New York: The Free Press, 1998. 셧슨이 하버마스 이론의 한계를 비판적으로 고찰한 논문으로는, Michael Schudson, "Was There Ever a Public Sphere? If So, When? Reflections on the American Case" in *Habermas and the Public Sphere*, ed. by Crag Calhoun, Cambridge, Mass.: The MIT Press, 1992, pp.143-163; Michael Schudson, "The 'Public Sphere' and Its Problems: Bring the State (Back) In", *Notre Dame Journal of Law, Ethics, and Public Policy 8*, 1994, pp.529-546. 하버마스 이론이 역사적 사실을 제대로 설명하지 못한다는 셧슨의 판단은 타당한 판단이라고 할 수 있다. 하버마스 이론은 '주체와 객체의 분리'(great divide)라는 서구 근대 세계관의 낡은 전제 위에서 구성된 낡은 이론이기 때문이다. 하버마스 이론이 무의식적으로 수용한 낡은 전제는 이미 100여 년 전에 붕괴되었으며, 따라서 그런 전제 위에서 구성된 하버마스 이론이 역사적 사실을 제대로 설명하지 못하는 것은 지극히 당연한 일이었다. 자세한 내용은, Bruno Latour, *We Have Never Been Modern*, trans. by Catherine Porter, Cambridge, Mass.: Harvard University Press, 1993, pp.55-59. 따라서 셧슨이 자신의 역사적 통찰을 통해 하버마스 이론의 철학적 한계를 간파한 사실은 높게 평가할 일이었다. 그런데도 김주환이 하버마스 시각에서 셧슨을 비판한 것은 낡은 이론으로 창의적 통찰을 비판한 '퇴행적' 행위였다고 할 수 있다.

44 A. D. Lindsay, "Foreword" in *Puritanism and Liberty: Being the Army Debates (1647-9) from the Clarke Manuscripts with Supplementary*

터 11월 19일까지 런던 근교 퍼트니의 세인트 메리 교회에서 크롬웰이 이끄는 영국혁명 지도부와 하급 장교들 사이에서 영국 헌정체제의 근본적 수정 방안 등을 놓고서 벌인 논쟁이다. 그런데 혁명군 지도부는 대체로 프로테스탄트 종파 중 독립파(the Independents) 소속이었고, 하급 장교들은 주로 수평파(the Levellers)에 소속되었다는 사실에 주목할 필요가 있다.45

논쟁은 치열하게 전개되었다. 논쟁에 참여한 모든 사람들이 자신의 주장의 정당성을 역설하면서 한 치도 물러서지 않았기 때문이다. 당시 논쟁을 주재했던 크롬웰은 그 광경을 지켜보다 못해 다음과 같이 얘기했다.

우리는 이런 회의에서 신을 기다려야만 합니다. 그리고 신께서 우리들 중 누군가에 전하신 말씀을 귀를 기울여 들어야만 합니다. 저는 이것이 우리의 고귀한 의무라고 생각합니다. 하지만 (신께서) 어떤 말씀을 하셨을 때 제가 생각하는 바람직한 원칙은 이렇습니다. 각자가 판단케 하라! 신의 말씀 여부를 저는 저 나름의 방식으로 판단하고, 다른 사람은 그들 방식으로 판단할 수 있습니다. 그러나 저는 그 이상을 주장할 수는 없습니다. 저는 그것이 신의 말씀이 아니라는 부정적 결론을 저 혼자서 단정 짓지 않겠습니다. 대신 그것이 신의 말씀인지 아닌지를 분간하는 문제를 여러분 모두의 토론을 거쳐 결정하고 싶습니다. 제가 이런 방법을 선호하는 까닭은 다

Documents, selected and ed. with introduction by A. S. P. Woodhouse, London: J. M. Dent and Sons Limited, 1951, p.3.

45 A. S. P. Woodhouse, "Introduction" in *Puritanism and Liberty*, pp.16-18; A. D. Lindsay, *The Essentials of Democracy*, Philadelphia: University of Pennsylvania Press, 1929, pp.10-12.

른 분들도 그렇게 하시는지를 모르기 때문입니다. ... 저는 우리가 신의 이름으로 얘기할 때는 크게 주의해야 한다는 사실을 다시 한번 강조하고 싶습니다. ... 우리 모두는 우리들 자신의 생각이나 개념을 마치 신의 생각이나 개념인 것처럼 얘기하지 않도록 주의해야 합니다. ... 실제로 우리는 많은 말씀을 듣습니다. 그중에는 신께서 우리에게 전하신 말씀도 있다는 사실을 의심하지 않습니다. 그런데 우리가 들은 말씀 중에는 모순된 내용이 더러 있습니다. 그러나 신은 모순된 말씀을 하실 분이 결코 아니십니다. ... 제가 볼 때 특정 사안에 대한 인간의 이해가 신의 뜻과 합치하는지 그렇지 않은지를 판단하는 방법은 매우 자명한 것처럼 보입니다. 인간의 이해가 신의 뜻과 부합한다는 사실을 구체적으로 입증할 증표가 수반되지 않았을 때, 우리를 분명하게 납득시키시는 신의 권능 중에서 가장 좋은 방법은 그런 이해가 우리들 내면에 새겨진 법률, 즉 신께서 추구하시는 목적과 신의 마음과 그리스도의 마음 등이 반영된 법률과 일치하는지 그렇지 않은지를 판단해보는 것입니다.46

크롬웰이 파악한 토론의 진정한 목적은 토론 참여자 개개인의 신념을 관철시키는 데 있는 것이 아니라 무언가를 '발견'하는 데 있었다.47 그것은 먼저 토론 참여자 개개인의 양심의 목소리를 경청하는 데서 출발한다. 그런 다음 솔직하고 개방된 토론을 통해 신의 뜻과 부합하는 목소리를 선별하는 형태로 진행된다. 이런 방식의 토론은 크롬웰이 프로테스탄트 종파의 민주적 토론에 참여하면서 터

46　Woodhouse, ed., *Puritanism and Liberty*, pp.101-105.
47　Lindsay, *The Modern Democratic State*, p.12; Lindsay, *The Essentials of Democracy*, p.19.

득한 것이었다. 프로테스탄트 종파의 모든 멤버는 신의 뜻을 전수 받을 가능성이 있었다. 따라서 멤버 개개인의 상이한 견해를 존중하는 관용 정신과 그들 개개인의 견해를 진지하게 경청하는 문화가 자리 잡을 수 있었다. 종파의 멤버는 각자가 보유한 지식과 경험을 총동원해서 자유로운 토론에 참여하는 가운데 자신의 의지를 강변하는 것이 아니라 신의 뜻을 발견하는 목적에 나름의 기여를 하게 된다.48

크롬웰이 역설한 토론 양식에서 주목할 필요가 있는 또 하나의 포인트는 토론에 참여하는 사람들이 토론 공동체 전체의 공적 가치에 헌신하는 토론정신(the sense of the meeting)이다. 토론 참여자는 토론에서 자신의 사적 유대에 국한된 사적 이익을 추구하는 대신, 신의 뜻의 확인이라는 토론 공동체 전체의 목적에 나름의 기여를 하고, 또 그 목적의 지배를 받으면서 토론정신을 진작시킨다.49 이런 토론정신이 부재하거나 토론 참여자 개개인의 사적 이해관계가 토론정신을 압도할 경우 성공적인 민주주의는 사실상 불가능하게 된다.50

---

48 Lindsay, *The Essentials of Democracy*, pp.18-19, 21, 36.

49 Ibid., pp.45-46; Lindsay, *The Modern Democratic State*, p.117.

50 Alexander Dunlop Lindsay, *The Churches and Democracy*, London: The Epworth Press, 1934, p.50; Lindsay, *The Essentials of Democracy*, pp.49-50. 한편, 셧슨은 린드세이가 하버마스처럼 민주주의를 '토론을 통한 정치'(government by discussion)로 파악했다고 비판했다. Schudson, "Why Conversation is Not the Soul of Democracy", p.297, 308. 그러나 본문에서 자세히 확인한 것처럼 린드세이가 퓨터니 논쟁에서 주목한 것은 토론 그 자체가 아니라 '토론정신'이었다. 이런 관점은 사실상 셧슨의 관점과 크게 다르지 않다고 할 수 있다. 그런데도 셧슨이 린드세이를 비판한 것은 린드세이의 다양한 저작을 충분히 검토하지 않은 데서 연유한 것처럼 보인다.

크롬웰이 제시한 민주적 토론 양식은 퓨리턴이 주축이 되어 건설한 미국 문명에 거의 그대로 전수되었다. 예컨대 토크빌이 미국 민주주의의 요람으로 평가한 뉴잉글랜드의 타운미팅은 크롬웰이 제시한 민주적 토론 양식과 거의 유사한 방식으로 운영되었다. 미국은 연방국가가 부재한 상태에서 독립전쟁을 승리로 이끌었는데, 그럴 수 있었던 비결 중 하나는 타운미팅의 민주적 운영이었다. 당시 식민지 미국의 13개 주는 매사추세츠주가 이끌었는데, 매사추세츠주를 이끈 것은 보스턴 타운미팅이었다. 그런데 보스턴 시민 대부분이 소속된 종파는 크롬웰이 소속되었던 독립파(Independents of Cromwell's type)였다.51 독립전쟁 시기 보스턴 타운미팅을 연구한 제임스 호스머는 당시 타운미팅을 지배한 정신을 다음과 같이 평가했다. "보스턴 타운미팅을 전반적으로 검토하면 거의 완벽한 민주주의를 구현했다는 사실을 확인할 수 있다. … 특히 타운미팅에 참여한 사람들의 공공정신(public spirit)이 거의 완벽하게 발휘되었다. 또한 그들은 자립심, 다양한 분야의 지적 능력, 자유에 대한 사랑 등을 충분히 함양한 사람들이었다는 사실에 주목할 필요가 있다."52

미국에서 민주적 토론의 전형은 보통 연방헌법을 마련한 제헌회의를 꼽는다. 하지만 그곳에서도 회의가 순조롭게 진행된 것은 아니었다. 로드아일랜드를 제외한 12개의 주에서 파견한 55명의 대표

---

51 James K. Hosmer, *Samuel Adams: The Man of the Town-Meeting*, Baltimore: N. Murray, Publication Agent, Johns Hopkins University, 1884, pp.19-21.

52 Ibid., p.58.

가 각자 자신의 주의 이해관계를 대변하면서 치열한 공방을 벌였기 때문이다. 1787년 6월 28일에는 회의가 교착상태에 빠지자 각 주의 대표자들이 회의를 포기하고 짐을 쌀 채비를 갖추는 지경까지 이르렀다. 그러자 대표자 중 가장 연장자였던 벤저민 프랭클린은 자리에서 일어나 다음과 같은 발언을 했다.

우리가 지난 4-5주 동안 모여서 서로 치열하게 논의해봤지만 지금까지 거둔 성과는 지극히 미미한 것에 불과합니다. 우리는 거의 모든 문제에 관해서 서로 상이한 견해를 갖고 있습니다. 최근 논의에서는 찬성과 반대가 동수인 경우도 적지 않았습니다. 제가 볼 때 이런 현상은 인간의 불완전한 이해력을 우울하게 입증해주는(a melancholy proof of the imperfection of the Human Understanding) 사례라고 생각합니다. 우리는 우리들 자신의 정치적 지혜가 부족하다는 사실을 분명히 느끼는 것 같습니다. 우리는 그것을 찾기 위해 온갖 곳을 헤매고 다녔기 때문입니다. 우리는 좋은 정부의 모델을 찾기 위해 고대사로 거슬러 올라가보기도 했습니다. 그곳에서 상이한 형태의 공화국 정부를 검토했지만, 그것은 모두 붕괴의 씨앗을 품고서 수립된 불완전한 정부였기 때문에 지금은 더 이상 존재하지 않습니다. 또 우리는 유럽의 모든 근대 국가를 검토해보기도 했습니다. 하지만 그 어떤 국가도 우리 실정에 맞는 헌법을 갖고 있지 않았습니다. 지금 우리는 어둠 속에서 더듬거리며 진리를 찾고 있지만, 정작 그 진리를 접했을 때 그것이 진리라는 것을 식별해낼 가능성도 거의 없습니다. 존경하는 의장님! 우리가 이처럼 어려운 상황에서 우리의 몽매함을 깨치기 위해 광명의 하나님 아버지께 겸허하게 문의할 생각을 지금까지 한 번도 하지 못한 까닭은 무엇일까요? 우리가 영국과 독립전쟁을 시작했을 때, 위험에 처한 상황에서는 바로 이 방에서 신의 보호를 요청하는 기도를 매일 드렸습니다. 존경하는 의장님! 신께서는 우리의 기도를 들어주셨고, 자비롭게 응답해주셨습니다. 지금 이 자리에서 치열한 논쟁을 전개하는 모든 사람들은 전능하신 신의 섭리가 우리를 위해 종종 임하시는 사례를 식별할 수 있어야만 합니다. 우리가 장래 국가의 행복을 보장할 헌법을 마련하기 위해 이처럼 편안하게 논의할 수 있는 행복한 기회를 갖게 된 것도 신의 섭리 때문입니다. 그런데 우리는 이제 그처럼 전능하신 신을 잃어버렸다는 말입니까? 아니면 그분의 도움이 더 이상 필요하지 않다는 상상이라도 한다는 것입니까? 존경하는 의장님! 저는 오랫동안 살았습니다. 오랫동안 살면 살수록 다음과 같은 진리의 증거를 더욱 확신한다는 사실을 깨닫습니다. 즉 신은 인간사를 통치하신다(that God governs in the affairs of men)는 바로 그 진리를 말입니다. ... 따라서 저는 다음과 같은 제안에 동의해주시길 간청합니다. 앞으로 회의를 시작하기 전 매일 아침 이곳에서 신의 도움을 간청하고 우리의 논의에도 은총을 내려주시길 기도하고, 이 도시에서 한 분이나 몇 분의 목사님을 초빙해서 우리의 기도를 집전해주시는 게 좋겠습니다.53

제헌의회는 목사에게 지급할 비용의 부재 등을 이유로 프랭클린의 제안을 수용하지 않았다. 하지만 많은 대표자들은 개별적으로 회의의 성공을 위한 기도를 드리기 시작했다. 그런 가운데 어떤 조화의 정신(a spirit of harmony)이 회의장에 다시 돌아왔고, 대표자들은 이

---

53 James Madison, "Thursday June 28th" in *Notes of Debates in the Federal Convention of 1787*, New York: W. W. Norton & Company, 1966, pp.209-210.

전과 달리 대부분의 쟁점에 동의하거나 타협할 수 있었다.54

그런데 우리는 여기서 프랭클린의 발언이 100여 년 전 퓨터니 논쟁에서 크롬웰이 발언했던 내용과 거의 유사하다는 사실에 주목할 필요가 있다. 이로부터 우리는 토론 참여자 개인의 사적 이해를 넘어서서 토론 공동체 전체의 가치를 형성하는데 나름의 기여를 하는 방식의 토론이 민주적 토론정신(the spirit of democratic discussion)의 요체라는 사실을 다시금 확인하게 된다. 아울러 민주적 토론은 오직 그러한 민주적 토론정신이 철저히 준수되는 경우에 한해서만 성립할 수 있다는 사실도 확인하게 된다.

IV. 의사진행규칙

미국 민주주의 역사에서 민주적 토론정신이란 무형의 자산은 이른바 의사진행규칙(rules of order)이란 유형의 자산으로 공식화된다. 의사진행규칙이란 원활한 토론 과정을 거쳐 토론의 궁극적 목적을 성취하고자 할 때 반드시 준수해야 할 토론의 규범 및 절차 등을 체계적으로 정리한 것이라고 할 수 있다. 하지만 의사진행규칙이 프로테스탄트 종파를 배경으로 출현한 것은 아니었다. 그것은 대체로 17세기 영국 의회를 배경으로 형성되어 미국에 전수되었기 때문이다. 또한 의사진행규칙이 민주적 토론정신을 대체한다고도 볼 수 없다. 미국 민주주의가 정착하는 과정에서 자연환경보다는 법률이,

---

54 John Eidsmoe, *Christianity and the Constitution: The Faith of Our Founding Fathers*, Grand Rapids, Michigan: Baker Books, 1987, pp.345-346.

법률보다는 관습이 훨씬 중요한 역할을 했다는 토크빌의 지적을 상기할 때,55 의사진행규칙은 민주적 토론정신의 구현을 돕는 보조적 수단으로 이해할 수 있기 때문이다.

미국의 연방헌법 제헌회의는 회의를 시작하면서 조지 위스(George Wythe), 알렉산더 해밀턴(Alexander Hamilton), 찰스 핑크니(Charles Pinckney) 3인으로 구성된 복무규정 및 의사규칙 준비 위원회(a committee to prepare standing rules & orders)를 먼저 구성했다.56 회의를 성공적으로 운영하기 위해서는 운영방식에 관한 규칙이 필요하다고 판단했기 때문이다. 이들이 작성한 규칙은 대체로 다음과 같은 내용으로 구성되어 있다. 먼저 멤버 개개인을 존중하고, 모든 멤버에게 동등한 참여 기회를 제공할 것을 요구한 조항이 눈에 띈다. "모든 멤버는 자리에서 일어나 의장에게 발언해야 한다. 그가 발언하는 도중 다른 멤버들은 사람들 사이를 지나다닐 수 없으며, 옆 사람과 잡담하는 것, 책을 읽는 것, 프린트하거나 손으로 쓴 팸플릿이나 논문을 읽는 것도 금지한다." "어떤 멤버도 특별한 허락이 없는 한 동일한 문제에 관해서 두 번 이상 발언할 수 없다." 토론의 공적 이성을 통해 문제를 심사숙고 할 것을 요구한 조항도 있다. "복잡한 문제는 멤버의 요청이 있을 경우 나누어서 개별적으로 토론한 다음 종합할 수 있다." 또한 멤버의 시민성을 강조한 조항도 있다. "모든 멤버나 의장은 특정 멤버에게 의사규칙을 준수하도록 요구할 수 있으며, 그가 도덕적으로 비난받을 만한 행동이나 발언을 했을 경우

---

55 Tocqueville, *Democracy in America*, Vol. I., p.322.
56 Madison, "Friday 25 of May" in *Notes of Debates in the Federal Convention of 1787*, p.24.

에는 해명할 수 있는 기회를 줄 수 있다." 회의의 안정적 진행을 보장하기 위해 규정한 조항도 있다. "어떤 멤버도 특별한 허락이 없는 한 주 대표의 발언을 방해하기 위해 회의장을 떠날 수 없다."57

미국에서 체계적인 의사진행규칙은 제퍼슨이 부통령 겸 상원의장으로 재임하면서 1801년에 출간한 『제퍼슨 매뉴얼』을 통해 최초로 마련되었다. 제퍼슨은 자신의 매뉴얼 서두에서 '의사진행규칙 준수의 중요성'(The Importance of Adhering Rules)을 다음과 같이 제시하고 있다.

영국 하원 의장 중에서 가장 유능했던 온슬로 의장(Mr. Onslow)은 평소 다음과 같이 말했다. "그가 젊었을 때 경험이 풍부한 원로 의원들은 그에게 다음과 같은 금언을 종종 들려주었다. 의사진행규칙을 무시하거나 간과할 경우 거의 틀림없이 행정부나 하원의 다수파와 결탁한 사람들의 손아귀에 권력을 쥐어주게 된다. 우리 선조들이 도입한 의사진행규칙은 의회 다수파의 행동을 견제하거나 통제하는 수단이며, 많은 경우 소수파를 부당한 권력의 행사로부터 보호하는 피난처 역할을 한다." ... 소수당은 의사진행규칙을 철저히 준수해야만 의사진행규칙이 통제하려는 권력의 자의적 행사와 남용으로부터 보호받을 수 있다. ... 격조 높은 공적 기구에서 질서, 품위, 규칙을 지켜주는 수단이 바로 의사진행규칙이다.58

---

57   Ibid., "Monday May 28" & "Tuesday May 29", pp.25-28; Schudson, "Why Conversation in Not the Soul of Democracy", pp.306-307.

58   Thomas Jefferson, *A Manual of Parliamentary Practice*, New York: Clark & Maynard Publishers, 1808, pp.13-14.

제퍼슨은 영국 의회의 의사진행규칙이 가장 현명하게 제정된 규칙이라고 판단했다. 그래서 주로 영국 하원 서기였던 존 헷셀의 『하원 회의 절차에 관한 선례집』을 참조하면서 『제퍼슨 매뉴얼』을 저술했다.

미국에서 의사진행규칙은 『제퍼슨 매뉴얼』 출간 이후 루터 커싱이 1845년 출간한 『커싱 매뉴얼』을 거쳐 『로버트 의사진행규칙』을 통해 집대성되었다. 『로버트 의사진행규칙』은 로버트가 1876년 처음 출간한 이후 약 100여 년 동안 수많은 독자의 피드백을 성실하게 반영하면서 점진적으로 완성되었다.59 그런데 제퍼슨이 참조한 영국 의회의 의사진행규칙, 『제퍼슨 매뉴얼』, 『로버트 의사진행규칙』 등을 보면 모두 미국 제헌회의 의사진행규칙과 유사한 내용을 규정하고 있음을 확인할 수 있다. 또한 토론할 때 인신공격을 금지하고, 토론 내용을 토론 주제로 한정할 것 등을 요구하는 토론 예절(decorum in debate)도 공통적으로 강조하고 있음을 확인할 수 있다. 예컨대 『로버트 의사진행규칙』에서는 토론 예절을 다음과 같이 규정하고 있다.

토론을 계류 중인 문제의 쟁점에 한정할 것-토론 멤버의 발언은 회의에서 논의하는 문제와 직접 관련이 있어야 한다.

...

토론 멤버의 발언 동기를 공격하지 말 것-문제가 계류 중일 때 멤버는 제안된 방책의 성격이나 예상 결과를 심하게 비판할 수 있다. 하지만 그는 제

---

59 Robert III, "Introduction", *Robert's Rules of Order Newly Revised*, xxxvi-xlviii.

안자의 인격을 공격해서는 안 된다. 아울러 그는 그 어떤 경우에도 다른 멤버의 동기를 공격하거나 문제 삼아서는 안 된다. 멤버가 아니라 방책이 논의의 주제이기 때문이다. 두 사람이 증언한 사건과 관련해서 한 사람이 다른 사람의 진술에 동의하지 않을 경우, 그는 논쟁에서 다른 사람의 진술이 '틀렸다'고 말할 수 없다. 하지만 그는 이렇게 말할 수는 있다. '나는 그의 실수를 입증할 강력한 증거가 있다고 확신합니다.' 의장은 논쟁 중에 어떤 멤버를 비난하는 단어로 '사기꾼,' '거짓말쟁이,' '거짓말' 등이 사용되는 것을 듣는 순간 즉시 그리고 단호하게 그 상황을 시정하고, 그것의 재발을 방지해야 한다.60

미국에서 의사진행규칙은 연방의회에서만 통용되는 것이 아니다. 그것은 교회 평의회, 기업체 회의, 타운미팅, 카운티 위원회, 도시 평의회 등 미국사회 전반의 토론에서 통용된다.61 실제로 미국의 다양한 타운에서 자체의 타운미팅을 소개하는 안내문을 보면 거의 예외 없이 의사진행규칙을 확인할 수 있는데, 그것의 내용은 대체로 『제퍼슨 매뉴얼』이나 『로버트 의사진행규칙』 등을 간략하게 요약한 형식을 취하고 있다.62 이런 사실은 의사진행규칙이 미국에서 일종의

60　Ibid., pp.391-394.

61　미국사회 전역에서 사용할 목적으로 작성한 의사진행규칙의 사례로는, Charles Martin Scanlan, *Rules of Order for Societies, Conventions, Church Councils, Corporations, Town Meetings, County Boards, City Councils, and Legislative Bodies*, Chicago, Ill.: T. H. Flood & Co., 1911.

62　예컨대 "Citizen's Guide to Town Meetings, the Commonwealth of Massachusetts", http:// www.sec.state.ma.us/cis/cistwn/twnidx.htm; "A Citizen's Guide To Vermont Town Meeting", http://www.sec.state.vt.us/townmeeting/citizens_guide.html

사회 규범으로 정착했다는 사실을 의미한다. 다시 말해서 그것은 민주적 토론정신이라는 관습의 확실한 지지를 받고 있으며, 따라서 미국의 민주적 토론을 실질적으로 규율하는 힘을 갖고 있다. 반면, 한국 국회도서관에 소장된 『로버트 의사진행규칙』의 번역본63이 한국 국회의 민주적 토론을 전혀 규율하지 못하는 까닭은 한국 국회와 한국사회 전반에 민주적 토론정신이 뿌리를 내리지 못했기 때문이었다.

  미국은 앞에서 개관한 민주적 토론정신과 의사진행규칙을 함양한 사람들이 민주적 토론을 전개하는 가운데 독립전쟁을 승리로 이끌었고, 독립선언서를 작성했으며, 각 주 헌법과 연방헌법을 성공적으로 마련할 수 있었다.64 다시 말해서 미국의 민주적 토론이 욕설과 고함과 몸싸움이 난무하면서 번번이 장외투쟁으로 전락하는 대신, 미국 역사의 빛나는 유산을 반복해서 생산할 수 있었던 비결은 민주적 토론정신과 의사진행규칙을 확고하게 준수했기 때문이었다.

V. 한국 민주주의 공고화의 과제

미국의 민주적 토론정신을 참고할 경우 한국 민주주의의 공고화

---

63 헨리 M. 로버트, 한국회의법학회 옮김, 『로버트 회의진행법』, 한국회의법학회, 2001.
64 Robert III, "Introduction", *Robert's Rules of Order Newly Revised*, xxxiv-xxxvi.

를 저해하는 요인은 크게 3가지 유형으로 정리해볼 수 있다. 첫째, 미국은 프로테스탄트 종파를 배경으로 혈연, 학연, 지연 등과 같은 인간의 강고한 사적 유대를 해체할 수 있었다. 하지만 한국사회에서는 인간의 사적 유대가 여전히 강력하게 관철되고 있다. 그러다 보니 사적 유대로부터 해방되어 자립한 개인이 성립할 수 없었고, 그런 개인이 부재한 상황에서 시민적 덕성을 함양한 시민 역시 탄생할 수 없었다.65 이런 사실은 시민의 자발적 참여와 자치에 기초해서 성립하는 민주주의가 한국에서는 아직껏 '불임' 상태에 있다는 것을 의미한다.

미국의 프로테스탄트 종파와 자발적 결사체는 종교 및 시민의 윤리적 자질에 따라 구성원 여부를 결정했다. 그곳의 윤리적 자질은 궁극적으로 초월적 신에 헌신할 것을 요구하는 규범이었다. 따라서 그것은 인간의 사적 유대로부터 독립한 공적(public) 성격을 지닌다. 이와 달리 한국사회에 존재하는 각종 집단의 경계는 대부분 인간의 사적 유대의 친소(親疎) 관계에 따라 결정된다. 사적 유대가 친밀한 집단 구성원끼리는 가족의 형제애 윤리에 따라 상부상조하는 반면, 사적 유대가 소원한 집단 외부인에게는 형제애 윤리의 의무감을 느끼지 않게 된다. 그래서 집단 외부인은 더 이상 상부상조할 필요가 없는 '외계인'으로 간주된다.66 또 그들은 사안에 따라 무관심, 불

---

65 박승관, 「근대화 과정과 사회적 커뮤니케이션 세계」, 『언론정보연구』 제41호, 2004, pp.137-186.

66 이재열, 「민주주의, 사회적 신뢰, 사회적 자본」, 『계간 사상』 1998년 여름호, pp.79-80; Max Weber, *The Religion of China: Confucianism and Taoism*, trans. and ed. by Hans H. Gerth, New York: The Free Press, 1951, pp.88-89; Collins, *Weberian Sociological Theory*, pp.267-269; Kalberg, "Cultural

신, 적개심 등을 쉽게 투사할 수 있는 대상으로 전락하기도 한다. 따라서 한국인의 행동을 지배하는 윤리는 사적 유대의 친밀성에 따라 결정되는 지극히 사적(private) 성격을 지닌 것이었다.

한국사회에서 사적 유대의 친소 관계에 따라 설정된 집단의 안과 밖의 경계는 정통과 이단을 준별하는 조선 시대 신유학의 벽이단(闢異端) 사상과 착종되면서 더욱 고착되었다. 이후 집단 속의 나는 언제나 정통이 되었고, 집단 밖의 너는 언제나 이단이 되었다. 벽이단 사상으로 무장한 사적 유대가 서로 충돌할 때 조선시대 당쟁과 같은 극심한 분열이 한국사회에서 고질적으로 반복되었다.67 일찍이 에드워드 와그너는 현대 한국사회에서 건재한 조선 시대 당파주의의 유산을 다음과 같이 진단한 바 있다.

현대 한국에서 당파주의의 결과 또는 유산은 다양한 층위에서 찾아볼 수 있다. 가장 충격적인 결과는 아무리 좋게 말한다고 하더라도 정치의 실종이라고 요약할 수 있을 것이다. 정부의 운영이라는 차원에서 정치의 실종은 행정의 마비, 관료적 타성, 무책임성, 실책과 비효율성, 정부의 위기를 의미했다. 정치적 도덕성이란 영역에서 볼 때 정치의 실종이란 부정부패, 연고주의, 인신공격, 기회주의, 사대주의를 뜻하는 것이었다. 한국 가치체계 측면에서는 정치의 실종이 개인, 씨족, 학교, 애향심을 지나치게 강조하는 결과를 가져왔다. 당파주의는 현안이 되는 논쟁보다는 사람에게 먼저 관심을 두며 실제 문제보다는 사소한 점에 먼저 관심을 두었다. 그리고 당파주의는 상대 당의 생각을 모반에 가까운 위험한 것으로 몰아붙이게

Foundations of Modern Citizenship", pp.93-94.
67 이현휘, 「정당 대변인의 '말'과 한국 정치의 관습」, pp.205-207.

만들었다. 전통 한국의 정치생활에서 이러한 당파주의 특징의 일부, 다시 말해서 당파주의의 유산이 어느 정도 사라졌다고 하지만 오늘날까지도 그 후유증은 많이 남아 있어, 건전하고 근대화된 사회를 건설하려는 한국인들의 노력을 방해하고 있다.68

이처럼 극심하게 분열된 사회 구조에서 민주주의는 사실상 불가능하게 된다. "민주주의는 우리의 동료를 적극적으로 신뢰하는 신념을 요구하기 때문이다. 사회의 균열이 너무 깊게 뿌리를 내린 곳에서는 사실상 민주주의가 불가능하다."69

둘째, 미국은 프로테스탄트 종파를 배경으로 공적 가치의 창출을 가능케 하는 민주적 토론정신을 정립했다. 그러나 사적 유대를 중심으로 다양하게 균열된 한국사회에서 그 균열을 가로지르는 소통은 사실상 불가능하게 된다. 사적 윤리로 무장한 사적 유대의 범주가 너무도 강고한 나머지 그 범주를 넘어선 소통을 번번이 와해시키기 때문이다. 따라서 진정한 소통은 언제나 사적 유대 내부로 한정되고, 그것을 넘어선 공적 지평에서 시도되는 소통은 형식적, 가식적, 의례적 성격을 벗어나지 못한다. 박승관의 용어로 표현하면 한국사회에서는 집단 내 소통인 커뮤니케이션 엔도가미가 집단 간

---

68 에드워드 와그너, 이훈상·손숙경 옮김, 「한국의 근대화 과정에 대한 역사적 고찰」, 『조선왕조 사회의 성취와 귀속』, 일조각, 2007, p.401. 미국 민주주의에서 통용되는 의사진행규칙의 토론 예절에서는 토론에서 제안된 방책의 성격이나 예상 결과를 놓고서 논쟁을 벌이되 제안자의 동기나 인격에 대한 공격은 철저히 금지하는 반면, 한국의 당파주의 유산에서는 전자 대신 후자를 중심으로 논쟁이 전개되는 정반대의 양상을 보인다는 데 주목할 필요가 있다.

69 Lindsay, *The Churches and Democracy*, p.46.

소통인 커뮤니케이션 엑소가미를 압도하며,70 사적 세계의 커뮤니케이션인 '보이지 않는 손'이 공적 세계의 커뮤니케이션인 '드러난 얼굴'을 지배하고 왜곡한다.71 하지만 커뮤니케이션 엔도가미와 보이지 않은 손이 지배하는 사회에서 민주주의가 들어설 여지는 없다. 그곳은 크롬웰과 프랭클린이 역설한 민주적 토론정신을 끊임없이 와해시키는 세계이기 때문이다.

셋째, 미국은 의사진행규칙을 수단으로 민주적 토론정신을 사회의 규범으로 정착시켰다. 그러나 한국사회에는 의사진행규칙이란 개념 자체가 아예 존재하지 않는다. 4절에서 간략하게 검토한 의사진행규칙을 보면 토론 참여자의 감정을 상하게 할 수 있는 모든 종류의 욕설이나 무례한 태도를 철저히 금지하고 있다. 하지만 한국의 국회와 정당, 언론과 인터넷 공간 등에서는 언제나 신랄한 욕설이 넘쳐난다. 그리고 그런 욕설은 모두 '언론의 자유'라는 이름으로 자행되고, 또 허용된다. 하지만 미국의 각종 의사진행규칙에서 한결같이 강조한 것처럼 욕설과 민주주의는 아무런 상관이 없다. 더욱이 욕설과 같은 언어폭력은 상대의 감정을 상하게 할 뿐만 아니라, 물리적 폭력처럼 인간의 신체에 직접적 타격을 가해서 각종의 신체적 장애를 유발한다.72 이런 언어폭력이 난무하는 문화적 토양에서 한국사회의 공적 가치를 창출하는 민주적 토론이 가능할리

---

70 박승관, 「한국 사회와 커뮤니케이션 엔도가미」, (사)한국정치평론학회 편, 『한국 민주주의와 언론자유 그리고 그 위기』, 인간사랑, 2013.

71 박승관, 『드러난 얼굴과 보이지 않는 손: 한국 사회의 커뮤니케이션 구조』, 전예원, 1994.

72 Ellen W. Gorsevski, "The Physical Side of Linguistic Violence", *Peace Review* 10:4, 1998, pp.513-516.

는 만무하다.

그러나 이상의 문제점이 한국인의 DNA에 어떤 결함이 있어 발생한 것은 아니다. 그것은 모두 문화적 산물일 뿐이며, 따라서 수정이 쉽지는 않지만 불가능하지도 않다. 미국 정치의 역사가 그것을 예증한다. 1798년 버몬트 출신 공화파 하원 의원 매슈 라이언은 코네티컷주 출신의 연방파 로저 그리스월드의 모욕적 언동에 격분해서 그의 눈에 침을 뱉었다. 그러자 그리스월드가 지팡이로 라이언을 강타했고, 라이언은 화로 집게로 반격했다. 그리고 둘은 이내 뒤엉켜 바닥에 뒹굴면서 싸웠다. 당시 주 의회는 전쟁터를 방불케 했고, 연방 의회 역시 사정이 크게 다르지 않았다.[73] 그랬던 미국 정치가 지금처럼 개선되지 않았는가? 우리도 위에서 검토한 3가지 문제점을 꾸준히 개선해나갈 때 민주주의 공고화 또한 점진적으로 실현할 수 있을 것이다.

73　앨런 브링클리, 황혜성 외 옮김, 『있는 그대로의 미국사 1: 다양한 시작-식민지 시기부터 남북전쟁까지』, 휴머니스트, 2005, p.302.

참고문헌

Abbot, Andrew. 1983. "Professional Ethics." *American Journal of Sociology* 88: 855-885.

Abel, Richard I. 1985. "Comparative Sociology of Legal Profession: An Exploratory Essay." *American Bar Foundation Research Journal* 10: 1-79.

_____. 1986. "The Transformation of the American Legal Profession." *Law and Society Review* 20: 7-17.

Abel, Richard I., and Philip S. C. Lewis, eds., 1989. *Lawyers in Society in Comparative Theories*. Berkely: University of California Press.

Almond, Gabriel, and Sidney Verba. 1963. *The Civic Culture*. Boston, MA: Little Brown.

Aptheker, Herbert, ed. 1973. *The Correspondence of W. E. B. Du Bois* (vol. 1, 1877-1934). Amherst: University of Massachusetts Press.

Arato, Andrew, and Eike Gebhardt, eds. 1982. *The Essential Frankfurt School Reader*. New York: Continuum.

Bailyn, Bernard. 1967. *The Ideological Origins of the American Revolution*. Cambridge, MA: Belknap/Harvard.

Barber, Bernard. 1978-1979. "Control and Responsibility in the Powerful Professions." *Political Science Quarterly* 93: 599-615.

Barlett, Donald L., and James B. Steele. 2012. *The Betrayal of the American Dream*. Washington, DC: Public Affairs.

Bell, Daniel. 1996. *The Cultural Contradictions of Capitalism*. New York: Basic Books.

Bellah, Robert. 1970. *Beyond Belief*. New York: Harper and Row.

_____. 1975. *The Broken Covenant*. Chicago: University of Chicago Press.

_____. 1992. *The Good Society*. Berkeley: University of California Press.

Bellah, Robert, Richard Madsen, William M. Sullivan, Ann Swidler, and Steven

M. Tipton. 1985. *Habits of the Heart*. Berkeley: University of California Press.

Bendix, Reinhard. 1978. *Kings or People*. Berkely: University of California Press.

Bendix, Reinhard, and Guenther Roth. 1971. *Scholarship and Partisanship*. Berkely: University of California Press.

Berger, Stephen D. 1971. "The Sects and the Breakthrough into the Modern World," *Sociological Quarterly* 12 (Autumn): 486-499.

Berghahn, Volker. 2005. *Imperial Germany: Economy, Society, Culture, and Politics*. New York: Berghahn Books.

Brint, Stephen. 1994. *In an Age of Experts*. Princeton, NJ: Princeton University Press.

Bronner, Stephen Eric, and Douglas Keller. 1989. *Critical Theory and Society: A Reader*. London: Routledge.

Brunschwig, Henri. 1975. *Gesellschaft und Romantik in Preussen im 18 Jahrhundert*. Translated by Marie-Luise Schultheit. Frankfurt: Ullstein.

Carville, James, and Stan Greenberg. 2012. *It's the Middle Class, Stupid*. Washington, DC: Blue Rider.

Crèvecoeur, J. Hector St. John de. 1981 [1782]. *Letters from an American Farmer*. New York: Penguin Books.

Dalton, Russell. 2008. *The Good Citizen: How a Younger Generation Is Shaping American Politics*. Washington, DC: CQ Press.

Dewey, John. 1922. *Human Nature and Conduct*. New York: Random House Modern Library.

_____. 1989 [1939]. *Freedom and Culture*. Amherst, MA: Prometheus Books.

Dillenberger, John, ed. 1961. *Martin Luther: Selections from His Writings*. New York: Doubleday Anchor.

Dobbs, Lew. 2006. *War on the Middle Class*. New York: Viking Penguin.

Du Bois, W. E. B. 2003 [1903]. *The Souls of Black Folk*. New York: Barnes and Noble Classics.

Durkheim, Emile. 1984 [1893]. *The Division of Labor in Society*. New York:

Free Press.

_____. 1951. [1897]. *Suicide*. New York: Free Press.

Elias, Norbert. 1989. *Studien über die Deutschen*. Edited by Michael Schröter. Frankfurt: Suhrkamp.

Etzioni, Amitai. 1997. *The New Golden Rule*. New York: Basic Books.

_____. ed., 1998. *The Essential Communication Reader*. New York: Rowman and Littlefield.

Etzioni, Amitai, Andrew Volmert, and Elanit Rothschild. 2004. *The Communication Reader: Beyond the Essentials*. Lanham, MD: Rowman and Littlefield.

Faux, Jeff. 2012. *The Servant Economy*. New York: Wiley.

Friedson, Elliot. 1984. "The Changing Nature of Professional Control." *Annual Review of Sociology* 10: 1-20.

Habermas, Jürgen. 1962. *Strukturwandel der Öffentlichkeit*. Neuwied: Luchterhand.

Hacker, jacob S., and Paul Pierson. 2010. *Winner Talk All Politic*. New York: Simon and Schuster.

Hartz, Louis. 1991 [1955]. *The Liberal Tradition in America*. New York: Harvest Hill HBJ.

Hofstadter, Richard. 1955 [1944]. *Social Darwinism in American Thought*. Boston, MA: Beacon.

_____. 1967. *The Paranoid Style in American Politics and Other Essays*. Boston, MA: Beacon.

Holborn, Hajo. 1981. *Deutsche Geschichte in der Neuzeit*. Frankfurt: Fischer Verlag.

Horkheimer, Max. 1972. *Critical Theory*. Translated by Matthew J. O'Connell. New York: Herder and Herder.

Jaspers, Karl. 1946. *Max Weber: Politiker, Forscher, Philosoph*. Bremen: Johs. Storm Verlag.

Jellinek, Georg. 1979 [1895]. *The Declaration of the Rights of Man and of Citizens*. Translated by Max Ferrand, Westport, CT: Hyperion.

Judt, Tony. 2011. *Thinking the Twentieth Century*. New York: New York

University Press.

Kalberg, Stephen. 1980. "Max Weber's Types of Rationality: Cornerstones for the Analysis of Rationalization Process in History." *American Journal of Sociology* 85(3): 1145-1179.

_____. 1991. "The Hidden Link between Internal Political Culture and Cross-National Perceptions: Diverging Images of the Soviet Union in the United States and the FR of Germany." *Theory, Culture and Society* 8(May): 31-56.

_____. 1994. *Max Weber's Comparative-Historical Sociology*. Chicago, IL: University of Chicago Press.

_____. 1997. "Tocqueville and Weber on the Sociological Origins of Citizenship: Political Culture of American Democracy." *Citizenship Studies* 1, 2 (July): 199-222.

_____. 2003. "The Influence of Political Culture upon Cross-Cultural Misperceptions and Foreign Policy: United States and Germany." *German Politics and Society* 21, 3(Fall): 1-24.

_____. 2005. "Introduction: On 'Race' Membership, Common Ethnicity, the 'Ethnic Group,' and Heredity." pp.291-296 in *Max Weber: Readings and Commentary on Modernity*, edited by Stephen Kalberg. New York: Wiley-Blackwell.

_____. 2011a. "Introduction to *The Protestant Ethic*." pp.8-63 in Max Weber, *The Protestant Ethic and the Spirit of Capitalism*. Translated and introduced by Stephen Kalberg. New York: Oxford University Press.

_____. 2011b. "Introduction to 'the Protestant Sects.'" pp.183-208 in *Max Weber: Readings and Commentary on Modernity*, edited by Stephen Kalberg. New York: Wiley-Blackwell.

_____. 2011c. "Max Weber." pp.305-373 in *The Wiley-Blackwell Companion to Major Social Theorists*, edited by George Ritzer and Jeffrey Stepnisky. Malden, MA: wiley-Blackwell.

_____. 2012. *Max Weber's Comparative-Historical Sociology Today: Major Themes, Modes of Analysis, and Applications*. Burlington, VT: Ashgate Publishers.

Keeter, Larry G. 1981. "Max Weber's Visit to North Carolina." *Journal of the History of Sociology* 3, 2(spring): 108-114.

Kellner, Douglas. 1989. *Critical Theory, Marxism and Modernity*. Baltimore, MD: Johns Hopkins University Press.

Klein, Naomi. 2007. *The Shock Doctrine*. New York: Henry Holt.

_____. 2010. *No Logo: No Space, No Choice, No Jobs*. New York: Picador.

Kocka, Jügen. 1981. *Die Angestellten in der deutschen Geschichte, 1850-1980*. Göttingen: Vandenhoeck and Ruprecht.

Kocka, Jügen, and Gerhard Ritter, eds. 1974. *Deutsche Sozialgeschichte*, vol. 2. Munich: Verlag C. H. Beck.

Konwitz, Milton R., and Gail Kennedy. 1960. *The American Pragmatists*. Cleveland, OH: World Publishing Co.

Korkin, Stephen. 2010. *Uncivil Society*. New York: Modern Library.

Lehmann, Hartmut, and Guenther Roth, eds. 1987. *Weber's Protestant Ethic: Origins, Evidence, Contexts*. Cambridge, UK: Cambridge University Press.

Lenger, Friedrich. 1994. *Werner Sombart 1863-1914: Eine Biographie*. Munch: Beck Verlag.

Lipset, Seymour Martin. 1979 [1963]. *The First New Nation*. New York: W. W. Norton.

Löwith, Karl. 1970 [1960]. "Weber's Interpretation of the Bourgeois-Capitalistic World in Terms of the Guiding Principle of 'Rationalization.'" Translated by Salvator Attanasio. pp.101-122 in *Max Weber*, edited by Dennis Wrong. Englewood Cliffs, NJ: Prentice-Hall.

Luce, Edward. 2012. *Time to Start Thinking*. New York: Atlantic Monthly Press.

Lynd, Robert S. 1967 [1939]. *Knowledge for What?* Princeton, NJ: Princeton University Press.

Lynd, Robert S., and Helen Merrell Lynd. 1956 [1929]. *Middletown*. New York: Harcourt Brace and World, Inc.

Manasse, Ernst Moritz. 1947. "Max Weber on Race." *Social Research* 14: 191-221.

Marcuse, Herbert. 1964. *One-Dimensional Man*. Boston, MA: Beacon: Press.

Merton, Robert K. 1973. *The Sociology of Science*. Chicago, IL: University of Chicago Press.

Mommsen, Wolfgang. 1974. "Die Vereinigten Staaten von Amerika." pp.72-96 in *Max Weber: Gesellschaft, Politik und Geschichte*, edited by Wolfgang Mommsen. Frankfurt: Suhrkamp.

_____. 1998. "Max Weber und die Vereinigten Staaten von Amerika." pp.91-103 in *Zwei Wege in Moderne: Aspekte der deutsch-amerikanischen Beziehungen 1900-1918*, edited by Ragnhild Fiebig von Hase and Jürgen Heideking. Trier: Wissenschaftlicher Verlag.

_____. 2000. "Max Weber in America." *American Scholar* 69: 103-112.

Mose, George. 1964. *The Crisis of German Ideology*. New York: Grosset and Dunlap.

Nelson, Benjamin. 1973. "Weber's Protestant Ethic: Its Origins, Wanderings, and Foreseeable Future." pp.71-130 in *Beyond the Classics? Essays in the Scientific Study of Religion*, edited by Charles Y. Glock and Philip E. Hammond. New York: Harper and Row.

Nussbaum, Martha. 2010. *Liberty of Conscience: In Defense of America's Tradition of Religious Equality*. New York: Basic Books.

Parsons, Talcott. 1966. *Societies: Evolutionary and Comparative Perspectives*. Englewood Cliffs, NJ: Prentice-Hall.

_____. 1971. *The Evolution of Societies*. Edited and with an introduction by Jackson Toby. Englewood Cliffs, NJ: Prentice-Hall.

_____. 2007. *American Society*. Edited and introduced by Giuseppe Sciortino. Boulder, CO: Paradigm.

Plessner, Helmut. 1974. *Die verspätete Nation*. Frankfurt: Suhrkamp.

Peukert, Detlev. 1989. *Max Weber Diagnose der Moderne*. Gottingen, germany: Vandenhoeck & Ruprecht.

Putnam, Robert D. 2000. *Bowling Alone*. New York: Simon and Schuster.

Reich, Robert. 2008. *Super Capitalism: Transformation of Business, Democracy, and Everyday Life*. New York: Vintage.

_____. 2011. *Aftershock: Next Economy and America's Future*. New York:

Vintage.

_____. 2012. *Beyond Outrage*. New York: Vintage.

Riesman, David. 1961 [1950]. *The Lonely Crowd*. New haven, CT: Yale University Press.

Ringer, Fritz. 1969. *The Decline of the German Mandarins*. Cambridge: Harvard University Press.

Rollman, Hans. 1993. "Meet Me in St. Louis': Troeltsch and Weber in America." pp.357-384. in *Weber's Protestant Ethic*, edited by Hartmut Lehmann and Guenther Roth. New York: Cambridge University Press.

Roth, Guenther. 1985. "Marx and Weber in the United States - Toady." pp.215-233 in *A Marx-Weber Dialogue*, edited by Robert J. Antonio and Ronald M. Glassman. Lawrence: University press of Kansas.

_____. 1987. *Politische Herrschaft und persönliche Freiheit*. Frankfurt: Suhrkamp.

_____. 1997. "The Young Max Weber: Anglo-American Religious Influences and Protestant Social Reform in Germany." *International Journal of Politics, Culture and Society* 10: 659-671.

_____. 2001. *Max Weber deutsch-englische Familiengeschichte, 1800-1950*. Tübingen: Mohr Siebeck.

_____. 2005a. "Europäisierung, Amerikanisierung und Yankeetu. Zum New Yorker Besuch von Max und Marianne Weber 1904." pp.9-32 in *Asketischer Protestantismus under der "Geist" des modernen Kapitalismus*, edited by Wolfgang Schluchter and Friedrich Wilhelm Graf. Tübingen: Mohr Siebeck.

_____. 2005b. "Transatlantic Connections: A Cosmopolitan Context for Max and Marianne Weber's New York Visit 1904." *Max Weber Studies* 5, 1(January): 81-112.

Rueschemeyer, Dietriech. 1973. *Lawyers and Their Society*. Cambridge, MA: Harvard University Press.

Savelsberg, Joachim. 1994. "Knowledge, Domination and Criminal Punishment." *American Journal of Sociology* 99, 4: 911-943.

Savelsberg, Joachim, and Ryan D. King. 2005. "Institutionalizing Collective

Memories of Hate: Law and Law Enforcement in Germany and the United States." *American Journal of Sociology* 111, 2: 579-616.

Scaff, Lawrence. 1998. "The 'Cool Objectivity of Sociation': Max Weber and Marianne Weber in America." *History of the Human Sciences* 11, 2: 61-82.

_____. 2005. "Remnants of Romanticism: Max Weber in Oklahoma and Indian Territory." pp.77-110 in *The Protestant Ethic Turns 100*, edited by William H. Swatos and Lutz Kaelber. Boulder, CO: Paradigm.

_____. 2011. *Max Weber in America*. Princeton, NJ: Princeton University Press.

Schudson, Michael. 1998. *The Good Citizen: A History of American Civic Life*. New York: Free Press.

Selznick, Philip. 1992. *The Moral Commonwealth*. Berkeley: University of California Press.

_____. 2004. *Leadership in Administration: A Sociological Interpretation*. Berkely: University of California Press.

Smith, Adam. 1981 [1776]. *An Inquiry into the Nature and Causes of the Wealth of Nations*. vols. I and II. Edited by R. H. Campbell and A. S. Skinner. Indianapolis, IN: Liberty Fund.

Stern, Fritz. 1965. *The Politics of Cultural Despair*. New York: Anchor Books.

Stiglitz, Joseph E. 2012. *The Price of Inequality*. New York: Norton.

Summer, Graham. 1906. *Volkways*. Boston, MA: Ginn.

Tocqueville, Alexis de. 1945 [1835]. *Democracy in America*. (2 vols.). New York: Vintage.

Toennies, Ferdinand. 1957 [1887]. *Community and Society*. Translated by Charles P. Loomis. New York: Harper Torchbooks.

Troeltsch, Ernst. 1960 [1911]. *The Social Teachings of the Christian Churches* (2 vols.). New York: Harper Torchbooks.

Veblen, Thorstein. 1953 [1899]. *The Theory of the Leisure Class*. New York: Mentor Books.

Weber, Marianne. 1975. [1926]. *Max Weber*. Translated by Harry Zohn. New York: Wiley and Sons.

Weber, Max. 1927. [1923]. *General Economic History*. Translated by Frank H. Knight. Glencoe, IL: Free Press.

_____. 1930. *The Protestant Ethic and the Spirit of Capitalism*. Translated by Talcott Parsons. London: Allen Unwin.

_____. 1936. *Jugendbriefe*. Edited by Marianne Weber. Tübingen: Mohr Siebeck.

_____. 1946a. "Capitalism and Rural Society in Germany." pp.363-385 in *From Max Weber*, edited and translated by H. H. Gerth and C. Wright Mills. New York: Oxford.

_____. 1946b [1919]. "Politics as a Vocation." pp.77-128 in *From Max Weber*, edited and translated by H. H. Gerth and C. Wright Mills. New York: Oxford.

_____. 1946c [1920]. "Religious Rejection of the World." pp.323-359 in *From Max Weber*, edited and translated by H. H. Gerth and C. Wright Mills. New York: Oxford.

_____. 1946d [1917/1919]. "Science as a Vocation." pp.129-156 in *From Max Weber*, edited and translated by H. H. Gerth and C. Wright Mills. New York: Oxford.

_____. 1946e [1920]. "The Social Psychology of the World Religions." pp.267-301 in *From Max Weber*, edited and translated by H. H. Gerth and C. Wright Mills. New York: Oxford.

_____. 1949 [1922]. *The Methodology of the Social Sciences*. Edited and translated by Edward A. Shills and Henry A. Finch. New York: Free Press.

_____. 1968 [1921]. *Economy and Society*. Edited by Guenther Roth and Claus Wittich and translated by Roth, Wittich, et al. Berkely: University of California Press.

_____. 1971a [1910]. "Max Weber on Race and Society." Introduction by Benjamin Nelson and translated by Jerome Gittleman. *Social Research* 38, 1 (Spring): 30-41.

_____. 1971b [1924] "Socialism." pp.191-219 in *Max Weber*, edited by J. E. T. Eldridge. London: Nelson and Sons.

_____. 1972 [1910]. "Antikritisches zum 'Geist' des Kapitalismus." pp.149-

187 in *Max Weber: Die protestantische Ethik II, Kritiken und Antikritiken*, edited by Johannes Winckelmann. Hamburg: Siebenstern Verlag.

_____. 1973 [1910]. "Max Weber, Dr. Alfred Ploetz, and W. E. B. Du Bois." Edited and translated by Benjamin Nelson and Jerome Gittleman. *Sociological Analysis* 34(4): 308-312.

_____. 1976 [1909]. *The Agrarian Sociology of Ancient Civilizations*. Translated by R. I. Frank. London: New Left Books.

_____. 1978 [1906]. "The Prospects for Liberal Democracy in Tsarist Russia." pp.26-284 in *Weber: Selections in Translation*, edited by W. G. Runciman. Cambridge: Cambridge University Press.

_____. 1985 [1906]. "'Churches' and 'Sects' in North America: An Ecclesiastical Socio-Political Sketch." Translated by Colin Loader. *Sociological Theory* 3: 7-13.

_____. 1988 [1924]. "Geschäftsbericht und Diskussionsreden auf den Deutschen soziologischen Tagungen (1910, 1912)." pp.431-491 in *Gesammelte Aufsätze zur Soziologie und Sozialpolitik*, edited by Marianne Weber. Tübingen: Mohr Siebeck.

_____. 1994 [1917]. "Suffrage and Democracy in Germany." pp.80-129 in *Weber: Political Writings*, edited by Peter Lassman and Ronald Speirs and translated by Ronald Speirs. New York: Cambridge.

_____. 1996 [1906]. "Zur Lage der bürgerlichen Demokratie in Rußland." pp.1-104 in *Zur Russischen Revolution von 1905: Schriften und Reden 1905-1912* (Max Weber Gesamtausgabe I/10 Studienausgabe). Edited by Wolfgang J. Mommsen. Tübingen: Mohr Siebeck.

_____. 2001 [1907-1910]. *The Protestant Ethic Debate: Max Weber's Replies to His Critics, 1907-1910*. Edited by David Chalcraft and Austin Harrington and translated by Harrington and Mary Shields. Liverpool: Liverpool University Press.

_____. 2005. *Max Weber: Readings and Commentary on Modernity*. Edited by Stephen Kalberg. New York: Wiley-Blackwell Publishers.

_____. 2009. *The Protestant Ethic and the Spirit of Capitalism with Other Writings on the Rise of the West*. Translated an introduced by Stephen

Kalberg. New York: Oxford.

_____. 2011a [1906]. "'Churches' and 'Sects' in North America: An Ecclesiastical Sociological Sketch." Translated by Colin Loader; revised by Stephen Kalberg. pp.227-232 in Max Weber, *The Protestant Ethic and the Spirit of Capitalism*. Translated and introduced by Stephen Kalberg. New York: Oxford.

_____. 2011b [1910]. "A Final Rebuttal to a Critic of Spirit of Capitalism." pp.256-271 in *The Protestant Ethic and the Spirit of Capitalism*. Translated and introduced by Stephen Kalberg. New York: Oxford.

_____. 2011c [1920]. *The Protestant Ethic and the Spirit of Capitalism*. Translated and introduced by Stephen Kalberg. New York: Oxford.

_____. 2011d [1920]. "The Protestant Sects and the Spirit of Capitalism." pp.209-226 in *The Protestant Ethic and the Spirit of Capitalism*. Translated and introduced by Stephen Kalberg. New York: Oxford.

Wite, Morton. 1957 [1947]. *Social Thought in America*. Boston, MA: Beacon Press.

Winter, Elke. 2004. *Max Weber et les rélations ethniques. Du refus du biologisme racial á l'État multinational*. Quebec: Press de l'Université Laval.

Wolin, Sheldon. 2008. *Democracy Incorporated*. Princeton, NJ: Princeton University Press.

찾아보기

12 · 3 계엄 234-236, 253-254,
257, 259, 263, 287-288, 308

ㄱ

강재언 300-301, 304
공생적 이원주의 47-49, 51-54,
64, 73, 109-110, 124-125, 134,
136-137, 139-140, 142, 145,
167, 171-173, 176, 178-180,
184, 189-190, 218, 222
관습 34, 106, 119, 131-132, 158,
175, 211, 220, 250, 258-259,
291-292, 307-309, 312, 314-
318, 330, 340, 344, 346
구원예정설 204-206, 214, 218,
228, 247
권용립 251-253, 292
근본주의 251, 259, 293-294, 299-
301
금욕적 프로테스탄티즘 47, 51, 57,
59, 61, 64, 69, 71-72, 76-77,
93, 97, 104, 115, 121, 123, 149,
152, 155-156, 160, 171, 177,
180-181, 205, 209, 219, 228
긴급조치 266, 268-273, 275

ㄷ

당파주의 45, 346-347
독립파 333, 336
드 배리, 윌리엄 시어도어 301
딜타이, 빌헬름 239

ㄹ

라투르, 브루노 238, 241
로버트, 헨리 M. 330, 342-344
루틴 211, 220, 250-252, 256-257
린드세이, 알렉산더 던롭 332, 335

ㅁ

모래더미 51, 76, 78-79, 95, 97,
101, 103, 124, 154, 172, 221,
224, 324
문창옥 236, 242-243
문취, 피터 A. 246
문화적 동기 246
민주적 토론정신 339-340, 344,
347-348
민주주의 정신 27, 30-31, 33-37,
39-40, 42-46, 48-50, 52-55,
72-73, 75, 79, 85, 90-91, 94,
96-97, 100, 103, 105, 107-108,
112, 121-125, 132, 136-137,

140-145, 147, 155, 162-164, 166-168, 172, 175-177, 179-181, 188-189, 249
민청학련 사건 268, 273-275

ㅂ

박승관 233, 257, 259, 308, 310-311, 345, 347-348
박정희 254, 265-268, 270, 272-273, 287, 306
방법론 논쟁 239-240, 244
백스터, 리처드 61, 80, 93, 204, 206, 214
버크, 에드먼드 291-292
벨라, 로버트 31, 148, 177-178
벽이단 257, 300-301, 303, 346

ㅅ

사이비 보수주의 257, 289-292, 298-299, 306, 308
사회적 캐리어 49, 148, 155-156, 184, 190, 209, 221-222, 228
설명적 이해 243-244, 246-249, 253, 257, 259
세계 지배 개인주의 48, 51-52, 57-58, 62-63, 65-66, 71, 109, 134, 136-137, 140-141, 162, 171-172
소명 67, 102, 126, 135, 139, 156, 203, 205-208, 211, 219, 223, 228
쇠우리 50, 52, 122, 124-125, 129-132, 217
수평파 333
스땅제, 이자벨 238, 241-242
시민단체 31, 41-42, 49-51, 53, 65, 69, 72, 79, 81, 92, 97, 101-104, 106-108, 110, 112, 120-121, 124, 131, 134, 145, 147, 150, 152, 155, 159-163, 165, 171-174, 176, 178, 183, 189, 218, 223, 249
시민사회 31-33, 41-42, 44, 49, 52-54, 57-59, 64-65, 68, 70-72, 97-98, 104-109, 120-125, 133-147, 154-157, 160, 162-165, 168-169, 171-176, 178-179, 184, 188, 190, 218, 224, 233, 248-249, 255-256, 318, 322-325, 331-332
시민적 개인주의 53-54, 97, 109, 116, 141, 145, 155, 172, 177-178, 224-225
신유교 혁명 300
실용적-윤리적 개인주의 48-51, 57-59, 62, 68, 71, 109, 119, 124, 137, 139-141, 145-147, 155, 169, 172-176, 178, 184, 190, 224-225
실용적-합리적 개인주의 50, 136, 139-141, 173, 175, 225

ㅇ

에토스 33, 40, 42, 49, 61-62, 70,

112-113, 124, 126, 140, 148,
154, 156, 167, 205, 208, 248,
314
와그너, 에드워드　346-347
윤석열　233, 259, 261-263, 266,
268, 287-289, 306
의미맥락　245-246, 248-249, 257,
259
의사진행규칙　330, 339-344, 347-
348
이념형　38, 55, 184-185, 220, 222,
226-227, 329
이승만　276-278, 305-306
이종수　246-247
인혁당 사건　267-268, 275

ㅈ

자본주의 정신　52, 75-77, 80-81,
85, 90, 95, 102, 121, 126, 134,
181, 191, 208, 211, 213-214,
217, 219, 221, 223, 226-228,
247, 307, 315, 319, 322-324
전두환　255, 262-264, 266, 268,
287, 306
정치문화　35-47, 49-57, 65, 71-73,
75-79, 85, 91-92, 94, 97, 100-
109, 112, 117, 119-122, 124-
125, 132-133, 136, 138-144,
149, 151, 157, 159-161, 163,
166-169, 173-177, 179-181,
185-190, 201, 203, 218
종말론적 타자　296, 303, 306

종말론적 폭력　296, 303-304, 306
지향하는 의미　244, 246, 249, 254,
259, 262, 266, 268-269, 276,
282, 287

ㅊ

척사윤음　282-286
천주교 박해　281-282, 287, 302,
304-305

ㅋ

캘빈, 존　67, 204, 206, 214
코슈, 바싯 빌랄　235
크롬웰, 올리버　333-336, 339, 348

ㅌ

탈근대 사회과학　235-236, 244,
253, 308
토크빌, 알렉시스 드　31, 65, 73, 79,
101, 106, 109, 159, 169-171,
173-174, 176-178, 307, 314-
318, 336, 340

ㅍ

파라노이아　292-295, 298, 301-
303, 305-306
퍼트니 논쟁　332
퓨리터니즘　47, 52, 63-64, 66, 71,
80, 89, 93, 95, 97, 111, 113,
115-117, 120, 172, 177, 179-
180, 219, 224, 257, 318
프랭클린, 벤저민　95, 134, 208-

212, 214, 226, 307, 315, 337-339, 348

프로테스탄트 종파 51, 57, 68, 72-73, 75-77, 79, 81, 87, 90-91, 94-97, 99-100, 102-103, 105, 137, 148, 153-154, 157, 162, 169, 173-174, 177, 210, 221, 223, 228, 249, 312, 318, 322-327, 330-335, 339, 345, 347

ㅎ

한승헌 268, 273-275
헌트, 마이클 H. 252-253
홉스테터, 리처드 289-290, 292-294, 296, 298, 302
화이트헤드, 알프레드 노스 236, 238-244, 250, 252-253, 291, 315
회중 64-65, 68-70, 91-92, 98, 101-102, 104, 148, 320-322

미국 민주주의 정신을 찾아서

초판 1쇄 발행 2025년 8월 25일

지은이 스티븐 캘버그
옮긴이 이현휘
펴낸이 강수걸
편집 이혜정 강나래 오해은 이선화 이소영 유정의 한수예
디자인 권문경 조은비
펴낸곳 산지니
등록 2005년 2월 7일 제333-3370002510020050000001호
주소 부산시 해운대구 수영강변대로 140 BCC 626호
전화 051-504-7070 | 팩스 051-507-7543
홈페이지 www.sanzinibook.com
전자우편 sanzini@sanzinibook.com
블로그 sanzinibook.tistory.com

ISBN 979-11-6861-505-2 93340

* 책값은 뒤표지에 있습니다.
* 잘못된 책은 구입하신 곳에서 교환해드립니다.